aɪ ɔɪ

tʃ ž ə

[언어의 이해와 활용]

UNDERSTANDING & PRACTICE OF LANGUAGES

김경학 지음

ʌ

COMMUNICATION

ɔɪ ɛ

dʒ ɪ

CREATIVITY

æ

š

aʊ

θ

ʊ u

CONFIDENCE

ð

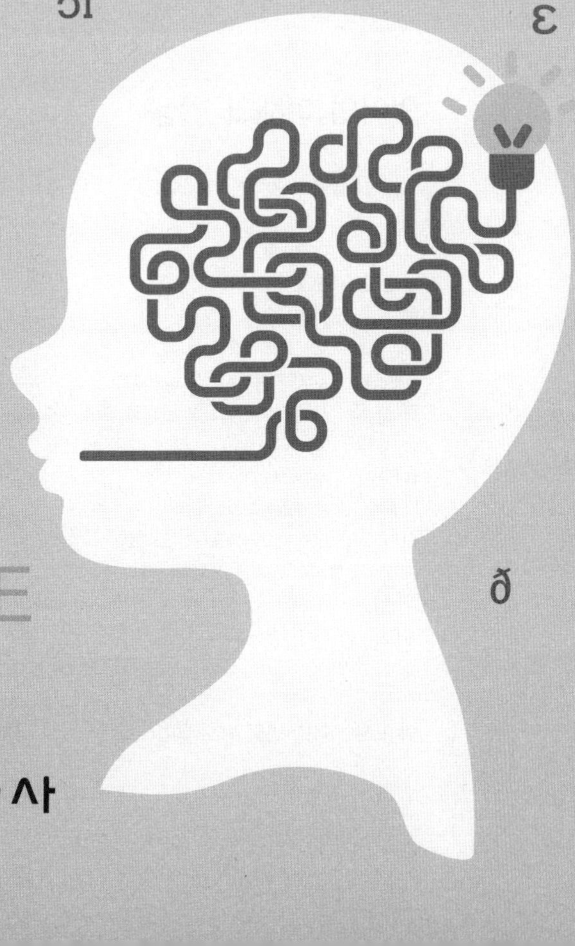

신아사

김경학

서울대학교 사범대학 영어교육과 졸업
서울대학교 교육학 석사
서울대학교 문학 박사
해군 제2 사관학교 영어과 주임
울산대학교 영문과 교수
94년도 1차 대수능 영어과 출제위원
현) 수원대학교 영문과 교수

저서

통제와 문법이론
영어학의 이해(공저), 영어구문의 이해
문제없다 영작문, 문제없다 영어발음
영어이야기, 팝송과 함께 하는 영어발음청취
전치사의 의미와 용법 및 숙어 이야기
영어의 이해, 영어음성학의 이해와 활용
영어 문장의 구조와 의미
영어 음성음운 연구와 발음연습 외 다수

언어의 이해와 활용

초판 1쇄 발행 _ 2017년 7월 25일

저　　자 · 김 경 학
발 행 인 · 정 현 걸
발　　행 · 신 아 사
인　　쇄 · 토탈프로세스
출판등록 · 1956년 1월 5일 (제9-52호)
주　　소 · 서울특별시 은평구 통일로 59길 4 (2층)
전　　화 · (02)382-6411 · 팩스 (02)382-6401
홈페이지 · www.shinasa.co.kr
E-MAIL · shinasa@daum.net
ISBN: 978-89-8396-999-6 (93740)
저자와의 협의로 인지를 생략합니다.

정가 17,000원

이 도서는 **2016**년도 수원대학교 교비지원에 의해 저술된 것임.

머리말

이 책은 언어에 대해 관심이 있고, 언어를 어떻게 공부해야 할지 궁금해 하는 일반인은 물론 언어를 전공하는 영문과 및 외국어학부 학생들을 위하여 영어를 포함한 언어 전반에 관해 알기 쉽게 쓴 책이다. 대학에서 2~30여 년간 강의를 해 오면서 느낀 점 중 하나는 학생들 자신이 지나치게 이론적인 것보다는 실용적인 것에 더 관심이 있다는 점이다. 그러나 실용적이라고는 하지만 단편적인 지식에 치우쳐 있어 체계가 없고 이리저리 휩쓸리는 경향이 있다. 따라서 전체적으로 언어란 무엇이며, 영어를 중심으로 언어체계에 대해 체계적으로 안내하면 많은 도움이 될 것으로 생각하게 되었다. 특히 언어의 특성을 이해하고 활용하여 의사소통(Communication) 능력을 길러, 자신감과 자긍심(Confidence)을 기르고, 언어 속에 내재되어 있는 창의성(Creativity)을 기르면 보다 나은 사회생활을 영위해 가는데 크나큰 도움이 되리라 생각된다. 따라서 교재의 이름을 '언어의 이해와 활용'이라고 정하였다. 이 책의 구성 및 중점사항과 공부에 도움이 될 수 있는 몇 가지 사항을 적어 보면 다음과 같다.

첫째, 일반학생들도 평이하게 접근할 수 있도록 언어 전반에 걸쳐 기본적으로 필요한 지식을 총 망라하였다.

둘째, 언어의 특성, 언어습득과 학습이론, 음성음운론, 형태론과 단어 및 구의 의미, 문장구조분석 및 통사론, 문장 의미론과 화용론 및 역사언어학과 영어의 변화 등 언어학 전반에 걸쳐 총 7장으로 구성하여 언어의 이해와 같은 전공 교재나 참고문헌으로 이용할 수 있도록 구성하였다.

셋째, 중요 중점사항을 중심으로, 지나치게 이론적인 설명보다는 예문 중심으로 설명하였다. 또 전반부는 언어 특성 및 학습, 발음 청취, 어휘, 숙어, 문형 등 보다 접근하기 쉬운 주제로 시작하여 후반부는 점차 이론적인 통사론 및 의미론, 화용론 등 필요한 이론적 설명을 첨가하여 균형을 유지하였다.

넷째, 각 장의 구성과 주요 내용 및 목표는 다음과 같다.

1장은 언어의 6가지 특성을 고찰하고, 인류의 문화와 역사 사회의 발전과 함께 어떻게 연관되어 있는가를 살폈다.

2장은 모국어 습득과 외국어 습득 이론의 장단점을 살펴, 우리 현실에 맞는 외국어습득 및 학습이론을 찾아보고자 하였다. 모국어인 국어뿐만 아니라 외국어 습득 능력도 길러 의사소통 능력 및 자긍심이 있는 인재로 성장하는데 도움이 되고자 하였다.

3장은 음성음운론을 통해 올바른 발음과 청취 습관을 기르도록 하였다. 오늘날 언어교육이 문어에서 구어로 옮겨 가면서 현장 밀착형 인재의 필요성이 요구되는바 유창하고 정확한 발음 습득에 도움을 주고자 하였다.

4장은 어휘 및 구의 구조와 의미를 파악하여 기본적인 어휘 및 구의 실력을 기르도록 하였다. 정확한 어휘 실력을 통해 의사소통 능력뿐만 아니라 어휘구조 및 의미 속의 내재되어 있는 창조력을 길러 자아개발에 도움을 주고자 하였다.

5장은 문장의 기본구조에 대해 전통 문법의 분석과 현대 통사론의 기술문법의 장단점을 살펴 올바른 문장 구조 및 분석을 이해하는데 도움을 주고자 하였다. 즉 분석능력을 통해 문제해결능력을 기르는데 이바지 하고자 하였다.

6장은 언어의 기본적인 기능은 의사소통이므로 문장의 의미 및 발화의 의미를 파악하여 올바른 언어사용의 의사소통 능력을 기르는데 이바지 하고자 하였다. 특히 의사소통 능력을 통해 창의력과 자긍심이 있는 인재양성에 도움을 주고자 하였다.

7장은 역사언어학과 영어의 변화를 통해 언어변화에 내재되어 있는 규칙성과 창의성을 이해하고, 언어는 그 나라 역사 및 사회문화와 매우 밀접한 관계가 있음을 이해하는데 도움을 주고자 하였다. 언어가 사회문화의 유산임을 인식함으로써 문화유산과 문화 콘텐츠 개발에 도움이 되고자 하였다. 끝으로 이 책의 출판을 허락해 주신 사장님과 출판 편집에 애쓰신 편집부 여러분께 감사를 드린다.

2017년 7월

저자 김경학

차례

제 1 장 언어의 특성

제 2 장 언어 습득과 학습이론

제 3 장 음성 음운론

제 4 장 형태론과 단어 및 구의 의미

언어의 이해와 활용

UNDERSTANDING & PRACTICE OF LANGUAGES

제 1 장

언어의 특성

Pyles and Algeo(1993 : 3)는 언어를 인간이 의사소통 수단으로 사용하는 약정적인 음성 기호의 체계(A language is a system of conventional vocal signs by means of which human beings communicate)라고 정의하고 있다. 여기서 언어의 정의에 사용한 여섯 가지 중요한 용어인 인간(human beings), 의사소통(communicate), 음성(vocal), 기호(signs), 약정(convention), 체계(system)란 용어에 대해 차례로 자세히 살펴보고자 한다.

1. 인간만의 언어(Language as Human)

1.1 인간과 언어능력

인간의 언어의 구사 능력은 인간의 정체성을 가장 잘 대변하는 속성이다. 인간의 언어 구사능력의 습득과정은 동물의 그것과는 달리 훨씬 복잡하고 다양한 양상을 띤다. 어린아이의 언어 습득과정의 예를 들어보자.

(1) a. 갓난아이 : 동물과 별 차이가 없는 언어발달 상태를 보여준다.
b. 10개월 이후 : 아무 말도 못하던 신생아들이 돌연 '맘마', '엄마', '아빠'라는 말을 하기 시작한다. 그것도 대단히 부정확한 발음이라, 아이의 일거수 일투족이 관심사인 부모

가 아니고서는 판별하기 힘들 정도다.

c. 2세 이후 : 아이는 놀라운 언어 습득능력을 보여준다. 이 시기가 '언어 폭발기'로 이후 언어능력이 발달하면서 인지, 정서적 발달이 이뤄지고, 사회성이 발달하기 시작한다. 비로소 사람다운 모습을 갖춰간다.

이처럼 언어는 다른 동물과는 달리 인간만의 독특한 사유적, 사회적, 문화적 특성을 담고 있다. 인간은 어휘력과 사유능력 및 문화적 소양을 발달시켜가면서 사회적 관계를 증대시키며, 수준 높은 사회, 문화를 이루고 있다.

현대 촘스키(Chomsky)의 생성문법에서는 위와 같은 인간의 언어습득 능력은 인간이 다른 동물과 달리 선천적으로 언어를 배울 수 있는 언어능력을 갖고 태어나지 않았다면 설명할 수 없다고 주장한다. 구조주의 학자들이 주장하고 있듯이 후천적으로 모방과 반복을 통해 습관형성이 되어 언어를 사용하는 것이라면, 왜 개, 고양이 등과 같은 동물들은 인간과 비슷한 환경 속에서 비슷한 경험을 하며 살아가는데, 인간과 같은 언어능력을 발휘하지 않는지 설명할 수가 없다는 것이다. 새에게 날개가 있고, 물고기에게 지느러미가 있듯이, 인간에겐 언어가 있다는 것이다. 인간을 인간답게 하는 이 언어만이 동물과 인간을 구분 짓는 절대적 특징이라는 것이다.

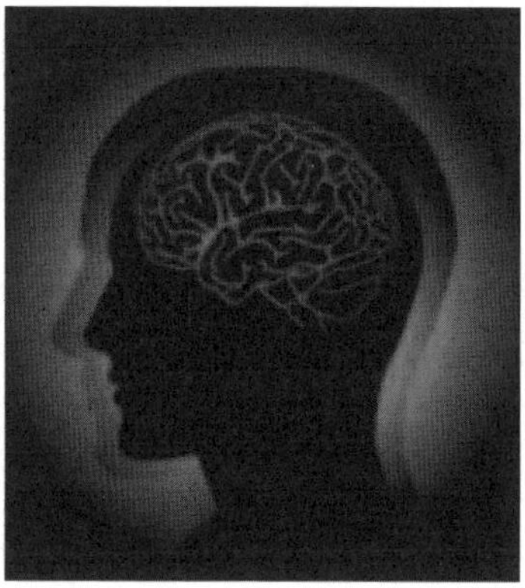

현대의 유전과학에서 인간의 유전자인 DNA속에 언어능력을 담당하고 있는 유전자가 있음을 밝혀내고 있다. 2001년 영국 옥스퍼드 대학의 모나코 박사팀은 정확한 발음을 내기 어렵고, 말소리의 구별과 문장을 이해하거나 문법적인 면을 판단하는 데 장애가 있는 가계 구성원들의 유전자를 조사한 결과 'FOX P2'라는 유전자의 이상으로 이 장애가 발생한다고 발표하였다. 또 2002년 독일 막스 플랑크 연구소의 파보 박사팀은 인간과 침팬지의 FOX2를 비교 하여 2개가 다름을 발견하였다. 뇌신경의사들은 교통사고 등으로 뇌에 손상을 입어 언어능력에 이상이 있는 환자를 통해 인간의 뇌 속에 언어능력을 담당하고 있는 부분이 있음을 확인하고 있다.

1.2 동물의 신호사용능력

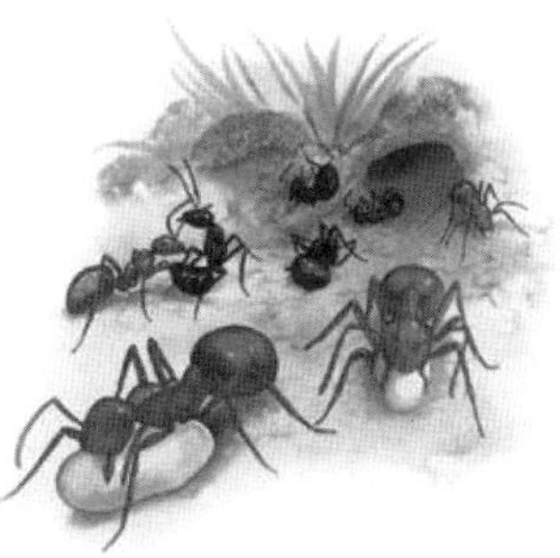

〈개미 벌 등의 신호〉

한편 동물 중의 일부는 의사전달의 수단으로 어떤 신호를 사용한다. 어류들은 10~15개의 신호를 사용하고, 조류들은 15~25개의 신호를, 포유동물들은 20~40개의 신호를, 원숭이는 36개의 신호를 사용한다고 한다. 개미도 먹이가 있는 곳을 발견하면 집으로 돌아올 때 냄새 나는 화학물질을 내뿜어 자취를 남겨, 다른 개미들이 찾아갈 수 있도록 후각적 신호를 보낸다. 꿀벌들도 꽃이 있는 거리와 방향 및 꿀의 품질까지 말 대신으로 춤으로 동료에게 전하여 자기가 소속하고 있는 벌집의 유지와 번영에 공헌하고 있는 것으로 알려져 있다. 그러나 이러한 신호체계는 한정되어 있고, 인간의 언어처럼 감정, 사고, 상상 등의 추상인 개념을 나타내지는 못한다.

인간과 가장 가까운 침팬지는 인간의 DNA와 98~99%를 공유하는 것으로 알려졌다. 이들을 실험해 본 결과 200~300개의 단어를 외울 수 있고, 이를 이용하여 단순한 문장도 만들 수 있음이 밝혀졌다. 그러나 침팬지 언어의 99%는 훈련사를 흉내내어 되풀이한 경우이고, 자발적인 경우는 12%에 불과했다. 또 침팬지의 경우 인간과 같은 창의성이 없다. 즉 침팬지는 자발적으로 언어를 사용하는 것이 아니라, 상으로 먹을 것을 받기 위해 하는 행동일 뿐이다. '앵무새도 말을 하는 게 아닐까'라는 의문이 생길 수 있다. 그러나 앵무새는 사람의 말을 무의식적으로 모방할 뿐, 일정한 의미를 이루는 복잡한 사고에서 나온 조직적인 의사소통은 하지 못한다. 이러한 실험과 관찰을 통해 다음과 같은 인간의 언어사용 능력과 동물의 신호사용 능력의 차이를 알 수 있다.

(2) 인간의 언어사용 능력

a. 소리와 의미를 결합시키는 능력.

b. 사고의 전이 생성 능력(사고하면서 계속 언어를 만들어냄.)

c. 조직화된 사고의 동기로 언어를 사용.

d. 선천적 언어능력을 지님.

e. 말소리를 수단으로 한 복잡한 전달체계를 가지며 발전적으로 변화 가능.

(3) 동물의 신호사용 능력

a. 소리를 낼 수 있는 능력(의미체계와 소리체계 결합이 안됨.)

b. 소리로써 상호 이해는 하나, 사고의 전이는 불가능함.

c. 훈련에 의하여 신호를 사용할 수 있으나, 모방일 뿐이며 무의식적임.

d. 선천적인 언어능력보다는 본능적인 조정형(stereo-type)이 있을 뿐임.

e. 옛날부터 동물들의 신호체계는 변화 발전이 없음.

1.3 언어의 기원

언어는 현재까지 인간만이 사용하는 유일한 것으로 보고 있다. 그러면 인간을 인간답게 만들어 준 언어를 처음에 어떻게 사용하게 되었을까? 최근 언어학자들 사이에서는 인간 언어의 기원을 100,000~50,000년 전으로 소급시키고 있다. 인간이 언어를 구사하기 위해서는 해부학적으로 '목의 후강이 내려앉아야 한다'는 조건이 반드시 충족되어야 한다. 그러나 목의 후강저화가 비록 자음 발성을 가능하게 해 주지만, 언어의 체계적 구사에는 해부학적 조건뿐만 아니라 두뇌의 협동이 따라야만 한다. 최근 유전학의 급속한 발전연구로 학자들은 언어 유전인자(FOX P2)의 존재를 가정한다. 이 이론에 의하면 호모 사피엔스(Homo sapiens)는 100,000년 전에 상기의 유전인자의 진화과정이 있었다고 한다.

인류고고학 연구에 의하면, 인간의 기원은 100만 년 전이라(학자에 따라서는 2~300만 년 전이라고도 하지만) 추정된다. 그러나 인간이 처음 사용한 글자는 약 5-6천 년 전의 것밖에 발견되지 않았기 때문에, 언어의 기원을 밝혀줄 언어자료를 찾을 수 없었다. 따라서 여기에서는 중세시대 '신수설'을 시작으로 근세에 이르러 계몽주의 철학자들이 제창한 '발명설', 그리고 19세기의 '진화설'에 이르기까지 있었던 언어기원에 관한 주장을 세 가지로 종합하여 간단히 살펴보려 한다.

(1) 신수설

언어기원의 주장에 대한 가장 오래된 견해가 성서에 바탕을 둔 신수설이다. 구약성경 창세기 1장 27절과 2장 19절에는 각각 다음과 같은 구절이 있다.

(4) 하나님이 자기 형상 곧 하나님의 형상대로 사람을 창조하시되 남자와 여자를 창조하시고, 여호와 하나님이 흙으로 각종 들짐승과 공중의 각종 새를 지으시고 아담이 어떻게 이름을 짓나 보시려고 그것들을 그에게로 이끌어 이르시니 아담이 각 생물을 일컫는 바가 곧 그 이름이라.

이와 같은 성경의 내용은 하나님께서 인간을 창조하시고 인간과 불가분의 관계에 있는 언어도 만들어 주신 것이라 생각하게 만든다. 바로 이런 주장이 신수설이다.

(2) 발명설

언어는 인간이 필요에 따라 만들었다는 주장이 발명설이다. 이러한 생각은 일찍이 아리스토텔레스(Aristotle)에서부터 찾아 볼 수 있다. 아리스토텔레스는 절대적인 능력을 지닌 어떤 개인이 인간의 언어를 만들었다는 주장에 반대하면서, 인간의 언어는 오랜 세월에 걸쳐 인간의 관습에 의해 만들어 진 것이라고 주장 하였다. 한편 신 중심의 중세기를 지나고 르네상스 시대를 지나 계몽주의 시대에 들어서면서 신 중심의 사고방식은 붕괴되었다. 이러한 학문적 분위기 속에서 언어의 기원에 관한 생각도 신수설에서 인간의 발명설로 옮겨가게 된다.

덴마크의 언어학자 예스퍼슨(Otto Jespersen)은 언어는 인간이 사랑을 구하면서 시작되었다는 주장을 하였다. 예스퍼슨은 인간의 최초 발언은 밤마다 고양이가 마루바닥 위에서 짝을 부르는 소리와 나이팅게일 새의 선율적인 노래와 같은 그러한 것이었다고 주장하였다. 다음은 예스퍼슨이 붙인 발명설에 근거를 둔 언어기원에 대한 명칭들이다.

(5) a. 멍멍설(bow-wow theory) : 인간의 언어는 개와 같은 동물들의 울음소리를 흉내 내려는 데서 시작되었다는 생각.

b. 쯧쯧설(pooh-pooh theory) : 인간의 언어는 감정을 표현하기 위하여 '오오', '쯧쯧', '아아' 등과 같은 소리를 내면서 시작되었다는 생각.

c. 땡땡설(dind-dong theory) : 사물이 내는 소리를 인간이 지각하는 대로 표현하려는 데서 인간의 언어가 시작되었다는 생각.

d. 에야디야설(yo-he-ho theory) : 노를 젓는 것과 같이 힘이 드는 일을 할 때 소리를 내게 되는데, 그로 인해 인간의 언어가 시작되었다는 생각.

(3) 진화설

19세기에 들어 과학자들에 의해 진화론적인 측면에서 언어의 기원을 찾아보려는 논의가 시작되었다. 이러한 경향은 다윈의 진화론의 영향이었다. 진화설에 따르면 인간의 언어는 인간의 진화와 마찬가지로 점진적으로 이루어졌다. 언어사용은 아마도 인간의 뇌의 크기가 언어활동을 할 수 있을 만큼 크게 발달된 어느 쯤에 시작되었다. 인간이 직립보행을 하게 되면서 인후가 목안으로 내려가게 되어 동물들과는 다른 소리를 만들어 내는 것이 가능하였다. 또 손이 자유스러워 지게 되어 돌을 조각내어 낚시 바늘, 화살촉 등과 같은 복잡한 과정을 거쳐야 하는 도구를 만들어 사용하게 된 때쯤부터 언어를 사용하기 시작한 것으로 추정하고 있다.

진화론에 따르면 인간의 언어는 동물의 의사소통 방법으로부터 진화되어 나온 것이라고 생각할 수 있다.[1] 또 진화론에 근거한 언어기원에 대한 논의는 언어의 어떤 면에 초점을 두었는가에 따라 형태적 진화설과 기능적 진화설로 나누어 볼 수 있다.

(6) a. 형태적 진화설 : 인간의 언어는 음운구조, 어휘구조, 문법구조와 의미구조 등 매우 정교한 형식과 구조를 가지고 있는데, 이들 형식과 구조가 태초에는 아주 간단하고 투박했었으나 오랜 세월에 걸쳐 점점 복잡해지고, 정교해졌다고 보는 주장.

b. 기능적 진화설 : 인간의 언어는 자기표현과 의사소통의 수단인데, 최초의 의사소통 체계는 아주 거칠고 둔했으나 세월의 흐름에 따라 조금씩 발달되어 오늘날과 같은 복잡한 체계로 변화하여 왔다는 주장.

1 한편 촘스키(Chomsky)와 레네버그(Lenneberg)와 같은 학자들은 인간언어는 동물들의 의사소통 방법으로부터 진화된 것이라 보기에는 너무나도 독특하기 때문에 인간의 언어능력은 생물학적으로 부여된 것이지 어떤 필요에 의해 만들어진 것이 아니라고 주장한다.

2. 의사소통 기능의 언어(Language as Communication)

2.1 언어와 의사소통 기능

“언어란 무엇인가?”라는 질문을 던졌을 때 흔히 “의사소통의 수단”을 떠올린다. 인간은 낮에 깨어 있을 때 언어를 사용하여 서로 의사소통을 할 뿐 아니라, 밤에 잠을 잘 때 꿈을 꾸면서도 언어를 사용한다. 혼자 독백을 하거나 생각이나 상상을 하면서도 언어를 사용한다. 이처럼 언어의 일차적 기능은 의사소통의 수단이다. 언어 없는 인간의 개인생활이나 사회생활은 상상조차 할 수 없다. 인간의 언어는 완전히 기호화되어 있어 시간과 공간을 초월하여, 심지어 공상속에서도 의사소통이 이루어진다.

인류가 다른 동물보다도 복잡하고 고등한 사회생활을 영위하여 문명을 발달시켜 온 것은 언어가 가진 의사소통 기능에 크게 의존하였기 때문이다. 자기들의 경험이나 계획을 타인에게 전하는 의사소통을 통하여, 생산을 목적으로 한 노동을 협력적으로 또는 분업적으로 행할 수 있었다. 또 경험을 언어로 표현한 지식의 축적에 의해서 문화가 점차 더 나은 방향으로 발전할 수 있었다. 이처럼 인간은 언어로 사유하고, 기억하고, 학습하며, 의사소통한다. 의사소통은 인간을 고립된 개체로서가 아니라, 다른 존재와 관계를 맺어준다. 인류에게 언어가 없었다면 우리는 플라톤이나 소크라테스의 철학도, 셰익스피어나 허균의 문학세계도 경험하지 못했을 것이다.

우리는 언어를 사용하여 ‘인사’를 하고, 반가움을 표현하기도 하며, 축하할 때나 위로할 때, 사랑을 전할 때도 언어를 사용하여 자신이 감정이나 생각을 표현한다. 특히 현대사회는 감성의 시대이기 때문에 사회구성원들이 자신의 고충, 기쁨, 만족감, 불쾌감 등의 감정을 표현하고 다른 사람들과의 교류를 넓혀 나가는 의사소통의 정서적 기능이 중요해졌다. 원활한 의사소통 위해서는 정확하고 예의바른 의사소통의 방법도 중요하다. 상냥한 미소와 함께 부드러운 말씨를 쓰는 일이 우리의 사회생활에 얼마나 중요한가는 새삼 말할 필요도 없다.

(7) a. '에 해' 다르고 '애 해' 다르다.
b. 오는 말이 고와야 가는 말이 곱다.

위의 속담은 오고가는 말이 분명하고 정확하며 생각을 틀림없이 전달해야 하며, 점잖고 정다워 감정을 상하는 일이 없도록 해야 한다는 의사소통 방법의 중요성을 잘 나타낸 것이다. 이처럼 인간사회에서 가장 중요한 것 중의 하나가 바로 언어를 사용하여 대화하는 의사소통의 방법이다.

2.2 언어적 의사소통과 비언어적 의사소통

사람들은 크게 언어적 수단과 비언어적 수단에 의해 의사소통을 한다. 전자를 언어적 의사소통(verbal communication)이라고 하고 후자를 비언어적 의사소통(nonverbal communication)이라고 한다. 사람들은 언어적 수단에 의한 의사소통에만 관심을 두어 왔을 뿐, 비언어적 수단에 의해 이루어지는 의사소통에 대해서는 거의 무시해 왔다. 실제로 사람들은 의사소통 과정에서 자신이 하는 말에만 관심을 두기 때문에 음성이나 얼굴 표정, 눈빛, 자세, 몸짓 등을 통해서 자신을 노출시키고 있다는 것을 거의 의식하지 못한다. 그렇지만 정작 상대방은 말을 통해 전달되는 언어적 메시지보다는 목소리나 억양, 얼굴 표정, 몸짓, 말하는 자세와 태도 등에서 전달되는 비언어적 메시지에 주목하고, 이에 기초해서 의미를 파악하는 경향이 있다. 다음의 대화를 보자.

(8) 친구 : 오늘 점심 같이 먹을래?
나 : (인상 쓰며) 그래 좋아.
친구 : … (나랑 밥 먹기 싫은 걸까?)

이처럼 사람들은 종종 언어적 메시지와 다른 얼굴표정 등의 비언어적 메시지를 접할 경우, 대개 비언어적 메시지를 더욱 신뢰하는 경향이 있다. 그만큼 의사소통에 있어서 비언어적 의사소통이 매우 큰 역할을 한다고 할 수 있다. 생각하는 것보다 의외로 비언어적 의사소통에는 다양한 유형이 있다.

(9) a. 부차언어(paralanguage) : 억양, 강약, 장단, 고저 등 말의 빠르기와 같은 언어 메시지인 목소리의 변화에 따른 의사소통 유형
b. 동작언어 또는 몸짓언어(body language) : 몸짓, 시선, 표정 등 몸의 동작을 이용한 의사소통 유형

동작언어에는 또 다음과 같은 유형으로 더 세분하여 설명할 수 있다.

(10) a. 몸짓 : 상대의 몸짓이나 자세를 통해 그가 어떤 생각을 하고 있는지, 무슨 말을 하려고 하는지를 파악할 수 있다.
b. 얼굴 표정 : 얼굴 표정을 통해 우리는 타인의 정서에 대한 공감력이 증가하며, 감정이입이 더 잘 일어난다.
c. 눈 접촉 : 눈 접촉은 상대에 대한 관심, 애정, 사랑 등을 표현한다.

단 상대에게 나쁜 소식을 전하는 상황이나, 고통스런 정보를 제공해야 하는 경우에 사람들은 눈 접촉을 기피한다. 눈 접촉의 빈도가 적다는 것이 때로는 상대방이 수줍어하고 있거나, 공포감을 느끼고 있다는 사실을 알려주는 경우도 있다. 때때로 비언어 의사소통은 본능적으로 표출되는 경우가 많다. 무의식적으로 하품을 하거나 딴 곳을 쳐다보며 말하거나 하는 등이 여기 해당된다.

Birdwhistell(1952)은 이와 같은 신체의 동작과 관련된 제스처, 표정, 시선 등의 동작언어에 대해 과학적 연구를 집대성하여 **동작학(kinesics)**이라는 새로운 학문 분야를 창시하였다. 그의 연구에 의하면 의사소통시 동작언어가 전달하는 정보의 양이 65~70%에 해당되고, 음성언어는 불과 30~35%의 정보만을 전달한다는 것이다. 또 미국의 사회학자 알버트 메러비안(Albert Meharabian)이 조사한 바에 의하면, 메시지 전달에서 말이 차지하는 비중이 7%, 부차언어인 목소리(음조, 억양, 크기) 등이 38%, 비언어적인 태도가 55%에 달한다고 한다. 정도의 차이는 있을지언정 이들의 주장을 받아들인다면 실제 의사소통에서 비언어적인 의사소통이 차지하는 비중은 언어적 의사소통이 차지하는 비중에 비해 훨씬 더 크다는 것을 알 수 있다. 이외에 대화할 때 두 대화자 사이의 공간적 거리 등도 의사소통에 중요한 역할을 한다. 일반적으로 상대방과 친밀할수록 사람들은 상대방과 더 가까이 선다. 그러나 나라마다의 문화적 관습에 따라 그 거리가 다를 수 있기 때문에 조심해야 한다. 이를 **근접학**

(proxemics)이라고 하여 별도로 다루기도 한다.

2.3 언어능력과 의사소통능력

Chomsky(1965)는 다음과 같이 인간의 언어능력(linguistic competence)과 언어수행(linguistic performance)을 구별하고 있다.

(11) a. 언어능력 : 선천적으로 타고 난 것으로 문법적으로 옳은 문장을 만들어내는 화자의 능력
b. 언어수행 : 실제 생활에서 사람이 언어를 사용하여 의사소통 하는 행위

인간은 무한히 많은 수의 문장을 만들고 이해한다. 과거에 한 번도 들어본 적이 없는 문장을 말할 수 있고, 또 들어서 이해할 수 있다. 따라서 인간의 언어능력은 이론상 무한히 많은 수의 문장과 무한히 긴 문장을 만들고 이해할 수 있는 창조적인 능력이다. 한편 촘스키는 인간은 기억의 한계, 주의 산만, 주의 및 흥미의 전이, 오류, 그리고 반복, 잘못된 말의 시작, 휴지, 생략, 첨가, 주저 현상(hesitation type) 등으로 인해 언어수행은 완벽하지 못하다고 보았다. 그에게 있어 언어학자의 임무는 이상적인 화자가 언어에 관해서 알고 있는 언어능력에 대한 특성을 파악하는 것이었다.

한편 의사소통능력(communicative competence)은 하임즈(Hymes)에 의해 처음 사용되었는데, 그것은 촘스키가 언어능력과 언어수행을 구분한 것에 대한 반발로 나온 말이다. 하임즈는 촘스키가 언어수행보다 언어능력에 초점을 맞춰야 한다고 주장한 데 비하여, 언어수행도 중요하다고 보았다. 인간이 서로 대화를 하면서 정보를 주고받고, 협의하는 의사소통능력이야 말로 언어학의 초점이 되어야 한다고 반박했다. 사실 촘스키는 언어학 그 자체를 구분하는데 중심을 두었지만 하임즈는 교육과 학습이라는 측면에서 접근한 것으로 그 입장이 좀 다르다고 할 수 있다. 그러나 언어의 일차적 기능이 의사소통이라고 할 때, 인간의 의사소통능력은 언어능력 못지않게 중요하다.

Hymes(1972)는 의사소통능력이란 인간이 특정 상황에서 메시지를 전달하고 해석하며 인간 상호간에 의미를 타협하게 해 주는 능력이라고 말한다. 즉 언제 어디에서 어떻게 말해야 하는지 아는 능력이다. 어떤 배경에서 말해도 좋은 대상과 아닌 대상은 누구인지, 말을 해야 할 때와 침묵을 지켜야 할 때, 누구에게 말을 해야 하는지, 신분과 역할이 다른 사람에게 말을 어떻게 해야 하는지를 아는 능력이다. 또 여러 가지 상황에서 적절한 비언어적 행동은 무엇인지, 대화에서 전환으로 취해지는 관계는 무엇인지, 정보를 요구하고 주는 방법, 간청하는 방법, 협조나 협동을 제공하거나 거절하는 방법 등이 언어소통 능력에 해당된다. 간단히 말해서 언어 사용과 특정한 사회적 배경에서 의사소통 차원에 관련 있는 모든 것에 대한 지식과 기대를 포함하는 능력을 의미한다.

Canale & Swain(1980)은 의사소통능력을 제2언어 학습과 관련하여 다음과 같이 더 세분하여 네 가지로 구분하였다.

(12) a. 문법적 능력(grammatical competence) : 어휘와 문법에 관한 능력
b. 사회언어학적 능력(sociolinguistic competence) : 사회적 맥락에 맞게 의사소통을 진행할 수 있는 능력
c. 담화 능력(discourse competence) : 의사소통이 전체 담화에서 어떤 위치에 있는가를 파악하는 능력
d. 전략적 능력(strategic competence) : 의사소통의 방향을 바꾸거나 시작하거나 멈추는 능력

예전에는 문법적 능력이 중요했으나 언어교육의 역할이 커질수록 의사소통능력은 언어교육의 최종목표로 간주되고 있다. 이러한 변화는 화용론과 정보구조이론이 발전되면서 점차 더 강화되고 있는 추세이다.

3. 소리로서의 언어(Language as Speech)

3.1 말소리로서의 언어

인간의 의사소통은 입과 귀를 통하여 말(speech)로 이루어지기도 하고, 다른 한편으로는 눈을 통하여 글(writing)로 이루어지기도 한다. 말은 음성언어(spoken language)라 하고, 글은 문자언어(written language)라고 한다.

(13) a. 음성언어 : 소리를 매개로 하여 말로 표현되는 언어
b. 문자언어 : 문자인 글을 매개로 하여 쓰여진 언어

우리들은 어려서 배운 말을 한평생 쓰며 산다. 입으로 여러 소리를 내어 자기가 원하는 바, 뜻하는 바를 남에게 전달한다. 문자언어인 글은 음성언어인 말을 배운 뒤에 배우게 된다. 글은 종이나 돌과 같은 반반한 바닥에 적는 기호로서 눈으로 볼 수 있다. 이처럼 말과 글은 분명히 다른 것임에도 불구하고 많은 사람들이 이 둘을 자주 혼동한다. 그 대표적인 예로서 세종대왕이 우리말을 창제했다고 하는 말을 종종 듣는다. 세종대왕은 우리 글 즉 한글을 만든 분이지, 우리말을 만든 분은 아니다. 우리말의 역사는 세종대왕 이전으로 까마득한 옛날로 거슬러 올라간다.

말과 글의 혼동은 이 둘 사이의 매우 밀접한 관계에서 연유한다. 보통 우리가 글 또는 문자라고 부르고 있는 것은 모두 음성언어인 말을 적는 수단으로 발달된 것이다. 말과 글의 중요한 차이를 세 가지만 들어 보면 다음과 같다.

(14) a. 말은 입으로 소리를 내고 귀로 듣는 것이지만, 글은 손으로 쓰고 눈으로 보는 것이다.
b. 말은 모든 사람이 할 줄 알지만, 글을 쓰고 읽을 줄 아는 사람의 수는 제한되어 있다.
c. 말의 유구한 역사에 견주면 글의 역사는 너무나 짧다. 인류가 글을 쓰기 시작한 것은 지금으로부터 5,000년 밖에 되지 않는다.

3.2 구어와 구어체

언어는 글자가 발명되기 오래 전부터 인간의 기본적인 의사소통의 수단으로 소리인 말로 존재해 왔다. 음성언어로서의 말은 구어(colloquial language)라고 한다. 말인 구어의 특징을 적어보면 다음과 같다.

(15) a. 구어를 할 때는 듣는 사람이 자기 앞에 있으므로 언어 상황이나 배경적 지식이 공유되어 있어, 오해나 의미의 모호성이 발생할 가능성이 적다.
b. 못 알아듣거나 오해하면 말을 다시 고쳐 할 수도 있다.
c. 실시간으로 말을 빨리 하게 되므로 자신의 말을 글로 쓸 때처럼 길고 복잡하게 만들 시간적, 심리적 여유가 없다.
d. 몸짓, 표정 등이 구어를 할 때와 상대방의 말을 이해할 때 도움이 된다.
e. 억양, 강약, 장단, 고저 등 완급의 변화가 중요한 역할을 한다.

구어는 문어와 달리 일단 말을 하고 나서는 정정이 불가능하므로 다듬어지지 않은 표현이 많으며, 각 문장은 비교적 짧고 구조가 단순하다. 대개의 경우 상대에 대한 배려가 고려되기 때문에 경어적 표현을 쓴다. 강의, 강연, 연설 등 많은 사람을 상대하는 경우에는 문어와 가까워지므로 일상적인 대화와는 크게 다르다. 오늘날은 대중매체가 발달함에 따라 토의, 회의, 발표 등이 많아져 구어가 차지하는 비중이 더 커지게 되었다.

문어인 글은 교육 받은 사람들이 쓰고 읽는 것이지만, 구어는 교육의 유무나 나이의 고하를 막론하고 누구나 하는 것이므로 말하기도 쉽고 알아듣기도 쉽도록 단순하게 표현하게 된다. 바로 이러한 언어 사용의 상황적 차이 때문에 '글 문법'과는 다른 구어 특유의 표현 형태가 생길 수밖에 없다. 이 표현 형태를 우리는 구어체 또는 회화체라고 부른다. 이 구어체를 다듬어 규칙들을 만들어 체계화한 것이 구어 문법이다. 그러나 구어는 언어에 존재하는 모든 문법규칙들을 다 사용하지 않으며 까다로운 규칙들을 다 지키는 것도 아니다.[2] 오늘날 언어교육의 목표가 올바른 의사소

2 우리가 보통 말하는 문법(grammar)은 '학교문법,' 또는 '표준문법'을 의미하는 것으로 희랍어 gramma에서 유래했고 이 단어는 writing 즉 '글'을 의미했다고 한다. 이 어원에서 알 수 있듯이 문법은 글을 옳게 쓰고 또 옳게 이해하도록 하기 위해 발전된 장치인 것이다. 다시 말하면 문법은 의미의 애매함이나 오

통을 강조하고 있다는 점에서 언어교육으로서의 구어체의 중요성에 대해서는 두 말할 필요가 없다.

4. 기호로서의 언어(Language as a Sign)

이 세상의 모든 언어들은 기본적인 공통 특징을 가지고 있다. 모든 언어는 음성기호든, 문자기호든 기호와 그것이 나타내는 뜻(개념)의 양면을 지닌 기호 체계이다. 이번 절에서는 문자기호의 기원 및 문자의 발달을 이응백 외(1998)를 중심으로 살펴보고자 한다.

4.1 문자기호의 기원

문자는 말에만 의존하였을 때의 한계를 보완해주는 의사소통의 다른 한 수단이다. 즉 문자는 말과 직접적인 관계를 가지면서 그 말을 기록하는 기호체계이다. 그러나 어떤 기호체계가 인간의 의사소통의 수단으로 쓰이고 또 그것이 시각적인 수단이라고 하여도, 그것이 소리인 말과 직접적인 관계를 맺지 않거나, 말을 기록하는 수단으로 쓰이는 것이 아니라면 문자라고 할 수 없다. 예를 들어 옛날에 의사전달의 수단으로 널리 쓰였던 봉화(烽火)는 문자가 아니다. 교통순경의 손짓도 훌륭히 의사전달을 해주지만 문자라고 할 수 없다. 그것들은 항구적이지도 않을 뿐더러 소리인 말을 기록하는 수단들이 아니기 때문이다.

본격적인 문자가 만들어지기 이전에 인류는 위에서 말한 청각적인 말의 제약을 극복하기 위하여 여러 시각적인 보조수단을 동원하였다. 계산막대기(counting stick), 조개구슬(wampum), 새끼매듭(quippu writing) 등이 그 대표적인 것들이다.

해의 소지를 막을 수 있도록 고안된 엄격하고 복잡한 규칙들의 체계로서 글을 쓰는 모든 사람이 따라야 하고, 글을 읽는 모든 사람이 알아야 하는 문장의 구성법이다.

(16) a. 계산막대기 : 자기가 관리하고 있는 소의 수를 막대기에 눈금을 새겨 표시하였던 막대기

b. 조개구슬 : 여러 가지 빛깔의 조개를 염주모양으로 꿰어 어떤 의사를 전달하였음. 예를 들어 흰색은 평화, 자주나 보라색은 전쟁, 검은색은 죽음, 녹색은 곡물 등을 가리킨다.

c. 새끼매듭 : 고대 페루 등에서 쓰이던 것으로서 새끼의 종류, 매듭, 빛깔, 길이 등의 여러 가지 배합상태로 주로 물건의 수량을 나타내던 것인데 이는 결승문자(結繩文字)라고 불릴 만큼 널리 알려진 방식이었다.

이상의 수단들은 그 어느 것도 아직 문자의 단계라고하기 어렵다. 이것들이 나타내줄 수 있는 의사소통의 범의가 너무 한정되어 있어, 그것이 비록 시각적인 기호체계이기는 하지만, 말을 기록하기 위한 기호체계라고 할 수 없기 때문이다. 겨우 기억을 도와주는 보조수단에 불과하였던 것이다.

말에 의한 의사소통의 한계를 보완하는 보다 일반적이고 편리한 수단은 그림이었다. 바위나 진흙이나 천 등에 그림을 그려 의사소통의 수단으로 삼은 것이다. 다음 [그림 1]은 아메리칸인디언에서 발견된 것으로 교회 옆 어디서 만나자고 연인에게 보내는 사연 등을 표현한 그림이다. 이와 같이 순전히 의사전달용의 그림문자가 인디언사회에서 널리 일반화되어 사용되었다고 볼 수 있다.

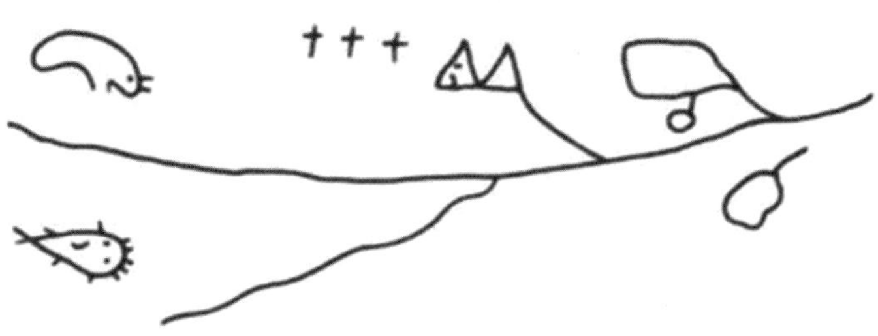

〈아메리칸 인디언의 그림문자〉

말로 표현한 것을 돌이나 천 등에 그림을 새기거나 그려서 표현하는 것은 확실히 말을 문자로 시각화하는 행위와 일치한다. 오늘날 '쓰다'는 의미를 가지는 여러 나라말의 단어들이 어원적으로 '새기다'나 '그리다'라는 의미를 가지는 단어에서 온 것도 이러한 연유에서 비롯된다. 위의 그림을 그림문자(picture writing, pictograph)라 불러

문자의 일종으로 간주하여, 문자의 기원이 그림임을 강조할 수는 있겠으나, 진정한 의미에서 문자라고 볼 수는 없다. 위와 같은 그림들이 말 하나하나를 그대로 옮겨 표기하는 방식으로 그려진 것은 아니기 때문이다.

4.2 단어문자

인류가 최초로 만든 문자 체계는 단어문자(word writing)였다. 단어보다 더 큰 언어 단위인 구나 문장은 그 내용도 단순하지 않을 뿐더러 그 수도 한정되어 있지 않아, 구나 문장에 대응시켜 글자 하나씩을 만들어내는 일은 불가능에 가깝기 때문이다.

(1) 상형문자

단어문자의 최초모습은 상형문자(象形文字, pictograph)였다. 상형문자란 표현하고자 하는 대상의 형체를 간략한 그림의 형태로 모사하여 만든 문자를 말한다. 다음은 상형문자의 예이다.

(17) a. 메소포타미아의 수메르문자(Sumerian writing) : 서기전 3100년경에 만들어짐.
b. 이집트의 신성문자(神聖文字, hieroglyphic writing) : 서기전 3000년경에 만들어짐.
c. 시리아지방의 히타이트문자(Hittite文字) : 서기전 1500년경에 만들어짐.
d. 중국의 한자(漢字) : 서기전 1300년경에 만들어짐.

이들 글자는 다음 [그림 2]에서 보듯이 다 같이 사물의 형체를 아주 간략화 된 그림의 모습으로 만들었는데, 그 발상법이 매우 흡사함을 보여준다. 각기 다른 지역, 다른 시대에 만들어진 인류 최초의 문자들이 한결같이 같은 발상법을 바탕으로 만들어진 상형문자라는 점은 매우 흥미롭다.

[그림 2] 상형문자

(2) 설형문자

상형문자는 그림을 그리는데 시간도 걸리고, 또 정확히 그리기 어렵다는 불편함이 있었다. 그리하여 이들은 점차 획의 모양으로 간략화 되어 설형문자(楔形文字,

cuneiform writing)로 발전하면서 글자 본연의 모습을 띠게 된다.

(18) a. 수메르문자(Sumerian writing) : 쐐기모양의 설형문자로 발전

b. 신성문자 : 일상용의 승려용(hieratic) 문자와 민간용(demotic)의 설형문자로 발전

c. 중국의 한자(漢字) : 오늘날의 표의문자인 설형문자로 발전

한자를 예로 보아도 해를 '日(일)', 나무를 '木(목)', 집을 '家(가)' 별을 '星(성)'이라고 씀으로써 애초의 상형의 대상이었던 사물의 모습은 이미 찾아보기 어렵게 되었다. 참고로 '馬(마)'자와 '目(목)'자가 변천되어온 과정을 그림으로 보면 다음 [그림 3]과 같다.

갑골문자 (甲骨文字)	금석문자 (金石文字)	전문(소전) 篆文(小篆)	예서 (隸書)	해서 (楷書)

[그림 3] 한자 '마(馬)'자와 '목(目)'자의 변천과정

초기의 이집트문자는 왕의 무덤 등에 새겨진 글자로, 신성한 일을 새기는 데 쓰인 문자라 하여 신성문자라고 하였다. 그러나 일상용으로 발전된 승려용(hieratic) 문자와 민간용(demotic) 문자는 흘림체가 되어 사물의 형체와 거리가 먼 획으로 된 글씨가 된다. 또 메소포타미아의 수메르 문자를 흔히 설형문자라 부르는 것은 이 글자들이 쐐기모양의 획으로 형태가 바뀌어 설형되었기 때문이다. 그림의 모습을 가졌던 글자가 다음 [그림 4]에서 보듯 나중에는 완전히 쐐기모양의 획으로 바뀐다.

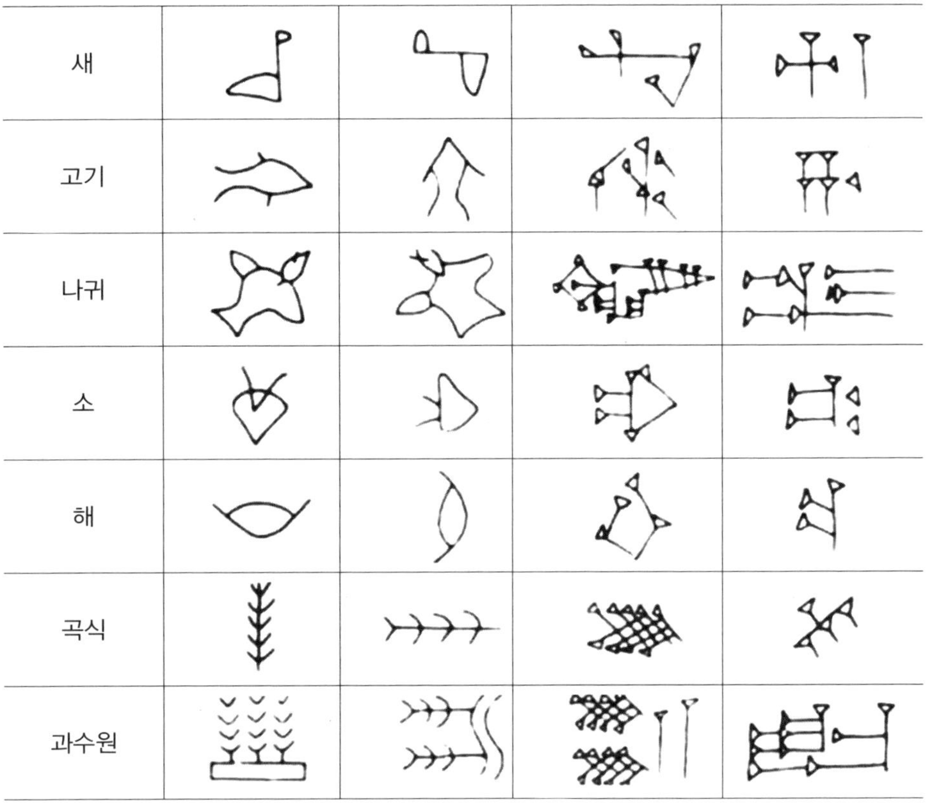

[그림 **4**] 설형문자

이처럼 상형방식의 글자에서 설형방식의 글자로 바뀌게 된 이유는 상형에 의한 글자를 만드는 일은 한계가 있고, 형체를 잘 잡을 수 없는 추상적인 개념 같은 것은 형체를 본뜨는 일이 쉽지 않았기 때문이다. 예를 들어 '정(情), 사랑, 믿음, 힘, 병(病), 신(神)'이라든가 '바쁘다, 춥다, 밝다, 미워하다' 등의 추상적인 개념을 상형의 방식으로 문자화하기는 매우 어려웠다.

단어문자는 단어 하나에 글자 하나씩을 만들어야 하므로 글자의 수가 대단히 많은 것이 그 특징이다. 중국의 한자가 5만자에 달하는 것이 그 증거이다. 다른 단어문자들은 이렇게 많지는 않지만 수메르문자가 600자, 이집트문자가 700자, 히타이트문자가 450자여서 역시 글자의 수가 매우 많음을 볼 수 있다. 다른 단어문자들이 한자에 비하여 훨씬 적은 글자를 가지는 것은 그 문자들은 후세에 음절문자로 바꿔어 더 이상 단어문자로 쓰이지 않았기 때문이다. 인류가 최초로 만든 문자는 모두 단어문자였지만, 오늘날까지 쓰이고 있는 단어문자는 중국의 한자 뿐이다. 단어문자는 각 글자가 대표하는 단어가 의미를 가지고 있으므로, 표의문자(表意文字, logographic writing)라고 부르기도 한다.

4.3 음절문자

문자발달사에서 음절문자(syllabic writing)의 탄생은 큰 의미를 가진다. 음성기호인 말은 궁극적으로 사람의 의사를 전달하기 위한 수단으로 쓰이지만, 기본적으로는 소리를 나타낸 것이다. 문자인 글도 의사전달의 수단으로 쓰이지만, 기본적으로는 말소리를 시각화한 문자기호일 뿐이다. 이것은 문자기호인 글이 반드시 의미를 나타내는 표의문자일 필요가 없다는 의미이다. 음절문자는 의미를 표현하는 표의문자 단계에서 소리를 표현하는 표음문자(表音文字, phonographic writing)의 세계를 열었다는 점에서 큰 도약이었다.

서기전 2세기 후반에 페니키아족(Phoenician), 헤브류족(Hebrews) 등의 셈족이 쓰던 서셈족 음절문자(West Semitic syllabary)는 이집트문자에서 발전되었다. 대부분의 음절문자는 그때까지 쓰이던 단어문자에서 모양과 소리를 따다가 만드는 방식으로 만들어졌다. 그 대표적인 예가 일본의 가나문자이다.

(19) a. 한자 : 加, 多, 阿, 伊, 宇
     b. 일본 가나문자 : カ, タ, ア, イ, ウ

일본은 5세기 무렵 한자를 수입해 쓰다가 9세기에 이르러 (19a)와 같은 한자의 일부를 떼어다가 (19b)와 같은 가나문자의 글자를 만들었다. 이 글자의 음들도 '가, 다, 아, 이, 우'처럼 한자의 음에서 따왔다. 이들 음절문자는 단어문자에 비하여 글자의 수가 대폭적으로 줄어들었다. 설형음절문자가 100~130자, 서셈족 음절문자가 22~30자, 일본의 가나가 50자여서 5만자의 한자와는 물론이지만, 600~700자의 다른 단어문자와도 비교가 되지 않을 정도의 적은 수의 글자가 된 것이다. 이는 물론 말을 구성하는 음절의 종류가 단어의 수보다 훨씬 적기 때문이다. 여기서 인류가 문자를 표의문자에서 표음문자로 발전시키는 이유를 깨닫게 된다.

4.4 음소문자

(1) 알파벳 문자

음소문자(phonemic writing)는, 음절문자가 대부분 단어문자를 변모시켜 만들었듯이 그때까지 쓰이던 음절문자를 변모시켜 만든 것이 많다. 그 가장 대표적인 것이 페니키아의 음절문자에서 발전된 인류 최초의 음소문자인 그리스의 알파벳 문자이다. 그리스에 페니키아 문자가 전래된 것은 서기전 850~800년의 일로 추정되는데, 그리스인들은 페니키아 문자의 몇몇 글자를 모음을 나타내는 글자로 전용함으로써 자음과 모음을 따로 나타내줄 수 있는 음소문자를 만든 것이다. 예를 들어 페니키아 문자는 서셈족의 음절문자에서 각 글자는 자음만을 나타내주고, 모음은 그때그때 여러 가지로 달리 읽힐 수 있는 체계였다. 가령 't'가 [t]음을 대표하는 글자라면 상황에 따라 다음처럼 읽혔다.

(20) t : [ta]로도 읽히고, [ti], [tu], [te], [to]로도 읽혔다.

이와 같은 불편을 없애기 위해 그리스인들은 't'로는 [t] 음만을 나타내는 자음으로만 쓰이게 하고, 모음 [a], [i], [u], [e], [o] 등을 나타내주는 글자는 서셈족 음절문자에서 이른바 약자음(weak consonant)에 해당하는 글자로 충당하였다. 즉 인류 최초로 자음글자와 모음글자가 분리된 음소문자를 만들었던 것이다.

그리스에서 만들어진 문자는 페니키아로 역수출되어 점차 세계 각지로 퍼져 오늘날 세계에서 가장 널리 쓰이는 로마자가 되었다. 결국 로마자는 그리스 문자와 페니키아 문자로 거슬러 올라가 멀리 이집트의 상형문자에 그 연원을 둔, 장구한 세월에 걸쳐 변모를 거듭하여 이루어진 것이다. 그 과정을 대표적인 몇 글자로써 보이면 [그림 5]와 같다.

	이집트문자	페니키아문자	그리스문자	로마문자
소머리		 Aleph	 Alepha	A
집		 Beth	 Betha	B
문		 Deleth	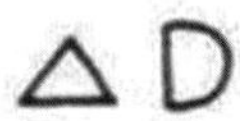 Delta	D
초목		 Kaph	 Kappa	K
물		 Mern	 Mu	M
눈		 Ayin	 Omukron	O
산		 Shin	 Sigma	S

[그림 5] 그리스 문자의 발달

(2) 한글

1443년에 창제되어 오늘날까지 우리가 쓰고 있는 한글은 문자의 종류로 보면 완전한 음소문자이다. 한글은 앞에서 본 음소문자의 경우와는 달리 앞 단계의 어떤 문자를 변모시켜 만든 것이 아니고, 전혀 새로이 창안해낸 문자이다. 한글은 또 그 제자원리(制字原理)가 과학적이고 조직적이며, 다른 문자에서 그 유형을 찾을 수 없다는 점에서 매우 독창적인 문자이다. 먼저 'ㄱ, ㄴ, ㅁ, ㅅ, ㅇ'의 다섯 기본 글자는 발음기관의 모양을 본떠 만든 것이다.

(21) a. ㄱ : 혀의 뒤쪽이 입천장에 닿는 모양 (아음(牙音 : 어금닛소리) : 연구개음)
b. ㄴ : 혀끝이 윗 잇에 닿는 모양 (설음(舌音 : 혓소리) : 설단음(舌端音))
c. ㅁ : 입술의 모양 (순음(脣音 : 입술소리) : 양순음)
d. ㅅ : 이빨의 모양 (치음(齒音 : 잇소리) : 치경음)
e. ㅇ : 목구멍의 모양 (후음(喉音 : 목구멍소리) : 성문음)

이처럼 글자를 그 글자가 대표하는 발음기관의 모양을 본뜬다는 착상은 매우 기발할 뿐만 아니라 과학적이며 또 다른 문자에서는 찾아볼 수 없는 독창성을 지니고 있다.

한글은 또 기본 글자 'ㄱ, ㄴ, ㅁ, ㅅ, ㅇ'에 획을 더하거나, 그 기본 글자들을 결합시켜 다른 글자를 만들어간 점에서도 특이하다.

(22) a. 'ㄱ'에다 획을 더하여 'ㅋ'자를 만들었다. (ㄱ→ㅋ)
b. 'ㄴ'에다 획을 더하여 'ㄷ'자를 만들고, 거기에 다시 획을 더하여 'ㅌ'자를 만들고, 다시 획을 더하여 'ㄹ'자를 만든 것이다. (ㄴ→ㄷ→ㅌ→ㄹ)
c. 'ㅁ'에다 획을 더하여 'ㅂ'자를 만들고, 거기에 다시 획을 더하여 'ㅍ'자를 만든 것이다. (ㅁ→ㅂ→ㅍ)
d. 'ㅅ'에다 획을 더하여 'ㅈ'자를 만들고, 거기에 다시 획을 더하여 'ㅊ'자를 만든 것이다. (ㅅ→ㅈ→ㅊ)
e. 'ㅇ'에다 획을 더하여 'ㆆ'자를 만들고 거기에 다시 획을 더하여 'ㅎ'자를 만든 것이다. (ㅇ→ㆆ→ㅎ)

모음글자는 '하늘(天), 땅(地), 사람(人)'을 나타내는 세 기본 글자인 'ㆍ, ㅡ, ㅣ'를 만들고, 이들을 결합시켜 나머지 모음 글자 'ㅗ, ㅜ, ㅛ, ㅠ, ㅏ, ㅓ, ㅑ, ㅕ'를 만들어 갔다. 글자를 이처럼 기본 글자와 거기서 파생되는 글자로 이원화시킨 방식도 매우 독창적인 방식이다. 또 소리에서 같은 계열의 것은 글자모양에서도 공통성을 가지게 되어 있다. 이는 이원적인 방식에서 얻어진 조직성인 것이다.

(23) a. 'ㄴ, ㄷ, ㅌ'은 설단음(舌端音)인 공통성을 가지는데 글자 모양에서도 알 수 있게 만들어졌다.
b. 'ㅋ, ㅌ, ㅍ'은 모두 거센소리인 격음(激音)인데 'ㄱ, ㄷ, ㅂ'과 같은 평음(平音)에

비하여 획을 많이 가지고 있다는 공통점이 있다.

c. 'ㅑ, ㅕ, ㅛ, ㅠ'는 모두 이중모음의 글자들인데 역시 'ㅏ, ㅓ, ㅗ, ㅜ'와 같은 단모음(單母音)의 글자에 비하여 획을 하나씩 더 가지고 있다는 공통점이 있다.

(3) 정서법과 표음문자

문장을 글로 표기하기 위하여 문자를 운영하는 규칙을 흔히 정서법(正書法, orthography), 또는 표기법이라고 한다. 한 단어나 문장에서 어떤 글자들을 어떻게 배열해 표기하고, 어떤 때는 대문자로 쓰고 어떤 때는 소문자를 쓰고, 어떤 곳은 붙여 쓰고 어떤 곳은 띄어 쓰며, 어떤 곳에는 어떠어떠한 부호나 구두점을 찍는다는 등등이 모두 정서법에 속한다. 이 중 가장 핵심적인 것이 단어 단위의 표기를 어떻게 하느냐 하는 것이다. 흔히 철자법(spelling)이라고 부르는 데, 말을 문자화함에 있어 가장 중심이 되는 과제는 결국 이 철자법을 어떻게 하느냐에 있다고 할 수 있다. 철자법이 말의 소리를 시각화함에 있어 어떻게 하는 것이 가장 이상적이냐 하는 데는 대개 두 가지 견해가 있다.

(24) a. 표음주의 : 소리를 충실하게 글자 하나가 일정하게 한 음소를 대표하여 한 글자와 한 음소간에 1 : 1의 대응관계가 잘 지켜질수록 하는 것이 좋은 정서법이라는 견해

b. 표의주의 : 정서법은 귀를 위한 것이 아니고 눈을 위한 것이므로, 소리의 반영에는 얼마간 불충실하더라도 눈에서 빨리 그 의미가 파악되는 것이 좋은 정서법이라는 견해

표음주의 입장은 정서법의 전통이 짧거나 없는 경우에 많이 나타난다. 전통이 오랜 정서법을 가진 나라에서는 표의주의의 견해가 많은데, 프라그학파의 바쉐크(Vachek)의 견해가 가장 대표적이다. 최근 촘스키(Chomsky)도 그 이론적 근거는 좀 다른 데가 있지만 후자의 입장을 취하고 있다. 표의주의를 취하는 한 근거는 문자의 보수성이다. 언어는 끊임없이 변화하여 그 소리도 계속 변하지만 정서법은 한번 굳어지면 그처럼 변할 수 없다는 것이다. 영어의 철자에 'knight'에서 소리가 나지 않는 'k'나 'gh'가 그대로 남아 있는 것은 문자의 보수성을 보여주는 본보기이다. 표의주의는 문자의 보수성을 인정하여 일단 굳어진 정서법은 되도록 그대로 살리자는 입

장이다. 문자언어는 항구적이라는 특성을 가지는데, 정서법이 소리에서 멀어졌다 하여 계속 바뀌면 10년 전의 책과 20년 전의 책을 오늘날의 정서법과 다른 정서법으로 읽어야 되므로 항구성도 떨어지고, 독서 능률도 그만큼 떨어진다. 표의주의의 다른 한 근거는 심리적인 것에 두고 있다.

(25) a. 표의주의 정서법 : '잎' → '잎이, 잎사귀, 잎만'
b. 표음주의 정서법 : '잎' → '이피, 입싸귀, 임만'

(25a)에서 '잎이, 잎사귀, 잎만'에서 각각 소리가 (25b)의 '이피, 입싸귀, 임만'으로 달리 실현되지만, 우리 의식 속에는 그것이 한 가지 소리로 자리 잡고 있다. 즉 (25b)처럼 소리에 충실하게 표기하기보다는 우리 의식 속에 자리 잡고 있는 모습인 '잎'으로 고정시켜 표기하는 것이 이 단어의 의미를 더 빠르고 더 정확하게 전달해준다. 이러한 표의주의 정서법은 나무의 '잎'과 사람의 '입'을 다같이 '입도 크다'로 표기할 때보다 분명히 눈에 잘 구별되도록 해주는 장점도 있다.

한글의 철자법(정서법) 중 가장 특이한 점은 음절합자(音節合字) 방식이다. 글자를 자음글자, 모음글자로 분리하여 음소 단위로 만들어 놓았으면서도, 그 운용에 있어서는 영어의 알파벳과 달리 음절 단위로 모아쓰기를 한 것이다. 이는 무엇보다 한자의 영향이라 생각된다.

(26) 한자의 '江' : 'ㄱ, ㅏ, ㅇ'처럼 풀어쓰기보다 '강'으로 모아쓴다.

결과적으로 이 모아쓰기 방식은 음소문자로 하여금 단어문자가 가지는 장점인 표의성을 얼마간 발휘할 수 있도록 해주었다. '닭'이나 '꽃'과 같은 글자는 그 모양이 독특하여 풀어썼을 때보다 훨씬 더 한눈에 어떤 단어를 가리키는지를 알게 해주어 마치 단어문자를 볼 때와 같은 효과를 준다. 모아쓰기 방식은 한글의 특징 가운데 가장 큰 특징이며 또 한글의 실용적인 효용을 높여준 방식이라 할 수 있다.

5. 약정으로서의 언어(Language as Convention)

언어란 음성기호든 문자기호든 기호와 그 기호(sign)가 지시하는 사물(또는 그 사물에서 연상되는 의미)과의 관계를 논하게 된다. 플라톤은 자연론의 입장을 취하여 언어기호와 그것이 지시하는 사물 사이에는 자연적이고 필연적인 관련이 있다고 주장하였다. 반면에 아리스토텔레스는 그 관련은 해당 언어를 사용하는 사람들끼리의 약속에 의해 정한 약정이라고 약정론을 주장하였다. 이러한 논쟁은 20세기까지 이어지는데, 소쉬르(Saussure, 1916)는 언어기호의 자의성(arbitrariness)을 주장하여 약정론의 입장을 옹호하였다.

5.1 언어기호의 자의성

언어는 인간이 서로 의사소통하는 기호체계의 하나이다. 이때 언어기호는 의미와 형태를 맺어주는 자의적인 기호로 정의된다. 즉 언어기호는 어떤 것이든지 형태(음성)와 거기에 대응하는 의미(개념)의 양면성을 지닌다. 이들의 연결 관계는 필연적이 아닌, 약속에 의해 임의적으로 정한 자의성을 지닌다. 만약 언어가 자의적이 아니라, 필연적인 관계에 의한 보편성을 지녔다면, 세계의 모든 언어는 하나의 개념에 대해서 같은 형태, 즉 같은 소리를 지니고 있을 것이다. 그러나 각 나라마다 다음처럼 다른 기호형태(소리)를 지닌다.

(27) a. 한국어 '사람[sa:ram]' : 중국어 '人[ren]', 영어 'man[mæn]'
b. 한국어 '집[ʤip]' : 중국어 '房子[fangz]', 일본어 [ie], 영어 'house[haus]', 불어 'maison[mez]'
c. 한국어 '말(馬)' : 영어 'horse', 프랑스어 'cheval', 러시아어 'loshad'

이처럼 하나의 대상에 대하여 언어마다 다른 기호를 쓰고 있음은 언어기호가 필연적인 것이 아니라 약속에 의해 임의적으로 정한 관습적인 것임을 보여준다. 학자들은 이것을 언어기호의 자의성(恣意性)이라 부른다.

실체의 소리를 그대로 흉내 내어 만든 의성어(onomatopoeia) 조차도 언어마다 다른 임의적인 자의성을 지니고 있다. 예를 들어 다음과 같이 동물 울음소리인 의성어가 영어, 중국어, 한국어가 각기 다 다르다.

(28) a. 돼지 울음소리 : Oink Oink, 꿀꿀
b. 소 울음소리 : Moo Moo, 哞哞(mou1 mou1), 음매 음매
c. 고양이 울음소리 : Meow Moew, 喵喵(miao1 miao1), 야옹 야옹
d. 개 울음소리 : Woof Woof/baw wow, 汪汪(wang, wang), 멍멍
e. 수탉 울음소리 : Clock-a-doodle-doo, 喔喔(wo1 wo1), 꼬끼오
f. 뱀이 움직이는 소리 : Hsssss Hssss/Ssss Ssss, 스르륵

한편 언어기호가 관습적으로 약속에 의해 정한 자의성을 지니고 있다고 해서 개인이 아무렇게나 형태(소리)와 의미를 연결시켜 사용한다면 언어로서 그 기능을 할 수 없게 된다. 즉 언어기호는 사회집단이나 공동체 구성원이 관습적으로 약속에 의해 정한 약정이므로, 일단 정하고 나면 개인의 힘으로는 변경할 수 없는 사회적 구속력을 지니게 된다. 따라서 언어기호는 자의성과 구속성의 모순된 양면을 지닌다고 할 수 있다.

5.2 세계의 제 언어와 세계어

언어는 유기체(organism)와 같아서, 태어나고 성장하고 사멸하는 변화를 규칙적으로 겪는다. 언어기호가 자의적이 아니었다면, 이러한 언어변화가 일어나지 않았을 것이다. 사회 구성원이 지리적으로 떨어져 살거나, 시간적으로 몇 세대가 지나면, 그 사회 구성원들이 사용하는 언어도 변하게 된다. 한 언어의 지역적인 차이를 방언(dialect)이라고 한다. 그러나 몇 세대가 지나면서 서로 의사소통이 되지 않을 정도로 변하게 되면 별개의 언어(language)가 된다. 19세기 초에 유럽 학자들은 어족(語族, family of languages)이란 개념을 발전시켰다. 이것은 옛날의 같은 언어에서 변한 여러 언어들을 한 조상의 자손들로 생각한 데서 연유한 것이다. 어족에 따라 세계 제

언어를 분류해 보면 다음과 같다.

(29) 인도유럽어족

a. 게르만어 계통 : 영어, 독일어, 덴마크어, 네덜란드 등

b. 라틴어 계통 : 프랑스어, 이탈리아어, 포르투갈어, 에스파냐어 등

c. 슬라브어 계통 : 러시아어, 불가리아어, 체코어, 폴란드어, 우크라이나어 등

d. 인도이란어 계통 : 뱅골어, 힌디어, 페르시아어, 아르메니아어, 알바니아어 등

(30) 기타 어족

a. 핀우그르어족 : 핀란드어, 에스토니아어, 헝가리어 등

b. 알타이어족 : 터키어, 몽골어, 만주퉁구스어, 한국어 등

c. 시노티베트어족 : 중국어, 버마어, 타이완어, 티베트어 등

이외에도 아프리카제어, 말레이폴리네시아제어, 코카서스제어, 드라비다제어, 아메리카인디언제어 등 무수히 많이 있다. 이 많은 언어들을 그 언어를 사용하는 사람의 수로 보면 큰 차이가 있다. 몇 억으로 셀 수 있는 중국어나 영어와 같은 언어가 있는가 하면, 시베리아에 흩어져 있는 퉁구스 계통의 말들과 같이 기껏 몇 만, 몇 천, 심지어는 몇 백의 사람밖에 되지 않는 언어들도 있다.

한편 문화의 발달에 따라 언어의 원래 기능인 의사소통이 세계 언어의 분화로 인하여 자유로운 의사소통이 불가능해졌다. 이러한 불편을 제거하기 위하여 일종의 인공언어인 국제보조어가 만들어졌다. 이 중 에스페란토(Esperanto)가 유명한데, 원래 국제어로 사용될 목적으로 만들어졌으나 현재는 잘 사용되지 않고, 오히려 영어가 세계어(global language)로 많이 사용되고 있다.

6. 체계로서의 언어(Language as System)

어떤 언어라고 해도 아무렇게 구성되어있는 것은 아니다. 모든 언어마다 각 언어 나름의 고유한 언어체계 또는 언어조직을 이루며 유기체처럼 연결되어 체계를 이루고 있다.

6.1 문장체계와 통사론

먼저 다음과 같은 문장을 보자.

(31) a. 최초의 여성인 이브는 빨간 사과를 좋아했다.
b. Eve, the first woman, liked red apples.

(31a)의 한국어 문장에서 문장이 아무렇게 단어들로 구성된 것이 아니라, 어떤 체계를 이루면서 조직되어 있다. 먼저 '최초의 여성인 이브는'은 문장주어이고 '빨간 사과를'은 목적어이며, '좋아했다'는 서술어인 동사로 주어 + 목적어 + 동사(S + O + V) 형식으로 조직되어 체계를 이루고 있다. 반면에 (31b)의 영어 문장은 주어 + 동사 + 목적어(S + V + O) 형식의 조직체계를 이루고 있다. 이를 문장구조(sentence structure) 또는 문장 구성체계(sentence system)라고 한다. 또 문장을 구성하는 성분인 주어 명사구 '최초의 + 여성'과 목적어 명사구 '빨간 + 사과'도 형용사가 명사를 수식하는 '형용사 + 명사'의 형태로 체계를 이루고 있다. 특히 영어의 경우 '명사구(NP) → 관사(A) + 형용사(A) + 명사(N)'로 구성되는 체계를 이루고 있다. 이를 구구성 체계(phrasal system)라 하는데, 이를 포함하여 전체 문장의 구성 체계를 연구하는 학문분야를 구문론 또는 통사론(syntax)이라고 한다.

한편 문장구성체계의 유형에 따라 다음과 같이 세 가지 유형의 언어로 분류하기도 한다.

(32) SOV형

a. 한국어, 일본어 : 주어와 목적어 모두 표지를 갖는 경우

b. 터키어, 만주어 : 주어는 영표지이고 목적어가 표지를 갖는 경우

c. 오스트레일리아 원주민 언어 : 목적어가 영표지이고 주어가 표지를 갖는 경우

d. 힌디어, 페르시아어 : 주어와 목적어 모두 영표지인 경우

(33) SVO형 :

a. 프랑스어, 이탈리아어, 스페인어, 포르투갈어, 그리스어

b. 영어, 독일어, 네덜란드어, 노르웨이어, 덴마크어, 스웨덴어, 핀란드어

c. 러시아어, 체코어, 폴란드어, 불가리아어, 알바니아어

d. 중국어, 베트남어, 크메르어, 태국어

(34) VSO형

a. 고대 그리스어, 고전 아랍어, 히브리어

b. 마사이어, 마야어, 마오리어, 피지어, 하와이어

6.2 단어체계와 형태론

한편 단어도 체계를 이루며 조직적으로 구성되어 있는데, (32) 문장에 쓰인 영어단어 'liked'는 동사원형 'like'과 과거형 어미 '–ed'로 구성되어 있고, 'apples'는 명사원형 'apple'과 복수형어미 '-s'로 구성되어 조직화 되어 있다. 이때 형태를 이루고 있는 의미의 최소단위를 형태소(morpheme)라고 하며, 이를 포함하여 단어의 구성조직(word structure or system)을 연구하는 분야를 형태론(morphology)이라고 한다.

다음과 같은 영어의 단어체계를 좀 더 자세히 살펴보자.

(35) a. fruit(N), avoid(V), happy(A), fast(AD)

b. fruits, avoided, happier, fastest

c. fruitful, avoidable, unhappiness

(35a)의 'fruit, avoid, happy, fast'는 하나의 단어이면서 기본적인 어휘를 나타내는

어휘형태소(lexical morpheme)이다. 문법적으로는 명사(N), 동사(V), 형용사(A), 부사(AD)에 해당하며, 자신의 고유한 의미가 있는 내용어(content word)이다. (35b)의 'fruits, avoided, happier, fastest'는 하나의 단어이지만, 기본형인 어휘형태소에 복수형어미 –s, 과거형어미 –ed, 비교급형어미 –er, 최상급형어미 –est가 결합한 단어들이다. 이때 쓰인 어미를 어휘형태소인 'fruit, avoid, happy, fast'에 붙어 어휘를 약간 굴절시켰다고 해서 굴절접사(inflectional affix)라고 한다. (35c)의 'fruitful, avoidable, unhappiness'는 어휘형태소 'fruit, avoid, happy'에 형용사형 어미 –ful, -able, 명사형 어미 –ness, 부정의 접두사 un-이 붙어 만들어진 단어들이다. 이들 어미는 품사전환 등의 새로운 의미의 단어를 파생시킨다고 하여 특별히 파생접사(derivational affix)라고 한다. 한편 영어, 프랑스어, 러시어 등의 인도-유럽어족의 언어는 모두 문법형태소(grammatical morpheme)인 굴절접사에 의해 단어가 굴절하는 언어라 하여 굴절어(inflectional language)라고 한다.

한편 한국어는 다음과 같은 단어체계를 이룬다.

(36) a. 나는 오늘 학교에 갔다' → '나 + 는 오늘 학교 + 에 가 + 았 + 다'
b. 하늘을 나는 새를 보았다' → '하늘 + 을 날다 + ㄴ 새 + 를 보 + 았 + 다'

먼저 (36a)의 '나는'은 대명사 '나'에 주격조사 '-는'이 결합한 단어이다. '학교에'는 명사 '학교'에 처소격조사 '-에'가 붙은 단어이다. '갔다'는 동사 '가다'에 과거형보조어미 '었'이 결합한 단어이다. (36b)의 '하늘을, 새를'은 명사 '하늘, 새'에 목적격조사 '-을/를'이 결합한 단어이다. 또 '보았다'도 동사 '보다'에 과거형보조어미 '았'이 결합한 단어이다. 그러나 '나는'은 동사 '날다'에 형용사(또는 관용어)로 품사전환시켜주는 일종의 파생접사인 '-ㄴ'이 결합한 단어이다. 이처럼 한국어의 단어체계는 영어와 비슷한 것 같으면서도 조금 다른 체계를 이루고 있다. 이와 같이 문법형태소인 조사나, 과거형 보조 어미 등을 붙여(교착하여) 새로운 단어를 만드는 한국어, 일본어, 터키어 등의 언어를 교착어(agglutinative language)라고 한다. 반면에 중국어와 같이 한 음절의 단어가 독립적인 의미를 지니고 있어, 음절(단어)단위로 고립되어 있는 언어를 고립어(isolating language)라고 한다.

6.3 소리체계와 음성음운론

언어의 소리체계(sound system)도 무질서하게 나열된 것이 아니라 잘 조직되어 있다. 예를 들어 '여성'은 '여'와 '성'이라는 두 개의 음절(syllable)로 구성되어 있는데, 다시 음절 '여'는 자음(consonant) 'ㅇ'와 모음(vowel) 'ㅕ'로 구성되어 있다. 영어 'woman[wúmən]'도 2음절어로 각 음절은 마찬가지로 자음과 모음으로 구성되어 있다. 이때 자음과 모음과 같은 분절음(segment)을 소리의 최소 단위인 음소(phoneme)라고 한다. 한편 국어는 음절수에 따라 발음하는 시간이 정해지는 음절박자언어(syllable timed language)라고 하는데, 영어는 음절수보다는 강세 수에 따라 발음시간이 정해지는 강세박자언어(stress timed language)라고 한다. 이와 같은 분절음인 자음과 모음 및 초분절음(suprasegment)인 강세(stress), 고저(pitch), 장단(length) 등과 같은 운율적 요소(prosodic features) 등을 연구하는 분야를 음성학(phonetics)이라고 한다.

한편 국어와 영어의 자음 및 모음체계는 약간 다르다. 예를 들어 자음 중에서도 폐쇄음(stop sound)만 보면, 국어는 영어와 달리 유성음, 무성음 차이가 없고, 평음, 유기음, 무기음 등의 차이가 있다.

(37) 영어 폐쇄음

a. 유성음 : b d g

b. 무성음 : p t k

(38) 한국어 폐쇄음

a. 평음 : ㅂ ㄷ ㄱ

b. 유기음 : ㅍ ㅌ ㅋ

c. 무기음 : ㅃ ㄸ ㄲ

영어는 유무성 차이가 있어 유성음 /b, d, g/와 무성음 /p, t, k/가 별개의 음소이나, 한국어에서는 의미차이가 없는 자유변이음이다.

(39) a. pack ↔ back, tear ↔ dear, class ↔ glass

b. 바보, 다도, 감기

(39a)처럼 영어의 무성음 /p, t, k/와 유성음 /b, d, g/는 의미차이가 있는 별개의 음소이다. 반면 한국어의 '바보, 다도, 감기'에서 어두의 초성자음 'ㅂ, ㄷ, ㄱ'은 기본적으로 무성음이다. 그러나 같은 자음이라도 중간에 끼어 있는 자음 'ㅂ, ㄷ, ㄱ'은 유성음(모음 'ㅏ'나 유성자음 'ㅁ')과 유성음(모음 'ㅗ, ㅣ') 사이에서 유성음화 되어 발음되는 유성음이다. 즉 한국어의 유성음과 무성음은 위치에 따라 조금 다르게 발음되는 의미차이가 없는 자유변이음이다.

한편 한국어는 유기음, 무기음 차이가 있어 유기음 /ㅍ, ㅌ, ㅋ/와 무기음 /ㅃ, ㄸ, ㄲ/는 별개의 음소이나, 영어는 다음처럼 무성폐쇄음 /p, t, k/가 위치에 따라 조금 다르게 발음되는 의미차이가 없는 자유변이음이다.

(40) a. pie, talk, keep
　　b. speed, start, sky
　　c. stop, heart, cook

(40a)처럼 영어의 무성폐쇄음 /p, t, k/는 단어(음절) 첫머리에서 발음할 때는 공기를 많이 터트리면서 발음하는 유기음(aspirated sound)으로 한국어 /ㅍ, ㅌ, ㅋ/과 비슷한 소리이다. (40b)처럼 /s/ 소리 다음에 발음할 때는 공기를 동반하지 않는 무기음(unaspirated sound)으로 한국어 된소리 /ㅃ, ㄸ, ㄲ/과 비슷한 소리이다. (40c)처럼 단어(음절) 끝머리에서 발음할 때는 막기만 하고 파열하지 않는 불파음(unreleased sound)으로 한국어 받침소리와 비슷한 소리이다. 이처럼 영어의 유기음, 무기음은 위치에 따라 조금 다르게 발음되는 자유변이음에 지나지 않는다. 이와 같이 각 언어의 음소체계와 위치에 따라 다르게 발음하는 음운규칙 등을 연구하는 분야를 음소론 또는 음운론(phonology)이라고 한다.

한편 구조주의 언어학에서는 한국어, 영어 등 개별언어의 소리체계, 단어체계, 문장체계가 다 다르다고 보고 있다. 이처럼 개별언어의 특수한 문법체계를 연구하는 문법을 개별문법(individual grammar)이라고 한다. 그러나 생성문법에서는 각 언어의 체계가 제각기 다른 특색도 있지만, 공통적으로 지니고 있는 보편적인 언어체계가 있다고 본다. 예를 들어 어떠한 언어에도 소리와 형태, 의미가 있으며, 소리체계를 다루는 음성음운론, 어휘형태를 다루는 형태론, 문장형태를 다루는 통사론, 문장

의미와 발화의미를 다루는 의미 화용론이 있다. 또 문장 형태를 다루는 통사론에서도 의문문, 부정문, 어순, 주어 생략 등과 같은 보편적인 문법현상이 있다. 이와 같이 모든 언어의 공통된 보편적 체계를 연구하는 문법을 보편문법(universal grammar)이라고 한다.

연습문제

1. Pyles and Algeo(**1982**)는 언어를 어떻게 정의하였으며, 이런 정의를 통해 언어의 어떤 특성을 강조하고 있는지 설명해 보시오.

2. 촘스키(Chomsky)의 생성문법에서는 인간은 선천적으로 언어를 배울 수 있는 언어능력(linguistic competence)을 갖고 태어난다고 본다. 촘스키처럼 언어는 인간에만 한정되었는지 동물도 의사소통의 언어가 있는지 입장을 정하고, 그 주장에 대한 근거를 들어 논의해 보시오.

3. 인간의 언어사용능력과 동물의 신호사용능력과의 차이를 설명해 보시오.

4. 언어의 기원에 대해 신수설, 발명설, 진화설 등이 있다. 각 이론의 장단점을 설명해 보고, 본인은 어떤 이론이 가장 그럴듯 한지 그 이유를 들어 논의 해 보시오.

5. 언어적 의사소통방법과 비언어적 의사소통방법의 부차언어(paralanguage), 동작언어(body language)와 동작학(kinesics), 근접학(proxemics)에 대해 설명해 보고, 본인이 대화할 때 가장 많이 사용하는 비언어적 의사소통 방법으로 무엇이 있으며, 왜 사용하는지 설명해 보시오.

6. 외국인과 대화할 때 사용하는 몸짓 등의 동작언어에서 우리와 비슷한 것과 서로 다른 것으로 어떤 것이 있는지 예를 들어 설명해 보시오.

7. 의사소통능력(communicative competence)의 문법적 능력(grammatical competence), 사회언어학적 능력(sociolinguistic competence), 담화 능력(discourse competence), 전략적 능력(strategic competence)이 무엇인지 구체적으로 예를 들어 설명하고, 본인은 언어생활 및 언어교육에 있어 어떤 것이 더 중요하다고 생각하는지 이유를 들어 논의해 보시오.

8. 음성언어인 말과 문자언어인 글의 차이를 예를 들어 설명해 보고, 문어체와 구어체의 특징에 대해 예를 들어 설명해 보시오.

9. 옛날에 의사전달의 수단으로 널리 쓰였던 봉화(烽火), 계산막대기(counting stick), 조개구슬(wampum), 새끼매듭(quippu writing), 그림문자(picture writing, pictograph) 등은 구체적으로 어떤 것이며, 문자의 기원은 될 수 있지만, 왜 문자 단계로 볼 수 없는지 설명해 보시오.

10. 메소포타미아의 수메르문자(Sumerian writing), 이집트의 신성문자(Hieroglyphic writing), 시리아 지방의 히타이트문자(Hittite), 초기의 갑골 문자와 같은 한자를 상형문자로 보는데 예를 들어 설명해 보고, 설형문자로 어떻게 발전해 갔는지 설명해 보시오.

11. 영어 알파벳의 a, b, c 등과 한글의 ㄱ, ㄴ, ㄷ 등의 음소문자의 기원 및 차이와 장단점을 예를 들어 설명해 보시오.

12. 한글의 정서법에서의 특징은 무엇인지 예를 들어 설명해 보시오.

13. 언어의 자의성을 기본적인 단어 및 의성어의 예를 들어 설명해 보시오.

14. 언어는 왜 변하는지와 방언차이, 개별언어 간의 차이, 어족(인도유럽어족, 핀우그루어족, 알타이어족, 시노티벳트어족)에 대해 예를 들어 설명해 보시오.

15. 국어는 교착어, 영어는 굴절어, 중국어는 고립어로 보는 이유를 형태소의 종류와 단어체계에 따른 언어유형으로 설명해 보시오.

16. 다음 예에서 국어와 영어의 유무성음 및 유기음, 무기음 차이를 음소와 자유변이음의 개념으로 설명해 보시오.

a. 바보/pill↔bill, 도도하다/time↔dime, 가고파/card↔guard

b. 아파↔아빠/pie↔speed

제 2 장

언어습득과 학습이론

1. 언어습득이론

모든 언어 습득은 말(음성언어)인 듣기, 말하기, 글(문자언어)인 읽기, 쓰기 순으로 발달된다고 한다. 어린아이는 태어나서 대략 30개월 동안 주위에서 하는 말소리를 듣고 나서 익숙한 단어를 중심으로 말을 하기 시작한다. 그리고 글인 읽기까지는 6년에서 9년 정도의 시간이 걸린다. 더욱이 쓰기는 특별한 노력이나 재능에 따라 좌우된다. 우리 인간이 이와 같이 언어를 습득하게 되는 데, 이에 대해 크게 세 가지 이론이 있다.

(1) a. 후천적 입장 : 인간은 전혀 아무 것도 모르는 백지상태에서 부모님이나 주위사람들이 하는 말을 듣고 따라하거나 모방함으로써 무의식적으로 습관형성이 되어 습득하게 된다.

b. 생득론적 입장 : 인간은 태어날 때부터 다른 동물과 달리 선천적으로 언어와 세계의 본질에 대한 일반적인 경향과 지식을 가지고 태어난다.

c. 기능적 입장 : 생득론적으로 언어를 습득하도록 유전학적으로 특정지어졌다고 하더라도, 후천적인 경험이 언어습득에 있어 매우 중요한 역할을 한다. 즉 선천적으로 갖고 태어난 언어능력과 함께 언어가 의사소통에 쓰인다는 기능을 중요시하여 이런 의사소통적 기능에 입각하여 언어가 습득된다.

1.1 후천적 입장의 언어습득이론

(1) 이론적 배경

모든 이론은 거의 다 그 이론적 배경이 있기 마련이다. 윤리나 철학시간에 영국의 경험주의(Empiricism) 철학에 대해 배워서 기억할 것이다. 경험주의 철학은 일체의 추상적인 것을 배격하고 구체적인 것만을 인정하며, 이런 구체적인 사실은 오직 경험을 통해서 알게 된다는 입장이다. 바로 이 경험주의 철학이 후천적 언어습득 이론의 이론적 배경이라고 할 수 있다.

심리학적으로는 조건과 반응이라는 행동을 통해서 객관적으로 관찰될 수 있는 반응을 중시하는 행동주의(Behaviorism) 심리학이 있다. 언어도 전체 인간 행동의 기본적인 한 부분이며, 바로 이 조건과 반응이라는 행동을 통해서 언어를 배우게 된다는 행동주의 심리학이 후천적 언어습득이론의 또 다른 이론적 배경이다.

언어학적으로도 20세기 전반부에 유행하던 구조주의(Structuralism) 이론이 있다. 모든 언어는 아무렇게나 되어 있는 것이 아니라 매우 체계적으로 되어 있는 데, 각 나라말은 자기 고유의 소리체계, 단어 형태체계, 문장구조 체계 등 모두 체계적으로 구조화되어 있다. 이처럼 구조화된 각 나라 언어는 후천적인 경험을 통하여, 조건과 반응에 따라 반복과 모방을 하다 보면 무의식적으로 습관형성(habit formation)이 되어 저절로 습득하게 된다는 입장이다.

이와 같이 구조주의 언어학과 경험주의 철학 및 행동주의 심리학이 결합하여, 후천적 언어습득이론을 형성하게 되었다.

(2) 행동주의 언어습득 모델

행동주의 모델로 가장 잘 알려진 언어습득이론의 모델은 파브로브(Pavlov : 1849-1936)의 조건반사(Stimulus and Response)이론과 스키너(B. F. Skinner : 1904-1990)의 조작적 학습(Operant Conditioning)이론이 있다.

1) 파브로브의 조건반사 이론

파브로브의 조건반사이론은 개를 대상으로 해서 실험을 하였다고 한다. 즉 개에게 종소리를 울리면서 음식을 주게 되면, 개는 음식과 종소리라는 자극에 대해 침을 흘리는 반응을 보인다. 이것이 습관화되면 종소리만 들어도 침을 흘리는 반응을 보인다. 이 실험을 통해 우리 인간도 비슷한 과정을 통해 언어를 습득한다는 가설이다. 예를 들어 사과를 주면서 'apple'이라는 소리를 같이 들려주면, 어린아이는 어떤 반응을 보이게 되는 데, 나중에는 사과 없이 apple이라는 소리만 들어도 그에 상응하는 반응을 보인다. 이와 같은 조건반사 이론에 따라 습관화되어 언어가 습득된다는 이론이다.

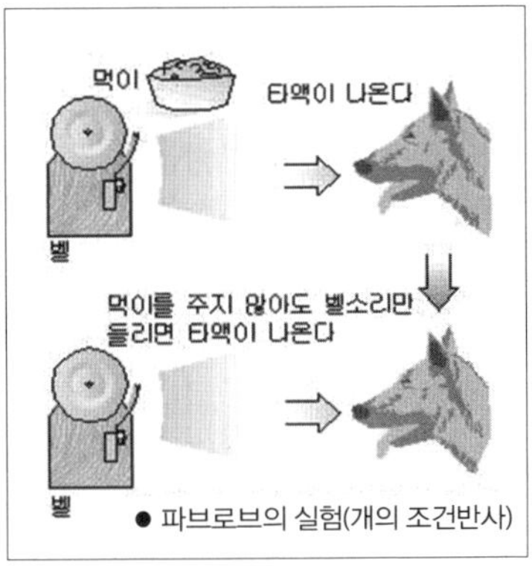

〈파브로브의 조건반사〉

2) 스키너의 조작적 학습이론

스키너의 조작적 학습이론은 조건반사이론을 더 발전시켜, 자극과 반응 외에 강화(reinforcement)라는 개념을 가미하였다. 즉 단순한 자극이 아니라 보상을 주어 자극자체를 조작적으로 조건화하여 반응을 더 강화시킨다는 이론이다. 쥐를 여러 개의 지렛대가 달려 있는 일종의 스키너 상자라는 곳에 집어넣고 실험하였다. 예를 들어 어떤 지렛대를 누르면 밑에 있는 음식이 나오고, 다른 지렛대를 누르면 물이 나오고, 또 다른 지렛대를 누르면 가시가 나와 찌르게 된다든지 하여, 반응의 결과에 대한 보상을 다르게 조건화하였다. 이때, 쥐는 그 보상에 따라 조건화되어 반응하게 된다. 이와 같은 실험을 통해 언어 행동도 다른 행동과 마찬가지로 그 결과에 의해 조정 받게 된다는 것을 알 수 있다. 즉 결과가 보상적일 때 언어행동은 유지되고 증가되며

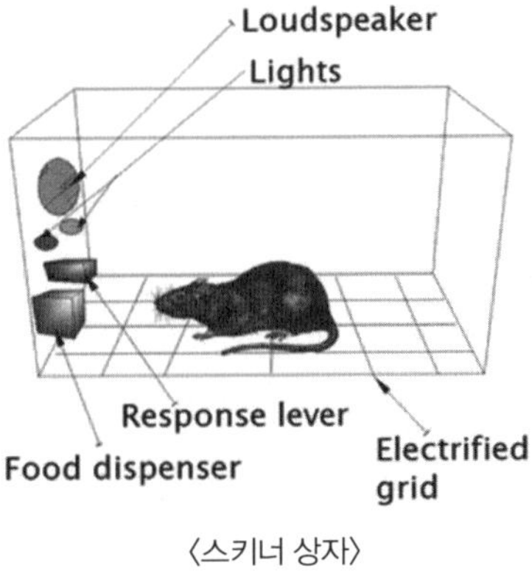

〈스키너 상자〉

자주 나타나게 되어 습관화된다. 예를 들어 아이가 "want milk"라고 말할 때 부모가 우유를 준다면 그 말은 보상을 받아 강화된다. 언어습득은 어떤 언어적 행동을 하였을 때 만족스러운 보상을 받거나 칭찬을 받으면 강화되고, 만족스럽지 못한 보상을 받거나, 벌을 받으면 약화되고 결국 사라지게 된다는 이론이다. 모든 학습은 조건화이며, 자극을 조건화하여 결과에 대한 보상을 적절하게 해 주면 완전학습을 할 수 있다는 이론이다.

1.2 생득주의적 언어습득이론

(1) 이론적 배경

영국의 경험주의 철학과 반대되는 입장으로 대륙의 합리주의(Rationalism) 철학이 있다. 또 행동주의 심리학과 반대되는 인지주의 심리학(Cognitive Psychology)이 있다. 언어학적으로도 20세기 후반에 구조주의 문법을 비판하고 (변형)생성문법(Transformational-Generative Grammar)이 발전하였다. 이 세 가지 이론이 생득주의적 입장의 이론적 배경이다.

먼저 합리주의 철학을 보면, 이성주의 철학이라고도 하는 데, 인간은 경험하기 이전에 이미 선험적으로 이성을 지니고 태어난다고 보고 있다. 언어도 경험을 통해서 배운다면 인간이외의 동물들도 경험을 통해 언어를 습득해야 되는 데, 아직까지의 실험에서는 본능적인 의사소통은 몰라도 인간처럼 생각하고 인지하는 의사소통은 불가능한 것으로 보고되고 있다. 즉 인간은 다른 동물과 달리 이미 이성적인 존재로 생물학적으로 언어를 습득하도록 결정되어져 있다는 입장이다.

인지주의 심리학에서는 인간에게는 조건반사나 조작적 학습에 의해 겉으로 드러난 객관적인 행동 이외에도, 눈에 보이지 않는 정신활동 즉 직관적인 인지능력이 있다고 본다. 따라서 겉으로 들어 난 언어행동은 빙산의 일각에 지나지 않고, 이외에도 눈에 보이지 않는 정신적인 인지능력으로 언어에 대한 직관이 언어습득에 있어 매우 중요한 역할을 한다는 입장이다.

다음 변형생성 문법에서는 주로 표면에 나타난 표층구조에 중점을 두고 있는 구조주의 문법이 아니라, 표면구조로 변형되기 이전의 의미적인 심층구조를 중시한다. 따라서 각 나라 언어마다 다른 표층구조가 아니라, 언어 보편적인 의미를 나타내는 심층구조가 언어습득에 있어 중요한 역할을 하며, 이 심층구조야말로 인간이 선천적으로 갖고 태어났다고 보는 언어능력(linguistic competence)을 나타내는 보편문법(Universal Grammar)의 구조를 지니고 있다. 따라서 이 선천적인 언어능력을 규명하는 것이 바로 인간의 본질을 규명하는 원대한 과제라고 주장한다.

(2) 언어습득 모델과 원리

1) 언어습득장치

Chomsky(1965)는 언어 규칙이 고도로 추상적인 데도 불구하고 그렇게 짧은 시간에 아이들이 모국어를 습득하고 있는 것을 설명하기 위해서는 인간에게는 선천적으로 갖고 태어난 일종의 언어습득 장치(Language Acquisition Device)와 같은 것이 있다고 주장한다. 인간은 단순한 모방이 아니라 어떤 원칙에 입각하여 말하는 행동(rule governed behavior)을 하게 되는 데, 우리는 가끔 어린아이가 들어보지도 않은 깜직한 말을 하는 것을 보고 깜짝 놀라는 일이 있다. 인간은 3살 정도가 되면 어느 정도 의사소통에 필요한 말을 하기 시작하는 데, 후천적으로 경험을 통해 모두 다 배울 수는 없고, 어떤 원칙이나 추론에 입각하여 경험하지 않은 새로운 말을 창조해 사용하게 된다. 이때 우리나라 어린이는 한국어적인 환경 하에서 한국어가 입력이 되기 때문에 이 언어습득 장치가 작동하여 3, 4살 되면 창조적으로 한국어가 출력으로 나오게 된다. 마찬가지로 영어, 중국어 등의 외국어적인 환경 하에서 그 나라 말이 입력되면 그 나라 말이 출력으로 나오게 된다. 이를 도식화 하면 다음과 같다.

(2) input → **LAD** → output

Chomsky's Language Acquisition

우리는 흔히 후천적 언어습득의 예로 늑대소년을 생각하기 쉽다. 그러나 늑대소년의 경우 선천적 언어습득 장치는 있었지만, 입력이 늑대소리였기 때문에 언어가 나오지 않은 경우이다. 민들레 씨앗을 땅에 심고, 적당한 물과 햇빛을 주면, 다른 꽃이 아닌 민들레꽃이 피지만, 물과 햇빛이 적으면 민들레꽃이 피지 않는 것과 마찬가지로 인간은 선천적으로 언어습득 장치를 갖고 태어났지만, 늑대소년에게는 물과 햇빛에 해당하는 적당한 양의 언어입력이 없었던 것이다.

2) 보편문법과 매개변항

한편 생득주의자들은 언어습득 장치의 개념을 보편적 언어체계로 발전시키고 있다. 예를 들어 한국어, 영어, 중국어 등 모든 언어가 제각기 다른 특색이 있지만 공통적으로 지니고 있는 보편적인 언어체계가 있다는 것이다. 어떠한 언어에도 소리와 형태, 의미가 있으며, 형태면에서도 의문문, 부정문, 어순, 주어 생략 등과 같은 보편적인 문법적인 현상이 있다. 단지 그 세세한 현상에서 차이가 나는 데, 그것은 일종의 매개변항(parameter)이라고 설명하고 있다. 비유를 들자면 언어습득 장치와 같은 것을 일종의 TV 수상기라고 한다면, 보편적인 문법현상에 해당하는 것은 소리와 화면을 보여주는 것이라고 할 수 있다. 각 방송국에서 보내는 전파에 채널을 맞추면 그 방송 내용이 나오듯이 매개변항에 따라 각기 다른 언어가 나온다는 가정이다.

3) 규칙과 생성원리

후천적 언어습득자들은 인간은 백지상태에서 태어나, 모방과 반복에 의해 습관형성이 되어 언어가 습득된다고 본다. 반면에 생득주의자들은 인간은 선천적으로 언어능력을 갖고 태어났다고 보고 있다. 이것을 일종의 언어습득 장치와 같은 것이라고 하였는데, 이 언어습득 장치는 TV 수상기와 마찬가지로 어떤 원리와 체계로 이루어졌다고 보고 있다. 단지 TV 수상기는 이미 체계가 완성되어 있는 것이라면 인간의 언어습득 장치는 스스로 원리와 체계를 완성해 나간다는 것이 다르다. 어린이는 받아들인 언어입력에 대하여 끊임없이 가설을 형성하고 체계를 만들어간다. 어린이의 언어구사력이 발달되어감에 따라 그 가설들은 계속적으로 수정되고 다시 만들어지고 때로는 버려지곤 한다. 이러한 과정을 거치면서 어린이들은 모국어를 습득한다. 예를 들면, 영어를 사용하는 4살 된 어린이가 복수 용법, 현재 진행, 과거, 3인칭 단수, 소유격 등을 적용하는 것을 발견할 수 있는 데, 만약 처음 보는 어떤 장난감을 'wug'라고 가정하여 그 단어를 배웠다면 두개에 대하여는 'two wugs'라고 말하고, 그 장난감이 동작하는 행동을 gling이라 하여 동사에 대하여 배웠다면 glinged yesterday라고 말한다. 이와 같은 사실은 어린이가 각 단계마다 언어의 체계를 가지고 있다는 증거이다. 즉 모방과 반복이 아니라 스스로 생각하고 이성적으로 가설을 해가며 규칙과 원리에 따라 언어를 생성해 낸다.

4) 두 단어 문장과 축 문법

어린이들이 말을 배우기 시작할 때 두 단어로 이루어진 문장을 말한다. 이 두 단어 문장은 결코 아무렇게나 결합된 말이 아니라, 어떤 원칙이 있어 다음과 같이 서로 다른 어군의 단어로 구성된다.

(3) a. My cap　　b. That horsie
　c. Allgone milk　　d. Mommy sock

위의 어린이 말 중 왼쪽 부분의 단어들은 오른쪽 부분의 단어들과는 서로 다른 부류의 단어들이다. 다시 말해서 my는 cap, horsie, milk 등과는 결합할 수 있어도 that, allgone 등과는 결합할 수 없다. (그러나 mommy는 예외적으로 어느 쪽에도 속할 수 있다.) 이때 앞부분에 나오는 단어들은 숫자가 제한되어 있는 단어들로 두 단어 문장에서 축(pivot)이 되고 있는 단어이다. 두 번째 나오는 단어들을 이 축에 계속적으로 덧붙일 수 있는 명사와 같이 숫자의 제한이 없는 개방군(open class)의 단어이다. 이것을 도식화하면 다음과 같다.

(4) 두 단어 문장 → 축어(Pivot word) + 개방어(Open word)

이와 같은 초기 어린아이의 문법 규칙은 언어습득이 모방과 반복에 의해 습관형성이 되는 것이 아니라, 나름대로 원리와 규칙에 따라 생성된다는 것을 보여주는 예이다. 어린이들의 언어가 성숙되어지고 마침내 어른처럼 될 때 언어 능력을 설명하는 생성적인(generative) 규칙의 숫자는 놀라울 정도로 늘어난다.

1.3 기능주의 언어습득이론

(1) 언어교육과 의사소통기능

생득주의자의 언어습득 이론이 논리적으로는 맞지만, 그 제안된 생성적인 규칙들은 너무 추상적이고, 형식적(formal)이라는 문제점이 있다. 즉 언어의 형태를 주로 다루고 있지, 실제 우리가 언어를 의사소통에 사용하고 있다는 언어의 기능적인 면을 도외시하고 있는 단점이 있다. 기억, 지각, 사고, 의미, 감정들과 같은 인간정신이 상호 작용하여 언어가 사용되고 있으며, 또 실제 언어가 의사소통에 쓰이는 기능(function)이 언어습득에 있어 매우 중요한 역할을 한다. 언어 교육학자들은 언어는 인간의 일반적인 인지발달의 한 징후이고, 세계와 자기 자신을 대하는 인지적 정의적 능력의 한 측면이라고 보았다. 또 수학적인 방정식으로 쓰여진 언어 규칙만으로는 언어의 한 측면인 의사소통상의 기능과 의미를 포착할 수 없다. 따라서 생득주의자들의 생성적인 규칙들만으로는 언어의 기능을 설명할 수 없으므로, 언어 습득에 있어 의시소통의 기능적인 접근을 강조하게 되었다.

(2) 두 단어 문장과 의사소통상의 기능

예를 들어 'Mommy sock'에 대하여 기능주의자들은 어떻게 설명할까. 'Mommy sock'에 대하여 생득주의자들은 축어와 개방어로 구성되는 문장으로만 설명하였으나, 적어도 의사소통상의 기능적인 면에서 세 가지 관계가 가능하다.

(5) a. 첫째, 행위자－동작 관계 : 어머니가 양말을 신고 있다.
b. 둘째, 경험자－대상 관계 : 어머니가 양말을 본다.
c. 셋째, 소유자－소유물 관계 : 어머니의 양말.

위와 같은 설명처럼 문맥에 따라 'Mommy sock'은 여러 가지 의미로 쓰일 수 있는 것으로, 어린이들은 언어가 가지는 의사소통상의 기능을 더 먼저 배운다. 즉 어린이들이 말을 어떻게 배우는 가에 대하여 생득주의자들은 언어 발달의 과정이 생득적으로 프로그램 되어진 언어습득 장치 즉 언어 체계에 달려 있다고 주장하였으나, 기능주의자들은 어린이를 둘러싸고 있는 언어 문맥적 환경 속에서 어린이의 지각적, 인지적 발달과 언어적 비언어적 사건들과의 상호작용에 의한 의사소통 과정이라고 주장한다. 따라서 기능주의자들은 담화(discourse) 속에서의 언어의 기능을 연구의 대상으로 삼았으며, 언어는 의사소통을 위해 사용되므로 언어의 의사소통적인 기능을 연구하는 것이 더 바람직하다고 본다. 다른 사람과 이야기하는 것에 대하여, 이야기를 할 때 문장들과의 관계에 대하여, 청자와 화자 사이의 상호작용, 대화의 단서 등이 어린이들의 언어습득에 있어 더 중요한 변수라는 것이다. 인간의 문법적인 언어능력(linguistic competence)보다는 언어의 기능적인 의사소통능력(communicative competence)을 더 중요하게 생각한다.

2. 외국어 습득 이론

2.1 Chomsky의 언어 습득 모델과 LAD가설의 문제점

Chomsky는 인간이 말을 배운다는 것은 근본적으로 일반지식 습득과는 다른 과정으로 보았다. 앞에서 이야기 한 것처럼 인간의 두뇌는 백지와 같은 상태에서, 모방, 강화, 반복에 의해서 습관형성이 되는 것이라는 행동주의 이론에 반대하여, 언어습득에 있어서 LAD가설을 내세웠다. 인간은 선천적으로 언어에 대해 미리 짜여진 어떤 언어습득 장치를 가지고 태어난다. 언어 보편적인 어떤 핵심문법(core grammar) 같은 것이 미리 프로그램화되어 있어 언어자료(input)만 넣어주면 자동적으로 작동하여 출력(output)을 생산해 낸다. 예를 들어, 5세 된 어린이가 단시일 내에 본인이 의식하지 못하는 사이에 언어를 자유자재로 구사하는 현상은 바로 앞에서 언급한 다음과 같은 언어습득 장치가 작동하기 때문이다.

(2) input → **LAD** → output

Chomsky's Language Acquisition

이때 우리가 언어를 습득하게 되는 환경에는 일반적으로 다음과 같은 세 가지 경우를 가정할 수 있다.

(6) a. 모국어를 습득하는 어린이는 문법에 대한 의식적인 학습이 없이 저절로 언어를 습득하여 말을 하게 된다.
b. 대체로 어린이가 제2언어(ESL) 환경에 처했을 때는 의식적인 문법학습 없이 자연스럽게 그 언어를 습득한다.
c. 외국어 학습(EFL)환경에서는 학습자가 의식적으로 문법을 학습하나, 그 문법지식은 실제 의사소통수단으로서는 거의 무용지물이다.

Chomsky의 LAD 가설은 위의 언어습득 환경에서 (6a)의 모국어 습득과, (6b)의 제2언어 습득은 설명할 수 있다. 그러나 (6c)의 외국어 습득의 경우에는 왜 LAD가 작동되지 않는지 설명할 수 없었다. 이점이 외국어 학습에 Chomsky의 획기적인 언어습득이론을 도입하려고 하던 외국어 교사들을 오래 동안 어렵게 만든 항목이었다. 즉 우리와 같이 영어를 외국어로 배우는 학습 환경에서 학습자가 수년간 학습한 많은 문법지식이나 어휘지식을 가지고 있음에도 불구하고, 실제 의사소통을 유창하게 하지 못하는 현상에 대하여 해답을 줄 수 없었다. 이 때 그 문제에 대한 해답을 Krashen(1977)이 자연교수법이란 이론으로 제시하게 된다.

2.2 자연교수법 이론

(1) 자연교수법의 유래

자연교수법(Natural Approach)은 스페인어 교사였던 테렐(Tracy Terrell)의 실제적인 교육 경험과 크라센(Stephen Krashen)의 이론이 접목하면서 태어난 새로운 언어교수 방법이다. 자연교수법의 기본 원리는 어린아이가 모국어를 자연스럽게 배우는 원리를 적용하여, 의사소통상황 속에서 모국어에 의존하지 않고 목표 언어를 직접 사용해서 가르치는 방법이다. 따라서 목표 언어의 문법적 분석이나 문법 연습 등을 하지 않으며, 특정한 문법 이론 등을 따르지 않는 것이 특징이다. 특히 학생들이 목표 언어에 관한 연습보다는 목표 언어 자체를 가능한 한 많이 접촉하도록 하고, 언어를 배우려고 하는 심리적 태세를 극대화하며, 발화보다는 듣기에 더 큰 비중을 두고 있다. 또 이해 가능한 투입의 언어자료로서 글이나 그림 등의 여러 가지 자료를 적극적으로 이용한다는 것이 특징이다.

(2) 자연교수법의 5가지 가설

자연교수법은 이론적으로 다음 다섯 가지 가설에 기초하고 있다. 그의 가설들은 McLaughlin(1978) 등에 의해 조목조목 비판을 받았으나, 우리나라 외국어(영어) 교육에 있어 매우 중요한 위치를 차지하고 있다.

1) 습득/학습 가설(The Acquisition/Learning Hypothesis)

습득과 학습은 다르다는 가설이다. 이 가설에 따르면 사람들이 외국어를 취득하는 과정에는 확연히 다른 두 가지 방법이 있다. 첫 번째 방법은 우리가 일반적으로 하고 있는 인위적 학습(Learning)으로, 사람들이 외국어의 문법이나 법칙을 배우는 것에 중점을 두고 외국어 사용시 발생하는 오류를 계속적으로 지적하여 시정하는 등, 보다 의식적이고 인위적인 학습에 의존하여 언어를 배우는 것을 말한다. 두 번째 방법은 자연적 습득(Acquisition)으로 어린아이가 자신의 모국어를 취득하는 과정과 흡사한 것으로 외국어를 무의식적인 상태에서 습득하자는 것이다. 즉 사람들은 의사소통의 목적을 위하여 언어를 사용하는 것이지 '우리는 지금 언어를 습득하고 있다'라고 의식하며 대화를 하는 것은 아니라는 것이다. 또한 사람들은 습득한 언어에 대한 '느낌'을 가지게 될 뿐, 그들이 습득한 언어의 형태나 문법규칙에 관하여 아는 것은 아니다. 이와 같은 입장에서 볼 때 인위적인 학습보다는 자연적 습득이 사람들의 의사소통능력 혹은 회화 능력을 더 효과적으로 발달시킬 수 있다는 가설이다.

2) 자연적 순서 가설(The Natural Order Hypothesis)

이 가설에 의하면 사람들은 언어를 예상 가능한 순서에 의하여 습득한다. 다시 말해서 어떤 언어 현상은 먼저 습득되어지고, 다른 언어 현상은 늦게 습득되어진다. 영어를 예를 들어볼 때 진행형을 나타내는 '-ing' (John is working now.)나 복수를 표시할 때 쓰이는 's' (the boys)와 같은 형태소들은 대체적으로 일찍 습득되어지는 반면에, 3인칭 단수를 나타낼 때 동사의 뒤에 오는 's'는 (He lives in New Jersey.)나 소유격을 표시할 때 쓰이는 's' (John's hat)와 같은 형태소들은 일반적으로 나중에 습득되어 진다. 이 가설은 어린이가 자신의 모국어를 취득하는 과정을 연구함으로써 성립된 것이지만, 외국어를 취득하는 사람에게도 무리 없이 적용될 수 있다.

3) 점검 가설(The Monitor Hypothesis)

이 가설은 인위적 학습의 역할에 대한 설명이다. 인위적 학습에 의해서 배운 언어의 형태나 여러 문법지식 등은 유창한 의사소통에는 오히려 방해만 될 뿐 별다른 도움이 되지 않는다. 단지 출력으로 나온 말이나 글을 점검하는 모니터 역할을 할 뿐이라는 가설이다. 따라서 앞에서 거론한 Chomsky의 언어습득 장치가 의식적으로 학습하는 외국어 학습 상황에서는 왜 작동하지 않는 지를 설명할 수 있다.

4) 입력 가설(The Input Hypothesis)

입력가설은 어떠한 사람의 현재 언어 수준을 i라고 가정할 때, 바로 한 단계 위의 수준인 i + 1이라는 입력(input)을 제공함으로써 그 사람의 언어를 가장 효과적으로 발달시킬 수 있다는 가설이다. 이 가설이 주장하는 것은 사람들은 주어진 입력의 의미(message)를 이해함으로써 언어를 습득하는 것이지, 그 입력의 형태에 중점을 두거나 분석함으로써 언어를 습득하는 것이 아니라는 점이다. 이를 요약하면 다음과 같다.

(7) a. 사람들은 언어의 의미를 이해하고 능률적으로 사용할 수 있을 때 언어를 습득하게 되는 것이지, 그 언어의 문법적인 구조를 이해하거나 분석함으로써 언어를 습득하는 것은 아니다.
b. 유창한 언어 구사력은 '이해 가능한 입력(comprehensible input)'이[1] 지속적으로 제

1 '이해 가능한 입력'이란 언어의 문법이나 구조에 관하여 학습자에게 제공된 i + 1 형태로서의 입력이 아니라, 학습자들이 실질적인 의사소통을 통해 습득할 수 있는 i + 1의 형태로서의 입력을 말한다.

공될 때 형성된다. 즉 이것이 지속적으로 제공될 때 학습자가 무의식적으로 새로운 구문을 익히고 자동적으로 반복하여 효과적인 언어 습득을 할 수 있게 된다.

c. 가장 좋은 입력은 문법구조의 일반적 습득 순서에 의거하여 가르치는 것이 아니라 학습자가 교실 내에서의 실질적인 의사소통이나 토론에 적극적으로 참여함으로써 얻을 수 있다.

5) 정서적 여과막 가설(The Affective Filter Hypothesis)

이 가설은 심리적 상태에 관한 것으로 습득이 이루어지려면 심리적 불안감이나 긴장을 감소시켜야 한다는 것이다. 규칙을 생각하며 의식적으로 문장을 분석하고 구성하려고 할 때에는 정확성을 기하려 하기 때문에 불안감과 긴장감을 갖게 되어 언어의 이해과정과 발화과정이 정상적으로 이루어지지 않는다. 심리적 조건이 불안하면 정서적 여과장치(affective filter)가 작동하여 입력이 제대로 실현되지 않는다는 것으로 감정적 여과장치의 작동그림은 다음과 같다.

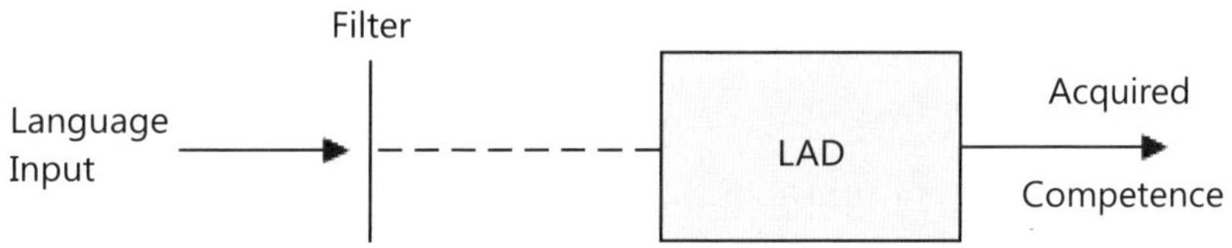

[Operation of the "affective filter"(Krashen, **1982** : **32**)]

이 가설에 의하면 학습자는 아무리 이해 가능한 입력을 많이 받아도 불안하거나 긴장하고 있으면, 자기 방어를 하게 되고 정서적 여과막이 많이 작동하게 되어 습득이 잘 이루어지지 않는다. 성공적인 습득을 위해서는 심리상태를 편안히 하여 감정의 여과막을 가능한 낮추어야 한다.

2.3 자연교수법의 한계와 절충적 외국어 학습이론

(1) 자연교수법의 한계

크라센의 자연교수법 이론은 의사소통능력을 배양하고 정확성보다는 유창성(fluency)을 더 강조하고 있다는 점에서 오늘날 우리나라의 영어교육에 많은 시사점을 던져 주고 있다. 현재의 초 중등 영어교육과정은 바로 이 자연교수법 이론에 기초를 두고 작성된 것이다. 그러나 상식적으로 생각해 볼 때, 영어가 제2언어가 아니라 외국어인 우리나라 환경 하에서, 또 주당 몇 시간의 영어수업에서 얼마나 많은 영어를 입력해야 말문이 저절로 열리기를 기대할 수 있을까? 또 학습에 의해 습득한 영어지식이 왜 의사소통에 방해만 되고 효과가 없을 것인가? 문법을 위한 문법교육이 잘못이지, 학습 그 자체가 잘못은 아닐 것이다. 오히려 정확한 언어사용에 있어서는 절대 필요하다. 어느 정도 의사소통이 가능한 단계에서는 언어 구사의 정확성 역시 강조되어야 하고, 체계적인 훈련이나 계속적인 오류 시정을 통한 의식적인 학습이 병행되어야 한다. 이러한 점에서 지나치게 입력 즉 듣기에만 편중하고 있고, 의식적인 학습을 도외시하고 있는 자연교수법 이론은 적지 않은 문제점을 않고 있다.

크라센의 학습과 습득의 명확한 분리는 촘스키의 LAD의 무력함은 설명해줄 수 있었지만, 외국어 학습자가 처음에는 서툴더라도 인위적인 학습에 의해 점차 유창성을 취득하는 경우가 많이 있다는 경험적 사실과도 맞지 않는다. 그의 이론대로라면 학습으로 들어간 언어지식은 발화 유발기능이 없어서, 의사소통능력을 개발하는데 전혀 효과가 없어야 한다. 즉 의식적으로 배운 문법지식은 말하는 기능과는 관계가 없으므로 '훈련'에 의한 말하기 기능 개선은 불가능하여야 할 것이다. 그러나 실제로 우리 주위에는 많은 사람들이 의식적으로 학습하고 연습하고 훈련하여 점차 유창하게 언어를 구사할 수 있는 경우를 많이 볼 수 있다. 따라서 의식적인 언어학습도 의사소통능력을 기르는 데 있어 무의식적으로 습득된 지식과 함께 필요하다는 Bialystock(1978)의 외국어 습득 이론이 나오게 된다.

(2) Bialystock(1978)의 외국어 학습이론

Bialystock(1978)은 자연교수법이론에 대해 특히 학습과 습득의 분리에 대해 처음으로 반기를 들고 나온 분이다. 그는 학습에 의해 얻어진 명시적 언어지식(explicit linguistic knowledge)이 의식적인 연습을 통하여 무의식적인 잠재적 언어지식(implicit linguistic knowledge)이 될 수 있고, 또 그 반대로 습득에 의해 얻어진 잠재적 언어지식이 명시적 언어지식으로 옮겨 갈 수 있다고 주장한다. 즉 자연교수법의 습득에 해당되는 그의 잠재적 언어지식과 학습에 해당하는 명시적 언어지식은 서로 이동이 가능하다는 것이다. 또 자연교수법 이론에서는 언어외적인 지식을 고려해 넣지 않았으나, 그는 세상 돌아가는 지식과 같은 언어외적 세상 지식을 'other world knowledge'라고 하여 그의 모델에 포함시키고 있다. 다음 그림은 그의 모델을 도표화한 것이다.

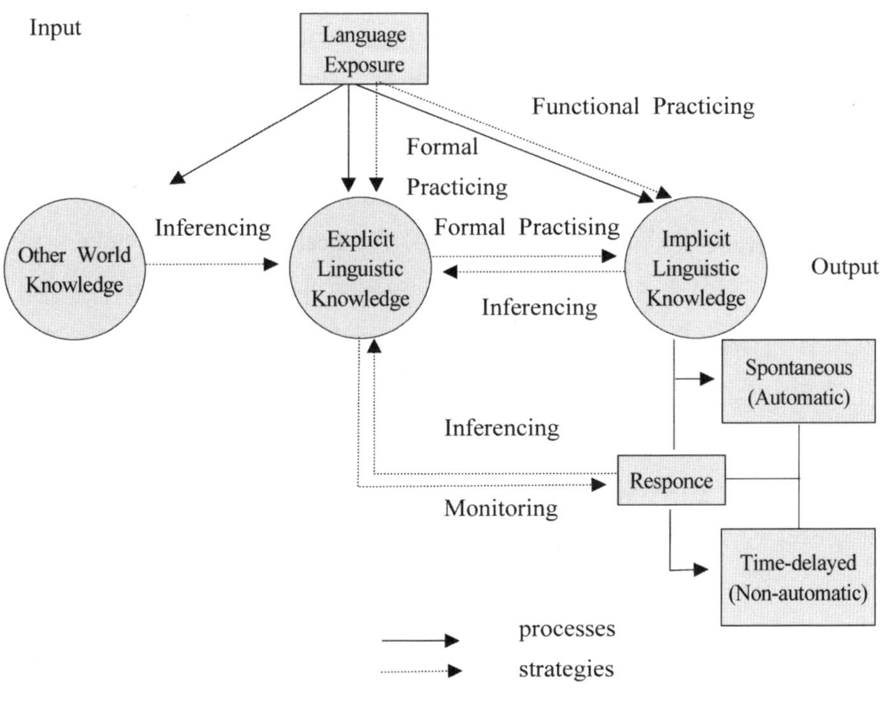

[The Bialystock Model of Second Language Learning]

도표에서처럼 학습에 의해 의식적으로 얻어진 언어형식, 문법지식과 같은 명시적 언어지식이 연습과 훈련을 통해 얻어진 모국어 지식과 같은 습득된 잠재적 언어지식으로 옮겨 갈 수 있다. 반대로 잠재적 언어지식은 언어형식을 추론하여 명시적 언어지식이 될 수도 있다. 따라서 언어형식의 연습활동이 잠재적 지식이 될 수 있어 의사전달활동을 가능케 한다. 이는 오늘날 우리나라의 영어 교육에 있어 매우 중요한 시사점을 던져주고 있다. 즉 단순히 문법을 위한 문법교육이 아니라 의사소통능력을 개발하기 위한 문법교육이 되어야 한다는 점이다.

2.4 외국어 학습시의 유의점

(1) 결정적 시기 가설

외국어 습득은 모국어 습득과 달리 일단 모국어 습득이 이뤄지고 난 다음에 이루어진다. 따라서 두뇌구조의 발달과 같은 신경학적인 면, 발성기관의 발달과 같은 심동적인 면, 두뇌기능의 발달과 같은 인지적인 면, 감정이입 등의 정서적인 면, 두 나라 언어구조의 차이에서 오는 전이(transfer) 현상 등의 언어학적인 면에서는 문제가 될 수 있다. 따라서 언제부터 외국어 습득을 시작하는 것이 좋으냐 하는 문제가 생긴다. 이 문제는 언어 습득을 위한 "결정적 시기(critical period)"가 존재하느냐와 관련이 있다. 즉 "언어가 좀 더 쉽게 습득될 수 있는 그리고 그 시기가 지나면 언어 습득이 점점 어렵게 되는 생물학적으로 결정된 시기가 있느냐"하는 문제이다. 결정적 시기 가설에 따르면 그러한 생물학적 시간표가 있다고 주장한다. 처음에는 결정적 시기가 모국어 습득에만 관계되었으나, 외국어 습득 상황에서도 결정적 시기 가설이 중요하다고 보고 있다. 이들의 주장은 외국어 습득을 위한 결정적 시점은 사춘기 근처에 일어나고, 그 시기가 지나면 상대적으로 외국어를 잘 획득할 수 없다는 것이다. 즉 모국어 습득은 태어나면서부터 시작되지만 제 2언어가 아닌 외국어 습득은 한참 후에 일어나므로 모국어 습득과는 아무래도 여러 가지 점에서 다르다.

(2) 신경학적인(neurological) 면

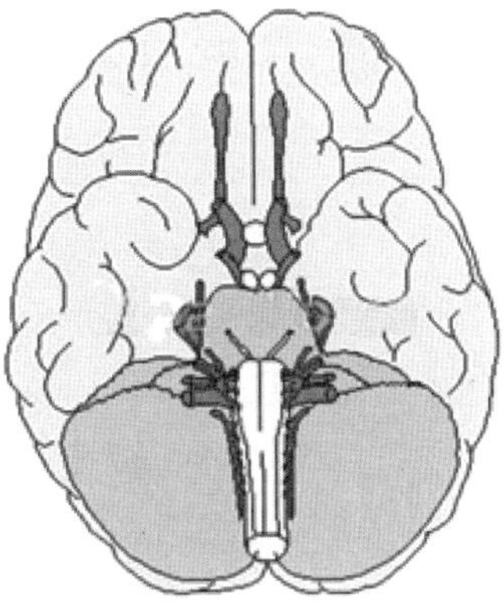

신경학적인 면에서 고려해야 할 점이란 외국어 습득 과정에서 두뇌의 기능에 대한 이야기이다. 두뇌 구조의 발달이 어떻게 외국어 습득의 성공에 영향을 주는가? 두뇌의 성숙이 어떤 시점에서 언어 습득 특히 외국어 습득에 영향을 주는가? 이런 질문에 대해 두뇌발달의 측면에서 살펴본 것이다. 인간 두뇌가 성숙해 감에 따라 좌반구와 우반구의 역할이 분리된다. 이를 뇌의 측면화(lateralization)라고 하는 데, 지적, 논리적, 분석적 기능은 주로 좌반구에 자리 잡고, 우반구는 주로 감정적 운동적, 사회적 기능을 통제한다. 언어 기능은 주로 좌반구에서 통제되는 것으로 보고 있다. 외국어 습득과 관련해서 더 결정적인 문제는 언제 측면화가 일어나는가와, 어떻게 측면화 과정이 언어 습득에 영향을 주는가 하는 문제이다.

Lenneberg(1967)와 일군의 연구자들은 뇌의 측면화 현상은 생후 2년부터 시작하여 사춘기 전후에 완성되는 과정이라고 제안하고 있다. 이 기간 동안 어린이는 두뇌의 한 측면에 또는 다른 한 측면에 신경학적으로 조금씩 그 기능들이 분리된다. 언어도 이 기능 중에 포함되는 데, 언어 기능이 완전히 좌반구에 자리 잡아 모국어의 언어능력으로 고정되기 전에 외국어 습득을 시작하는 것이 유리하다는 설명이다. 즉 결정적 시기 가설과 연관이 있다. 어린이가 외국어를 보다 쉽게 배우는 이유는 뇌의 측면화가 덜 되어서 뇌가 유연하기 때문이라고 본다. 나이기 어린 어린이는 양쪽 뇌를 모두 언어 기능을 위하여 사용 할 수 있으며, 한쪽 뇌에 이상이 있을 경우 쉽게 다른 쪽 뇌로 전이시킬 수 있다. 반면에 성인은 그렇지 못하다. 그 증거로서 성인의 경우에 왼쪽 뇌가 제거 되면 언어기능을 상실하지만, 어린이의 경우에는 왼쪽 뇌가 제거 되더라도 오른쪽 뇌에서 언어 기능을 대신하여서 언어 기능을 상실하지 않는다는 사실이다. 결국은 뇌의 측면화 현상으로 인해 결정적 시기가 지난 이후에 외국어를 학습하는 데는 어려움이 따른다는 이론이다. 그러나 Krashen(1973)을 포함한 일부 학자들은, 뇌의 측면화 과정은 5세쯤에 끝나기 때문에 이런 논리가 성립하지 않는다고 주장하기도 한다.

(3) 심동적인(psycho-motor) 면

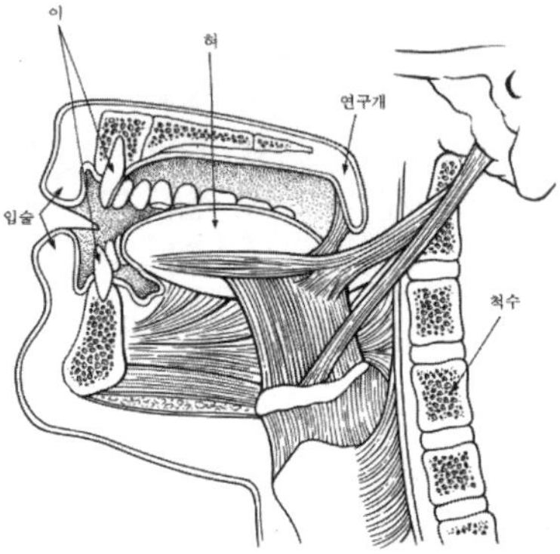

외국어 습득에 있어서 언어 근육들의 발달과 그 역할에 대한 이야기이다. 우리는 근육의 민첩성을 요하는 기능 분야에서 위대한 체육선수, 위대한 음악가와 같이 성공한 사람들이 거의 모두가 사춘기 이전의 어릴 때부터 그 기술을 개발하기 시작하였다고 들었을 것이다. 이와 비슷하게 발음에 있어서도 사용되는 수백의 근육(목구멍, 입, 입술 등)의 존재가 있기 때문에, 상당한 정도의 근육조정이 원어민 발음의 유창성을 성취하기 위해 필요하다. 지금까지의 증거는 사춘기를 지난 사람은 외국어의 유창한 발음을 일반적으로 구사하기 힘들다고 한다. 그러한 결정적 시기는 두뇌의 측면화와는 별로 관계가 없고, 어린이의 신경근육의 유연성과 관계가 있다. 물론, 예외로 사춘기를 지난 어른이 외국어를 배워 문제없이 유창한 발음을 구사하는 경우도 있다. 또한 늦게 시작하여 매우 유능하게 된 운동가와 음악가도 있다. 그러나 이러한 경우는 그와 같은 어려움을 극복하기 위하여 그 만큼 더 노력한 특수한 경우라고 할 수 있다.

(4) 인지적인(cognitive) 면

1) Piaget(1954)의 인지발달 단계

Piaget(1954)는 어린이의 인지적인 지적 발달 단계를 크게 4단계로 구분하였다. 인간의 인지발달은 다음처럼 질적으로 다른 단계들로 정해진 순서대로 진행되고, 단계가 높아질수록 복잡성이 증가된다고 한다.

(8) a. 감각운동시기(sensorimotor stage) : 0세에서 2세까지
b. 전조작시기(preoperational stage) : 2세에서 7세까지
c. 구체적 조작시기(concrete operational stage) : 7세에서 11세까지
d. 형식적 조작시기(formal operational stage) : 11세에서 16세까지

감각운동기는 신생아의 단순한 감각적 반사 능력들이 나타나는 시기로, 출생에서 초기의 유아적 언어가 나타나고 상징적 사고가 시작되는 2세 경에 끝난다. 이 단계에서 아동의 행동은 자극에 의해 감각적으로 반응하는 것에 불과하다. 이는 언어가 발달하기 이전의 단계이기 때문이다. 따라서 아동은 시각이나 청각 등의 감각과 운동기술을 사용해 외부 환경과 상호작용하게 된다. 이 시기의 아동은 어떤 대상이 감각기관인 눈앞에서 사라지면 세상에서 없어지는 것으로 이해한다. 그러나 8개월 무렵부터는 눈앞에서 사라져도 아예 없어지는 것은 아니라는 것을 이해하게 된다. 이 시기가 지나면 모방이나 기억이 가능하며, 초기의 단순한 반사행동은 사라지고 점차 자신의 의도에 따라 계획된 목적행동으로 바뀌게 된다.

조작이란 어떤 논리적인 사고를 통해 조작하는 구체적이고 형식적인 행위를 의미한다. 즉 전조작기란 조작이 가능하지 않은 이전의 단계라는 의미이다. 이 시기에는 대략 언어를 사용하면서 자신이 내재적으로 가지고 있는 생각 등을 여러 형태로 표현하게 된다. 전조작기 사고의 주요한 특징은 상징적 사고, 자기중심적 사고, 직관적 사고, 물활론적 사고, 인공론적 사고 등으로 요약할 수 있다. 상징적 사고란 2세 정도의 감각운동기 말기에서 시작하여 점차 자신이 가지고 있는 생각 등을 그림이나 언어 등의 형태로 상상하여 표현하거나 이해하려는 사고를 말한다. 자기중심적 사고란 타인의 생각, 감정, 지각, 관점 등이 자신과 동일하리라고 생각하는 사고를 말한다. 직관적 사고란 크기, 모양, 색깔과 같은 한 가지 두드러진 속성에 근거하여 대상을 이해하려는 사고를 말한다. 즉 눈에 보이는 모양만을 보고 판단하게 된다. 물활론적 사고란 모든 사물에 모두 생명이 있다고 여기는 사고를 말한다. 인공론적 사고란 모든 것을 사람이 만들었다고 생각하고, 또 나를 위해 만들어졌다고 생각하는 사고를 말한다.

7세에서 11세까지의 구체적 조작기에 이르면 같은 양의 물을 다른 모양의 컵에 넣어도 그 양은 변함이 없이 보존된다는 개념을 익히게 되는 시기이다. 즉 전조작기

아동은 같은 양의 진흙으로 만든 두 개의 공을 보여준 뒤 아동 앞에서 하나를 핫도그처럼 길게 만들면 어느새 양이 달라졌다고 생각한다. 그러나 보존개념을 획득한 구체적 조작기에는 모양이 달라져도 그 양이나 수는 보존된다고 생각하게 된다. 따라서 연역적 사고가 가능하게 된다.

11세에서 16세 까지의 형식적 조작기에 이르면 새로운 상황에 직면 했을 때 과거와 현재의 경험을 통해 가설적 상황을 설정하여 문제를 해결하려 한다. 문제를 해결하기 위하여 사전에 일련의 계획을 세우고 체계적으로 시험하면서 해결책을 찾으려는 과학적 사고가 나타난다. 또 현실 상황에는 없는 여러 가지 추상적 개념을 이해할 수 있는 추상적 사고와 자신의 이상적인 기준에 따라 자신의 주장과 타인의 주장을 비교, 분석 할 수 있는 체계적 사고능력도 생긴다. 현실 상황을 고려하지 않고도 언어적 진술에 의한 명제의 논리를 평가할 수 있는 명제적 사고와 추상적 추론이 가능해 진다.

2) 인지능력과 외국어 학습

Rosansky(1975)는 초기의 언어 습득은 어린이가 고도로 집중적일 때 일어난다고 한다. 어린이들은 언어습득 시 자기 중심적일 뿐만 아니라, 눈앞에 보이는 한 가지 일에 집중한다. 또 언어를 습득하고 있다는 사실 자체도 의식하지 못한채 언어를 습득하게 된다. 언어 학습자는 그가 하고 있는 것에 대해 너무 의식적으로 인식하고 있을 경우, 오히려 외국어 학습에 있어서 어려움을 갖게 된다. 인간이 구체적 경험과 직접적 지각을 초월하는 형식적이고 추상적 사고가 완성되는 시기가 바로 사춘기이다. 따라서 사춘기 이전에 외국어 학습을 하는 것이 더 유리하다는 설명이다.

한편 Ausubel(1964)은 사춘기가 지난 성인은 형식적이고 추상적 사고가 가능하기 때문에 외국어 습득에 있어 어린이들에게는 약한 연역적 사고와 문법 설명의 이점이 있다고 주장한다. 그렇지만 어린이들은 형식적 사고와 같은 이점이 없어도 외국어 학습을 더 잘하고 있음을 볼 수 있다. 오히려 인지능력을 소유한 성인이 종종 외국어 학습에 성공하지 못하는 경우가 많다. 그렇다면 이러한 인지능력이 언어 습득에 걸림돌이 될 수도 있다는 것이다. 즉 무의식적으로 의미적 학습을 하는 어린이들이 의식적이고 추상적이며 형식적인 학습을 하는 성인보다 유리할 수 있다. 따라서 외국어 학습에는 인지능력의 발달뿐만 아니라 다른 요인인 정의적인 면도 고려해야 된다.

(5) 정의적인(affective) 면

인간은 감정의 피조물이다. 우리는 지적으로 다른 동물과 다르다고 생각하는 만큼 우리는 우리의 감정에 영향을 받고 있다. 외국어 습득에 있어서 감정이입(empathy), 자기존중(self-respect), 억제(inhibition), 모방, 걱정, 태도 등등의 정의적인 면이 논의되고 있다.

1) 감정이입

어린이는 자기중심적이라고 한다. 세상이 다 그들 주위를 운행한다고 생각하고 있으며, 그들 자신을 중심으로 모든 것들을 본다. 어린이는 처음에 그들 자신과 주위의 사물을 구분하지 못한다. 예를 들면, 아기의 손에 잡힌 장난감은 그것을 잡고 있는 자신과 분리할 수 없는 확장이다. 즉, 장난감도 아기의 일부가 되는 것이다. 이처럼 어린이는 감정이입(empathy)이 용이하다. 따라서 2개 국어가 말해지는 상황에서 아이는 쉽게 두 언어를 습득할 수 있다.

2) 자기존중 및 억제

아이가 성장함에 따라 그들은 그들 자신을 더 인식하게 된다. 즉 자기존중사상이 싹튼다. 즉 청소년기에는 과도하게 자신을 드러내는 것을 두려워하며, 자아(self-identity)에 대한 억제를 개발시킨다. 따라서 섣불리 자기의 생각을 나타내려고 하지 않는다. 또한 자신이 말하는 언어와 함께 언어 자아(language ego)라는 개념이 발달된다. 우리는 비슷한 내용이라도 각 개개인의 표현하는 방식이 다 다르다는 것을 느낄 수 있다. 이것이 바로 언어 자아라고 할 수 있다. 이처럼 언어 자아와 함께 자기 고유의 표현방식이 확립된 사춘기를 지난 성인이 외국어 학습을 할 때에는 많은 어려움이 따른다. 반면에 어린이의 자아는 활동적이고 유연하다. 따라서 새로운 언어를 배우는 것이 자아에 본질적인 위협이 되지 않기 때문에 억제를 가하지 않는다. 또 새로운 언어를 모방하기 좋아하고, 언어 형태와 그 형태 속에서 만들어지는 실수를 잘 인식하지 못하기 때문에 걱정도 비교적 적다. 새로운 언어에 적응이 비교적 쉽다. 그러나 사춘기에 일어나는 육체적, 정의적, 인지적 변화는 언어 자아가 보호적으로 방어적인 체계를 형성한다.

3) 태도

태도(attitude)도 외국어 학습에서 중요하다. 외국에 대한 부정적인 태도는 그 나라 언어 학습에 있어서 영향을 준다. 민족, 문화, 인종, 계급, 언어에 대한 태도를 인지적으로 충분히 소유하지 못한 어린이들은 그다지 큰 영향을 받지 않는다. 그러나 아이가 학교에 갈 나이가 되었을 때, 아이는 사람과 어떤 유형에 대한 태도, 또는 고정관념을 갖기 시작한다. 대부분의 이러한 태도는 의식적으로 또는 무의식적으로 부모, 주위의 어른, 또는 동료들에 의해 가르쳐 진다. 외국어를 말하는 사람이나 외국어 자체에 대한 긍정적 또는 부정적 태도를 갖게 되는 것은 학령기부터 그 후까지 언어 학습에 영향을 주게 된다.

4) 동료압력

또래집단에 의한 동료 압력(peer pressure)도 매우 중요하다. 아이들이 언어 학습에서 만나게 되는 동료 압력은 성인이 경험하는 것과 매우 다르다. 아이들은 보통 또래집단에 합치하려는 강한 강제력을 가지고 있다. 그들은 말로, 생각으로, 행동으로 다른 친구들처럼 되려고 한다. 그러한 동료 압력은 언어에까지 확대되어 새로운 언어를 배우는 데 있어 크나 큰 압력으로 작용한다. 성인들도 얼마간의 동료 압력을 경험하지만 아동들의 그것과는 정도가 다르다. 성인들은 아동들보다 언어적 차이에 대해 관대한 편이다.

(6) 언어학적인 면

1) 대조분석

성인의 외국어습득 과정은 정확히 설명하기 어렵지만 일반적으로 외국어에 체계적으로 접근하고 언어적 규칙들을 형성하려 한다. 이때 모국어와 외국어의 언어적인 차이 때문에 많은 어려움을 겪는다. 특히 일본어는 우리말과 비슷하여 배우기 쉬운데, 영어는 음운체계나 어순 등이 달라 배우기 매우 어렵다는 말들을 많이 한다. 따라서 모국어와 외국어의 차이를 연구하여 그 차이가 나는 점을 중점적으로 가르치거나 배우게 되면 효과적일 것이라는 생각들을 하게 되었다. 그래서 발달한 이론이 대조분석(contrastive analysis)이론이다. 즉 우리말 소리에는 없는 영어의 f[f], th[θ, ð] 발음이라든지, 우리말에는 [ㄹ] 소리 하나뿐인데 영어에는 [r, l] 발음이 구별된다든지, 이런 소리체계가 영어를 배우는 데 어려움일 것이라는 가정이다. 또 어순에 있어서도 우리말은 주어가 생략되는 경우가 대부분이지만, 주어, 목적어, 동사의 어순이다. 그러나 영어는 주어, 동사, 목적어의 어순이므로 일상 대화체 문장에서 재빨리 스위치가 잘 안 되는 어려움이 있다. 또 영어에는 3인칭 단수 주어에 동사어미 -s가 붙는 데, 우리말에는 이런 문법이 없기 때문에 무의식적으로 많이 틀리게 된다. 즉 모국어의 언어체계와 외국어의 언어체계가 다를 때, 간섭을 일으켜 방해를 받는다는 이론이다.

2) 오류분석

모국어와 외국어의 체계가 다르다고 해서 습득하기 어려운 것이 아니라, 모국어와 외국어가 아무리 차이가 나도 그 체계 자체가 어렵지 않으면 쉽게 습득할 수 있고, 아무리 비슷하다고 해도 체계 자체가 어려우면 그 만큼 습득하기 어렵다는 연구가 나오기 시작했다. 모국어와의 차이가 외국어 학습에 있어서 가장 어려운 문제는 아니라는 점이다. 따라서 오류분석(error analysis)의 방법에 더 관심을 갖게 되었다. 이때 오류란 실수(mistake)와 달리 체계적인 실수를 의미한다. 즉 외국어를 처음 배우게 되는 초급단계에서 범하기 쉬운 오류가 있고, 중간 단계에서 범하기 쉬운 오류가 있으며, 또 고급단계에서 범하기 쉬운 오류가 있음을 알게 되었다. 외국어를 습득하는 단계에서 모국어도 아니고, 외국어도 아닌 중간언어(interlanguage) 단계가 있다. 우리가 영어를 배울 때 일반적으로 범하는 오류에 대해, "콩글리쉬(konglish)"라는 질책을 많이 받았다. 그러나 이와 같은 콩글리쉬도 엄연한 중간언어로써 어떤 규칙체계를 지니고 있으며, 외국어 습득에 있어 중요한 단서가 된다. 외국어 습득은 언어학적인 면에서 모국어의 간섭 현상보다는 모국어 습득과 비슷한 과정을 통해 습득되고 있다고 생각하게 되었다. 성인에게는 상대적으로 단단한 모국어 토대가 있기 때문에 모국어 간섭이 좀 더 크다. 그러나 어린이와 달리 외국어 고유의 규칙을 정복하려는 시도와 외국어에 대한 창의적인 지각이 있으므로 모국어 간섭을 줄일 수 있는 장점도 있다.

3. 인지유형과 학습전략

3.1 인지유형과 학습전략

(1) 인지유형(cognitive style)

학문적으로 인지유형에는 다음과 같은 네 가지 관점에서 논의된다.

(9) a. 좌뇌형(left-brain orientation)과 우뇌형(right-brain orientation)
b. 장의존적형(field- dependent)과 장독립적형(field-independent)
c. 중의성에 대한 인내성형(tolerance of ambiguity)과 비인내성형
d. 숙고형(reflectivity)과 충동형(impulsivity)

일반적으로 좌뇌형은 이성적이고, 분석적이고, 논리적이고 수학적인데 비하여, 우뇌형은 감정적이고, 문학적이고 예술적이다. 장의존적 유형이란 부분보다는 전체적인 장에 의존하여 사물이나 개념을 인지하려는 유형이다. 나무만 보고 숲을 보지 못하는 우를 범하지 않기 위하여 거시적으로 전체를 보려고 하는 인지유형이라고 할

수 있다. 반면에 장독립적 유형이란 전체와 독립적으로 존재하거나 숨어있는 사상이나 개념을 이해하고 인지하려는 유형이다. 행간을 읽어라 하는 것처럼 겉으로 들어 난 것보다는 숨어있거나 암시되어 있는 것을 논리적으로 분석하고 추리해 내는 인지유형이라고 할 수 있다. 한편 중의성에 대한 인내형은 자신의 생각이나 믿음에 어긋나거나 반대되는 의견에 대해 참고 인내하는 개방적인 인지유형이라고 할 수 있고, 비인내형은 이런 반대되거나 중의적인 것에 대해 참지 못하고 어떻게 하든지 해결해 내야 직성이 풀리는 인지유형이라고 할 수 있다. 또 숙고형이란 어떤 문제를 천천히 생각하여 결정을 하는 인지유형이고, 충동형이란 빨리 즉흥적으로 결론을 내리는 인지유형이라고 할 수 있다.

(2) 학습유형(learning style)

학자에 따라 인지유형과 학습유형을 거의 같은 개념으로 보는 사람도 있지만, 인지유형은 주로 지능과 관련된 개념으로 보고 있다. 따라서 학습유형에 대해서는 보다 구체적으로 각 개인의 지능뿐만 아니라, 개성(personality)에 따라 더 선호하는 학습유형이 있다고 본다.

(10) a. 시각선호 학습자(visual learner) : 시각적인 그림, 문자를 선호
b. 청각선호 학습자(auditory learner) : 청각적인 소리를 선호
c. 행동선호 학습자(kinesthetic learner) : 역할놀이 등 행동을 선호

이외에도 개성에는 외향적이냐 내향적이냐와 자타적이냐 이타적이냐 등으로 크게 구별된다. 따라서 이와 같은 각자의 개성에 따라 구체적으로 동료와 함께 공부하는 것을 더 선호하는 학습유형이 있고, 혼자 공부하는 것을 더 선호하는 학습유형이 있다. 또 학습 환경에 있어 음악을 틀어놓고 공부하는 것을 선호하는 학습유형이 있고, 조용해야만 공부할 수 있는 학습유형이 있다. 또 선생님이나 누가 옆에서 도움을 주어야 안심하고 공부할 수 있는 학습유형이 있고, 아무리 누가 도와주어도 나중에 혼자 해결해야 적성이 풀리는 학습유형이 있다.

(3) 학습전략(learning strategy)

Chamot(1987)에 따르면 학습전략이란 학습자가 자신의 학습을 촉진시키기 위하여 취하는 기술(techniques), 접근(approaches) 또는 의식적 행위(deliberate action)라고 정의하고 있다. 따라서 학습자의 인지유형과 학습유형은 인지성향과 개성에 따라 어느 정도 일관성이 있어 예측이 가능하지만, 학습전략은 각자 환경에 따라 얼마든지 다를 수가 있다. 외국어 학습전략에 대한 연구는 외국어 교육이 교사 중심이 아니라 학습자 중심으로 넘어감에 따라, 성공적인 외국어 학습자의 학습전략이 그 만큼 중요성을 띠게 되면서 시작되었다. 성공적인 외국어 학습자는 다양하고 효과적인 학습전략을 사용하기 때문에 외국어 학습을 성공적으로 이끌 수 있으며, 성공적인 외국어 학습자가 사용한 전략을 다른 학습자에게 가르치면 효과적일 것이라는 전제하에 연구되었다. 효과적인 학습전략의 사용은 학습자에게 자신감을 주어, 능동적으로 학습에 참여하게 되고, 학습동기를 부여함으로써 외국어 실력을 향상시킬 수 있다.

3.2 학습전략의 종류

O'Malley and Chamot(1990)은 외국어 학습자가 사용하는 학습전략을 크게 3가지로 나누어 분류하였다.

(11) a. 인지전략(cognitive strategies) : 외국어 학습시에 학습효과를 최대한으로 올리기 위하여 인지적으로 학습자가 사용하는 전략
b. 상위인지전략(metacognitive strategies) : 인지적 학습효과를 내기 위해 자기관리 차원에서 미리 목표를 세워 계획하고 준비하는 전략
c. 사회-정의적 전략(social-affective strategies) : 인간은 사회적이고 감정적 동물이기 때문에 다른 사람과의 협동하면서 또 정서적 면에서 학습효과를 내기 위하여 사용하는 전략

한편 Oxford(1990)는 학습 전략을 6가지로 더 세분하여 직접적으로 외국어 학습시 사용하는 직접적 전략과 그러한 전략을 사용하기 위해 간접적으로 사용하는 간접적

전략으로 크게 2종류로 나누었다.

(12) a. 직접전략 : 기억전략, 인지전략, 보완전략
　　 b. 간접전략 : 상위인지전략, 정의전략, 사회전략

직접적 전략이란 무대에서 실제로 연주를 하는 사람과 같이 새로운 언어인 외국어를 직접 학습할 때 사용하는 전략을 말한다. 먼저 기억전략(memory strategies)은 새로운 정보를 기억해 내고 상기하기 위해 쓰는 전략이고, 인지전략(cognitive strategies)은 새로운 언어를 이해하고 표출하기 위해 쓰는 전략이며, 보완전략(compensation strategies)은 언어지식에 다소의 격차가 있더라도 해당언어를 사용하려는 전략을 말한다. 간접적 전략은 공연에서 감독과 같이 간접적으로 통제하는 역할을 담당하는 전략이라고 할 수 있다. 학습과정을 조정하고, 조직, 안내, 점검, 수정, 계획하는 상위인지전략(metacognitive strategies), 감정 조절, 격려, 칭찬 등과 같은 정의전략(affective strategies), 다른 사람과의 학습관계 등에 초점을 맞추어 협력하는 사회전략(social strategies) 등이 이에 속한다.

(1) 기억전략(memory strategies)

이 전략은 고대의 웅변가들이 많이 사용했던 전략이다. 그 당시 웅변가들은 집이나 사원 등에 모인 대중 앞에서 긴 시간동안 연설하기 위해서는 기억력을 동원할 수 있는 많은 방법들을 생각해 내어야만 했다. 외국어 학습시에는 주로 영어단어를 암기하는 데 요긴하게 쓸 수는 전략이다. 예를 들어 학습한 영어단어의 기록을 기록카드나 단어목록을 이용하여 보존한다든지, 새로운 영어단어의 암기를 위하여 그 단어로 문장을 만들어 암기한다든지, 새로운 영어단어의 발음을 유사 영어단어의 발음과 연관시켜 외운다든지, 새로운 단어나 숙어를 그 단어나 숙어가 사용된 책의 페이지, 길거리 간판, 게시판 등을 기억하여 암기한다든지 하는 방법이다.

단어나 표현을 학습하면서 머릿속에 이미지를 떠올려 서로 연관지어 생각하는 심상전략도 기억전략의 일종이다. 예를 들어 'red'라는 단어를 배울 때 'apple'을 동시에 연관지어 생각해 보는 전략이다. 또한 새로 학습하는 단어의 소리와 연관되는 특징

을 연상하여 기억하는 소리연상전략도 있다. 또한, 운율을 이용하면 많은 어휘를 기억할 수 있게 되는데 가령 'goat, coat, boat, float, moat, dote'한다거나 'I hit a parrot with my carrot. The parrot said I'm dead.'라고 말하면서 장면을 상상해 본다거나, 고양이가 매트 위에 앉아있는 flash card를 보면서 'The cat sat on the mat.'을 반복해 들어보는 방법이다. 또 학습한 내용을 실제 행동으로 실천해보는 전신반응(total physical response) 전략도 오래 기억할 수 있는 방법 중에 하나이다. 그러나 무엇보다도 새로운 단어를 학습하면서 이미 알고 있는 개념과 연결시켜 의미지도(semantic map)을 그려가며 학습하는 연상전략이 효과적이다. 예를 들어 'transportation'라는 단어를 배울 때 연상되는 단어들을 떠올려 보고 다음과 같이 의미지도을 그려보면서 어휘를 확장해 나간다.

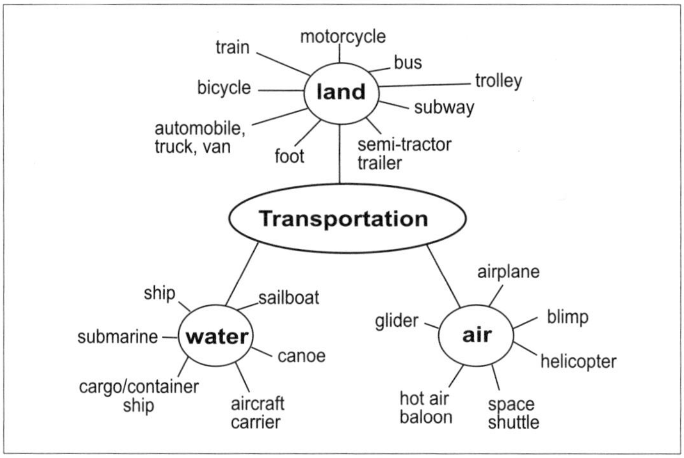

(2) 인지전략(cognitive strategies)

외국어 학습에 있어 필수적인 인지적 전략은 학습내용의 연습, 입력된 내용의 수용 및 전달, 분석 및 추론, 문장구조를 이해하고 창출해내기 위해 쓰는 전략을 말한다. 예를 들어, 학습효과를 높이기 위하여, 새로운 영어표현을 반복하여 말하거나 쓰면서 익힌다든지, 이해가 될 때까지 반복하여 읽어본다든지, 하루의 일상생활을 영어로 생각하고 말하려고 노력한다든지, 길거리에 있는 사물이나 명칭을 영어로 번역하여 본다든지, 수업시간에 다른 급우가 실수한 것을 알았을 때 분석하여 정확한 답을 추론해 본다든지 하는 전략이다.

좀 더 이론적으로 이야기하면, 반복연습전략이 가장 기본적인 인지전략에 속한다. 학습한 내용을 반복함으로써 효과를 볼 수 있는데 원어민의 발음이 녹음된 테이프를 반복해서 들어보는 방법도 이중 하나이다. 예를 들어 날씨에 관한 제보를 계속해서 듣다 보면 sun, hot, cold, the weather is fine과 같은 단어와 그 표현 방식을 습득할 수 있게 될 것이다. 또한 새로운 단어나 구를 습득하였을 때, 그 단어나 구가 쓰여진 그림 사전이나 잡지, 단어장과 같이 활자화된 자료나 오디오 비디오 테이프, TV, 라디오, 영화 등과 같은 다양한 학습자료를 이용하여 학습하는 전략도 있다. 또 이미 알고 있는 지식들을 활용하여 새로 배운 지식에 적용해 보는 전이전략도 인지전략의 일종이라고 할 수 있다. 학습내용을 근거로 하여 연역 및 귀납적 방법에 의해 배우지 않은 내용을 추론해 보는 추론전략이 있고, 학습한 내용을 노트에 적는다든지 요약한다든지 요점정리를 해 둔다든지 하는 방법이 가장 보편적인 인지전략 중에 하나이다. 이외에도 영어 학습시 학습한 내용을 이해하고 영어로 이를 표현하기 위하여 사용하는 모든 학습방법이 인지전략이라고 할 수 있다.

(3) 보완전략(compensation strategies)

보완전략(또는 보상전략)이란 언어학습 초보자나 중간 레벨에 있는 학습자, 또는 때때로 원어민의 말을 정확하게 알아듣지 못하거나 표현하지 못하는 고급과정의 학습자들이 이를 보완하기 위해 사용하는 전략이다. 듣기나 읽기를 할 때 자신이 이미 알고 있는 언어지식을 통해 이해의 실마리를 얻거나 언어외적인 요인을 통해 의미를 추측하는 추측전략이 일종의 보완전략이다. 예를 들어 bedroom이라는 단어를 익힌 후 livingroom, bathroom 등의 의미를 추측해 내는 전략이라고 할 수 있다. 즉 새로운 단어를 일일이 다 사전을 찾아 의미를 알려고 하기보다는 이미 알고 있는 지식과 언어외적인 세상지식을 통해 의미를 추측하여 넘어가는 전략이다. 또 대화도중 잘 표현할 수 없는 단어나 의미를 mime이나 gesture를 사용하여 전달하는 제스처 사용전략도 일종의 보완전략이다. 대화 도중에 잘 표현할 수 없는 단어를 자신이 알고 있는 단어들을 이용하여 신조어를 만들어 사용하는 신조어 사용전략도 보완전략이다. 가령 handbag, bookbag을 배우다가 도시락 가방을 물으면 lunchbag이라고 말한다거나, ambulance 대신 hospital car, 또는 119 car 등으로 말하는 방법이다. 동의어/대체 표현 사용전략도 비슷한 뜻을 지닌 단어나 표현을 사용하는 전략으로 ballpoint pen 대신에 pen을 쓴다든가, meat 대신 ham을 사용하는 방법이다. 이런 보완전략들은 언어학습의 초기단계에서 이미 알고 있는 어휘지식을 활용하여 적극적으로 의사소통에 참여할 수 있는 바람직한 전략이다.

(4) 상위인지전략(metacognitive strategies)

상위인지전략이란 인지전략을 사용하기에 앞서, 학습자가 자신의 학습과정을 조정하는 전략으로, 미리 학습목표와 목적을 정하고 관리하며, 자신의 수준과 학습과정을 평가하여 목표수정 및 조직화하는 전략이다. 대부분의 성공적인 학습자는 학습에 들어가기 전에 자신의 수준을 평가하여 미리 목표를 정해놓고 학습에 들어가며, 학습 중에도 자신의 진도를 점검하여, 목표를 수정해 가는 상위인지전략을 많이 사용하는 것으로 밝혀졌다. 좀 더 구체적으로 이야기하면, 학습내용 중 가장 중요한 내용을 선별하여 주의를 기울여 듣거나 읽는 주의집중 전략이 이에 속한다. 듣기학습에서 모든 것에 다 주의 집중하여 들을 수가 없으므로 이와 같이 선별하여 주의집중할 수 있는 능력이 무엇보다도 절실하다. 또 학습자 스스로 자신의 장기적 목표와 단기적 목표를 정하여 자신의 학습 진행상황을 점검하는 실천계획 전략도 매우 중요한 상위인지전략이다. 이 전략은 개별적 또는 짝으로, 소집단별로 공동목표를 정해 행해질 수도 있으며 점검표를 만들어 정기적으로 학습자들의 목표대로 잘 진행되고 있는지 확인하는 과정도 필요하다. 한편 학습한 내용을 적극적으로 연습할 기회를 찾아내는 연습기회 활용전략도 상위전략의 일종이다. 예를 들어 길거리에서 우연히 만난 외국인과 이야기할 수 있는 기회를 놓치지 않고 활용하는 경우처럼 가능한 한 연습할 기회를 많이 만들려고 노력하는 전략을 말한다. 또 학습자가 자신의 학습과정을 조정하면서 평가하는 자기조정 및 자기평가전략도 있다. 학습자가 스스로 영어를 배우면서 어떤 실수를 많이 하며 가장 어렵게 느끼는 것을 무엇인지 깨닫고, 어떻게 고쳐 나가야 할까 노력하는 경우이다. 또 스스로 생각한 것을 실천해 보도록 하고, 얼마만큼 발전하였는지 자기 스스로 평가해 보고, 이를 위해 언어학습 일기, 언어학습 기록장, 점검표 등을 만들어 보는 것도 좋은 방법일 것이다.

(5) 정의적 전략(Affective strategies)

정의적 전략에는 언어학습에 대한 두려움과 불안감을 감소시키려는 전략과 스스로 격려와 칭찬을 하는 전략, 감정상태를 점검하여 영어학습과정에서 자신이 갖고 있는 부정적인 요소들은 없애고 긍정적인 요소들을 유지하는 감정상태점검 전략 등이 있다. 두려움 및 불안감 감소 전략으로는 학습자들이 자신이 갖고 있는 불안감이나 두려움을 극복할 수 있도록 심호흡을 하거나, 명상의 시간을 갖거나, 익숙한 노래를 듣거나, 간단하고 재미있는 게임이나 유머를 이용하여 즐거운 마음으로 영어학습을 하도록 하는 전략이다. 격려와 칭찬 전략은 실수를 한 학습자가 위축되지 않도록 스스로 자신을 격려하는 전략과, 학습활동을 훌륭하게 잘해낸 학습자가 스스로 성취감을 느끼도록 칭찬하는 전략이다. 또한 감정상태 점검 전략은 자신감이 부족하거나 심약한 학습자가 자신의 감정상태를 점검하여 스스로 극복할 수 있도록 하는 전략으로, '언어학습일기'를 작성하면서 스스로 감정상태를 점검하며 격려하고, 또 의사소통을 하면서 느꼈던 부정적인 요소들은 없애고, 기분이 좋았거나 자랑스러웠던 점은 강화시키도록 하는 전략이다.

(6) 사회적 전략(Social Strategies)

인간은 혼자서는 살 수 없는 사회적 동물이고, 언어는 사람과 사람사이의 의사소통을 가능하게 하는 사회적 행위의 한 형태이다. 사회적 전략은 바로 이와 같이 다른 사람과 협동하여 학습하는 전략을 말한다. 이에는 요청전략, 협동전략, 감정이입전략 등이 있다. 요청전략은 의사소통시 상대방에게 천천히 말해 달라고 부탁하거나, 다시 한 번 말해 달라고 요청하는 것, 부가설명이나 알기 쉬운 다른 표현으로 설명을 해달라거나, 틀린 부분이 있으면 고쳐달라고 하는 전략이다. 학습 중에 모르는 부분이나 이해가 안 되는 부분에 대해 자유롭게 질문할 수 있어야 하며, 친구들과의 의사소통시에도 상대방의 말을 이해하지 못하면 묻고 대답할 수 있어야 한다. 또 틀린 부분에 대해서는 과감히 수정해 주고 수정한 사항을 흔케이 받아들여야 한다. 협동전략은 어려운 부분을 친구와 협력하여 해결해 나간다든지, 외국어를 능숙하게 구사하는 친구와 함께 협동하여 학습하는 전략이다. 감정이입전략은 영어권 문화에 대한 이해를 키워 좀 더 효과적으로 의사소통을 할 수 있도록 하는 전략으로 문화의 차이로 인해 발생될 수 있는 문제점을 해소시킬 수 있다. 예를 들어 겸손을 미덕으로 아는 우리나라의 경우 "예쁘다"라고 칭찬했을 때 "아닙니다", "부족합니다"라고 대답하는 반면, 영어권에서는 "고맙습니다"라고 반응하는 것이 더 적절한 응답이라는 것을 이해해야 하는 것 등을 말한다.

3.3 성공적인 학습자가 사용하는 학습전략의 특징

Chamot(1987)는 미국으로 유학 온 70명의 영어학습자들을(ESL Students) 대상으로 초급자와 중급자로 나누어 인터뷰와 설문조사를 하여 어떤 학습전략을 많이 사용하나를 연구하였다. 그 결과 중급자들이 상위인지전략을 초급자들 보다 훨씬 많이 사용하고 있는 것이 밝혀졌다. 그 사용하는 상위인지전략의 종류에 있어서도 중급자는 보다 적극적인 실천계획전략, 자기조정 및 자기평가전략을 상대적으로 많이 사용하고 있었다. 즉 미리 학습목표를 정하고 계획하고 스스로 자기 점검을 하여 조정하고 있었다. 반면에 초급자들은 이보다는 조금 소극적인 주의집중전략과 선택전략을 많이 사용하는 것으로 밝혀졌다.

학습과 직접적인 관련이 있는 인지전략에 있어서도 중급자들은 주제별, 내용별로 학습내용을 모아보는 모듬전략과 학습내용을 서로 연결해보는 재조직전략, 학습내용을 근거로 하여 연역 및 귀납적 방법에 의해 배우지 않은 내용을 추론해 보는 추론전략 같은 것을 많이 사용하고 있었다. 초급자들은 상대적으로 반복연습전략, 노트적기전략, 심상전략과 같이 약간 소극적인 전략을 많이 사용하는 것으로 나왔다. 이상의 연구결과에서 보다 성공적인 영어학습을 위해서는 학습자가 보다 의식적으로 학습에 참여하여 계획하고 조정하고 학습내용을 조직화하고 추론하는 노력이 필요함을 알 수 있다.

우리나라에서도 중고등학생과 대학생을 대상으로 한 학습전략과 의사소통간의 상관관계를 조사한 연구가 요사이 많이 나오고 있다. 그러나 아직까지는 상식적인 수준을 벗어나지 못하고 있다. 한편 외국어 학습 및 영어교수법의 전문가가 아닌 독지가들이 나름대로 영어학습 방법에 대해 연구하여 내 놓은 책들이 많이 있다. 그러나 아무래도 상업성이 강하고 즉흥적이고 검증을 받지 않은 방법을 그대로 내놓고 있다는 점도 묵과할 수는 없다. 더구나 학습전략은 개인의 인지능력이나 학습유형에 따라 각기 다 다를 수가 있는 데, 이를 천편일률적으로 모든 사람에게 다 적용하기에는 문제가 있다. 따라서 자기에게 알맞은 방법을 찾아나가야 할 것이다. 이제는 우리나라 영어교육에서도 보다 많은 전문가들이 학습전략에 대해 관심을 기울여 다양한 지도방안을 모색하고, 성공적인 학습전략을 개발하여 많은 영어학습자에게 올바른 길잡이가 되어야 할 것이다.

연습문제

1. 후천적 언어습득이론의 철학적, 심리학적, 언어학적 배경을 설명하시오

2. 파브로브와 스키너의 행동주의 언어습득모형의 설명하고, 그 장단점을 논하시오.

3. 생득적 언어습득이론의 철학적, 심리학적, 언어학적 배경을 설명하시오.

4. 생득주의의 언어습득모형을 설명하고 그 장단점을 논하시오

5. 생득주의의 언어습득 원리와 축 문법을 논하고, 축 문법의 문제점을 기능주의 입장에서 설명해 보시오.

6. 언어습득의 세 가지 이론에 비추어 본인의 모국어 습득에서 어떠한 점이 많은 영향을 주었는지 예를 들어 논하시오.

7. 생득주의 언어습득의 모델인 LAD가설의 문제점과 그 대안에 대해 설명하시오.

8. Krashen의 자연교수법의 **5**가지 가설을 설명하고, 본인이 생각하기에 가장 바람직한 가설과 그 이유를 설명하시오.

9. 자연교수법의 한계는 무엇인지 설명하시오.

10. Krashen의 자연교수법이론을 비판한 Bialystock의 외국어 학습이론을 설명하시오.

11. Piaget(**1954**)의 인지발달 단계에 대해 약술하고 본인의 모국어 습득 및 외국어 습득이 인지발달과 어떤 상관관계가 있었는지 설명하시오.

12. 외국어 학습에서 감정이입, 억제, 동료압력, 태도 등의 정의적인 면에 대해 설명하고, 본인의 생각하는 바람직한 방향에 대해 논하시오.

13. 외국어 학습에서 대조분석, 오류분석 등의 언어학적 면에 대해 설명하고, 본인의 생각하는 바람직한 방향에 대해 논하시오.

14. 인지유형, 학습유형에 대해 설명하고 본인의 인지유형과 학습유형 및 그 장단점을 설명해보시오.

15. 기억전략을 약술하고, 본인이 많이 사용한 기억전략과 자신의 인지유형과 학습유형에 비추어 장단점을 논하고, 단점에 대한 대책을 제시해보시오.

16. 인지전략을 약술하고, 본인이 많이 사용한 인지전략과 자신의 인지유형과 학습유형에 비추어 장단점을 논하고, 단점에 대한 대책을 제시해보시오.

17. 보완전략을 약술하고, 본인이 많이 사용한 보완전략과 자신의 인지유형과 학습유형에 비추어 장단점을 논하고, 단점에 대한 대책을 제시해 보시오.

18. 상위인지전략을 약술하고 본인이 많이 사용한 상위인지전략과 자신의 인지유형과 학습유형에 비추어 장단점을 논하고, 단점에 대한 대책을 제시해 보시오.

19. 정의적 전략을 약술하고 본인이 많이 사용한 정의적 전략과 자신의 인지유형과 학습유형에 비추어 장단점을 논하고, 단점에 대한 대책을 제시해보시오

20. 사회적 전략을 약술하고 본인이 많이 사용한 사회적 전략과 자신의 인지유형과 학습유형에 비추어 장단점을 논하고, 단점에 대한 대책을 제시해보시오.

21. 인지전략과 상위인지전략에 어떻게 다른지 설명하고, 성공적인 학습자의 학습전략의 특징에 대해 논하시오.

제 3 장

음성 음운론

1. 음성학

1.1 음성학과 조음기관

(1) 음성학과 음운론

음성학(phonetics)이란 인간이 의사소통에 사용하는 말소리(speech sounds)에 대한 학문이다. 음성이란 인간이 발성기관(vocal organs)을 통해서 만들어 내는 소리를 지칭한다. 문자, 손짓 등도 언어의 사용수단이 되는 경우가 있으나 언어의 일차적인 사용수단은 음성이다. 이때 음성학은 인간이 발성기관을 이용하여 만들어 내는 소리 중에 실제로 의미를 전달하기 위해 사용하는 소리, 즉 말소리(speech sounds 또는 phones)만을 연구의 대상으로 한다.

한편 화자가 한 말소리는 입 밖으로 나오면 공기 중의 음파로 변하여 사방으로 퍼져 나간다. 이렇게 전달된 음파는 청자의 청각신경세포를 통하여 대뇌 안에 있는 청각중추신경 부위에 이른다. 따라서 음성학에 다음과 같은 하위분야가 있다.

(1) a. 조음음성학(Articulatory Phonetics) : 말소리나 그 연쇄가 조음되어 음파로 될 때까지의 과정

b. 음향음성학(Acoustic Phonetics) : 음파에서 귀에 도달할 때까지 과정
c. 청각음성학(Auditory Phonetics) : 음파가 귀에 도달한 이후의 과정

이를 그림으로 나타내면 다음과 같다.

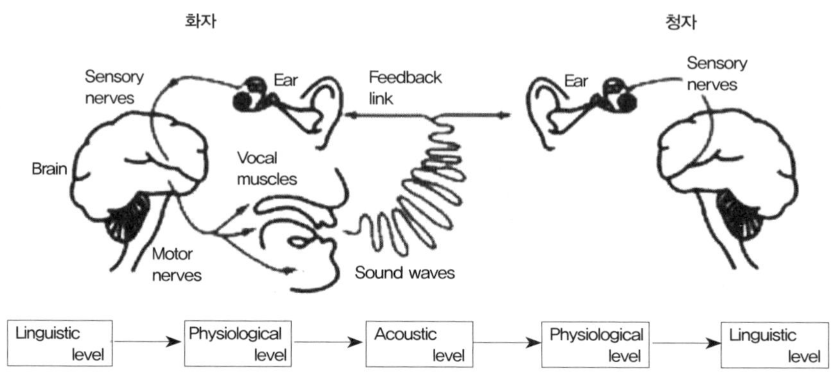

〈말에 의한 의사소통의 연쇄〉

문법에 의해 뇌에서 문장이 조립되고, 그 문장을 음성화하기 위해 필요한 신경이 뇌의 명령에 자극되어, 발음기관의 운동을 통해 문장이 발화된다. 이 과정을 연구하는 분야가 **조음음성학**이다. 다음 발화된 소리는 음파(sound wave)로서 공기를 통해 청자의 귀에 도달한다. 이 과정을 연구하는 분야가 **음향음성학**이다. 귀는 받아들인 음파의 신호를 신경자극으로써 뇌에 전하고, 뇌는 문법에 기초하여 그것을 해독한다. 이 과정을 연구하는 분야가 **청각음성학**이다.

한편 **음운론**이란 음성학 자료를 바탕으로 추상적인 음운조직을 체계화하고, 그 조직을 지배하는 여러 가지 법칙들을 발견하는 학문이다. 영어 등과 같은 특정 언어의 소리체계(sound system)를 연구하는 분야로 주로 각 언어마다 소리체계가 어떻게 구성되어 있고, 그 나라 언어에서는 음운변화가 어떻게 일어나는 지를 연구한다. 한 언어 내에서 사용되는 언어음성의 기능(function) 및 체계(system)를 연구한다. 각 나라 언어별로 그 나라 말에서 인식하고 있는 소리의 최소 단위인 음소(phoneme)의 목록, 음소의 체계, 말소리들의 연결 제약, 음운(변화)현상의 규칙화 등의 연구가 음운론의 관심사이다.

예를 들어 국어에서는 다음 (2a)와 같은 자음접변의 음운변화현상이 있다.

(2) a. 밥물 > 밤물, 신라 > 실라
b. give me > 김미, Henry > 헬리

(2a)처럼 앞 음절의 자음 /ㅂ/과 /ㄴ/이 뒤 음절의 자음 /ㅁ/과 /ㄹ/을 만나 완전 동화되어 같은 자음발음 /ㅁ/과 /ㄹ/로 변하는 현상이다. 그러나 영어에는 이와 같은 음운변화현상이 없다. 그런데도 한국 사람들은 (2b)처럼 잘못 발음하는 경향이 있으므로 조심해야 한다. 이와 같이 각 나라 언어별로 음운변화현상은 조금 다르다. 또 각 나라 언어별로 음소 체계도 다르다.

(2) 조음기관

1) 발동부(호흡부, respiratory system)

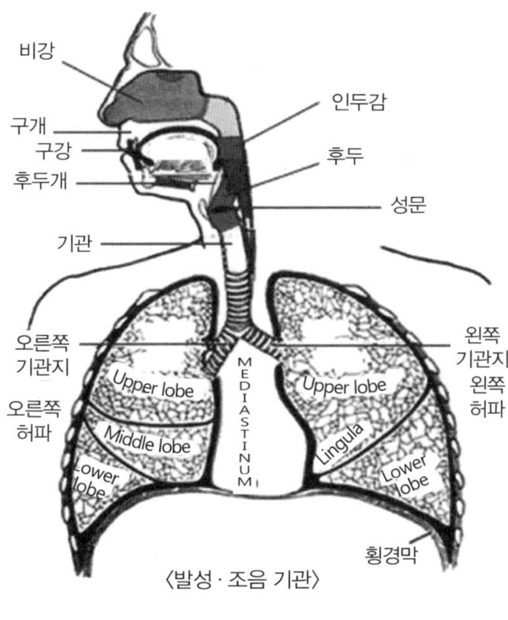

〈발성 · 조음 기관〉

실체 말소리를 내기 위해서 사용되는 인체의 발음기관에 대해 알아보자. 이때 발음에 포함되는 해부학적 구조를 총칭해서 **조음기관**이라고 한다. 소리를 내기 위해서는 먼저 허파에서부터 공기를 내보내면서 시작된다. 허파에서부터 나온 공기는 기관지와 기관으로 이어지는 데, 이와 같은 호흡기 계통을 소리를 내기 위한 발동부라고 한다. 발동부는 횡경막과 허파 및 기관으로 구성되어 있는데 주로 소리를 내는데 필요한 기류(airstream)를 공급하는 구실을 한다. 소리를 내기 위해서는 숨을 들이쉬면서 내는 **들숨(ingress)**소리도 있지만, 일반적으로는 숨을 내 쉬면서 내는 **날숨체계(egressive pulmonic system)**를 이용한다. 즉 소리를 내기 위해서는 먼저 허파에서부터 공기를 내보내면서 시작된다.

2) 발성부(phonatory system)

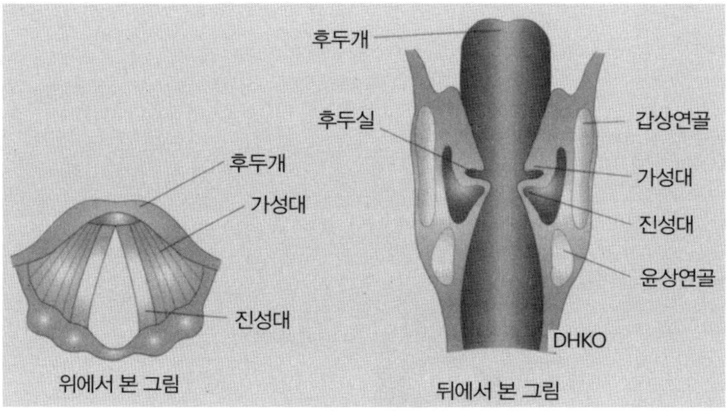

〈후두와 성대〉

호흡기를 통해 나온 공기는 **후두(larynx)**로 이어지는 데, 후두는 **성대(vocal cords)**라고 불리는 두 개의 근육과 성대 사이의 공간, 즉 **성문(glottis)**을 포함하는 일종의 상자이다. 기관의 상단에 위치한 후두는 연골로 된 통이다. 흔히 남자들의 목에 불쑥 튀어나와 있는 아담의 사과(Adam's apple)는 후두의 앞쪽을 일컫는 말이다. 후두의 상단에는 음식물이 후두로 들어오는 것을 막아주는 **후두개(epiglottis)**가 있다. 그러나 후두개는 발음에 아무런 영향을 주지 않는다.

성대가 열려 있을 때 그 열린 틈을 성문(glottis)이라 칭한다. 평상시에는 성문이 넓게 열려 있기 때문에 허파에서 나오는 공기는 아무런 제약을 받지 않는다. 발성을 할 때에는 두 성대를 접근시켜 완전히 닫고, 허파에서 올라오는 기류의 힘으로 이를 떨게 한다. 이와 같이 성대를 떠나는 공기가 진동을 되풀이하여 내는 소리를 유성음이라 한다. 성대가 하는 중요한 역할은 소리를 유성음(voiced sound)과 무성음(voiceless sound)으로 구분하는 일이다.

3) 발음부(조음부, articulatory system)

다음 실제 소리가 만들어져 발음되는 부분은 후두개를 포함한 **인두(pharynx), 구강(oral cavity), 비강(nasal cavity)**이다. 이들을 발음부 또는 조음부라고 한다. 그 중에서도 가장 중요한 부분이 입안인 구강이다. 인두는 식도의 바로 위에서부터 시작하여 구강과 비강으로 연결되는 파이프 모양의 공명강으로서 성대를 지난 공기가 반드시 지나야하는 통로이다. 인두의 공기가 비강으로 빠져나가면 비음이 생성되고, 구강으로 빠져나가면 구강음이 된다.

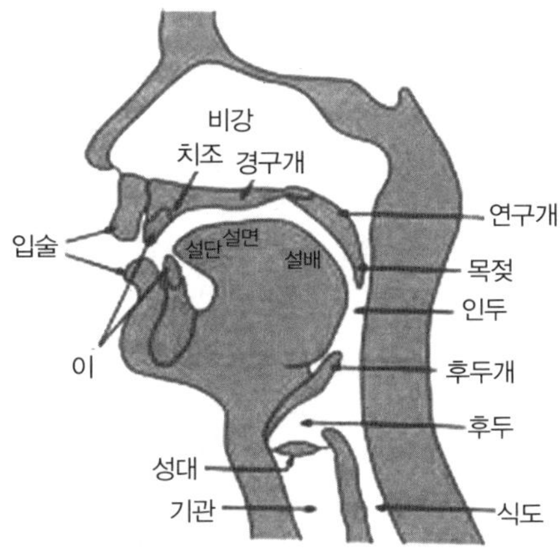

구강의 윗 부분에 고정되어 있는 수동적 조음기관인 윗입술, 윗니, 잇몸(치경, 치조), 경구개 등은 주로 소리가 만들어지는 지점인 **조음점(place of articulation)**을 형성한다. 아랫부분에 있는 능동적 조음기관으로는 아랫입술, 아랫니, 혀와, 윗부분에 있지만 뒤쪽에 있는 연구개 및 목젖은 소리를 만드는 능동적인 **조음자(articulator)**가 된다. 발음은 주로 조음자가 조음점으로 움직이는 상향 운동에 의해 이루어진다. 조음자 중에서 가장 중요한 역할을 하는 혀는 혀끝(tip), 설단(blade), 설면, 설근(root) 등으로 나누어진다. 설면은 전후 위치에 따라 전설(front), 중설(center), 후설(back)로 구별된다. 조음점에서 가장 많이 사용되는 부분은 치경(치조)과 구개(입천장)이다. 치경은 윗니 바로 뒤의 잇몸을 말하며, 구개는 치경을 포함하여 앞의 2/3 가량이 뼈로 되어있고, 나머지는 연한 근육으로 되어 있다. 앞의 딱딱한 부분은 경구개(hard palate), 뒤의 연한 부분은 연구개(soft palate)라고 한다.

두 입술을 둥글게 앞으로 내밀어서 작은 공명강을 만들 때 이를 **순강**이라고도 하는 데, 흔히 구강에 포함시킨다. 구강에서 조음된 소리라도 밖으로 나가는 마지막 통로인 입술의 모양이 둥그냐, 평평하냐에 따라 원순모음(round vowels), 평순모음(unround vowels)으로 나뉜다. 또 턱 근처의 근육도 발음시 작용을 하는 데, 근육이 단단해져 긴장되면서 나는 소리를 긴장모음(tense vowels)이라 하여 느슨한 상태에서 발음되는 이완모음(lax vowels)과 구별한다. 이는 영어의 강세리듬과 밀접한 관련이 있어 매우 중요하다.

1.2 자음발음

자음(子音)은 공기의 흐름이 구강 내에서 상대적으로 모음에 비해 장애를 많이 받아 혼자 발음하기 어려운 자식과 같은 소리이다. 즉 혼자서는 발음하기 어려워 모음과 같이 발음하는 소리라는 의미에서 닿소리(consonants)라고도 한다.

(1) 영어 자음의 특성과 분류

영어자음은 허파에서 나온 공기의 흐름이 성대의 진동여부에 따라 유성음과 무성음으로 나눈다. 또 장애를 받는 장소 즉 조음점(place of articulation)과 장해를 받는 방법 즉 조음법(manner of articulation)에 따라 분류된다.

1) 유성음, 무성음의 분류

성대가 진동하면서 발음되는 음은 유성음(voiced sounds)이라 하고, 성대가 진동되지 않는 음을 무성음(voiceless sounds)이라 한다. 영어의 자음은 폐쇄음, 마찰음, 파찰음과 같은 순수자음은 유성음과 무성음이 서로 대립을 이루는 쌍으로 되어 있다. 단 성문 폐쇄음 /ʔ/과 성문 마찰음 /h/은 유무성 짝이 없는 무성음이다. 즉 무성자음 /p, t, k, ʔ, f, ɵ, s, ʃ, ʧ, h/과 그에 대응하는 유성자음 /b, d, g, v, ð, z, ʒ, ʤ/이 있다. 이외에 모음성이 강하여 공명자음이라고 하는 비음 /m, n, ŋ/, 유음 /l, r/, 활음 /y, w/ 등은 모두 성대가 진동하는 유성음이다. 따라서 영어의 발음은 국어에 비하여 목청이 많이 울리기 때문에 딱딱한 발음이 아니라, 부드럽고, 울림이 좋은 공명음 발음이다. 특히 유성음은 성대를 중심으로 가슴과 입천장까지 울리는 공명음이 되어야 한다.

2) 조음점에 따른 분류

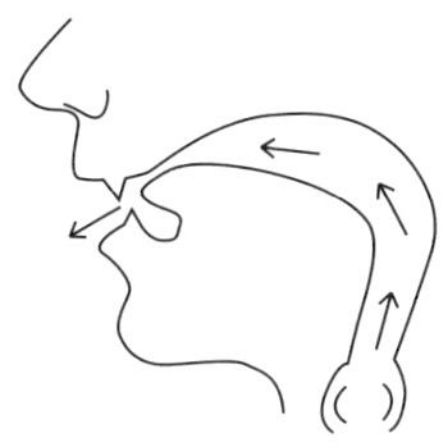

입술에서 성대에 이르기까지 어른의 경우 약 17cm의 통로에는 이론적으로 무한대의 조음점이 가능하다. 그러나 실제로 영어 자음에 동원되는 조음점은 대략 다음과 같다.

a) 양순음(bilabials) :

두 입술 사이에서 조음되는 소리로 영어에는 /p, b, m, w/가 있다.

b) 순치음(labio-dentals) :

윗니와 아랫입술사이에서 조음되는 소리로 영어에는 /f, v/가 있다.

c) 치간음(interdentals) :

두 이빨 사이에서 조음되는 소리로 영어에는 /ɵ, ð/이 있다.

d) 치경음(alveolars) :

치경 즉 위 잇몸에서 조음되는 소리로 영어에는 /t, d, s, z, n, l, r/로 가장 많다.

e) 경구개치경음(palato-alveolars) :

치경의 뒤쪽과 경구개 사이에서 조음되는 소리로 영어에는 /ʃ, ʒ, ʧ, ʤ/ 소리가 있다.

f) 경구개음(palatals) :

경구개에서 조음되는 소리로 영어에는 /j/ 소리(또는 /y/로 표기)가 있다.

g) 연구개음(velars) :

연구개에서 조음되는 소리로 영어에는 /k, g, ŋ/ 소리가 있다.

h) 성문음(glottals) :

성문에서 조음되는 소리로 영어에는 /h, ʔ/ 소리가 있다.[1]

3) 조음법에 따른 분류

a) 폐쇄음(stop) 또는 파열음(plosives)

〈폐쇄음의 조음단계〉

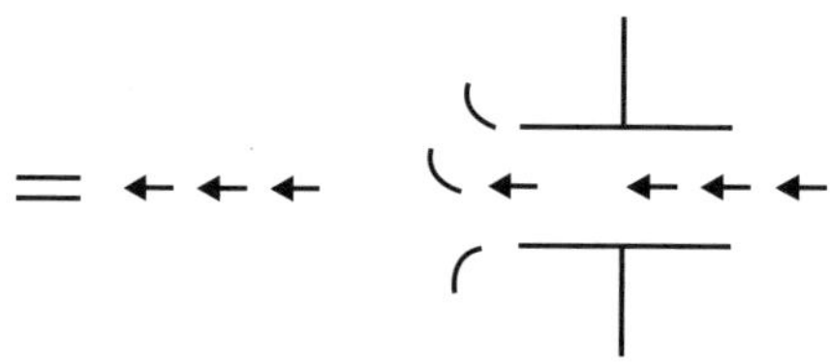

폐쇄음은 허파에서 올라온 공기의 흐름이 구강 내의 어느 지점에서 잠시 폐쇄되었다가 압축되어, 갑자기 파열되며 나는 소리이다. 공기의 흐름이 완벽히 폐쇄된다는 의미에서 폐쇄음이라고도 하며, 폐쇄되었던 공기가 갑자기 파열되며 나는 소리라는 의미에서 파열음이라고도 한다. 영어의 경우 양 입술을 막았다 파열시키는 양순음 /p, b/와 치경 즉 위 잇몸을 혀(전설)로 막았다 파열시키는 치경음 /t, d/, 연구개를 혀(후설)로 막았다 파열시키는 연구개음 /k, g/ 및 성문 즉 목구멍을 막았다 파열시키는 성문음 /ʔ/ 등이 있다.

b) 마찰음(fricative)

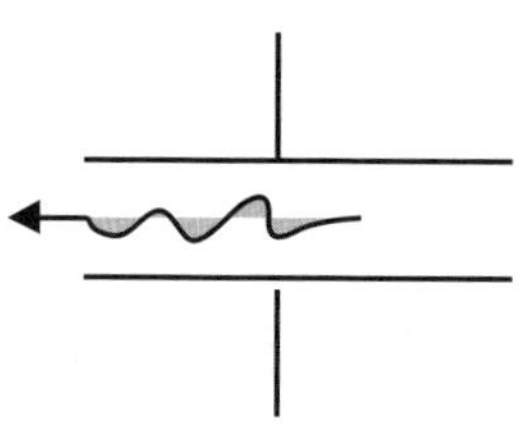

마찰음은 조음기간 사이에 조그만 틈을 열어 주어 이 틈을 통해 밀폐되었던 공기가 빠져 나가면서 나는 소리이다. 이렇게 공기가 조그만 틈을 통하여 통과할 때 마찰(friction)을 일으킨다고 하여 마찰음이라고 한다. 이는 마치 타이어에 조그만 구멍이 나, 그

1 /ʔ/ 소리는 no라는 의미로 uh-uh[ʌʔəʔ]를 발음할 때 마찰음 /h/를 폐쇄음 /ʔ/로 발음하거나 (yes라는 의미로는 [əhʌ]라고 발음함), bottle : [bɑʔl] 할 때 폐쇄음 /t/ 소리가 치경이 아니라 성문에서 나올 때 나는 소리이다.

구멍으로 바람이 새어나올 때의 소리와 마찬가지의 이치로 발성되는 소리이다. 유리창에 '호' 또는 '후'하고 입김을 볼 때의 소리인 /h/ 소리가 이에 속한다. 영어의 마찰음에는 아랫입술에 윗니를 살짝 갖다 대고 그 틈 사이에서 마찰시키는 순치음 /f, v/, 양 이빨 사이에서 마찰시키는 치간음 /θ, ð/, 혀를 치경에 가까이 갖다 대고 그 틈 사이에서 마찰시키는 치경음 /s, z/, 혀를 치경과 경구개에 걸쳐 가까이 갖다 대고 그 틈 사이에서 마찰시키는 경구개치경음 /ʃ, ʒ/, 목구멍 사이에서 마찰시키는 성문음 /h/ 등이 있다.

c) 파찰음(affricates)

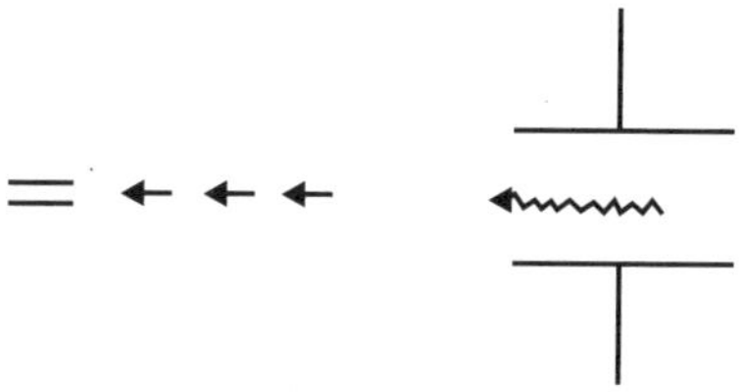

파찰음이란 처음에는 폐쇄음의 경우에서처럼 잠시 공기를 완전히 폐쇄시켰다가 그 폐쇄된 공기를 마찰음의 경우에서처럼 조그만 틈으로 마찰 시켜 내보냄으로써 나는 소리를 말한다. 이러한 의미에서 폐쇄음과 마찰음 결합이라고 할 수 있다. 영어에서 사용되는 파찰음에는 'church' 등에서 나타나는 무성경구개치경음 /tʃ/ 소리와 'judge' 등에서 나타나는 유성경구개치경음 /dʒ/ 소리 두 가지가 있다. 이 두 소리의 음성 기호가 상징하듯이 /tʃ/ 소리는 음성학적으로 폐쇄음인 /t/ 소리와 마찰음인 /ʃ/ 소리가 합쳐진 소리이며, /dʒ/ 소리는 폐쇄음인 /d/ 소리와 마찰음인 /ʒ/ 소리가 합쳐진 소리이다.

d) 비음(nasals)

비음은 연구개(velum)가 하강하여 코로 통하는 통로가 열리게 되어, 폐로부터의 공기의 흐름이 비강을 통하여 코로 빠져나가면서 나는 소리이다. 이때 구강(oral cavity)은 완전히 폐쇄되는데, 이는 앞에서 설명한 폐쇄음과 동일하다. 영어의 경우 양 입술을 막아 구강이 폐쇄되어 공기가 코로 빠져나가면서 나는 양순음 /m/, 치경(위 잇몸)을 혀로 막아 공기가 코로 빠져나가면서 나는 치

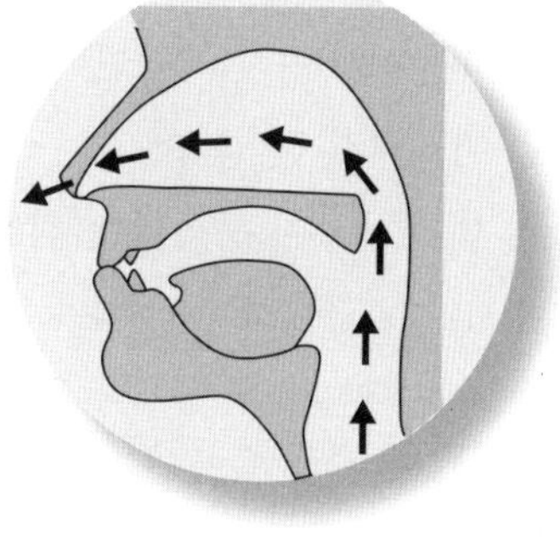

〈비음의 조음시의 공기의 통로〉

경음 /n/, 연구개를 막아 공기가 코로 빠져나가면서 나는 연구개음 /ŋ/이 있다.

e) 유음(liquids)

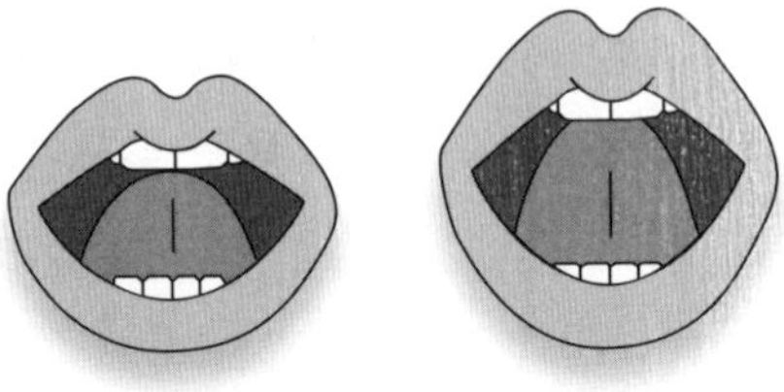

〈/r/와 /l/의 조음시의 입모양〉

자음은 공기의 흐름이 방해를 받는다는 의미에서 모음과 구별되는 소리이지만, 유음은 자음 중에서 그 방해의 정도가 폐쇄음이나 마찰음의 경우보다 훨씬 덜한 상태에서 나는 소리이다. 즉 공기가 흐르듯이 흘러가는 소리라 하여 유음이라 한다. 영어의 /l/과 /r/이 이에 속하는데, /l/은 혀가 치경(alveolar ridge)에 닿기는 하지만 공기가 혀의 양 측면으로 흐르듯이 빠져 나오면서 나는 소리로서 이를 **설측음(lateral)**이라고 한다. 영어의 /r/도 일반적으로 치경에서 발성되기는 하나 혀를 뒤로 말아 올려(curl back) 공기가 혀 위로 흘러나오면서 나는 소리로서 **권설음(retroflex)**이라고 한다.

f) 활음(glides)

활음은 공기의 흐름에 대한 방해의 정도가 극히 미미한 미끄러지는 소리이다. 따라서 그 미미한 정도의 방해만을 제외하면 이는 거의 모음에 가까운 소리로 **반모음(semi-vowel)**이라고도 한다. 또한 이들은 이중모음을 낼 때 모음에서 모음으로 재빨리 미끄러져 전이되어 가는 소리라는 의미에서 **전이음**이라고도 불린다. 활음은 음절의 핵을 이루지 못한다는 점에서 다른 모음과 구별된다. 영어의 경우 /y/(또는 /j/로 표시)와 /w/ 소리가 있다.

4) 영어자음 체계와 명칭

영어의 자음체계를 도표로 나타내면 다음과 같다.

조음법 \ 조음점			양순음	순치음	치음	치경음	경구개치경음	경구개음	연구개음	성문음
저해음	폐쇄음	무성	p			t			k	ʔ
		유성	b			d			g	
	마찰음	무성		f	θ	s	ʃ			h
		유성		v	ð	z	ʒ			
	파찰음	무성					ʧ			
		유성					ʤ			
공명음	비음		m			n			ŋ	
	유음					l, r				
	활음		w					y(j)	w	

영어 자음의 분류는 **세 가지 요인** 즉 **유무성 차이, 조음점, 조음법**에 의해 분류한다. 따라서 영어 자음의 명칭도 이와 같은 순서로 명명한다. 예를 들어 영어 자음 /p/는 무성 양순 폐쇄음(voiceless bilabial stop)이고, /v/는 유성 순치 마찰음(voiced labiodental fricative)이다. 또 /ʧ/는 무성 파찰음(voiceless (palato-alveolar) affricate)이다(파찰음은 둘 다 경구개치경음이므로 이름에 이런 조음위치의 구별을 붙여 주지 않아도 다른 소리와 구별된다). 한편 자음을 종합적으로 분류할 때 방해를 많이 받는 저해음(obstruent : 또는 장애음)과 방해를 비교적 덜 받는 공명음(sonorant)으로 분류한다. 저해음은 방해를 많이 받아 공명도가 떨어지는 시끄러운 소음(noise)의 특성을 갖는 음으로 순수 자음이라고 할 수 있다. 이에는 폐쇄음(파열음), 마찰음, 파찰음이 있다. 공명음은 모음과 마찬가지로 공명도가 높아 음악적인 소리(musical sound)의 특성을 갖는다. 이에는 비음, 유음, 활음 등이 있다. 공명음은 모두 유성음인데 비하여 저해음은 성대를 진동하여 내는 유성음과 진동이 없는 무성음의 대립이 있다.

(2) 국어 자음의 특성과 분류

국어 자음(子音, consonant)도 영어와 마찬가지로 목, 입, 혀 등의 발음 기관에 의하여 장애를 받으면서 나는 소리로, 조음법과 조음점에 따라 분류할 수 있다. 한편 국어에는 소리의 특성인 숨의 강도와 목의 긴장 여부에 의해 영어에는 없는 평음, 격음, 경음의 구별이 있다.

1) 조음법에 따른 분류

a) 파열음

영어와 같이 허파에서 나오는 공기를 일단 막았다가 그 막은 자리를 터뜨리면서 내는 소리이다. 양 입술을 막았다 파열하는 양순음 /ㅂ, ㅃ, ㅍ/ 소리가 있다. 영어와 달리 치경이라기보다는 윗니에서 경구개 사이를 혀끝으로 막았다 파열하는 설단음 /ㄷ, ㄸ, ㅌ/ 소리가 있다. 연구개를 막았다 파열하는 연구개음 /ㄱ, ㄲ, ㅋ/ 소리가 있다.

b) 마찰음

영어와 같이 허파에서 나온 공기가 구강의 좁아진 어느 한 부분을 통과하면서 마찰을 일으켜 나는 소리이다. 영어와 달리 윗니와 치경 (심지어 경구개) 사이를 좁혀 마찰시켜 내 보내는 /ㅅ, ㅆ/과 목구멍을 좁혀 마찰시켜 내 보내는 성문음 /ㅎ/ 소리가 있다.

c) 파찰음

영어와 같이 허파에서 나온 공기를 잠시 폐쇄하였다, 마찰시켜 내보내는 파찰음으로는 경구개 쪽에 가까운 /ㅈ, ㅉ, ㅊ/ 소리가 있다.

d) 비음

비음은 영어와 같이 구강의 어느 한 부분을 폐쇄하고 연구개를 내려 코로 공기가 통하도록 하여 나는 소리이다. 양 입술을 막아 코로 공기를 내보내는 양순음

/ㅁ/ 소리, 윗니를 막아 코로 공기를 내보내는 치음 /ㄴ/ 소리, 연구개를 막아 코로 공기를 내보내는 연구개음 /ㅇ/ 소리가 있다.

e) 유음

혀끝을 윗니나 윗잇몸인 치경에 가볍게 대었다가 떼거나, 댄 채 양옆으로 공기를 흘려보내면서 내는 소리로 /ㄹ/ 소리가 있다. 영어와 달리 설측음 /l/과 권설음 /r/의 구별이 없다. 따라서 국어의 /ㄹ/은 정확히 설측음이라고 할 수도 없고, 설탄음(혹은 권설음)이라고 할 수도 없다. '달'처럼 음절 말에서는 설측음, '다리, 얼음'처럼 다른 환경에서는 설탄음으로 발음된다. 영어는 설측음 [l]과 권설음 [r]을 묶어서 흐르는 소리라 하여 유음(流音, liquid)이라 하는데, 국어의 /ㄹ/은 이 점에서 유음이라 보는 것이 더 타당하다.

2) 조음점에 따른 분류

a) 순음(脣音, labial) :

두 입술 사이에서 나는 소리로 국어의 /ㅂ, ㅃ, ㅍ, ㅁ/이 여기에 해당한다.

b) 설단음(舌端音)[2] :

혀끝(설단)을 윗니의 뒷부분이나 윗잇몸에 대어서 내는 혀끝소리(설단음)이다. /ㄷ, ㄸ, ㅌ, ㄴ/은 혀끝과 윗니가 닿아서 소리가 나는 치음(dental)에 가깝고, /ㅅ, ㅆ, ㄹ/은 혀끝이 치경(윗잇몸)에 닿아서 나는 치경음(alveolar)에 가깝다. 이처럼 국어 경우 치음 및 치경음, 심지어 경구개음 등의 조음점 구별이 영어처럼 명확하지 않기 때문에 혀끝에서 나는 소리인 설단음으로 본다.

---

2 국어의 기본 다섯 글자 'ㄱ, ㄴ, ㅁ, ㅅ, ㅇ'는 다음과 같은 발음기관의 모양을 본떠 만들었다는 점이 어느 정도 조음점과 관련이 있다.

(i) a. ㄱ : 혀의 뒤쪽이 입천장에 닿는 모양(아음(牙音 : 어금닛소리) : 연구개음)
b. ㄴ : 혀끝이 윗 잇에 닿는 모양 (설음(舌音 : 혓소리) : 설단음(舌端音))
c. ㅁ : 입술의 모양 (순음(脣音 : 입술소리) : 양순음)
d. ㅅ : 이빨의 모양 (치음(齒音 : 잇소리) : 치(경)음)
e. ㅇ : 목구멍의 모양 (후음(喉音 : 목구멍소리) : 성문음)

c) 경구개(치경)음(alveolar-palatal) :

치경과 경구개 사이의 경계가 뚜렷하지 않은 데서 나는 소리로 /ㅈ, ㅉ, ㅊ/ 소리가 있다.

d) 연구개음(velar) :

혀의 뒷부분과 연구개 사이에서 나는 소리로, /ㅇ, ㄱ, ㅋ, ㄲ/ 소리가 있다.

e) 성문음(glottal) 혹은 후음(喉音) :

목구멍, 즉 인두의 벽과 혀뿌리를 마찰하여 내는 소리로 /ㅎ/ 소리가 있다.

3) 소리의 특징에 따른 분류

a) 평음(平音) 혹은 예사소리 :

구강 내부의 기압 및 발음 기관의 긴장도가 낮아 약하게 파열되는 소리로 /ㄱ, ㄷ, ㅂ, ㅅ, ㅈ/과 /ㅎ/ 소리를 가리킨다. 연음(軟音)이라고도 한다.

b) 경음(硬音) 혹은 된소리 :

후두(喉頭) 근육을 긴장하거나 성문을 폐쇄하여 내는 소리로 /ㄲ, ㄸ, ㅃ, ㅆ, ㅉ/ 소리를 가리킨다. 된소리인 농음(濃音)이라고도 하는데, 평음 및 격음과 대립한다. 국어의 경우는 흔히 성문파열이나 후두긴장을 수반하는 음으로 공기를 상대적으로 많이 동반하지 않기 때문에 영어의 무기음(unaspirated sound)에 해당한다. 겉으로 보기엔 'ㄱ + ㄱ= ㄲ' 처럼 평음이 두 개가 모여 이루어진 소리 같지만, 사실은 'ㄱ + ʔ', 'ㄷ + ʔ'과 같이 평음에 성문폐쇄음이 결합하여 이루어진 소리들이다.

c) 격음(激音) 혹은 거센소리 :

강한 폐쇄 상태에서 개방될 때 숨이 거세게 나오는 파열음으로 /ㅋ, ㅌ, ㅍ/ 등의 소리를 가리킨다. /ㅎ/ 소리를 수반하여 공기를 많이 동반하는 소리이므로 영어의 유기음(aspirated sound)에 해당한다. 국어의 파찰음 /ㅊ/도 거센소리인 격음에 속한다.

d) 유성음(voiced sound) 혹은 울림소리 :

발음할 때, 목청이 떨려 울리는 소리로 국어자음 가운데에는 영어와 마찬가지로 비음에 해당하는 /ㅁ, ㄴ, ㅇ/과 유음 /ㄹ/이 유성음이다. 목청울림소리, 탁음(濁音), 흐린소리라고도 한다.

e) 무성음(voiceless sound) 혹은 안울림소리 :

성대를 진동시키지 않고 내는 소리를 말한다. 영어와 달리 순수 장애음인 국어의 파열음 /ㅂ, ㅃ, ㅍ, ㄷ, ㄸ, ㅌ, ㄱ, ㄲ, ㅋ/, 마찰음 /ㅅ, ㅆ/ 및 파찰음 /ㅈ, ㅉ, ㅊ/ 소리는 유무성 짝이 없고 모두 무성음으로 본다. 단 평자음인 /ㄱ, ㄷ, ㅂ, ㅈ/ 등이 '감기, 다도, 바보, 가자' 등의 유성음과 유성음 사이의 두 번째 음절에서 유성음으로 동화되어서 유성음으로 발음된다.

(3) 국어와 영어의 자음발음 비교

지금까지 살펴본 영어자음과 국어자음을 도표로 나타내면 다음과 같다.

조음방법 \ 조음점			양순음	순치음	치간음	치음	치경음	경구개 치경음	경구 개음	연구 개음	성문음
저해음	폐쇄음	영	p b				t d			k g	ʔ
		국	ㅂ(ㅂ) ㅍ ㅃ			ㄷ(ㄷ) ㅌ ㄸ				ㄱ(ㄱ) ㅋ ㄲ	
	마찰음	영		f v	θ ð		s z	ʃ ʒ			h
		국				ㅅ(ㅈ) ㅆ		(ㅅ) (ㅈ)			ㅎ
	파찰음	영						ʧ ʤ			
		국						ㅊ(ㅈ)			
공명음	비음	영	m				n			ŋ	
		국	ㅁ			ㄴ				ㅇ	
	유음	영					l, r				
		국				ㄹ					
	활음	영	w						y(j)	w	
		국									

국어의 자음은 영어와 달리 /t, d/와 같은 유무성의 차이는 없고, 오히려 무성음에 더 가까운 /ㄷ/이 대표음으로 있다. 또 /ㅌ/와 같은 격음(유기음), /ㄸ/와 같은 경음(무기음) 등의 차이가 있다. 또 조음위치도 영어와 조금 다르다. 특히 영어의 치경음 /t, d/, /s, z/, /n/, /l, r/과 비슷한 /ㄷ/, /ㅅ/, /ㄴ/, /ㄹ/은 위 잇몸이 아니라 오히려 윗니에서 조음되는 치음에 더 가깝다.

다음 영어 자음 발음을 비교해 보자

(3) a. pill tell key
    b. map bat cook
    c. spin star sky

(3a)의 pill, tell, key처럼 단어 앞(어두) 또는 음절 앞(음절머리)에서의 폐쇄음 /p, t, k/의 발음은 공기의 흐름을 막아 폐쇄시켰다가 강하게 터트려 파열시키는 소리로 진정한 의미의 파열음이다. 이와 같이 공기의 흐름을 많이 동반하는 소리를 유기음(aspirated sound) 또는 기식음이라고도 하는데, 국어의 격음 [ㅍ, ㅌ, ㅋ]에 가까운 소리이다. 반면 (3b)의 map, bat, cook처럼 어말의 /p, t, k/ 소리는 막기만 하고 파열하지 않는 불파음(unreleased sound)으로 국어의 /밥, 닫, 각/ 발음할 때의 종성인 받침소리 [ㅂ, ㄷ, ㄱ]에 가까운 소리이다. 한편 (3c)의 spin, star, sky처럼 /s/ 다음에 나올 때는 공기를 터트리지 않는 무기음(unaspirated sound)으로 국어의 경음인 된소리 [ㅃ, ㄸ, ㄲ]에 가까운 소리이다.

(4) a Jim swam in the pool. ↔ Jim acted like a fool.
    b. I like berry pie. ↔ I'm very sure.

(4a)의 pool 발음할 때의 영어 /p/ 소리는 양 입술을 붙여 공기를 차단하여 압축하였다가, 갑자기 터뜨리며 파열시켜 내는 무성 파열음으로 국어 [ㅍ]과 유사한 유기음 소리이다. 반면 fool 발음할 때의 영어 /f/ 소리는 윗니를 아랫입술 안쪽에 살그머니 얹고 그 사이로 공기를 마찰시켜 내는 무성 마찰음이다. 두 소리는 발음 나는 위치도 다를 뿐만 아니라, 발음 하는 방법도 다른 소리이다. 그러나 국어에는 /f/ 소리와 비슷한 소리가 없기 때문에 /p/와 비슷하게 [ㅍ]로 발음하는 경우가 많으므로 조

심해야 한다.

(4b)의 berry 발음할 때의 영어 /b/ 소리는 영어 /p/ 소리와는 달리 목청을 울리면서 내는 유성음이다. 국어의 /아버지/를 발음할 때, /ㅂ/ 소리와 비슷하다. /버들/처럼 단어 첫머리에 나는 /ㅂ/는 무성음이므로 영어 /b/와는 다른 소리이다. very 할 때의 영어 /v/ 소리는 무성음 /f/와 달리 목청이 떨림이 있는 유성음이다. 국어에는 /v/ 소리와 비슷한 소리가 없기 때문에 /v/ 소리를 두 입술을 붙였다 떼면서 발음하여 /b/와 비슷하게 둘 다 [ㅂ]로 발음하는 경우가 많으므로 조심해야 한다.

(5) a. It was a sunny day. ↔ They waited outside.
b. I hope the boat won't sink. ↔ I'm trying to think about it.

(5a)의 day 할 때의 /d/는 혀끝을 위 잇몸(치경)에 대고 막았다, 숨을 터뜨릴 때 나는 파열음으로 목청이 떨림이 있는 유성음이다. 반면 they 할 때의 /ð/는 혀끝을 웃니 밑의 이빨 사이에 가볍게 대고, 그 사이로 숨을 내쉬어 마찰 시켜 나는 치간 마찰음으로 목청이 떨림이 있는 유성음이다. 우리나라 사람들이 they의 치간음인 /ð/나 day의 치경음인 /d/를 구별하지 않고 모두 치음에 해당하는 /ㄷ/으로 잘못 발음하는 경우가 많으므로 조심해야 한다.

(5b)의 sink의 /s/는 혀끝을 윗니 잇몸(치경)에 가까이 대고 그 틈으로 강한 숨을 내쉬면서 마찰시켜 내보내면서 내는 무성 치경 마찰음이다. think의 /θ/는 혀끝을 웃니 밑에 가볍게 대고, 두 이빨사이로 공기를 마찰시켜 내보내면서 내는 무성 치간 마찰음이다. /s/나 /θ/에 가까운 국어의 /ㅅ/이나 /ㅆ/은 모두 윗니에 가까이 대고 발음하는 치음에 가깝다. 따라서 이를 구별하지 않고 치음인 /ㅆ/이나 /ㅅ/으로 잘못 발음하는 경우가 많으므로 조심해야 한다.

(6) a. They sold my shoes at a shop in Sidney.
b. Jerry put a cherry in his sherry.

(6a)의 sold, Sidney 할 때의 영어 /s/ 소리는 잇몸(치경)에서 나는 무성 치경 마찰음이다. shoe, shop 할 때의 영어 /ʃ/ 소리는 혀끝을 치경 가까이에 대고, 동시에 전설을 경구개 쪽으로 올려 가까이 대고, 그 틈으로 마찰시켜 내보는 무성 경구개치경

마찰음이다. 국어의 /ㅅ/이나 된소리인 /ㅆ/으로 잘못 발음하는 경우가 있으나, /사랑/ 할 때의 국어 /ㅅ/과 /싸다/할 때의 /ㅆ/은 치경보다는 윗니 가까이에서 나는 치음에 가깝다. 심지어 /시도/라고 발음할 때의 /ㅅ/은 경구개치경음으로, 영어 /ʃ/과 비슷하게 발음하기도 한다. 따라서 국어 /ㅅ/은 기본적으로 치음이나 경우에 따라서 치경음으로도 경구개치경음으로 낼 수 있기 때문에 /ㅅ/으로 대치하여 발음하지 않도록 조심해야 한다.

한편 (6b)의 cherry 할 때의 영어 /ʧ/ 소리는 먼저 /t/ 발음 할 때처럼 혀끝을 치경에 대고 허파에서 나온 공기를 차단하였다가, 이후 전설을 경구개 쪽으로 올리면서 치경에 있던 혀를 약간 내려, 그 틈으로 강한 숨을 내쉬면서 마찰되어 나오는 무성 경구개치경 파찰음이다. 국어 /취사/라고 발음할 때의 /ㅊ/과 비슷한 소리이다. 그러나 국어의 /ㅊ/은 /자동차/ 할 때는 경구개치경음이 아니라 윗니에서 발음하는 치음에 더 가깝다. 즉 국어의 /ㅊ/이 이웃한 모음에 따라 치음에서 치경음, 경구개치경음까지 자유스럽게 발음날 수 있으므로 조심해서 발음해야 한다. 반면 Jerry 할 때의 영어 /ʤ/는 목청에 떨림이 있는 유성 경구개치경 파찰음이다. 국어 /지도/라고 발음할 때의 /ㅈ/과 그래도 유사한 소리이다. 그러나 국어 /ㅈ/은 경구개치경뿐 아니라 영어의 치경음 /z/로도 나기도 하고, 심지어 /자랑/이라고 발음할 때는 윗니에서 발음 나는 치음에 더 가깝다. 따라서 영어의 zoo, breeze 발음할 때의 /z/와 Jew, bridge 발음할 때의 /ʤ/를 모두 치음에 가까운 /ㅈ/으로 잘못 발음하는 경우가 많으므로 조심해야 한다.

(7) Take the (light/right) backpack.

light 할 때의 영어 자음 소리 /l/은 혀끝을 윗니의 잇몸(치경)에 대고, 허파에서 나온 공기를 혀의 양옆으로 흘려 내보낼 때 나는 소리로 목청의 떨림이 있는 유성음이다. 따라서 공기가 흘러 나간다는 의미에서 넓은 의미에서 흘러가는 소리인 유음(liquid)이라고 하는 데, 좁은 의미에서 혀 양 옆으로 흘러간다고 하여 설측음(lateral)이라고 한다. 국어의 [칼], [돌]에서 나는 /ㄹ/ 소리와 유사하다. 반면 right 할 때의 영어 자음 소리 /r/은 혀끝(tongue tip)을 치경 쪽에서 약간 말아 올려 긴장한 상태에서 긴장을 풀면서 그 위로 공기를 흘려 내 보내면서 나는 소리이다. 따라서 공기가 흘러 나간다는 의미에서 /l/ 소리와 마찬가지로 흘러가는 소리인 유음인데, /l/이 공기가 혀 양 옆으로 흘러가는 설측음이라면, /r/은 혀끝을 뒤로 말아 올린 상태에서 공기가 위로 흘러가는 권설음(retroflex)이다. 국어의 /ㄹ/ 소리는 혀 끝부분을 말아 올리지도 않고, 입술을 둥글게 하지도 않는 소리이므로 영어의 /r/과는 다르므로 조심해서 발음해야 한다.

1.3 모음의 특성과 분류

모음(母音, vowel)은 자음에 비하여 조음기관의 방해를 받지 않고 공기가 비교적 자유롭게 구강을 흘러나오는 소리이다. 따라서 단독으로 발음이 가능하며 음절의 중심인 핵(nucleus)을 이루어, 자식과 같은 자음을 거느리는 어머니 같은 소리이라 하여 모음이라 한다. 즉 소리의 장단, 고저(pitch), 강세(stress), 그리고 억양(intonation) 등이 다 모음에 의해 표현된다.

(1) 영어 모음의 특성과 분류

영어모음을 기술하는 데는 혀의 높이, 혀의 전후 위치, 조음기관의 긴장도, 입술모양 등 4가지 기준에 의해 구분한다.

1) 혀의 높이에 의한 분류

1) heed : /i/
2) head : /e/
3) had : /æ/
4) father : /ɑ/
5) good : /ʊ/
6) food : /u/

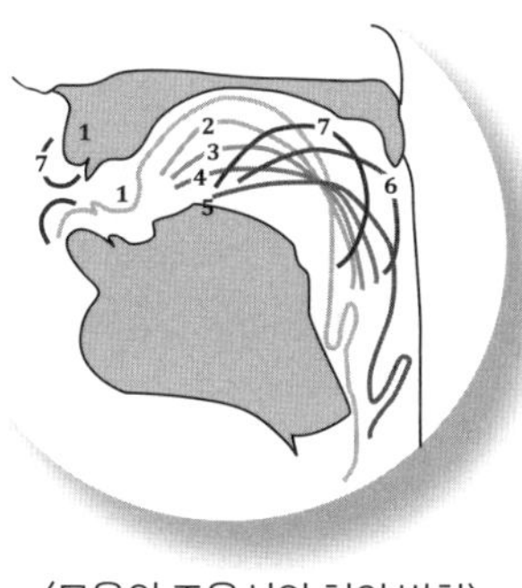

〈모음의 조음시의 혀의 변화〉

a) 고모음(high vowel)

혀를 최고로 치켜 올려 조음하는 음을 고모음이라 한다. 영어에는 /i, ɩ, ɜ, u, ʊ/의 모음이다. 이때 /i, u/는 긴장(tense)모음으로, /ɩ, ʊ/는 이완(lax)모음으로 구별한다. /ɜ/ 모음은 중모음 /ə/가 강세모음으로 발음할 때 혀의 높이가 약간 올라가 고모음이 된 경우이다.

b) 저모음(low vowel)

반대로 혀를 최저로 낮추어 조음하는 음을 저모음이라 하며, /æ, a, ɔ, ɑ, ɒ/의 모음이 있다. /a/모음은 단순모음으로는 쓰이지 않고, /ai, au/ 등처럼 이중모음으로만 쓰이므로, /ɑ/모음과 구별된다. /ɑ/모음은 평순모음인데 비하여, /ɒ/모음은 원순모음으로 미국영어에는 없고, 영국영어에서 not[nɒt]으로 발음하는 경우에 볼 수 있다. /ɔ/모음은 학자에 따라 중모음으로 보기도 한다.

c) 중모음(mid vowel)

그 중간을 중모음이라고 하며, /e, ɛ, ə, ʌ, o/ 모음이 있다. (사전의 발음기호에는 /e/를 이중모음 [ei]로 표기하고 있고, /o/도 이중모음 [ou]로 표기하고 있다.) /e, ə, o/는 중모음 중에서도 상-중모음(upper-mid vowel)로, /ɛ, ʌ, (ɔ)/는 하-중모음(lower-mid vowel)로 구별하기도 한다. (단 /ɔ/모음을 중모음으로 분석할 경우)

2) 혀의 전후 위치에 의한 분류

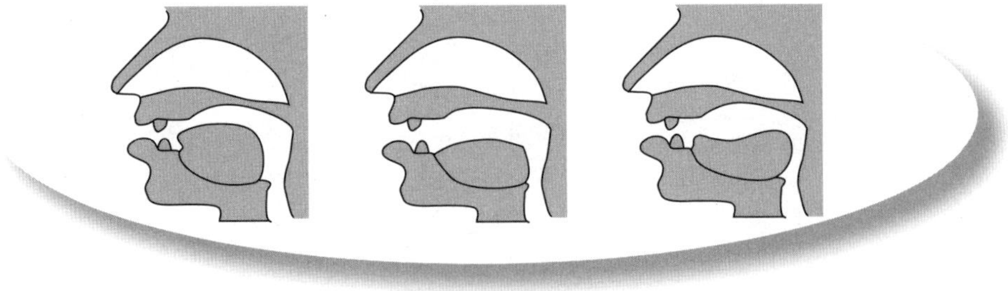

〈[i], [a], [u]의 조음시의 구강의 모양〉

a) 전설모음(front vowel)

혀의 가장 높은 점이 구강의 앞쪽에서 조음되는 모음을 전설모음이라 한다. 영어에서는 /i. ɩ, e, ε. æ/ 모음이 전설 모음에 해당한다. (일반사전의 발음기호에는 /i/는 장모음으로 [i:]로 표기하고 있다. 또 /ɩ/는 학자에 따라 /ɪ/로도 표기하는 데, 사전 발음기호에는 단모음으로 [i]로 표기하고 있다.)

b) 후설모음(back vowel)

반대로 혀의 가장 높은 점이 구강의 뒤쪽에서 조음되는 음을 후설모음이라 한다. 영어에서는 /u, ʋ, o. ɔ, ɑ ɒ/ 모음이 있다. (사전의 발음기호에는 /u/는 장모음 [u:]로 표기하고 있고, /ʋ/는 학자에 따라 /U/로도 표기하는 데, 사전 발음기호에는 단모음 [u]로 표기하고 있다.)

c) 중설모음(central vowel)

그 중간을 중설모음이라 한다. 영어에서는 /ɜ, ə, ʌ, a/ 등의 모음이 있다. 여기에 r-음색이 있는 모음으로 /ɝ, ɚ/ 등을 포함시키기도 한다. 경우에 따라 /ʌ/를 후설모음으로 보는 사람도 있다. /a/모음은 단순모음으로 쓰이지 않고 이중모음 /ai, au/으로 (혹은 /ay, aw/) 쓰인다.

3) 근육의 긴장도에 의한 분류

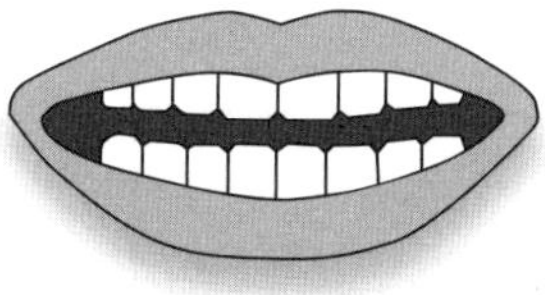

〈/i/의 조음시의 입모양〉

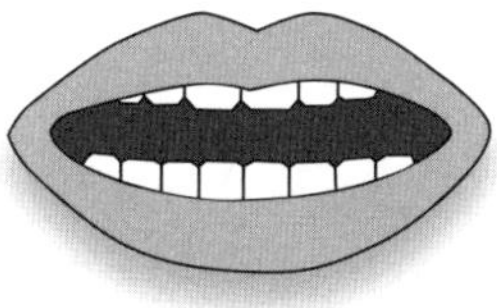

〈/ɪ/의 조음시의 입모양〉

영어모음을 근육의 긴장도에 따라 긴장모음(tense vowel)과 이완모음(lax vowel)으로 구별한다. 영어의 대표적인 긴장모음은 /i, e, u, o, ɔ/이고, 이완모음은 /ɩ, ε, æ, ə, ʌ, ʋ/이다. 영어에서는 이 구별이 매우 중요하다. 영어는 강세박자 언어이기 때문에 강세가 있는 모음을 전반적으로 강하게 발음하다 보면 근육이 많이 긴장된다. 따라서 좀 더 분명하게 지각되는 긴장모음이 된다. 반면 이완모음은 주로 비강세모음으로 가장 대표적인 비강세모음은 /ə/인데 특별히, "schwa"라는 이름을 붙여 부른다.

4) 입술 모양에 의한 분류

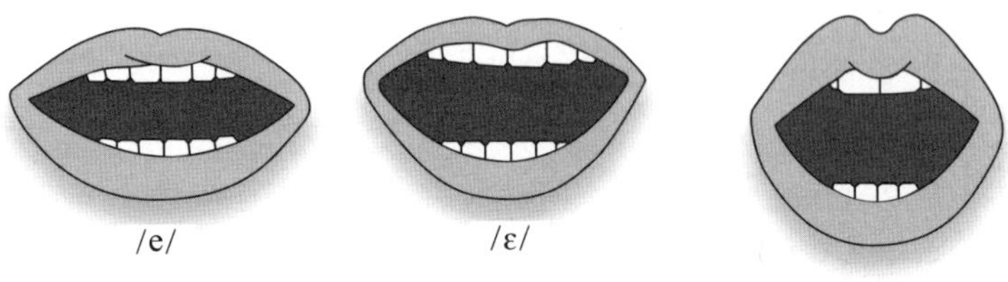

〈/e/와 /ɛ/의 조음시의 입모〉양〉 〈/ɔ/의 조음시의 입모양〉

입술을 둥글게 해서 조음하는 음은 원순모음(rounded vowel)이라 한다. 영어에서는 /ɑ/를 제외한 모든 후설모음 /u, ʊ, o. ɔ, ɒ/이 다 원순모음이다. 입술을 넓혀 평평하게 해서 조음하는 음은 비원순모음(unrounded vowel), 혹은 평순모음이라 한다. 영어에서는 전설모음 /i. ɩ, e, ɛ. æ/와 중설모음 /ɜ, ə, ʌ, a/이 모두 다 평순모음이다.

5) 영어모음체계와 명칭

혀의 높낮이, 혀의 전후위치, 조음기관의 긴장 유무, 입술 모양과 같은 4가지 기준에 의하여 영어의 모음을 분류해 놓은 것이 다음 모음 4각도이다.

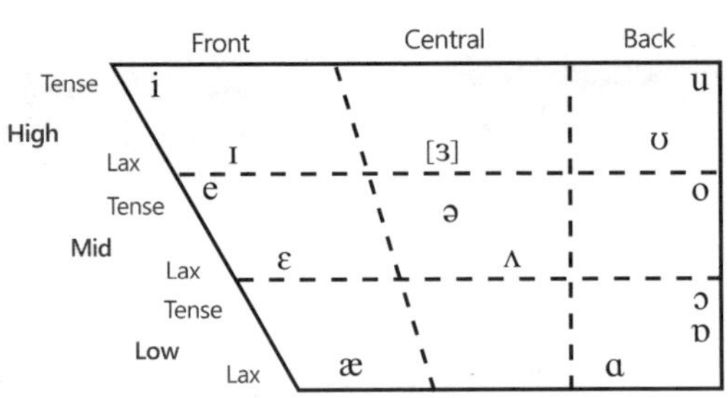

〈영어의 모음사각도〉

영어의 모음은 혀의 높이에 따라 고모음(high vowel), 중모음(mid vowel), 저모음

(low vowel)으로 분류한다. 또 혀의 전후위치에 따라 전설모음(front vowel), 중설모음(central vowel), 후설모음(back vowel)로 분류한다. 근육의 긴장도에 따라 긴장모음(tense vowel), 이완모음(lax vowel)으로 분류한다. 입술 모양에 따라 원순모음(round vowel), 평순모음(unround vowel)으로 분류한다. 이때 전설모음과 중설모음은 모두 평순모음이고, 후설모음은 /ɑ/모음을 제외하고는 모두 원순모음이다. 한편 중설모음 중 가장 대표적인 이완모음인 /ə/모음이 주로 비강세 모음(unstressed vowel)으로 쓰이는 데 비해, /ɜ/는 'bird'처럼 혀의 높이가 약간 높기도 하지만 강세음절에 나와 강세모음(stressed vowel)로 쓰일 때 발음되는 모음이다. 또 /ʌ/도 강세모음으로 /ə/와 구별된다.

따라서 영어 모음의 명칭은 이와 같은 순서로 혀의 높낮이, 전후위치, 긴장도 및 강세와 원순성 순으로 이름을 부른다. 예를 들어 위의 모음 4각도를 보면 /i/모음은 고 전설 긴장모음(high front tense vowel)이고, /ɪ/모음은 고 전설 이완모음(high front lax vowel)이다. 이때 평순모음이라는 특성은 영어의 전설모음은 당연히 평순모음이기 때문에 구태여 붙일 필요가 없기 때문에 생략한다.

6) 영어의 이중모음

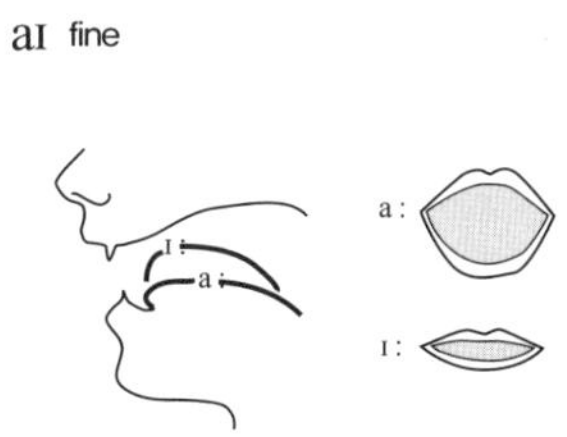

영어의 이중모음(diphthong)은 두 모음이 결합하여 첫 모음은 음절의 중심인 핵이 되어 크게 발음하고, 두 번째 모음은 자음으로 보기도 하는 전이음(glide)으로 중간에 끊임이 없이 미끄러지는 발음이다. 가령 이중모음 /ai/의 경우, 핵음 /a/를 시발점으로 다음 /i/의 조음위치를 향해 미끄러지듯 발음하는 하강리듬의 발음이다. 이때 /i/는 단순한 지향점일 뿐, 결코 종착점이 아니다. 따라서 Trager-Smith(1951)는 이중모음의 후모음을 자음중 미끄러지는 소리인 전이음 /y/로 보고 /ay/로 표시하였다. 영어의 대표적인 이중모음의 후모음으로는 /i, u, ɚ/가 있는데 각각 자음 중 전이음인 /y, w, r/로 보기도 한다.

한편 mule[mjul]의 /ju/처럼 전이음이 음절핵인 주모음보다 앞에 오는 경우가 있는데, 이를 공명도가 낮은 음에서 높은 음으로 상승한다는 점에서 상승이중모음(rising diphthong)이라고 한다. 따라서 high[hai], house[haus], pay[pei], boy[bɔi], phone[poun]의 /ai/, /au/, /ei/, /ɔi/, /ou/처럼 공명도가 높은 음에서 낮은 음으로 하강하는 이중모음은 하강이중모음(falling diphthong)이다.

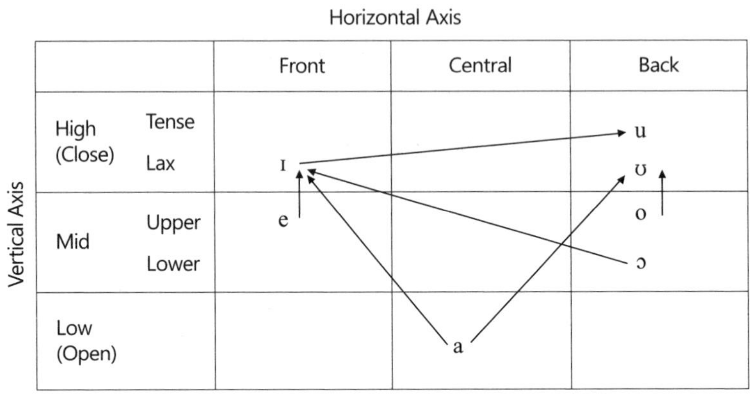

또 혀의 움직임의 방향에 따라 후모음이 /i/인 경우 주모음인 /a, e, ɔ/ 등에서 혀가 전설모음 쪽인 앞으로 미끄러진다는 점에서 전향이중모음(fronting diphthong)이라 한다. 후모음이 /u/인 경우 혀가 뒤로 미끄러진다는 점에서 후향이중모음(retracting diphthong)이라 한다. 후모음이 /ə/인 경우 혀가 중앙으로 미끄러진다는 점에서 중향이중모음(centering diphthong)이라고 한다.

(2) 국어 모음의 특성과 분류

1) 국어모음의 분류

모음은 언어마다 조금씩 다르기 때문에 국어 모음은 정확히 영어 모음사각도의 어느 자리에 놓이는지 아직 확정적으로 정리되어 있지 않은 상태이다. 일반적으로 혀의 높이에 따라 고모음, 중모음, 저모음으로 나눈다. 혀의 전후 위치에 따라 영어와 달리 중설모음을 따로 두지 않고, 전설, 후설모음 두 가지로 나눈다. 입술모양에 따라 원순과 평순(비원순) 모음으로 나눈다. 영어와 달리 조음기관의 긴장도에 의한 구분은 없고, 장단에 따른 단모음과 장모음의 구별은 있다.

한편 국어의 이중모음은 영어의 이중모음과는 약간 성질이 다른 '반모음 + 단모음'의 이중모음이 있다. 영어의 반모음 /j(y), w/는 일반적으로 미끄러지는 활음(전이음)으로 자음으로 분류하는데, 다른 모음에 얹혀 이중모음을 만드는 데에도 사용된다. 그러나 국어에서는 오로지 이중모음을 위해 존재하는 반모음으로 본다. 반모음 /j/와 단모음이 결합한 국어의 이중모음은 /ㅑ, ㅕ, ㅛ, ㅠ, ㅒ, ㅖ/가 있다. 반모음 /w/와 단모음이 결합한 국어의 이중모음은 /ㅘ, ㅝ, ㅢ, ㅙ, ㅞ/가 있다. 국어의 이중모음은 반모음과 단모음의 결합이기 때문에 입 모양도 처음과 끝이 달라진다. 반모음 입 모양으로 시작해서 단모음의 입 모양으로 끝난다.

2) 영어와 국어 모음의 비교

국어의 단순모음체계를 영어의 모음 4각도로 그려 비교하면 대략 다음과 같다.

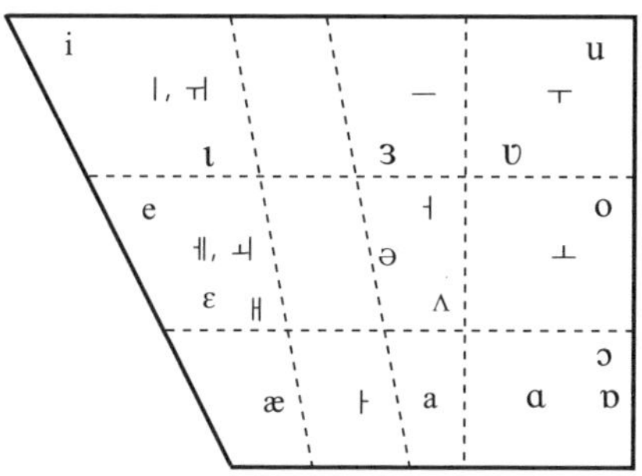

위 도표에서 보듯 영어와 국어 모음은 거의 똑같은 소리가 없다고 할 수 있다. 먼저 전설모음으로 국어 /ㅣ/는 영어의 /i/보다는 낮고 /ɩ/보다는 약간 높은 중간정도의 소리라고 할 수 있으며, 긴장도의 구별도 없고, 장단의 구별은 있다. 따라서 한국 사람들은 이완모음인 영어의 /ɩ/ 소리를 잘못 발음하는 경향이 있다. /ㅔ/모음도 영어의 /e/보다 약간 낮고, /ɛ/보다는 약간 높은 소리이다. /ㅐ/도 영어의 /æ/보다는 약간 높은 소리로 저모음이 아니라, 중모음으로 분류하고 있다. 모두 긴장도의 구별이 없으므로 영어의 이완모음 /ɛ, æ/를 한국어 모음 /ㅔ, ㅐ/로 대치해서 발음하지 않도록 해야 한다.

(8) a. The sh<u>ee</u>p is on the sh<u>i</u>p.

b. Everyone (l<u>e</u>ft/l<u>au</u>ghed) after dinner.

(8a)의 sheep의 영어 전설 장모음 /i : / 소리는 국어의 긴 /이 : /와 유사한 소리로 혀의 앞부분(전설)을 경구개 쪽으로 많이 올리고 입술을 양옆으로 길게 편 채로 길게 발음하는 평순모음(unround vowel)이다. 장모음일 뿐만 아니라, 혀의 높이도 단모음 /ɩ/보다 높아 결과적으로 입을 조금만 벌리게 된다. 무엇보다도 중요한 것은 발음할 때 입술 양옆 주변의 근육이 주름이 질 정도로 긴장하여 발음한다는 점이다. 반면 ship의 영어 단모음 /ɩ/ 소리는 국어의 긴 /이 : /와 /에/의 중간음이며, 혀와 입을 긴장하지 말고 발음해야 한다. 장모음 /i : /보다는 길이가 짧을 뿐 아니라, 발음할 때 혀의 높이도 낮아 입모양에서도 상대적으로 입이 더 벌어진다. 또 발음할 때 입술 양옆 주변의 근육이 전혀 긴장하지 않고 가볍게 발음하는 이완모음이다. 음성학자는 /i:/, /i/와 같은 장단의 구별이 아니라, 소리 값이 다른 소리로 보고, 장모음 /i:/는 /i/로, 단모음 /i/는 /I/나 /ɩ/로 표기하여 구별한다. 국어의 [이날], [비옷]을 발음할 때 첫 번째 모음 /이/가 비교적 영어의 단모음 /ɩ/에 가까운 소리이다. 새끼손가락을 이빨 사이에 끼워 입을 조금 더 벌리고 우리말 /이/를 가볍게 발음하면 된다.

(8b)의 left의 영어모음 /ε/는 국어의 /에/보다는 턱을 더 내려 입을 더 벌리고, 긴장하지 않고 가볍게 발음해야 한다. /에/와 전혀 다른 소리이므로 조심해야 한다. 반면 laughed의 영어모음 /æ/ 소리는 /ε/보다 턱을 더 내려 입을 많이 벌리고 발음해야 한다. /ε/ 소리와 마찬가지로 턱 주변의 근육과 같은 조음기관을 이완시켜 발음하는 이완모음이다. 즉 /æ/는 저 전설 이완모음이다. 중모음에 해당하는 국어의 /애/보다 턱을 더 내려 입을 더 벌리고, 가볍게 발음해야 한다. /애/와는 전혀 다른 소리이므로 조심해야 한다.

(9) a. Take a look. His name is Luke.
    b. I (woke/walk) early in the morning.

(9a)의 Luke의 영어모음 /u:/ 소리는 국어의 [우군], [구국]에서 나는 긴 /우:/ 소리와 유사한 소리로, 입술을 둥글게 좁히고 길게 내는 소리이다. 장모음일 뿐만 아니라, 혀의 높이도 단모음 /ʊ/보다 높아 결과적으로 입을 조금만 벌리게 된다. 무엇보다도 중요한 것은 발음할 때 입술을 앞으로 내밀어 양 입술 주변의 근육이 주름이

질 정도로 긴장하여 발음하는 고 후설 긴장모음(high back tense vowel)이다. 학자에 따라서는 장모음보다는 미끄럼형의 이중모음으로 보고 /uw/로 표기하기도 한다. 반면 look의 /ʊ/ 소리는 /u:/보다는 길이가 짧을 뿐 아니라, 발음할 때 혀의 높이도 /u:/보다 낮고 가벼운 소리로 국어의 [겨우], [가부]에 나오는 /우/ 소리와 유사한 모음이다. 장모음 /u:/보다는 혀의 높이도 낮아 입모양에서도 상대적으로 입이 더 벌어진다. 또 발음할 때 양 입술 주변의 근육이 전혀 긴장하지 않고 가볍게 발음하는 고 후설 이완모음(high back lax vowel)이다. 따라서 음성학자는 소리 값이 다른 소리로 보고 장모음 /u:/를 /u/로, 단모음 /u/를 /U/나 [ʊ]로 표기하여 구별한다.

(9b)의 woke의 영어모음 /ou/ 소리는 국어 /오/에 가까운 소리이나, /오/ 소리 다음 들릴락 말락 가볍게 /ʊ/ 소리를 내어 이중모음으로 보기도 한다. 이때 학자에 따라서는 미끄럼형의 이중모음으로 /ow/로 표기하기도 한다. walk의 영어모음 /ɔ:/ 소리는 국어의 /오/보다 턱을 더 내리고 입안에 달걀이 들어 갈 수 있을 만큼 입술을 둥글게 크게 벌려서 내는 원순모음이다. 국어 /어/ 모음을 내다가 입술을 둥그렇게 하며 혀를 조금 더 아래로 내려 입을 더 벌려 발음해야 한다.

(10) a. I saw a bird in the sky.
b. Button it shut. ↔ Button the shirt.
c. The boss is late again, too. ↔ The bus is late again.

(10a)의 a의 영어모음 /ə/는 국어의 [어머나], [얼레]처럼 무의식적으로 힘없이 나는 /어/에 가깝다. 즉 짧고 힘없이 발음되는 소리이다. 영어 3음절 단어 banana[bənǽnə]에서 모두 모음철자 a로 표현되었지만 두 번째 강세음절의 a만 /æ/로 발음되고 나머지 비강세음절의 모음 a는 모두 /ə/로 발음된다. 즉 철자와 상관없이 강세가 없는 대부분의 비강세음절의 모음은 거의 대부분이 /ə/로 발음되기 때문에 특별히 schwa라고 부른다. 한편 1음절 단어 bird의 모음발음은 사전에서 /ə:/로 표기하기도 하지만, 강세가 있는 모음발음이므로, 음성학자들은 /ɜ/로 표기하여 비강세 모음 /ə/와 구별한다. 국어 /어/보다 혀가 약간 앞으로 나오고, 아래턱을 약간 더 올려서 내는 강세모음이므로 약간 길게 발음난다. 비록 긴장하지 않고 가볍게 발음하는 이완모음이나 강세를 주어 발음하는 강세모음이기 때문에 혀의 높이가 중이 아니라 약간 올라가는 고모음으로 고 중설 이완 강세모음(high central lax stressed vowel)이라고 한다. 일반적으로 girl, bird 등에서처럼 /ɜ/와 /r/을 동시에 발음하는 r-음색의 모음으로 /ɝ/로 표기하기도 한다.

한편 (10b)의 shut의 영어모음 /ʌ/는 /ə/보다 턱을 더 내려 입을 약간 더 벌린 상태에서 국어의 /아/도 아니고 /어/도 아닌 중간음이다. 즉 중설모음으로 볼 때에는 영어의 /a/에 가까운 /아/와 비슷하고, 후설모음으로 볼 때에는 /어/와 비슷한 소리이다. 그러나 일반적으로 중 중설 이완 강세모음(mid central lax stressed vowel)이라고 한다. shirt의 /ɜ/와는 같은 이완강세모음이지만, /ɜ/는 고 중설 모음이고 /ʌ/는 중 중설 모음이란 점에서 구별된다.

또 bird, bus의 영어 중설 평순 모음 /ɜ/와 /ʌ/는 국어 /어/와 비슷하기 때문에 (10c) boss의 영어 후설 원순모음 /ɔ/와 혼동하기 쉽다. 한국사람은 영어모음 /ɔ/, /ə/(or /ɜ/), /ʌ/를 구별하지 않고 모두 /어/로 발음하는 경향이 있으므로 매우 조심해야 한다. /ɔ/는 /ə/(or /ɜ/)나 /ʌ/와 달리 후설 원순모음으로 긴장하고 발음하는 긴장 강세모음이다.

〈/ɔ/의 조음시의 입모양〉

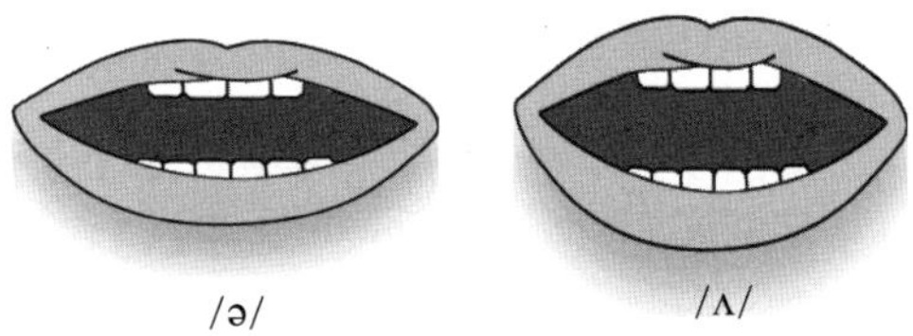

〈/ə/와 /ʌ/의 조음시의 입모양〉

(3) 영어의 모음발음과 철자

영어의 발음과 철자는 영어의 역사와 함께 변하여 왔기 때문에 매우 복잡하고 불규칙하다. 특히 영어 모음은 혀의 위치에 따라 상대적으로 정해진다. 따라서 세월이 흐름에 따라 모음 발음은 상당히 변하였기 때문에 철자와 연관성을 찾기가 매우 어렵게 되었다. 그래도 모국어 화자들은 영어 철자만 보고도 정확한 모음 발음을 한다는 것을 보면 어느 정도 규칙성이 있다는 것을 알 수 있다. 다음은 이와 같은 규칙성을 설명한 것이다.

첫째 모음 다음에 자음이 하나나 둘이 나온 -VC(C)형태의 1음절 단어에서의 영어

모음 발음은 철자에 대한 기본모음 발음을 한다. 영어 모음철자에 따른 기본모음 발음은 다음과 같다.

(11) a. a → /æ/ : fact tap bag
b. e → /ɛ/ : best left spell
c. i → /i/ : fish kill bit
d. o → /ɑ/ : lock cop hot
e. u → /ʌ/ : dust cup fun

둘째 모음 다음에 자음과 묵음의 -e로 끝난 -VCe형태의 1음절 단어에서의 영어모음 발음은 영어 모음철자 이름에 해당하는 발음을 한다.

(12) a. a → /ei/ : cake face name
b. e → /i:/ : these Pete
c. i → /ai/ : life smile time
d. o → /ou/ : nose home wrote
e. u → /(j)u:/ : rule cute rude

셋째 철자에 상관없이 비강세음절의 모음은 비강세의 약모음으로, 영어의 가장 대표적인 이완모음 /ə/로 발음한다.

(13) a. a → /ə/ : alóng, Cánada ánimal
b. e → /ə/ : próblem télephone ínstrument
c. i → /ə/ : ánimal
d. o → /ə/ : colléct proféssion cómmon
e. u → /ə/ : suggést ínstrument

(14) a. ar →/ər/ : régular
b. er →/ər/ : percént dáughter módern
c. or →/ər/ : forgót informátion dóctor
d. ur →/ər/ : pléasure

1.4 초분절요소와 리듬

(1) 음절구조와 미끄럼형 리듬

한국어의 음절구조는 단순형으로 음절머리에 자음이 하나밖에 배열되지 않고, 음절꼬리에도 하나밖에 배열되지 않으므로 [아], [가], [암], [갑]과 같은 네 가지 유형의 음절구조 밖에 없다. 그러나 영어의 음절구조는 a[ə], go[gou], own[oun], love[lʌv] 등과 같은 단순형 외에도 복합형으로 모음 앞에 자음이 최대 세 개, 모음 뒤에 최대 네 개까지 올 수 있다. 다음 구체적인 예를 보자.

(15)

	음절박자 리듬	미끄럼형 리듬
a. love :	[러브]	[lʌv]
b. with :	[위드]	[wið]
c. heart :	[하트]	[hɑ:t]

우리나라 사람들은 자음을 철자에 나와 있는 대로 정확하게 다 발음하려고 하다 보니, 습관적으로 [으] 모음을 삽입하여 [러브], [위드], [하:트]처럼 2음절로 또박 또박 음절박자 리듬으로 발음하는 경향이 있다. 그러나 위 단어의 발음기호를 보듯, 모음 하나에 자음이 하나 붙어 있는 1음절 단어들이다. 즉 love는 [lʌ]에서 공명도가 낮아 명료하지 않은 자음소리 [v]로 미끄러지는 발음인 [lʌv]로 발음한다. 마찬가지로 with는 [wið]로, heart는 [hɑ:t]으로 1음절 미끄럼형 리듬으로 발음한다. 특히 어말의 폐쇄음 [p, t, k]는 다음 그림과 같이 공기의 흐름을 차단만 하고 파열시키지 않는 불파음이므로 순간적인 멈춤만 있고 거의 들리지 않는다. 즉 자음 [p, t, k]로 끝난 1음절 단어 keep, hat, pack을 미끄럼형 리듬으로 발음할 경우, 발음하고 난 다음의 입 모양이 다음 그림과 같으면 된다.

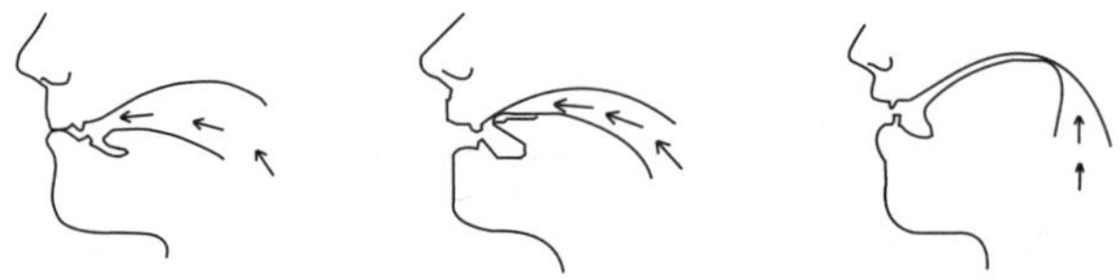

폐쇄음 [p] 폐쇄음 [t] 폐쇄음 [k]

(16) 음절박자 리듬 미끄럼형 리듬

a. bump : [범프] [bʌmp]
b. depth : [데프쓰] [depθ]
c. fifth : [휘후쓰] [fifθ]

모음 다음 자음이 두 개 있는 경우도 (16a)처음 자음이 공명도가 높은 비음 [m, n ŋ]이거나, 흐르는 소리인 유음 [l, r]인 경우 그렇게 큰 어려움은 없다. 즉 비음이나 유음은 모음과 함께 공명도가 높으므로 분명하고 명확하게 발음되고, 마지막 자음만 모음 [으]를 부착하지 않고 중얼거리듯 낮고 짧고 약하게 발음하면 된다. (16b-c)처럼 두 자음이 [p, b, t, d, k, g]와 같은 폐쇄음이거나, [θ, s. z]와 같은 마찰음인 경우는 매우 발음하기 어렵다. 각 자음을 다 분명하고 명확하게 발음하려고 하면, 습관적으로 모음 [으]를 부쳐 [데프쓰], [휘후쓰] 등과 같이 3음절의 음절박자 리듬으로 발음하게 된다. 그러나 모음 끝의 각 자음은 미끄럼형 리듬의 끝이므로, 들릴락 말락 낮고 짧고 약하고 불분명하게 다음처럼 혀의 위치만 시늉 내어 중얼거리듯 발음하면 된다.

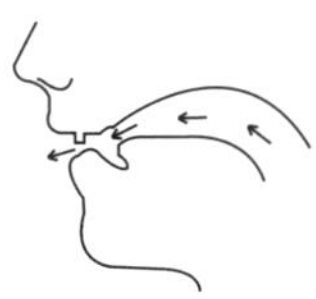

[f] 발음시

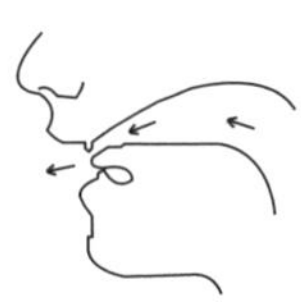

[θ] 발음시

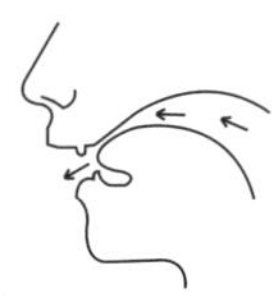

[s] 발음시 혀위치

(17) 음절박자 리듬 미끄럼형 리듬

a. pumped : [펌프트] [pʌmpt]
b. lapsed : [래프스트] [læpst]
c. twelfths : [트웰프쓰스] [twɛlfθs]

모음 다음 자음이 3개 나온 경우 pumped의 경우 처음 자음이 비음 [m]이므로 모음과 함께 강하고 길고 높고 분명하게 발음하고, 나중 두 개의 자음은 미끄럼형 리듬의 끝으로 거의 들리지 않을 정도로 약하고 낮게 시늉만 내어 발음하면 된다. 다음 lapsed처럼 두 개의 연속된 자음구조에서 동사형 동사어미 -ed를 붙친 구조인 경우(복수형 명사 어미나 3인칭 단수동사 어미 -s를 붙친 구조이거나) 자음 다음에 습관적으로 [으] 모음을 부쳐 1음절 단어인데도 불구하고 [래프스트]처럼 4음절로 발음하는 경향이 있어 매우 조심해야 한다. 즉 강하고 길고 높고 분명하게 발음되는 모음발음에서 약하고 낮아 거의 들리지 않을 정도로 발음되는 음절꼬리의 자음으로 미끄러지는 발음이 되어야 한다.

twelfths처럼 자음이 4개 겹쳐 오는 경우도 자음 다음에 습관적으로 [으] 모음을 부쳐 또박 또박 [트웰프쓰스]처럼 음절 박자의 5음절 리듬으로 발음하지 말고, 강하고 높은 음으로 분명하게 들리는 모음소리에서 약하게 마찰되거나 순간적인 멈춤만 있어 속으로 중얼거리는 듯한 자음소리로 미끄러지는 1음절 미끄럼 리듬형으로 발음해야 한다.

영어는 모음 앞에 자음이 3개까지 겹쳐올 수 있다. 자음이 두 개 겹쳐 오는 경우 다음처럼 미끄럼형 리듬으로 발음하여야 한다.

(18)

	음절박자 리듬	미끄럼형 리듬
a. spade :	[스페이드]	[speid]
b. smoke :	[스모우크]	[smouk]
c. play :	[프레이]	[pleɪ]

어두의 자음발음도 정확하고 분명하게 발음하려고 하다 보니, 자음뒤에 습관적으로 모음 [으]를 집어넣어 [스페이드], [스모우크], [프레이]처럼 3음절이나 심지어 4음절로 발음하는 경향이 있다. 그러나 실제 영어발음은 어두의 첫 자음소리를 내는 둥 마는 둥 시늉만 내고, 그 뒤의 자음과 모음으로 재빨리 이어져 음절핵인 모음을 강하고 길고 높고 분명하게 발음해야 한다. 이때 연속된 자음 중 [s]음 다음의 폐쇄음 [p, t, k]는 빠르고 가볍게 발음하여야 하기 때문에, 부드러운 된소리로 우리말의 [ㅃ], [ㄸ], [ㄲ] 소리에 가까운 소리로 발음된다.

영어에서 어두에 자음이 3개 겹쳐 나올 경우, 처음 자음은 반드시 [s] 소리이고, 두 번째 자음은 폐쇄음 [p, t, k] 중 하나이며, 세 번째 자음은 유음 [r, l]이거나, 전이음 [j(y), w] 중 하나이다.

(19) 음절박자 리듬 미끄럼형 리듬

a. splay : [스프레이] [spleɪ]

b. strike : [스트라이크] [straik]

c. screen : [스크린] [skri : n]

어두의 마찰음 [s] 소리는 가볍게 시늉만 내어 발음하고, 그 뒤의 폐쇄음도 가벼운 된소리로 우리말의 [ㅃ], [ㄸ], [ㄲ] 소리에 가깝게 발음하여 내는 둥 마는 둥 시늉만 내고, 그 뒤의 자음과 모음으로 재빨리 이어져 강하고 길고 높고 분명하게 발음한다. 즉 자음 뒤에 습관적으로 모음 [으]를 집어넣어 3-5음절로 발음하는 [스프레이드], [스트라이크], [스크린]이 아니라, 1음절 미끄럼형 리듬으로 발음해야 한다.

(2) 2음절 이상 단어의 강세와 리듬

영어는 한국어와 달리 강세박자 언어로 리듬 있는 언어이다. 2음절 이상의 단어는 반드시 강약이나 약강과 같은 리듬이 있다. 이때 강음절(stress syllable)의 특징을 지각적인 관점에서 네 가지 요인으로 설명할 수 있다. 첫째, 소리가 크면 잘 들린다. 둘째, 소리가 길면 잘 들린다. 셋째, 소리가 높으면 잘 들린다. 넷째, 공명이 큰 음이 잘 들린다. 한편 약음절은 낮은 음에 짧고, 약하게 나는 데, 주로 이완모음이 쓰인다. 영어의 대표적인 이완모음은 [ɪ, ʊ, ə]이지만, 그 중에서도 [ə] 모음이 90% 이상 비강세인 약음절에 쓰인다. 예를 들어 banana의 발음은 [바나나]와 같은 음절박자가 아니라, [bənǽnə]로 약강약의 리듬을 지니는 데, 철자는 모두 똑같은 a로 쓰였지만, 가운데 있는 강세음절을 제외한 앞뒤의 비강세 음절의 모음은 모두 약모음 [ə]로 발음난다. 다음 구체적인 예를 보자.

(20) 음절박자 리듬 강세박자 리듬

a. **SAD**[sǽd] [새드] [sǽd]

b. **HAP**pen[hǽpən] [해픈] [hǽpən]

c. ar**RIVE** [əráiv] [어라이브] [əráiv]

일반적으로 습관성 /으/부착증과 함께 음절수를 늘려 [새드], [해픈], [어라이브]와 같이 음절박자 리듬으로 발음하기 쉽다. 그러나 영어는 강한 곳은 강하게, 약한 곳은 약하게 발음하는 리듬 있는 언어로 1음절 단어는 미끄럼형 리듬으로 발음해야 하고, 2음절 단어는 강세박자 리듬에 맞추어 강약이나 약강의 리듬으로 발음해야 한다. 한편 강음절(strong syllable)은 강하게 발음할 뿐만 아니라, 높은 음에 길고 명확하게 발음하고, 약음절(weak syllable)은 약하게 발음할 뿐만 아니라, 낮은 음에 짧고 불명확하게 발음한다. 즉 비강세인 약음절은 철자에 상관없이 모두 공명도가 낮아 잘 들리지 않고 불명확한 약모음(weak vowel)인 /ə/로 발음한다.

다음은 3음절 단어의 네 가지 강세유형이다.

(21)

	음절박자 리듬	강세박자 리듬	
a. **BÁ**chelor :	[배챌러]	[bǽʧələ]	강약약(●○○)
b. Vir**GÍN**ia :	[버지니아]	[vərʤíniə]	약강약(○●○)
c. ÌNtro**DÚCE** :	[인트러듀스]	[intrədjú:s]	중약강(◯○●)
d. **DÉ**coRÀTE :	[데커레이트]	[dékərèit]	강약중(●○◯)

음절박자 리듬, 철자식 발음, 습관성 [으] 부착증으로, [배챌러], [버지니아], [인트러듀스], [테커레이트]로 3음절뿐만 아니라 4-5음절로 발음하는 경향이 있다. 특히 bachelor는 [ㄹ] 발음을 겹쳐 발음하기도 한다. 그러나 (16a)의 **BÁ**chelor : [bǽʧələ]는 강약약 리듬을 갖고 있다. 다음 Vir**GÍN**ia : [vərʤíniə]는 약강약 리듬을 갖고 있다. 또 **Ì**Ntro**DÚCE** : [ìntrədjú:s]는 중약강 리듬을 갖고 있다. 영어발음은 약이 반복되는 약약강 리듬보다는 첫음절에 제2강세를 두어 중약강 강세리듬으로 발음하는 경향이 있다. **DÉ**coRÀTE : [dékərèit]는 강약중 리듬을 갖고 있다. 제1강세의 첫 음절은 높고 길고 강하게 발음하고, 비강세의 둘째음절은 철자에 상관없이 주로 이완모음인 /ə/로 낮고 짧고, 약하게 발음하고, 제 2강세의 셋째 음절은 약간 강한 모음발음으로 리듬 있는 부드러운 발음을 해야 한다. 이때 3음절어의 강세는 대체로 장모음이거나 이중모음 또는 자음이 둘 이상 있는 중음절(heavy syllable)에 온다.

(3) 구강세와 복합어 강세

형용사 + 명사로 이루어진 명사구의 구강세와 형용사 + 명사로 이루어진 합성명사의 복합어 강세형은 다르다.

(22) a. a greên **hóuse**/a blâck **bóard**
b. a **gréen**hòuse/a **bláck**bòard

(22a)처럼 형용사가 명사를 수식하여 명사구를 이루어 하나의 의미단락을 구성하는 경우, 내용어가 두 개 존재하지만, 구강세 부여원칙에 따라 맨 끝 내용어인 명사가 제 1강세를 받고, 앞의 내용어인 형용사는 부강세인 제2강세를 가진다. 즉 중강(/ ˆ ˊ /)의 강세유형이다.[3] 이러한 명사구는 tâll **bóys**, swêet **dréam**, wîndy **dáy**, sêveral **tímes**, distînctive **vóices** 등 그 예가 많다. 그러나 (22b)처럼 형용사와 명사가 결합하여 새로운 합성명사를 이룰 경우, 앞의 내용어인 형용사에 제1강세가 주어지고 뒤의 내용어인 명사에 제3강세가 주어진다. 즉 강중(/ ˊ ˋ /)의 강세유형을 지닌다. green house와 black board에서 뒤의 내용어인 house와 board에 제1강세가 주어지면 '초록색 집, 검은 판자'라는 보통의 명사구로 해석되지만, **green**과 **black**에 제1강세가 주어지면 '온실, 칠판'이라는 새로운 합성명사로 해석된다.

(4) 문장강세 및 내용어와 기능어의 발음

영어문장을 발음할 때에 영어다운 영어로 바르게 발음하려면 문장을 구성하고 있는 모든 단어를 동일한 강세로 발음하는 것이 아니라, 특정한 단어들만 강하게 발음하고 나머지들은 보다 약하게 발음해야 한다. 이와 같이 문장 속에서 단어가 가지는 강세를 문장강세라고 하며, 이것은 곧 의미강세(sense stress)를 나타내게 된다. 내용어(content word)란 명사, 동사, 형용사, 부사, 지시사, 의문사, 부정사, 수사 등과 같은 단어로써 그 자체가 고유의 의미를 가지는 있는 단어이다. 따라서 의사소통과정

---

3 앞 단어강세에서는 강약중의 3단계로 보고 중강세의/ ˋ /를 제2강세로 보았으나, 음성학자는 4단계로 엄밀하게 구별하여 구강세나 문장강세에서 제1강세에서 한 단계 떨어진 강세를 제2강세로/ ˆ /로 표시하고,/ ˋ /는 제2강세보다 약한 제3강세로 보고 있다.

에서 의미전달에 중요한 역할을 하므로 주로 강세를 주어 발음하게 된다. 반면 기능어(function word)는 관사, 전치사, 인칭대명사, 소유형용사, 관계대명사, 접속사, 조동사 등과 같은 단어로써 모국어 화자들은 이미 묵시적으로 알고 있는 구조적 문법적 기능을 담당하고 있으므로 특별히 강조를 해야 할 때를 제외하고는 일반적으로 강세를 주지 않고 약모음으로 약하고 빠르게 발음하게 된다.

1) 내용어와 강세박자리듬

영어는 대표적인 강세박자 리듬(stress-timed rhythm)을 지닌 언어임을 누차 이야기하였다. 즉 강세 규칙에 따라 어떤 음절을 인접 음절보다 강하거나 약하게 발음한다. 반면 국어는 음절박자 리듬(syllable-timed rhythm)을 지닌 언어로 음절의 강형이나 약형 차이가 매우 미미해서 각 음절을 또박또박 발음하는 리듬을 지녔다. 따라서 음절박자 리듬에 익숙한 한국사람들이 강세박자 리듬의 영어 문장을 말하거나 들을 때 매우 어려움을 겪게 된다.

다음 문장은 강세수는 같지만 음절수가 늘어나는 경우이다.

● ● ● •
(23) a. **Dógs** **féed** **púp**pies.

• ● ● ● •
b. The **dógs** **féed** **púp**pies.

• ● • ● ● •
c. The **dógs** will **féed** **púp**pies.

• ● • ● • ● •
d. The **dógs** will **féed** the **púp**pies.

각 문장에서 문장 강세가 표시되어 있다. (23a) 문장은 내용어로만 구성된 문장으로 강 강 강약의 4음절 단어로 생각하고 발음한다. 이때 puppies는 강약의 2음절로 발음하는 데 걸리는 시간은 1음절 dog이나 feed 발음하는 데 걸리는 시간과 같게 한다. (23b) 문장은 주어명사에 관사 the가 붙어 (23a) 문장보다 1음절이 늘어났다. 그러나 the dogs는 약강의 2음절로 생각하고 1음절 feed 발음시간과 같게 한다. (23c)

문장은 조동사 will이 붙어 (23b) 문장보다 1음절이 늘어났다. 이때도 will feed는 약강의 2음절로 생각하고 (23b) 문장의 1음절 feed 발음시간과 같게 한다. (23d) 문장은 목적어 명사에 관사 the가 붙어 (23c) 문장보다 1음절이 늘어났다. the puppies는 약강약의 3음절로 생각하고 발음시간을 같게 한다. 이와 같은 연습을 하여 음절수에 상관없이 강세수에 따라 발음하는 시간이 같게 한다. 이를 악보로 표시한다면 다음과 같다.

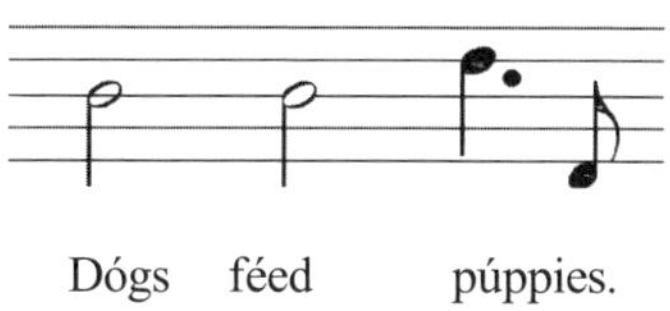

2) 기능어의 약형 발음과 음운변화

먼저 기능어중 전치사의 약형 발음에 대해 알아보자.

(24) a. You'd **bet**ter **go** to **bed**. : [góu-tə-béd] > [góu-řə-béd]

b. I **want** a **cup** of **cof**fee. : [kʌp-əv] > [kʌpə]

전치사 to는 "Talk **to** them, not **about** them."처럼 특별히 대조하여 전치사를 강조할 경우에는 강형 [tu:]로 발음하지만, 일반적인 경우에는 약형 [tə]로 약하고 짧게 발음한다. (24a)에서 내용 전달상 내용어인 동사 go와 명사 bed는 강세를 받지만, 전치사 to는 약형 [tə]로 약하고 짧게 발음한다. 이때 강하게 발음하는 go 및 bed와 합쳐 [góu-tə-béd]가 되나 강모음과 약모음사이에서 자음 [t]는 단타음 [ř]이 되어 최종적으로 [góu-řə-béd]처럼 강약강의 리듬 있는 한 단어처럼 빠르게 발음한다. 듣기만 하면 마치 'go a bed'처럼 들릴 수가 있으나 문법적으로 쉽게 구별할 수 있다.

또 전치사는 of는 'Government **of** the people'처럼 특별히 전치사에 강조를 둘 필요가 있을 때만 강형 [ʌv]로 발음하고, 그 외의 경우에는 약모음로 약화되어 [əv]로 발음한다. 위의 (24b) 문장에서 내용어인 동사 want와 명사 cup, coffee에 강세가 주어지고, 기타 기능어는 약하게 짧게 발음하여 리듬을 맞춘다. 이때 of의 발음도 약화되어 [əv]가 되나, 뒤의 강하게 발음되는 coffee 발음이 자음으로 시작하므로 빠른 발음에서는 [v]마저 생략되어 [ə]로 발음하는 데, 앞의 cup의 발음과 합쳐 [kʌ́pə]와 같이 강약의 리듬으로 한 단어처럼 빠르게 발음하게 된다.

다음 대명사 he, his, him, her의 약형 발음에 대해 알아보자

(25) a. Is he your **bro**ther? : [iz-hi] > [iz-i] > [izi]

b. **Where** is his **book**? : [iz-həz] > [iz-əz] > [izəz]

c. Did you **tell** him it? : [tél-həm] > [tél-əm] [télm]

d. He **made** her **ang**ry. : [méid-hər] > [méid-ər] [méiřər]

(25a) 문장에서 내용어인 brother만 강하게 발음하여 의사 전달하고, 나머지는 다 기능어이기 때문에 약하게 발음하여 강약의 리듬 있는 발음을 한다. 이때 대명사 he는 약형으로 발음하기 힘든 목구멍 소리 [h]가 생략된 [i]로 발음되고 그 앞의 is 동사와 합쳐 [izi]로 발음하여 약하고 짧게 발음한다. (25b) 문장에서도 내용어인 where와 book만 강하게 발음하여 의사 전달하고, is his는 [izəz]로 빠르고 약하게 중얼거리듯 발음하여 전체 문장의 강세박자 리듬을 맞춘다. (25c) 문장에서도 내용어인 tell만 강하게 발음하여 의사 전달하고, 대명사 him은 약형 [əm]으로, 강하게 발음하는 내용어 tell에 합쳐 [téləm]이나, 심지어 약모음 [ə]까지 생략된 [télm]으로 강약의 한 단어처럼 발음한다. (25d) 문장에서도 내용어인 made와 angry만 강하게 발음하여 의사 전달하고, 대명사 her는 [ər]로, 내용어 made에 합쳐 [méidər]가 되고, 다시 [d]가 단타음화 되어 [méiřər]로 발음한다.

2. 음운론

2.1 구조주의 음운론과 생성음운론

(1) 구조주의 음운론과 음소

1930년대부터 1950년대의 미국의 구조주의(structuralism) 이론은 엄밀성과 명시성으로 하여 인문사회 분야에서 가장 앞서가는 학문이론이었다. 따라서 음운론 분야에 있어서도 보다 과학적이고 명시적인 이론을 전개해 갔었는데, 그 시대의 음운론 이론을 음소론(phonemics)이라고 한다.

(26) port, rope, sport

(26)에 쓰인 /p/라고 생각되는 소리는 사실 모두 다른 소리인 유기음 [p^h], 불파음 [p˺], 무기음 [p']이다. 즉 /p/는 실제로 발음되는 소리가 아니라, 이를 대표하여 인식되고 있는 추상적인 소리이다. 이를 특별히 음소(phoneme)라고 한다. 예를 들어 우리가 의자를 생각해 볼 때, 실체로 존재하는 의자는 [학생들이 앉는 의자], [회전의자], [안락의자] 등 다양한 종류의 의자들이 있지만, 우리는 이를 총괄하여 /의자/로 인식한다. 마찬가지로 [p^h], [p˺], [p'] 등은 실제 발음하는 개별적인 소리인데 비하여, /p/는 이러한 소리를 총괄하여 영어권 화자들이 심리적으로 인식하고 있는 소리이다.

구조주의 음운론에서는 [p^h], [p˺], [p'] 등은 /p/라는 추상적인 소리인 하나의 음소가 각각 다르게 발음된 (변)이음(allophone)이라고 설명한다. 이때 각 언어마다 별개의 음소인지 하나의 음소가 약간 다르게 발음된 변이음인지 하는 것이 다를 수 있다. 예를 들어 영어의 경우 [p^h], [p'] 등은 변이음이지만 국어의 경우 이와 비슷한 /ㅍ/과 /ㅃ/은 별개의 음소이다. 반대로 국어의 경우 [l]과 [r]은 하나의 추상적 소리 /ㄹ/의 변이음인데 비하여 영어에서는 별개의 음소이다. 이처럼 구조주의 음운론에서는 추상적인 소리인 음소와 구체적인 소리인 음(phone)을 구별하여 음소는 사선(slash)/ /로 표기하고, 음은 각괄호(bracket) [ ]로 표기하여 구별한다.

(2) 음소의 발견수순

한편 구조주의 음운론에서는 각 언어의 음소를 발견하기 위해서 특별히 발견수순(discovery procedure)이라는 엄밀하고 체계적인 방법을 개발하였는데 그 구체적인 기준은 다음과 같다.

첫째 대립(contrast)이다. 어떤 소리가 특정 언어 속에서 음성적으로 대립을 이룬다면 별개의 음소로 생각한다. 예를 들어 light ↔ right과 같이 한 소리를 제외하고 나머지는 똑 같은 최소 대립쌍(minimal pair)에서 /l/과 /r/은 의미차이를 보이는 별개의 단어로 인식되게 하는 대립을 보이므로 영어에서는 별개의 음소이다.

둘째 상보적 분포(complementary distribution)이다. 만일 두 소리가 대립함인 없이 동일한 환경에서 나타나지 않고, 서로 다른 자리에서 배타적 즉 상보적으로 분포한다면, 이는 하나의 소리가 다른 자리에서 형태가 약간 변한 변이음으로 본다. 예를 들어 음소 /p/는 pie, appéal 등과 같이 어두에서나 강세가 있는 음절 첫머리에서 유기음 [pʰ]으로 발음되고, spit, tépid처럼 /s/ 소리 다음이나 강세모음과 약모음 사이에서는 무기음 [p']으로 발음되고, stop, nip처럼 단어 끝에서는 불파음 [p˺]로 발음되는 데, 이들 위치는 대립을 이루는 동일한 자리가 아니라 서로 배타적으로 보완해주는 상보적 분포이다. 이와 같이 비슷한 소리가 상보적 분포를 이룰 때 하나의 소리가 약간 변형된 변이음이라 한다. 이때 어말 위치에서는 원어민 사이에도 사람마다 약간의 차이를 보여 원래는 불파음 [p˺]로 발음하여야 하는 데, 유기음 [pʰ]으로도, 무기음 [p']으로도 발음하는 경우가 있다. 이 경우 의미차이를 보이는 대립을 이루지 않고 같은 소리로 이해한다. 이런 경우를 자유변이(free variation)라 한다. 즉 변이음은 상보적 분포를 보이면서 동일한 위치에서는 자유변이가 가능한 소리이다.

셋째 음성적 유사성(phonetic similarity)이다. 어떤 소리가 상보적 분포를 이룬다고 하여 모두 한 음소의 변이음이라고는 할 수는 없다. 예를 들어 영어의 /h/ 소리는 head, ahead등과 같이 음절 첫머리에 분포하고, /ŋ/ 소리는 sing, sink처럼 음절 끝에만 분포한다. 서로 배타적인 상보적 분포를 이루지만 변이음이라고 할 수는 없다. 즉 /h/ 소리와 /ŋ/ 소리는 음성적으로 유사한 소리가 아니므로 아무리 상보적 분포를 하여도 별개의 음소이다. 즉 [tʰ], [t'] [t˺]처럼 음성적적으로 유사한 소리가 상보적 분포를 보이면서 동일한 위치에서는 자유변이가 가능한 소리가 변이음이다.

(3) 생성음운론과 음운규칙

한 음소의 변이음은 예측 가능한데, 이를 다음과 같은 형식의 음소 규칙(phonemic rule)으로 나타낼 수 있다.

(27) / p/ → [pʰ] /#__ and __V´ (port, party, compúter, apárt)
[p̚] /__{C(stop), #} (capped, opt, scepter, cap, rope)
[p˭]/elsewhere (sport, spring, opera, apron)

음소 /p/는 port, party 등과 같이 어두에 위치할 때(#__)와 compúter, apárt 등과 같이 강세모음 앞에 위치할 때(__V´), 강하게 발음되므로 공기를 많이 동반하는 유기음인 [pʰ]로 발음된다는 규칙이다. 또 음소 /p/는 capped, opt, scepter 등과 같이 [t, k] 등과 같은 폐쇄음(stop) 앞에 위치할 때(__C(stop))와 cap, rope 등과 같이 단어 끝에 위치할 때(__#), 막기만 하고 파열하지 않는 불파음 [p̚]로 발음된다는 규칙이다. sport, spring, opera, apron 등과 같이 그 외의 위치에서는 무기음 [p˭]로 발음된다는 규칙이다.

한편 생성음운론(generative phonology)에서는 추상적인 소리인 음소와 실제 발음된 구체적인 소리인 변이음이라는 음소규칙의 개념이 아니라, 기저형(underlying representation)을 설정하여 음운규칙(phonological rules)에 의해 구체적인 표면소리로 생성되는 과정으로 설명한다. 예를 들어 tears, store, night, water에서의 /t/ 음소를 기저형으로 설정하여, 유기음화, 무기음화, 불파음화, 단타음화와 같은 음운규칙으로 설명한다. 먼저 유기음화 과정을 예로 들어보자.

(28) a. tears, ten : /t/ → [tʰ]/#____
b. attáck : /t/ → [tʰ]/.____V [+ stress]

(28a)는 tear, ten과 같이 단어 첫머리에서 기저형으로 설정된 /t/ 소리는 유기음화되어 [tʰ] 소리로 생성되어 발음된다는 규칙이다. 이때 단어 첫머리라는 조건을 환경으로 사선 /와 단어경계(word boundary)라는 약속 #를 사용하여, 단어경계 # 다음 자리에서라는 조건 #____로 표시할 수 있다. (28b)는 단어 첫머리 뿐 아니라, attáck

처럼 중간이라도 강세를 받는 음절 첫머리에서 /t/ 소리는 유기음화 되어 $[t^h]$ 소리가 된다는 규칙이다. 음절 첫머리이며, 강세 모음 앞이라는 조건을 음절경계(syllable boundary)라는 약속 점(dot).를 사용하여, 음절경계의 강세모음 앞이라는 조건 .____ V [+stress]로 표시한다. 따라서 tautólogy의 경우 두 번의 /t/ 소리가 모두 유기음화 되는 것을 알 수 있다. 앞의 /t/는 (28a)의 조건에 의해, 뒤의 /t/는 (28b)의 조건에 의해 설명된다. 따라서 이 둘의 조건을 하나로 묶어 다음 (29a)와 같이 표시한다.

$$\text{(29) a. } /t/ \rightarrow [t^h]/ \left\{ \begin{array}{l} \#\_\_\_\_ \\ .\ \_\_\_\_\ V\ [+\ \text{stress}] \end{array} \right\}$$

$$\text{b. } /p/ \rightarrow [p^h]/ \left\{ \begin{array}{l} \#\_\_\_\_ \\ .\ \_\_\_\_\ V\ [+\ \text{stress}] \end{array} \right\} \text{(pull, oppóse)}$$

$$\text{c. } /k/ \rightarrow [k^h]/ \left\{ \begin{array}{l} \#\_\_\_\_ \\ .\ \_\_\_\_\ V\ [+\ \text{stress}] \end{array} \right\} \text{(caught, occúr)}$$

이와 같은 유기음화 현상은 /p/와 /k/ 소리에도 그대로 적용되어 (29b-c)처럼 표시한다. 한편 음운규칙은 인간이 선천적으로 갖고 태어났다고 생각되는 언어능력에 속한다. 즉 인간은 백지상태에서 주위에서 발음하는 소리를 단순히 듣는 경험을 통해서 알게 되는 것이 아니라는 것이다. 구조주의 음운론에서는 실제 소리를 경험을 통해 듣고, 음소와 변이음으로 분류만 하였는데, 생성음운론에서는 주위에서 듣는 소리를 통해서 선천적으로 갖고 태어났다는 이성에 의해 그 발음원리와 원칙을 깨닫고, 그 다음부터는 들어보지도 못했던 소리를 그 발음원칙에 따라 생성해 발음해 낸다는 것이다. 이것이 바로 음운규칙이라고 하는 것이다.

유기음화현상외에도 불파음화, 단타음화와 같은 현상도 다음과 같은 음운규칙으로 표현할 수 있다.

(30) a. /p/ → [p̚] /_______#
b. /t/ → [t̚] /_______#
c. /k/ → [k̚] /_______#
d. /t/ → [ř] / V[+stress]_______V (wáter. Péter)

불파음화 현상은 영어의 무성폐쇄음 /p, t, k/가 어말에서 파열하지 않고 막기만 하는 불파음으로 발음한다는 원칙이다. 즉 영어화자의 머릿속에는 이와 같은 음운에 대한 원칙이 들어 있어, 처음 몇 번 들어보고 나서, 이 원칙을 깨닫고 그 다음부터는 처음 들어보는 소리도 이와 같은 원칙에 따라 불파음으로 발음한다는 음운규칙이다. (30d)는 영어의 /t/ 소리가 강세모음과 약모음사이에서 단타음 [ř]로 발음한다는 원칙이다. 이와 같은 많은 음운변화의 동기는 화자가 자신의 조음 노력을 최소화하려는 조음편의(ease of articulation)에 있다. 즉 가장 대표적인 음운규칙은 동화(assimilation)현상인데, 동화란 이웃한 두 소리가 영향을 끼쳐 서로 비슷하게 닮아 동화되는 현상으로 바로 최소의 노력으로 최대로 발음을 편하게 하려는 조음편의 현상이다.

2.2 음운변화

(1) 동화현상

동화현상에는 몇 가지 기준에 의해 분류될 수 있으나 일반적으로 동화의 방향에 따라 순행동화, 역행동화, 상호동화로 구분한다. 순행동화(progressive assimilation)란 뒤에 오는 음이 앞의 음을 닮아서 동화되는 현상을 말한다. 흔히 순행동화는 다음과 같은 명사의 복수형(-s)과 소유격('s)의 발음과, 동사의 과거 및 과거 분사형(-ed)에서 많이 나타난다.

(31) a. belts[bɛlts], balls[bɔlz],
b. stopped[stɔpt], pinned[pɪnd],

명사의 복수형 접미사 '-s'는 무성음 /p, t, k/로 끝나는 단어에서는 같은 무성음 [s]로, 그리고 유성음 /b, d, g/로 끝나는 단어에서는 같은 유성음인 [z]로 각각 동화되어 발음하기 용이해진다. 동사의 과거형 접미사 '-ed'의 발음도 역시 무성음 /p, k, f, s/로 끝나는 단어에서는 같은 무성음 [t]로, 그리고 유성음 /b, g, v, z/로 끝나는 단어에서는 같은 유성음인 [d]로 각각 동화되어 부드럽게 발음된다.

역행동화(regressive assimilation)는 순행동화와 반대로 앞의 음이 뒤의 음을 닮아 변하는 현상을 말한다. 예를 들어 have to[hæv-tə]의 발음에 있어서 유성음 /v/가 뒤에 오는 무성음 /t/를 닮아서 무성음 [f]로 변하여 [hæf-tə]로 발음되는 경우이다. 한편 역행동화가 가장 두드러지게 나타나는 경우는 부정 접두사 'in-'에서 찾아볼 수 있다.

(32) a. indirect : [in-dirέkt] / insoluble : [in-sάljəbl]
b. imperfect : [im-pə́ː:fɪkt] / immortal : [im-mɔ́:təl]
c. incredible : [iŋ-krέdəbl] / inglorious : [iŋ-glɔ́:riəs]

이와 같이 부정접두사 'in-'의 발음은 뒤따르는 음의 조음위치에 따라 [m], [n], [ŋ]이 된다. 치경음 /d, s, t, n/ 앞에서는 [n], 양순음 /p, m, b/ 앞에서는 [m], 그리고 연구개음 /k, g/ 앞에서는 [ŋ]으로 각각 동화된다. 특히 'imperfect, impossible, immortal'의 경우는 발음뿐만 아니라 철자까지 바뀐 경우이다.

상호동화(reciprocal assimilation)는 역행동화와 순행동화가 동시에 일어나 하나의 새로운 음을 형성하는 경우를 말한다.

(33) a. Did you go to school yesterday?
b. Don't you like to go home now?

Did you [did-ju]의 발음에 있어서도 앞에 나온 /d/가 뒤에 오는 /j/를 닮아 조음장소가 경구개 쪽으로 조금 올라가고, 또 뒤의 /j/는 앞의 /d/를 닮아 조음장소가 치경 쪽으로 조금 내려가 새로운 경구개 치경음 [ʤ]로 변한다. 즉 두 개의 소리가 서로 영향을 끼쳐 새로운 음을 형성하는 경우이다. Don't you [dount-ju]의 발음에 있어서도 앞의 소리 /t/가 뒤의 소리 /j/를 닮아 조음장소가 경구개 쪽으로 조금 올라가고, 뒤의 소리 /j/는 앞의 소리 /t/를 닮아 조음장소가 치경 쪽으로 조금 내려가 새로운 경구개 치경음 [tʃ]로 변한다. 이외에도 kiss you[kis-ju]가 [ki-ʃu]로, lose you[lu:z-ju]가 [lu:ʒu]로 변하는 현상으로, 주로 치경음 /t, d, s, z /가 경구개음 /j/와 만나 서로 영향을 미쳐, 치경구개음 [tʃ, ʤ, ʃ, ʒ]로 변하는 현상을 말한다. 이러한 현상은 다음과 같이 음절 내에도 흔히 발생한다.

(34) a. illusion : [ɪluzjən] > [ɪluʒən]
b. soldier : [souldjɚ] > [souldʒɚ]
c. education : [ɛdjukeɪsjən] > [ɛdʒukeɪʃən]
d. literature : [lɪtərətjɚ] > [lɪtərətʃɚ]

한편 국어에도 다음과 같은 동화현상이 있다.

(35) a. 집념 : [짐념], 맏며느리 : [만며느리], 국물 : [궁물]
b. 달나라 : [달라라], 진리 : [질리]
c. 미닫이 : [미다지], 같이 : [가치]

(35a)는 폐쇄음 /ㅂ, ㄷ, ㄱ/이 뒤에 오는 비음 /ㄴ, ㅁ/ 등을 만나 비음으로 동화되어 같은 조음위치의 비음 /ㅂ/→[ㅁ], /ㄷ/→[ㄴ], /ㄱ/→[ㅇ]으로 변화는 비음화현상이다. 순서상으로 보면 앞의 소리가 뒤의 소리에 동화되는 역행동화이고, 방법상으로는 폐쇄음이 비음으로 동화되는 조음법 동화에 해당된다. (35b)는 비음 /ㄴ/이 유음 /ㄹ/을 만나 같은 유음으로 동화되는 유음화현상이다. 방법상으로는 비음이 유음으로 동화되는 조음법 동화에 해당된다. 달나라[달라라]는 뒤의 소리가 앞의 소리에 동화되는 순행동화이고, 진리[질리]는 역행동화이다. (35c)는 치음 /ㄷ, ㅌ/ 등이 뒤에 오는 경구개음 /ㅣ/를 만나 경구개음인 /ㅈ, ㅊ/으로 동화되는 구개음화 현상이다. 역행동화이며, 조음점 동화에 해당한다.

(2) 생략현상

empty, pumpkin, helps, recently, landlord, tanks 처럼 자음 세 개가 연이어 겹쳐 나올 때, 특히 비음 [m, n] 다음에 폐쇄음 [p, t, k]가 나오고 다음에 또 자음이 나올 때, 중간에 있는 폐쇄음 [p, t, k]를 생략하여 빠르고 부드럽게 발음한다.

(36) a. pumpkin : [pʌ́mpkin] > [pʌ́mkin] > [pʌ́ŋkin]
b. recently : [rí:səntli] > [rí:sənli] > [rí:snli]

pumpkin의 경우 [펌프킨]이 아니라 중간의 폐쇄음 /p/가 생략될 뿐만 아니라, /m/도 연구개음 /k/를 닮아 [ŋ]으로 변하여 [pʌ́ŋkin]으로 가볍고 부드럽게 발음한다. recently의 경우도 [리센트리]가 아니라, 중간의 폐쇄음 /t/가 생략될 뿐만 아니라 약모음 /ə/도 생략하여 [rí:snli]로 빠르고 부드럽게 발음한다.

한편 다음처럼 단어 경계 사이에 자음이 여러 개 겹쳐 나올 경우도 중간의 폐쇄음은 생략하여 다음처럼 빠르고 부드럽게 발음하여야 한다.

(37) a. old man : [ould-mæn] > [oul-mæn]
b. next night : [nekst-nait] > [neks-nait]

old man에서 old의 마지막 두 자음 소리와 man의 첫 자음을 연이어 발음하면, 세 개의 자음을 연속해서 발음해야 하므로 매우 힘들어진다. 또 next night에서 next의 마지막 세 자음과 night의 첫 자음을 연속하여 발음하면, 네 개의 자음을 연속해서 발음해야 하므로 매우 힘들어진다. 따라서 실제 발음에서는 가운데 끼여 있는 폐쇄음 /d/와 /t/가 생략되어 빠르고 부드럽게 발음된다.

영어에서는 또 다음처럼 동일한 자음이 중첩하여 나타날 때에도 그 중 하나가 생략되는 경향이 있다.

(38) seller, Willy, comma, summer, tennis

seller[selɚ], Willy[wili], comma[kɔmə], summer[sʌmɚ], tennis[tenis] 등과 같은 단어에서 동일한 자음 /l, m, n/이 연이어 나오더라도, [셀러], [윌리], [콤마], [섬머], [텐니스]처럼 두 번 다 발음하는 것이 아니라, 그 중 하나는 생략하여 발음한다.

한편 다음처럼 단어사이의 경계에서 동일한 자음이 겹칠 때도, 동일자음은 생략하여 한 번만 발음하여 다음처럼 빠르고 부드럽게 발음한다.

(39) a. bus stop : [bʌs-stɑp] > [bʌ-stɑp]
b. Good day : [gud-dei] > [gu-dei]

bus stop에서 bus의 마지막 소리와 stop의 첫 번째 소리가 모두 /s/로서 동일한 소리가 연이어 나타나므로, 동일한 /s/ 발음을 각각 두 번 하는 대신에 앞의 /s/ 발음은 생략하고 자연스럽고 부드럽게 발음한다. 마찬가지로 good day에서도 앞의 /d/ 발음은 생략하고, take care와 last time에서도 앞의 /k/와 /t/ 발음은 생략하고, 자연스럽고 부드럽게 넘어간다.

(40) a. Internet : [ín-tɚ-net] > [ín-nɚ-net] > [í-nɚ-net]
b. Continental : [kɑ̀n-tə-nén-təl] > [kɑ̀n-nə-nén-nəl] > [kɑ̀-nə-né-nəl]

Internet은 /n/ 다음 폐쇄음 /t/를 생략하여 [í-nɚ-net]으로, 빠르고 부드럽게 발음된다. 그러나 실제 음성학적으로는 다음처럼 동화과정과 탈락과정의 두 가지 음운현상을 거쳐 발음된다. /n/과 /t/는 조음위치가 같은 치경음이므로 뒤의 /t/ 소리가 앞의 강세음절의 /n/ 소리를 닮아 /n/으로 동화된다. 이어 동일한 자음이 연속하여 나오게 되므로 하나가 생략된다. 따라서 [인터넷]이 아니라 [í-nɚ-net]으로 빠르고 부드럽게 발음해야 한다. 마찬가지로 'Continental'의 경우도 같은 과정을 거쳐 최종적으로 [kɑ̀-nə-né-nəl]로 빠르고 부드럽게 발음된다. 이때 중요한 것은 /t/ 소리가 /n/ 소리를 닮아 /n/으로 동화되기 위해서는 앞의 /n/ 소리가 강세를 받는 음절이어야 한다. 위의 경우 [kɑ̀n]에는 중간강세가, [nén]에는 제일 강세가 주어지기 때문에 가능한 경우이다.

한편 국어에도 다음과 같은 음운생략(탈락)현상이 있다.

(41) a. 닭 : [닥], 몫 : [목], 옮는 : [옴는], 넓고 : [널꼬]
b. 알 + 는 : [아:는], 살 + 시다 : [사시다], 바늘 + 질 : [바느질]
c. 흔히 : [흐니], 넣어 : [너어], 좋아 : [조아], 쌓이다 : [싸이다]

(41a)는 음절 끝의 두 개의 자음이 하나 생략되어 단순화되는 음운탈락현상이다. (41b)는 유음 /ㄹ/이 /ㄴ, ㄷ, ㅅ, ㅈ/ 앞에서 생략되는 유음 /ㄹ/ 생략현상이다. (41c)는 성문마찰음 /ㅎ/이 모음 앞에서 생략되는 음운생략현상이다.

(3) 단타음화 현상

단타음화 현상에 대해 더 자세히 알아보자. 단타음화 현상은 Italy와 atom처럼 /t/가 모음 사이에 위치하고 앞의 모음에 강세가 올 때 일어난다.

(42) a. Italy : [ítəli] > [iřəli] ↔ Italian : [itǽliən]
b. atom : [ǽtəm] > [ǽřəm] ↔ atomic : [ətάmic]

Italy에서 모음사이에 끼어 있는 치경음 /t/는 앞의 모음 /í/에 강세가 있고, 뒤에 모음 /ə/에는 강세가 없을 때, 가볍고 매끄럽게 발음되는 단타음 [ř]로 변한다. 즉 폐쇄음 /t/는 강세가 없는 약음절로 소리날 때, 짧고 약하고 낮게 발음하다 보면, 혀로 살짝 잇몸을 건드리면서 나는 단타음 [ř]로 발음하게 된다. 마찬가지로 atom에서도 강모음과 약모음사이에 끼어 있는 /t/가 강세 없는 /ə/와 함께 약음절을 이루므로 가볍고 매끄럽게 발음되는 단타음 [ř]로 변한다. 그러나 Italian은 Italy와 달리 강세가 두 번째 음절에 있다. /t/ 소리는 모음사이에 끼여 있지만 강하게 발음되는 모음 /æ/와 함께 강음절을 형성하게 된다. 따라서 강하게 파열되여 공기를 많이 수반하는 유기음(aspirated sound) [t^h]로 소리나게 된다. 마찬가지로 atomic도 atom과 달리 두 번째 음절에 강세가 있으므로 /t/ 소리는 강하게 발음되는 유기음 [t^h]로 발음하게 된다.

다음처럼 단어와 단어간에 경계에서 /t/ 소리는 어떻게 발음될까?

(43) a. I'll **tell** you **all** **abóut** it.
b. Come **in** and **check** it **óut**.

(43a)의 about의 /t/ 소리는 다음 단어 it가 모음으로 시작하기 때문에 모음과 모음사이에 끼여 있게 되어 여린 소리인 단타음 [ř]로 발음된다. 그런데 (43b)의 check it out을 보면 'it'의 /t/ 소리가 모음과 모음사이에 끼여 있지만, /t/가 오히려 강세가 없는 모음과 강세가 있는 모음 사이에 나타나고 있음을 알 수 있다. 그러나 Italian과 atomic의 경우와 달리 단타음으로 발음된다. 즉 단어와 단어 경계사이에서는 반드시 강세가 있는 모음과 강세가 없는 모음사이에 나타나야 할 필요가 없음을 알 수 있다.

(4) 연음현상

연음현상은 다음과 같이 앞단어가 자음으로 끝나고 다음단어가 모음으로 시작할 경우 가장 자연스럽게 일어난다.

(44) a. **read** it : [rí:d-it] → [rí:-dit] → [rí:řit]
　　b. give **up** : [giv-ʌ́p] → [gi-vʌ́p]

(44a)에서 read의 끝자음 [d] 소리는 뒤 단어 it의 첫 모음 [i]에 연결되어 [rí:-dit]이 되었다 단타음이 되어 [rí:řit]으로 강약의 리듬으로 발음한다. (44b)는 뒤의 up이 전치사가 아니라 전치사성 부사로 쓰였기 때문에 뒤에 오는 내용어에 제 1강세가 온다는 구강세의 원칙에 따라 연음과 함께 약강의 리듬으로 발음한다.

연음현상은 다른 음운현상 즉 단타음 현상 등과 상호 작용을 일으킬 수 있다.

(45) a. **put** it **up** : [pùt-it-ʌ́p] > [pù-ti-tʌ́p] > [pù-ři-řʌ́p]
　　b. **take** a **look** at it : [tèik-ə-lúk-ət-it] > [tèi-kə-lú-kə-tit] > [tèi-kə-lú-kə-ři(t)]

(45a)의 경우 put it의 두 개 /t/ 소리도 연음되고, 모음사이에 끼어있으므로 단타음화 되므로 [풑-이-업]이 아니라 [pù-ři-řʌ́p]으로 강약의 리듬에 따라 빠르고 부드럽게 매끄러운 소리로 발음해야 한다. (45b)의 look at it의 at의 /t/ 소리도 연음되고, 모음과 모음사이에 끼이게 되므로 단타음으로 변한다. 이때 자음 /k/도 연음된다. 따라서 [테이어-룩-앹-잇]이 아니라 [tèi-kə-lú-kə-ři(t)]으로 강약의 리듬에 따라 빠르고 부드럽게 발음해야 한다.

(46) a. **What** do you do? : [wát-du-ju] > [wád-də-jə] > [wářəjə]
　　b. **What** are you doing? : [wát-ar-ju] > [wát-ər-jə] > [wářərjə]

먼저 (46a)에서 do와 you는 기능어이기 때문에 약형의 발음 [də-jə]로 발음한다. 한편 [t]와 [d]는 동일 계통의 발음이기 때문에 앞의 [t]발음이 뒤의 [d]발음으로 동화되었다가 탈락되어 [wá-də-jə]가 된다. 이때 모음과 모음사이에 있는 치경음 [d]는 단타음 [ř]이 되고 연음되어 발음되므로 [wɑ́řəjə]가 된다. (또는 [wɑ́t-də-ju]에서 [t] 발음이 탈락되어 [wɑ́-də-ju]가 되었다가, [d]가 단타음 [ř]이 되고, 가운데 있는 약모음 [ə]가 약하게 발음되다 묵음되어 연속된 발음 [wɑ́řju]처럼 발음하기도 한다.) 다음 (46b)에서 are와 you는 기능어이기 때문에 약형의 발음 [ər-jə]로 발음한다. 한편 이때 모음과 모음사이에 있는 치경음 [t]는 단타음 [ř]가 되어 뒤로 연음되므로 [wɑ́řərjə]가 된다. 따라서 빠른 발음에서는 What do you와 What are you가 거의 구별이 안 될 정도로 비슷한 발음으로 들린다.

연습문제

1. 자음은 모음과 어떻게 다르며, 영어자음 분류의 세 가지 기준에 따른 다음 영어자음의 명칭을 설명해 보시오.

   a. /p/ b. /v/ c. /ʃ/ d. /ʤ/ e. /r/

2. 영어 자음과 국어 자음의 분류에서 공통점과 다른 점은 무엇이며, 특별히 조음점에 있어서 어떻게 다른지 다음 예를 들어 설명해 보시오.

   a. /d/↔/ㄷ/ b. /θ/↔ /ㅆ/ c. /ð/↔/ㄸ/
   d. /l/↔/ㄹ/ e. /z/↔/ㅈ/

3. 다음 영어자음 발음이 서로 어떻게 다른지 설명하고, 비슷한 국어자음의 예를 들어 어떠한 어려움이 있는지 설명해 보시오.

   a. past ↔ fast b. base ↔ vase c. day ↔ they
   d. sink ↔ think e. lay ↔ ray

4. 영어 단모음과 국어 단모음의 분류에서 공통점과 다른 점은 무엇이며, 모음사각도의 위치에 있어서 어떻게 다른지 다음 예를 들어 설명해 보시오.

   a. /ɪ/↔/이/ b. /ɛ/↔/에/ c. /æ/↔/애/

   d. /ʊ/↔/우/ e. /ə/↔/어/

5. 다음 밑줄 친 영어모음 발음이 서로 어떻게 다른지 설명하고, 비슷한 국어 모음의 예를 들어 어떠한 어려움이 있는지 설명해 보시오.

   a. leave ↔ live b. dad ↔ dead c. pool ↔ pull
   d. woke ↔ walk e. shirt ↔ short

6. 강세음절을 표시하고, 밑줄 친 모음발음을 모음이름 발음(N), 기본모음 발음(B), schwa 모음(S)으로 구별하여 설명해 보시오.

   a. minute b. suppose c. purpose
   d. confuse e. interrupt

7. 다음 **1**음절 영어 단어의 미끄럼형 리듬에 대해 설명해 보시오.

a. heart, gas, love
b. cart, gulp, gold
c. tent, lens, pump
d. lift, fifth, risk,
e. world, burst, twelfth,

8. 약음절과 강음절의 특징과 함께 다음 단어강세에 대해 설명해 보시오.

a. attract ↔ happy
b. bachelor ↔ Virginia ↔ seventeen
c. criticism ↔ Elizabeth ↔ negotiate ↔ declaration

9. 다음 문장강세와 밑줄 친 기능어의 약형 발음에 대해 설명해 보시오.

a. I want a cup of coffee.
b. Where is his book?
c. Can you drive a car?
d. He made her angry.
e. You should have gone.

10. 다음 밑줄 친 부분의 소리가 별개의 음소인지 변이음인지 구별하고, 구조주의 음운론에서 설명하는 음소의 발견수순으로 설명하시오.

a. pie ↔ bye
b. part ↔ sport
c. port ↔ stop
d. 빠 ↔ 파
e. 보리 ↔ 가보

11. 다음 밑줄 친 부분에서의 동화현상을 설명해 보시오.

a. belts/balls
b. indirect/imperfect/incredible
c. have to/has to
d. did you/don't you
e. miss you/lose you

12. 다음 밑줄 친 부분에서 어떤 동화현상이 일어나는지 설명하시오.

a. 찍는다
b. 나흗날
c. 집마당
d. 난리
e. 살붙이

13. 다음 밑줄 친 부분에서의 생략현상을 설명해 보시오.

a. recently
b. best friend
c. summer
d. take care
e. twenty

14. 다음 밑줄 친 부분에서의 영어 단타음화 현상을 설명해 보시오.

a. Italy ↔ Italian

b. atom ↔ atomic

c. I'll tell you all about it.

d. Come in and check it out.

e. What are you doing?

15. 다음 밑줄 친 부분에서의 음운변화 현상을 설명해 보시오.

a. Is he

b. Give her it

c. stop him

d. not aware

e. What do you want to do?

제 4 장

형태론과 단어 및 구의 의미

1. 형태론과 형태소

1.1 형태론과 단어의 내부구조

영어에서 소리의 최소단위라고 하는 음소(phoneme)는 자음과 모음과 같은 분절음(segments)을 말한다. 이 분절음인 자음과 모음이 모여 음절(syllable)을 이루고, 다시 음절들이 모여 의미의 최소 형태라고 하는 형태소(morpheme)를 이룬다. 이 형태소가 모여 단어(word)가 되며, 다시 단어가 모여 구(phrase)를 이루며, 구가 모여 문장(sentence)을 이룬다. 본 절에서는 의미의 최소 형태인 형태소로 구성된 단어의 내부구조에 대해 살펴보고자 한다.

(1) 형태소와 형태론

단어는 내용어와 기능어로 분류한다. 내용어(content word)는 자신의 고유한 의미를 지닌 단어로 명사, 동사, 형용사, 부사 등을 말하며, 기능어(function word)는 문장 중에서 문법적 기능을 담당하는 전치사, 관사, 조동사, 접속사, 대명사 등을 말한다. 기능어들은 일반적으로 하나의 형태소로 이루어진 것이 많지만, 내용어는 반드시 하나의 형태소로 이루어진 것은 아니다.

(1) a. happy, unhappy, unhappiness
b. grapefruit, son-in-law, look-over,
c. bread fruit, travel agency, look over

(1a)의 happy는 의미적으로 더 이상 나눌 수 없는 의미의 최소 형태로 형태소이면서, 바로 한 단어이다. unhappy는 un-과 happy라는 두 개의 형태소로 구성된 한 단어이다. unhappiness는 un-, happy, -ness라는 세 개의 형태소로 구성된 한 단어이다. 따라서 단어를 의미의 최소 단위라고 할 수 없다. (1b)의 grapefruit(자몽과 같은 과실나무)는 두 개의 단어 grape와 fruit가 결합된 복합명사로서 한 단어이다. son-in-law도 두 개의 내용어인 명사 son과 law가 기능어인 전치사 in에 의해 문법적으로 연결되어 결합된 구와 비슷한 한 단어이다. look-over(음미, 조사, 점검)도 동사 look과 전치사성 부사 over가 결합된 복합명사로서의 한 단어이다. 반면 (1c)의 bread fruit(폴리네시아 원산인 빵 나무(의 열매))는 두 개의 단어가 모여 구를 이룬 경우이다. 또 travel agency(여행사)도 두 개의 단어가 모여 구를 이룬 경우이다. look over도 두 개의 단어가 결합하여 구동사(phrasal verb)를 이룬 경우이다.

단어의 내부구조와 그 단어를 구성하고 있는 구성요소인 형태소간의 관계와 체계를 연구하는 학문분야를 형태론(morphology)라고 한다. 앞의 (1a-b)의 예인 happy, unhappy, unhappiness, grapefruit, son-in-law, look-over는 모두 한 단어들이다. 이때 happy, grape, fruit, son, in, law, look, over 등과 같이 의미상 더 이상 내부적으로 분리할 수 없고, 그 자체가 독립적인 의미를 지닌 형태소를 자립적이라 하여 자립형태소(free morpheme)라고 한다. 이처럼 자립형태소 하나로만 구성된 단어도 있지만, unhappy, unhappiness, grapefruit, son-in-law, look-over처럼 여러 형태소가 모여 몸집이 불어난 단어도 있다. 즉 형태론은 이들 형태소간의 관계를 체계적으로 연구하는 학문분야이다.

(2) 형태소 및 형태의 종류

의미를 나타내는 최소 형태인 형태소는 어휘 고유의 의미를 나타내는 어휘형태소와 문법적 의미를 나타내는 문법형태소가 있다.

(2) a. fruit(N), avoid(V), happy(A), fast(AD)
b. fruits, avoided, happier, fastest
c. fruitful, avoidable, unhappiness
d. father-in-law, good-for-nothing

(2a)의 fruit, avoid, happy, fast는 하나의 단어이면서 기본적인 어휘소를 나타내는 어휘형태소이다. 문법적으로는 명사, 동사, 형용사, 부사에 해당하며, 자신의 고유한 의미가 있는 내용어들이다. (2b)의 fruits, avoided, happier, fastest는 하나의 단어이지만, 기본형인 어휘형태소에 문법형태소로 복수형어미 -s, 과거형어미 –ed, 비교급형어미 –er, 최상급형어미 –est가 결합한 단어들이다. 이때 쓰인 문법형태소를 기능어와 구별하여 특별히 굴절접사(inflectional affix)라고 한다. (2c)의 fruitful, avoidable, unhappiness는 어휘형태소 fruit, avoid, happy에 형용사형 어미 –ful, -able, 명사형 어미 –ness, 부정의 접두사 un-이 붙어 만들어진 단어들이다. 이들 접사를 특별히 파생접사(derivational affix)라고 한다. 이들 파생접사는 기본 의미를 나타내는 어휘소인 내용어와 마찬가지로 의미와 관계가 있으므로 어휘형태소에 속한다. (6d)의 father-in-law는 기본 어휘소인 내용어 father, law에 기능어인 전치사 in이 결합한 복합어이고, good-for-nothing도 내용어 good, nothing에 기능어인 전치사 for가 결합한 복합어이다. 이때 기능어는 어휘적인 의미가 아니라 문법적인 의미를 나타내는 문법형태소에 속한다. 따라서 이를 다음과 같이 종합적으로 분류할 수 있다.

(3)

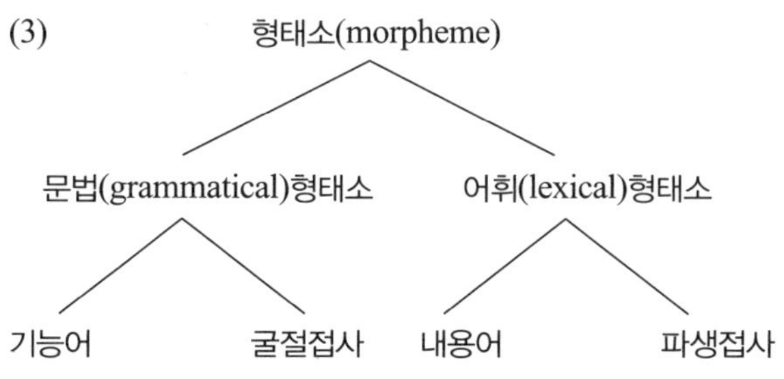

형태소는 먼저 문법적 의미를 나타내는 문법형태소와 어휘적 의미를 나타내는 어휘형태소로 나눌 수 있다. 문법형태소는 문법적 기능을 나타내는 전치사, 접속사, 관사, 대명사, 조동사 등의 기능어와 동사의 과거형, 과거분사, 현재분사형, 명사의 복

수형, 소유격형, 형용사와 부사의 비교급형, 최상급형 등의 문법적 의미를 나타내는 굴절접사가 있다. 어휘형태소는 어휘의 기본적인 의미를 나타내는 명사, 동사, 형용사, 부사 등과 같은 내용어와 의미를 바꾸어 파생시키는 파생접사가 있다.

한편 추상적인 개념인 형태소가 실제 구체적인 단어로 나타날 때 우리는 이것을 형태소와 구별하여 형태(morph)라고 한다. 형태소에도 여러 유형이 있었듯이, 구체적으로 실현되는 형태에도 여러 유형이 있다.

(4) a. unavoidably, overgrown, disheartened, reclassify
b. convert, revert, subvert, intravert, pervert
c. transmit, commit, remit, admit, omit, submit
d. conceive, perceive, receive, deceive

(4a)의 단어에서 밑줄 친 avoid, grow, heart, class는 더 이상 내부적으로 분리할 수 없는 의미의 최소 형태인 형태소이다. 또 위 단어들을 구성하는 가장 중심이며 뿌리가 되는 어근(root)이다. 또 그 자체로도 자립하여 독립적으로 쓰일 수 있는 자립형태(free morph)이다. 이처럼 홀로 독립적으로 쓰이는 자립형태로는 앞에서 이야기한 어휘형태소로서의 내용어가 있다. 또 문법형태소인 기능어도 홀로 자립적으로 쓰이는 자립형태이다. (4b-d)의 밑줄 친 -vert(=turn), -mit(=send), -ceive(=seize)는 더 이상 내부적으로 분리할 수 없는 의미의 최소 형태인 형태소로 그 단어들의 중심 뿌리인 어근이다. 그러나 자립하여 독립적으로 홀로 쓰이지 못하고 반드시 다른 형태소에 묶여 구속되어 쓰이는 구속형태(bound morph)이기 때문에 구속어근(bound root)이라고 한다. 당연히 접사(affix)는 항상 어근에 묶여서 구속되어 쓰이는 구속형태이다. 접사는 중심의미인 어근이 아니므로 어근의 어느 위치에 묶여 결합되느냐에 따라 접두사(prefix)와 접미사(suffix)로 나눈다. 접미사에는 –s, -ed, -ing, -er, -est와 같이 문법적인 굴절접미사(inflectional suffix)와 unavoidably의 –able, -ly와 reclassify의 –ify와 같이 새로운 단어를 파생시켜주는 파생접미사(derivational suffix)가 있다. 반면 접두사에는 위 (4)의 예에서 보듯 un-, over-, dis-, re-, con-, sub-, in-, per-, trans-, com-, ad-, de- 등과 같은 파생접두사만 있다. 한편 농담으로 재미있게 말할 때 쓰는 im-bloody-possible(피날 정도로 불가능한), abso-blooming-lutely(매우 절대적인)라는 단어처럼 impossible, absolutely 중간에 들어간 bloody와 blooming이 단어 중간에 위

치한 일종의 접요사(infix)라고 하는데, 현대영어 단어에는 거의 사라지고 없다. 한편 I'll, you've, they'd 등의 조동사 축약형과 I can't, they couldn't, you won't 등의 부정어 축약형을 접어(enclitic)라고 하는데, 이도 구속형태에 속한다.

한편 국어의 경우도 다음과 같이 형태분석을 할 수 있다.

(5) a. [풋 + 과일], [맨 + 주먹], [형 + 님], [지우 + 개]
b. [멧 + 돼지] + 가, [올 + 벼] + 를, [짓 + 밟] + 아, [놓 + 았] + 다

(5a)의 단어 '풋과일, 맨주먹, 형님, 지우개'에서 밑줄 친 '과일, 주먹, 형, 지우'는 어근에 해당되며, '풋, 맨, 님, 개'는 그 자체로는 독립적으로 쓰이지 않고 어근에 붙여 써야 하는 구속형태로 파생접사에 해당한다. '풋, 맨'은 접두사이며, '님, 개'는 접미사이다. 이때 명사인 '과일, 주먹, 형'은 내용어이며 독립적인 단어로 쓰일 수 있으므로 자립형태의 어근이다. 동사 어근인 '지우'은 '지우다'처럼 접미사 '-다'와 같이 쓰여야 하므로 구속어근에 해당한다. (5b)는 문장에 쓰인 단어를 형태별로 내부 분석한 것이다. 즉 밑줄 친 '돼지, 벼, 밟, 놓'은 어근에 해당된다. 명사어근인 '돼지, 벼'는 독립적인 단어로 쓰일 수 있는 자립형태의 어근이다. 동사 어근인 '밟, 놓'은 '밟다, 놓다'처럼 접미사 '-다'와 같이 쓰여야 하므로 구속어근이다. '멧, 올, 짓'은 파생접두사에 해당된다. '가, 를, 아, 다'는 문법적인 접미사에 해당된다.

형태의 종류를 종합하여 도표로 나타내면 다음과 같다.

(6)

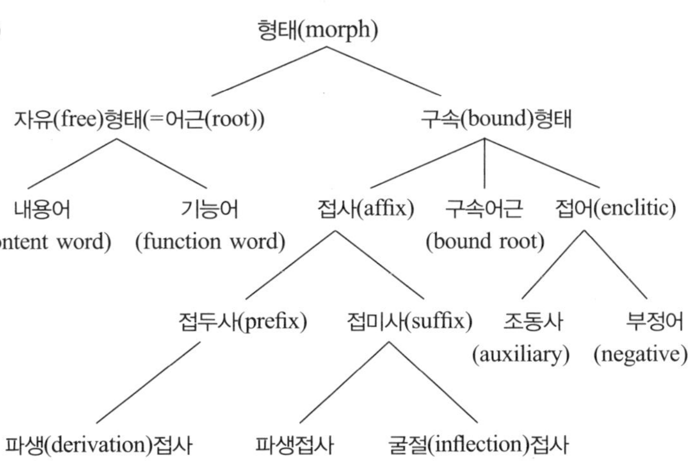

(3) 단어의 내부구조

다음 단어 engagements의 내부구조를 살펴보자.

(7) [[[en + [**gage**]] + ment] + s]

어근(root)

어기(base)

어간(stem)

먼저 gage는 이 단어의 중심 뿌리인 어근(root)이다. 어근에 동사를 만드는 파생접두사 en-에 첨가되어 engage라는 동사가 만들어진다. 다시 명사를 만드는 파생접미사 –ment가 첨가되어 engagement라는 명사가 만들어진다. 이때 engage는 어근이라고 할 수 없다. 따라서 어근과 구별하여 파생접사와 결합하는 어기(base)라고 한다. gage는 어근이면서 동시에 파생접사 en-의 어기도 된다. 다시 engagement가 명사의 복수형을 만드는 굴절접미사 –s와 결합하여 복수형 명사 engagements를 만든다. 이때 engagement를 어기라고 할 수 없다. 따라서 어기와 구별하여 굴절접사와 결합하는 어간(stem)이라고 한다. 이처럼 단어의 내부구조는 자립형태인 어근(구속어근 포함)에 구속형태인 접두사, 접미사로 구성된다.

한편 접두사와 접미사가 붙는 과정에는 어떤 원칙이 있다.

(8) a. enlargement : [[en + large] + ment]
b. gentlemanliness : [[[gentle + man] + li] + ness]
c. uncomfortable : [un + [comfort + able]]

예를 들어 (8a)의 enlargement(확대)는 먼저 어근 large에 접두사 en-이 먼저 결합하여 enlarge(확대하다)가 되고, 나중에 접미사 -ment가 첨가되어 enlargement가 된다. 이는 large에 -ment를 먼저 첨가해서 만들어진 *largement가 없기 때문이다. 또 (8b)의 gentlemanliness(신사다움)는 먼저 어근 gentle과 man이 결합하여 gentleman이 된 다음, 접미사 -ly(li)가 첨가되어 gentlemanly(예의바른)가 되고, 그 다음에 접미사 -ness가 붙어 gentlemanliness가 된다. 마찬가지로 (8c)의 uncomfortable(불쾌한, 불편

한)은 어근 comfort에 접미사 -able이 먼저 결합하여, comfortable(쾌적한, 편안한)이 되고, 그 후 접두사 un-이 마지막으로 결합되어서 만들어졌다. 이는 *uncomfort라는 단어가 없기 때문이다.

다음은 informality(비격식, 약식행위)에 대한 내부구조를 분석한 경우이다.

(9) a. ?[[[in + [form]$_V$]$_V$ + al]$_A$ + ity]$_N$
b. [in + [[[form]$_V$ + al]$_A$ + ity]$_N$]$_N$

겉으로 보기에 두 가지 분석이 다 가능한 것 같이 보인다. 그러나 (9a)에서 어근 동사 form에 접두사 in-이 먼저 결합하면 동사 inform(알리다)이 파생되는데, informality의 의미와는 전혀 상관이 없기 때문에 이런 분석은 불가능하다. (9b)처럼 어근 동사 form에 형용사화 접미사 –al이 먼저 붙어 형용사 formal(형식적인)이 되고, 다시 명사화 접미사 –ity가 첨가되어 명사 formality(격식, 형식)가 되고, 다시 부정접두사 –in과 결합하여 명사 informality(비격식, 약식행위)가 되어야 의미적으로 올바른 내부구조분석이 된다. 이는 information(정보, 지식)의 내부구조와 비교해 보면 확실해 진다.

(10) a. [[[in + [form]$_V$]$_V$ + ation]$_N$
b. ?[in + [[form]$_V$ + ation]$_N$]$_N$

(10a)에서 어근 동사 form에 접두사 in-이 먼저 결합하면 동사 inform(알리다)이 되고, 다시 명사화 접미사 –ation과 결합하여 information(지식, 정보)이 되면 의미적으로 올바른 내부구조분석이 된다. 반면 (10b)처럼 어근 동사 form에 명사사화 접미사 –ation이 먼저 붙어 명사 formation(형성, 구성)이 되고, 다시 접두사 in-이 붙는다면 information(지식, 정보)의 의미가 만들어지지 않는다. 즉 informality와 information은 내부구조가 전혀 다른 단어이다.

(4) 단어와 어휘소

자립형태소인 한 단어도 다음과 같이 여러 어휘형태(word form)로 나타날 수 있다.

(11) a. WALK - walk, walks, walked, walking
b. RUN - run, runs, ran, running
c. SING - sing, sings, sang, sung, singing

동사 walk, run, sing은 기본형 외에도, 3인칭 단수형으로 walks, runs, sings, 현재분사형 walking, running, singing이 있으며, 과거형 및 과거분사형으로 규칙 동사의 walked외에 불규칙 동사의 ran-run, sang-sung이 있다. 이처럼 문맥과 문법적 상황에 따라 다르게 표현되는 여러 어휘형(태)를 대표하여 기본형이라는 추상적인 개념으로 WALK, RUN, SING처럼 대문자로 표현된 어휘형을 어휘소(lexeme)라 한다. 즉 음운론에서 여러 변이형을 대표하는 추상적인 개념인 음소가 있듯이, 여러 어휘형을 대표하는 기본형으로 어휘소가 있다.

한편 표면적으로는 똑 같은 어휘형(태)를 지녔다고 해도, 별도의 어휘소로 취급해야 하는 경우가 있다.

(12) a. bear (N : [bɛə]), bear (V : [bɛə])
b. lead (N : [lɛd]), lead (V : [li:d])
c. bear (N : [bɛə]), bare (A : [bɛə])

(12a)는 철자도 같고, 발음도 같은 어휘형으로 명사일 경우 '곰'의 의미이나, 동사일 경우 '참다'란 의미로 쓰인 경우이다. 즉 철자와 발음은 같지만 의미가 전혀 다른 동음이의어(homonym)이다. (12b)는 철자는 같은 어휘형이나, 발음은 다른 어휘형으로 [lɛd]로 발음될 경우 '납'이란 명사이고, [li:d]로 발음될 경우 '안내하다'란 동사이다. 이들은 철자는 같지만 발음도 다르고 의미도 다르다 하여 동철이의어(homograph)라고 한다. (12c)는 철자는 다른 어휘형이나, 발음이 같은 어휘형으로 bear는 '곰'이란 명사이고, bare는 '벌거벗은'이란 의미의 형용사이다. 이를 동음이철

어(homophone)라고 한다.

한편 같은 어휘소인데 다른 어휘형(태)으로 나타나는 경우가 있다.

(13) a. the : [ði] / [ðə]
b. a : [ei] / [ə], an : [æn]/[ən]

정관사인 the와 부정관사 a, an은 기능어로 각각 한 단어이면서 동시에 하나의 기능적 의미를 담당하는 형태소이다. 따라서 이들은 하나의 형태소에 대한 이형태(allomorph)로 취급하여 다음에서 자세히 다루고자 한다.

한편 하나의 어휘형이 여러 문법적 단어형으로 쓰이기도 한다. 예를 들어 다음 동사 put은 세 가지 문법적 단어형으로 쓰인다.

(14) a. I put the garbage out every week. (PUT + present)
b. I put the garbage out yesterday. (PUT + past)
c. I have put the garbage out already. (PUT + past participle)

(14a)는 동사 put이 현재형으로 쓰인 경우이고, (14b)는 과거형으로, (14c)는 과거분사형으로 쓰인 경우이다. 보통 하나의 어휘소는 예를 들어 현재형 sing, 과거형 sang, 과거분사형 sung의 다른 어휘형으로 나타난다. 그러나 (14)의 경우 하나의 어휘소 PUT이 문법적으로 현재형, 과거형, 과거분사형으로 하나의 같은 어휘형 put으로 나타난 경우이다.

1.2 형태소 규칙과 형태분석

(1) 이형태와 형태소 규칙

문법형태소인 명사의 복수의미(plural)를 나타내는 복수형 형태소 {pl}이 규칙변화의 경우에도 반드시 [z] 형태로 실현되는 것이 아니다. 다음과 같이 [s], [əz]의 이형태(allomorph)로도 실현된다.

(15) a. [əz] : buses, bushes, mazes, garages, matches, judges
b. [s] : maps, cats, racks, laughs, paths
c. [z] : knobs, rods, logs, seals, mirrors, pans, tombs, rings
rays, sofas, toys, keys, news, lathes, coves

추상적인 개념의 음소에 구체적인 여러 개의 변이음이 있듯이, 추상적 개념의 형태소 역시 구체적인 여러 개의 변이형인 이형태가 있다. 변이음이 상보적 분포(complementary distribution)를 하고 예측 가능하듯이, 이형태 역시 상보적 분포를 하고 예측 가능하다. 예를 들어 명사의 복수 형태소 {pl}은 (15a)의 경우 /s, z, ʃ, ʒ, ʧ, ʤ/와 같은 치찰음(sibilants) 다음에 약모음 /ə/가 삽입되어 [əz]로 실현된다. (15b)의 경우 무성음 /p, t, k, f, Θ/ 다음에 무성음으로 동화되어 무성음 [s]로 실현된다. (15c)처럼 그 밖의 환경 즉 유성자음과 유성음인 모음 다음에서는 유성음 [z]로 실현된다. 이와 같이 음운적 환경에 따라 예측 가능한 이형태를 음운적 조건에 따른 (phonologically conditioned) 이형태라고 한다. 이를 다음과 같이 형태소 규칙(morphemic rule)으로 나타낼 수 있다.

(16) {pl} → [əz] /sibilants____
[s] /voiceless consonants_____
[z] /elsewhere

한편 생성 음운론에서는 변이음을 기저형(underlying form)에 음운규칙이 적용되어 표면형(surface form)으로 생성되는 것으로 보았듯이, 이형태도 기저형에 음운규칙이 적용되어 표면형으로 생성되는 것으로 본다. 예를 들면 (16)의 경우 [z]를 기저형으로 보고 다음과 같은 음운규칙이 적용되는 것으로 본다.

(17) a. /z/ → [əz] /sibilants____
b. /z/ → [s] /voiceless consonants_____

(17a)는 '쉬' 소리와 같은 이빨 근처에서 나는 시끄러운 소리 치찰음 /s, z, ʃ, ʒ, ʧ, ʤ/ 다음에 같은 치찰음 /z/를 연속해서 발음하기 어려우므로 중간에 약모음 [ə]를

삽입하여 부드럽게 발음을 이어 주기위한 약모음 삽입규칙이다. (17b)는 무성음 다음에는 같은 무성음 [s]로 동화된다는 무성음화규칙(devoicing rule)이라고 할 수 있다.

한편 다음과 같은 불규칙 명사 복수형 형태소의 이형태들은 음운론적으로 예측할 수 없고, 문법에 의해 결정되는(grammatically conditioned) 이형태라고 할 수 있다.

(18) a. Ø : fish, sheep, deer
b. 모음교체 : mouse-mice, louse-lice, goose-geese
c. -en : children, brethren, oxen

(2) 형태 분석과 형태소 분석

형태는 구체적으로 겉으로 들어나 표현된 의미의 형태이고, 형태소는 의미의 최소 단위를 나타내는 추상적인 개념이다. 따라서 단어의 겉모양인 형태를 분석하는 형태(론) 분석(morphological analysis)과 단어의 내부구조로 의미적인 형태소를 분석하는 형태소 분석(morphemic analysis)은 반드시 일치하지 않고 다를 수가 있다.

(19)	형태 분석	형태소 분석
a. writers :	writ + er + s (3)	{WRITE} + {-ER} + {pl} (3)
b. mice :	mice (1)	{MOUSE} + {pl} (2)
c. children :	child + ren (2)	{CHILD} + {pl} (2)

(19a)의 writers란 단어는 겉으로 들어난 형태만 보면 어근 write과 파생접미사 –er과 복수형 굴절어미 -s의 3개의 형태로 분석할 수 있다. 한편 의미의 최소 단위인 형태소로 보면 어휘형태소로 내용어인 어휘소 {WRITE}과 파생접미사 {-ER}이 있으며, 문법형태소로 복수형(plural)을 나타내는 굴절접사 {pl}이 있다. 즉 3개의 형태소로 분석할 수 있다. 겉으로 들어난 구체적인 형태와 의미적인 추상적 개념의 형태소가 일치하는 전형적인 경우이다. 그러나 (18b)의 불규칙 복수형 명사 mice란 단어는 겉으로 들어난 형태로만 보면 mice란 1개의 형태로 분석할 수밖에 없다. 그러나 의미단위인 형태소로 보면 원형의 어휘소 {MOUSE}와 문법형태소 복수형 굴절접사

{pl}의 2개의 형태소로 분석한다. 즉 겉으로 들어난 구체적인 형태와 의미적인 추상적 개념의 형태소가 일치하지 않는 경우이다. (18c)의 불규칙 복수형 명사 children은 겉으로 들어난 형태로 어간 child와 불규칙 복수형 굴절어미 -ren의 2개의 형태로 분석할 수 있다. 의미단위인 형태소로 보면 원형의 어휘소 {CHILD}와 문법형태소 복수형 굴절접사 {pl}의 2개의 형태소로 분석한다. 즉 같은 불규칙 명사인데도 (18b)와 달리 형태와 형태소 분석이 일치한다.

동사나 형용사의 불규칙변화 경우도 마찬가지다.

	형태 분석	형태소 분석
(20) a. wrote :	wrote (1)	{WRITE} + {past} (2)
b. put :	put (1)	{PUT} + {past} (2)
		{PUT} + {pasprt} (2)

(21) a. better :	better (1)	{GOOD} + {compr} (2)
b. best :	best (1)	{GOOD} + {supl} (2)

(20a)의 불규칙변화 동사 과거형 wrote는 형태는 하나이지만, 의미적인 개념의 형태소로 보면 원형 어휘소 {WRITE}과 과거(past)란 개념 {past}의 굴절 문법형태소 두 개로 구성된 것으로 분석한다. (20b)의 과거형 동사 put은 형태는 하나이지만, 의미적인 개념의 형태소로 보면 원형 어휘소 {PUT}과 제로 형태의 과거란 개념 {past}의 굴절 문법형태소 두 개로 분석한다. 또 과거분사로도 쓰이는데, 이때도 형태는 하나이지만, 원형 어휘소 {PUT}과 제로 형태의 과거분사(past participle)란 개념 {pasprt}의 굴절 문법형태소 두 개로 분석한다. (21a)의 불규칙변화 형용사의 비교급형 better는 형태는 하나이지만, 의미적인 개념의 형태소로 보면 원형 어휘소 {GOOD}과 비교급(comparative)이란 개념 {compr}의 굴절 문법형태소 두 개로 구성된 것으로 분석한다. (21b)의 형용사 최상급형 best도 형태는 하나이지만, 의미적인 개념의 형태소로 보면 원형 어휘소 {GOOD}과 최상급(superlative)이란 개념 {supl}의 굴절 문법형태소 두 개로 분석한다.

1.3 어형성(word formation) 과정

우리는 앞에서 의미의 최소형태인 형태소와 형태소로 구성된 단어의 내부구조를 살펴보았다. 앞으로 이들 단어가 어떻게 만들어지는지 그 어형성 과정을 살펴보고자 한다.

(1) 파생법

파생법(derivation)은 가장 대표적인 어형성 과정으로 어근(root)에 파생접사를 붙여 새로운 단어를 만드는 방법이다. 파생접사에는 접두사(prefix), 접미사(suffix), 접요사(infix)가 있는데, 영어의 파생접사는 주로 접두사와 접미사이다.

a) 접두사에 의한 파생법

접두사들은 대부분은 외래어에서 차용된 것으로서, 주로 라틴어, 그리스어에서 유래된 것이 많다. 특히 접두사는 다음처럼 의미변화를 시키는 파생접사가 대부분이다.

(22) a. in + appropriate, im + personal, ir + rational, il + legal
b. tri + cycle, multi + lingual
c. in + field, inter + connect

(22a)는 부정 접두사의 경우로 inappropriate(부적절한), impersonal(비개인적인, 비인격적인), irrational(이성이 없는, 분별없는), illegal(불법의)로, in-, im-, ir-, il- 처럼 이형태가 있다. 이와 같은 부정 접두사 in-의 이형태는 음운론적 이형태에 해당된다. (22b)의 tri-와 multi-는 수와 관련된 접두사로 triangle(삼각형)처럼 tri-는 '셋'이라는 의미의 접두사이고, multilingual(여러 언어를 사용할 수 있는)처럼 multi-는 '다수'라는 의미의 접두사이다. (22c)의 in-과 inter-는 장소와 관련된 접두사로, infield(내야, 내야수)처럼 in-은 '안에'라는 의미의 접두사이고, interconnect(서로 연락하다)처럼 inter-는 '서로, 상호간' 이라는 의미의 접두사이다.

한편 품사전환과 관련된 접두사가 전혀 없는 것은 아니다. 예를 들어 다음 3개의 접두사가 품사전환에 관여하는 것으로 알려져 있다.

(23) a. a- : ablaze, asleep, astir (N/V > A)
b. be- : betoken, befriend, bedeck (N > V)
c. en- : enlarge, ensure, encircle (A/N > V)

(23a)의 접두사 a-는 blaze(불꽃, 화염)와 같은 명사에서 ablaze(불타올라서, 흥분하여)와 같은 형용사로 전환시켜준다. 또 동사 sleep(잠자다), stir(휘젓다, 뒤섞다)에서 asleep(잠들은), astir(웅성거리는, (…으로) 흥분한)과 같은 형용사로 전환시켜준다. (23b)의 접두사 be-는 명사 token(표시), friend(친구), deck(갑판, 지붕, 치장)에서 동사 betoken(표시하다), befriend(친구로 사귀다), bedeck(꾸미다)로 전환시켜준다. (23c)의 접두사 en-은 형용사 large(큰)와 sure(확실한)에서 동사 enlarge(확대하다), ensure(확실하게 하다, 보증하다)로 전환시켜준다. 명사 circle에서 동사 encircle(둥글게 두르다, 둘러싸다)로 전환시켜준다.

b) 접미사에 의한 파생법

접미사는 대부분 어근의 품사를 바꾸어 주는 기능을 한다. 다음은 동사나 형용사에서 명사로 파생시켜 주는 명사화 접미사(nominalizer)이다.

(24) a. brother + hood, member + ship, patriot + ism
b. judge + ment, lead + er, simplific + ation
c. free + dom, bitter + ness, equal + ity

(24a)의 -hood, -ship, -ism은 품사전환 없이 구체적인 보통명사의 의미를 추상명사화 하는 추상화 접미사이다. (24b)의 -ment, -er, -(c)ation은 동사를 명사로 전환시키는 명사화접미사이다. (24c)의 -dom, -ness, -ity는 형용사를 명사로 전환시키는 명사화 접미사이다.

다음은 형용사나 명사를 동사로 전환시켜주는 동사화접미사(verbalizer)이다.

(25) pur + ify, central + ize

(25)의 -ify는 형용사 pure를 동사 purify(정화하다)로 전환시켜주는 동사화접미사이다. -ize도 형용사 central(중심의 중앙의)을 동사 centralize(집중시키다, 중앙 집권화하다)로 전환시키는 동사화접미사이다.

다음은 명사를 형용사로 전환시켜주는 형용사화접미사(adjectivalizer)이다.

(26) a. blood + y, fam(e) + ous, sin + ful
b. assert + ive, change + able, use + ful
c. cold + ish, man + ly, lone + ly

(26a)의 –y(…이 가득 찬), -ous(…이 많은, …의 특징이 있는), -ful(…의 성질을 가진, …이 풍부한)은 명사를 형용사로 전환시켜주는 접미사이다. (26b)의 –ive, -able, -ful은 주로 동사를 형용사로 전환시켜주는 접미사이다. (265c)의 –ish(…에 속하는, …의 경향이 있는), -ly(…같은, 다운)는 명사나 형용사를 형용사로 확대 전환시켜주는 접미사이다.

다음은 형용사나 명사를 부사로 전환시키는 부사화접미사(adverbializer)이다.

(27) a. -ward : homeward, eastward, downward
b. -ly : quickly, terribly, gradually
c. -way(s) : sideway(s), anyway(s), someway
d. -s : nowadays, nights, once, thereabouts

(27a)의 -ward는 명사를 공간적, 시간적 방향을 나타내는 부사로 만들어 주는 접미사이다. (27b)의 -ly는 거의 모든 형용사에 붙어 '양태, 방법, 방향, 시간, 차례, 정도, 빈도'를 나타내는 부사를 만들어 주는 접미사이다. (27c)의 way(s)도 형용사나 명사에 붙여서 '방향, 위치, 양태'를 나타내는 부사를 만들어 주는 접미사이다. 부사화접미사는 가장 빈도수가 적은 비생산적인 접미사인데, 이외에 (27d)처럼 명사에 소유격 굴절어미 –s가 붙어 '오늘날에, 밤마다, 한 때에, 그 근처에(그 무렵에)'란 의미의 특수한 부사가 되는 경우도 있다.

한편 접미사는 대부분 어근의 품사를 바꾸어 주는 기능을 하나, 다음처럼 어근의 의미를 바꾸어 주는 기능을 하는 접미사도 있다.

(28) a. princeling, piglet, daddy
b. actress, usherette, aviatrix, heroine

(28a)의 -ling, -let, -y는 작은 것을 나타내는 대표적인 지소적 접미사(diminutive suffixes)로 어근 prince, pig, dad 등과 결합하여 '약소국가의 군주, 새끼돼지, 아버지 애칭' 등의 의미로 바꾸어 준다. (28b)의 -ess, -ette, -rix, -ine은 여성을 나타내는 여성화 접미사(feminine suffixes)로 남성을 나타내는 어근 actor, usher, aviator, hero 등과 결합하여 '여배우, 여자 안내원, 여류비행사, 여장부' 등의 의미로 바꾸어 준다.

접두사는 일반적으로 하나만 첨가되는 데, 접미사는 다음과 같이 여러 개가 첨가될 수 있다.

(29) a. sleep + less + ness → sleeplessness (잠 못 이룸; 불면)
b. select + tion + al → selectional (선택의)

또 접미사는 품사를 변화시키는데 항상 마지막에 첨가된 접미사에 의하여 품사가 결정된다. 예를 들면, sleep은 동사인데 -less를 붙이면 형용사가 되고, 거기에 -ness를 더 붙어 sleeplessness가 되면 명사가 된다. 또 select는 동사인데, -tion을 붙이면 명사가 되고, 거기에 -al을 더 붙어 selectional이 되면 형용사가 된다.

(2) 품사전환

다음과 같이 파생 접미사의 첨가 없이 어근의 품사가 다른 품사로 바뀌어 쓰이는 경우를 품사전환(conversion), 또는 문법적인 기능전이(functional shift)라고도 한다.

(30) a. V > N : (a) run, drive, walk, bruise, cut, break, look, call
b. N > V : (to) man, head, telephone, contact, ship, sign
c. A > V : (to) weary, better, empty, idle, dirty, bare, quiet

(30a)는 동사로 쓰이던 단어가 파생접미사 없이 그대로 명사로도 쓰이는 경우이다. (30b)는 반대로 명사로 쓰이던 단어가 그대로 동사로 쓰이는 경우이다. (30c)는 형용사로 쓰이던 단어가 그대로 동사로 쓰이는 경우이다. 이때 실제로 일어나는 유일한 변화는 강세 변화뿐이다.

(31) condúct-cónduct, rebél-rébel, permít-pérmit
recórd-récord objéct-óbject

2음절에 강세가 있던 동사 condúct가 명사 cónduct로 쓰이면 1음절 강세로 변한다. 강세변화와 함께 비강세 모음은 약모음 /ə/로 약화된다.

(3) 복합어 합성법

두 개의 독립형태소인 어근이 결합하는 경우를 복합어(compound) 합성법이라고 한다. 그 통사적인 관계에서 좀 더 자세히 살펴보자.

(32) a. N + N : horse + power, table + ware, looking + glass, post + card
b. V + N(O) : break + fast, cut + throat, pick + pocket
c. N(S) + V : heart + breaking, sun + rise, sun + set
d. A + N : noble + man, hot + bed

(32a)는 명사 + 명사의 결합관계의 복합명사(compound noun)이다. (32b)는 타동사 + 명사(목적어)의 결합관계의 복합명사이다. (32c)는 주어명사 + 자동사의 결합관계이다. (32d)는 형용사 + 명사의 결합관계이다.

이외에도 복합어로 다음과 같은 복합동사(compound verbs)가 있다.

(33) a. N + V : babysit, carbon-date, head-hunt
b. A + V : free-associate, double-book
c. Prt + V : overcook, underrate, overeducate

(33a)의 babysit(애들을 앉혀 돌보다), carbon-date(탄소를 사용하여 연대를 측정하다), head-hunt(사람 사냥을 하다)는 명사 + 동사의 결합인 복합동사이다. (33b)의 free-associate(자유롭게 연상하다), double-book(이중으로 예약하다)은 형용사 + 동사의 결합인 복합동사이다. (33c)는 overcook(너무 익히다), underrate(과소평가하다), overeducate(과잉교육하다)는 불변화사 + 동사의 결합인 복합동사이다.

한편 복합어가 형용사와 명사로 만들어진 경우 앞의 형용사에 제1강세가 주어지나, 명사구의 경우 뒤의 내용어인 명사에 제1강세가 주어진다.

(34) a. WHITE house(백악관) – white HOUSE(하얀 집)
b. GREEN house(온실) – green HOUSE(녹색의 집)
c. BLUE house(청와대) – blue HOUSE(파란 집)

(4) 기타 어형성 방법

Aspirin, Nylon, Kodak 등처럼 발명에 의해 만들어낸 상표이름을 그대로 새로운 어휘로 사용하는 신조어법(coinage)이 있으며, gasoline, advertisement, fanatic, laboratory 대신 gas, ad, fan, lab 등으로 축약하여 쓰는 축약형(clipping) 형태의 조어법이 있다. 또 motor와 hotel을 합쳐, motel로, breakfast와 lunch를 합쳐, brunch로 혼합하여 쓰는 혼성어(blending) 형태의 조어법과, televise와 같은 역형성(back formation) 및 NATO, NASA, UNESCO처럼 단어의 첫 글자를 모아 새로운 어휘를 만들어 쓰는 두자어(acronyms) 형태의 조어법 등이 있다.

(35) a. 축약어(clipping) : dormitory(기숙사) → dorm
b. 혼성어(blending) : Europe + Asia → Eurasia
c. 역형성(back formation) : typewriter → typewrite
d. 두자어(acronyms) : unidentified flying objects → UFO

(35a)의 축약어 형태의 조어법은 dorm 외에도 lab(←laboratory), math(← mathematics), photo(←photography), auto(←automobile), bike(←bicycle), ad(←advertisement), 등이 있다. (35b)의 혼성어 형태의 조어법은 Eurasia외에도 smog(smoke + fog), brunch(breakfast + lunch), flurry((flutter(펄럭이다) + hurry), motel(motor + hotel) 등이 있다. (35c)의 역형성은 행위자를 나타내는 파생접미사 –er을 동사에 붙여 singer, worker, buyer와 같이 명사를 만드는 단어들을 보고, 유추해서 sightseer, baby-sitter, typewriter와 같은 단어에서 반대로 실제 어원적으로 없는 단어인 sightsee, baby-sit, typewrite와 같은 동사를 만들어 쓰는 경우를 말한다. 이 때 명사가 동사보다 먼저 생겼기 때문에 동사가 "역형성"되었다고 한다. (35d)의 두자어 형태의 조어법은 UFO 외에도 다음과 같은 예가 있다.

(36) a. F.B.I. = Federal Bureau of Investigation(연방 수사국)
b. CIA = Central Intelligence Agency(중앙 정보부)
c. WTO = World Trade Organization(세계 무역 기구)
d. NASA = National Aeronautics and Space Administration(미국 항공 우주국)
e. R.O.T.C. = Reserve Officers' Training Corps(예비역 장교 훈련단)
f. katusa = Koreans attached to the U.S. army(미군 파견 한국 군인)

한편 이외에 외래어에서 빌려다 쓰는 차용어(word borrowing, loan-word)가 있다.

2. 어휘의 의미

2.1 어휘의미론

(1) 어휘구조와 장이론

전통적인 의미론 학자들은 어휘의 의미를 체계적으로 나타내기 위하여 장이론(Field Theory)으로 알려져 있는 어휘의 개념구조를 설정하였다. 한 어휘의 언어적 구조는 일반적으로 계열관계(paradigmatic relation)와 결합관계(syntagmatic relation)로 분석된다. 예를 들어 the red rose, the white rose, the black rose를 보면, red는 white, black과는 같은 계열에 속하고, the, rose와는 결합관계를 이룬다.

영어의 형용사 red와 같은 계열관계에 있는 white, black 등은 영어의 color를 나타내는 개념적 장을 구성한다. 살아 있는 모든 대상물을 이와 같이 어휘장과 부분장의 개념으로 계층적으로 도식화하면 다음과 같다.

(37)

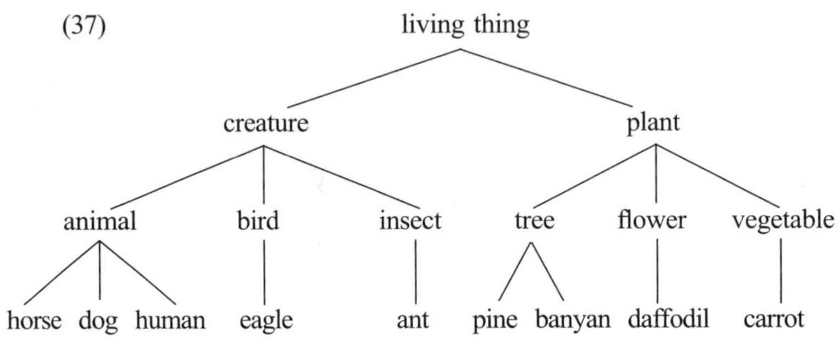

이것은 살아 있는 생물(living thing)이 나타내고 있는 어휘적 장을 나타낸 것이다. 어휘의 이러한 구조는 흔히 하의관계(hyponymy)로 표시한다. 예를 들어 animal은 dog의 상위어이고, dog은 animal의 하의어 관계에 있다.

한편 결합관계에서 보면, blond는 hair와 결합관계를 이루어 a blond hair라고 하나, door나 dress와는 결합관계를 이루지 못해 a blond door나 a blond dress라고는 하지 않는다. 이는 본질적으로 연어(collocation)적 성격을 띠고 있는 의미관계이다. pretty는 girl과 결합하여 pretty girl이 되나, boy와는 결합관계를 이루지 못하고, 반대로 handsome은 boy와 결합하여 handsome boy가 된다. 이를 다른 예까지 확장해서 pretty와 handsome의 결합관계를 나타내면 다음과 같다.

(38) a. pretty + { girl, woman, flower, garden, color, village, ... }
b. handsome + { boy, man, car, vessel, airliner, typewriter, ... }

이와 같은 결합관계의 특성은 20세기 후반의 생성문법 학자들에 의해 선택제약(selectional restriction)이란 개념으로 발전하게 된다.

(2) 장이론과 성분분석이론

장이론이 주로 역사적 즉 통시적(diachronic)인 면에서 어휘의 의미변화에 관심을 갖고 어휘의 구조를 분석하였다면, 성분분석(componential analysis)이론은 공시적(synchronic)인 면에서 어휘의 본질적인 의미를 분석하려 하였다. 그러나 기본적으로 성분분석이론은 장이론을 기초로 하고 있다. 앞에서 예를 들었던 장이론의 어휘구조 human을 계층구조의 도식으로 나타내면 다음과 같다.

(39)

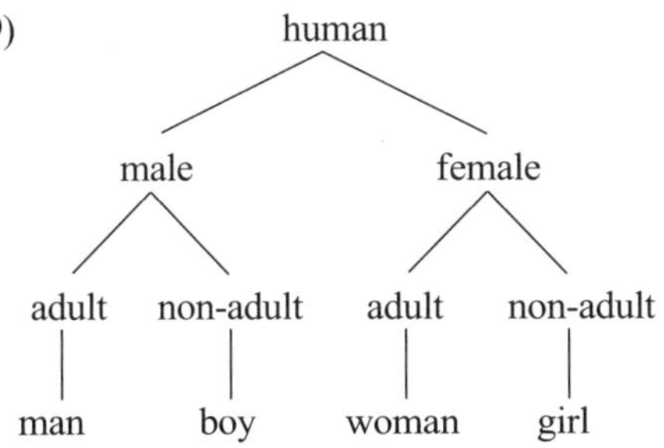

man은 직접적으로 adult의 하의어가 되며, 간접적으로 male과 human의 하의어가 된다. 이러한 하의관계를 근거로 하여 의미의 함의(entailment)관계를 정의할 수 있다. 즉 man의 속성은 반드시 adult의 속성을 함의하며, 또 male의 속성도, human의 속성도 함의한다. 이러한 하의관계를 근거로 하여 한 어휘를 그 의미적 성분을 구성체로 하여 분석하려는 것이 성분분석 방법이다. 이때 그 의미적 성분을 생성음운론에서 쓰고 있는 변질적 자질(distinctive feature)이론을 이용하여 의미자질(semantic feature)로 표현한 것이 성분분석이론이다. 예를 들어 앞에 쓴 어휘들의 성분분석은 다음과 같다.

(40) a. man [+Adult, +Male, +Human]
b. woman [+Adult, −Male, +Human]
c. boy [−Adult, +Male, +Human]
d. girl [−Adult, −Male, +Human]
e. child [−Adult, ±Male, +Human]
f. crowd [+Collective, +Human]

man은 성인의 속성과 남성의 속성과 인간의 속성을 의미자질로 갖고 있다. woman은 man과 성인의 속성과 인간의 속성은 같지만 남성이냐 아니냐란 점에서 다르다. boy는 man과 남성의 속성과 인간의 속성은 같지만, 성인이냐 아니냐란 점에서 다르다. girl은 성인이냐 아니냐와 남성이냐 아니냐란 점에서 다르다. 또 child는 성인이 아닌 인간이란 속성과 남성과 여성의 구별이 없다는 점에서 다르다. 또 crowd는 성인과 남녀의 구별은 없고 집단적인 인간의 속성을 지닌다. 이처럼 의미자질은 있다(+)와 없다(−)처럼 이항적(binary)으로 표시된다. 즉 어떤 의미자질을 갖고 있으면 그 앞에 + 기호를, 그렇지 않는 경우에는 −기호를 붙인다. 또 남녀의 성구별이 없을 때는 [±Male]처럼 ±기호를 붙여주거나, 인간 집단을 나타내는 [+ Collective, + Human]에서는 남녀의 성구별, 성년의 구별 등이 상관이 없으므로 의미자질 항목에서 제외하기도 한다. 이와 같이 이항적으로 표시함으로써 한 어휘의 의미 성분을 명시적으로 잘 나타낼 뿐만 아니라, 그와 같은 계열 관계에 있는 어휘와의 차이를 체계적으로 잘 나타낼 수 있는 장점이 있다.

한편 인간뿐만 아니라 다음과 같은 돼지, 소, 닭, 개, 말, 양 등의 가축에도 그대로 적용할 수 있다.

(41) a. bull(황소) [+ Adult, + Male, + Bovine]
b. cow(암소) [+ Adult, −Male, + Bovine]
c. bullock(수송아지) [−Adult, + Male, + Bovine]
d. heifer(암송아지) [−Adult, −Male, + Bovine]
e. calf(송아지) [−Adult, ±Male, + Bovine]
f. herd(소떼) [+ Collective, + Bovine]

(40)은 인간을 나타내는 [+ Human]의 속성의 지닌 계열을 나타낸다면, 인간이 아닌 [-Human]중에서 동물로 (41)의 소는 [+ Bovine] 의미자질을 지닌 것으로 나타낼 수 있다.

이때 명사류를 성분분석하기 위해서는 인간을 포함한 동물뿐만 아니라 생명체인가 무생물 명사인가를 구별하기 위해서 [±Animate] 의미자질이 필요하다. 또 무생물중에서도 구체명사인가 추상명사인가 하는 [±Concrete] 의미자질이 필요하다. 구체명사라고 해도 셀 수 있는 가산명사인가 셀 수 없는 물질명사인가 하는 [±Count]

의미자질이, 또 보통명사인가 고유명사인가 하는 [±Common] 등과 같은 의미자질이 필요하게 된다.

(42) a. [±Male], [±Human], [±Adult], [±Collective]
b. [±Animate], [±Concrete], [±Count], [±Common]

이와 같은 이분적인 의미자질로 분류해 나가다 보면, 명사류를 계열별로 세분하여 잘 분류할 수 있다. 또 공통의 의미자질을 갖고 있는 것끼리 묶어 자연스럽게 자연부류를 분류해 낼 수 있는 장점이 있다. 여기서 [-Animate]하면 식물이나 무생물을 나타내므로 당연히 [-Human]이고 남녀의 성구별이 필요 없으므로 [±Male]의 의미자질도 필요 없게 된다. 또 [-Concrete]하면 추상명사를 나타내므로 [±Animate]의 의미자질도 상관없게 된다. 의미자질에 의한 성분분석 방법은 의미상 같은 계열관계에 있는 어휘를 비교해서 서로 의미가 구별되는 요소를 뽑아냄으로써 변별적 자질을 기준으로 하고 있다.

(3) 결합관계와 선택제약

다음은 동사를 중심으로 결합관계에 의한 주어와 목적어에 대한 선택제약(selectional restriction)에 대해 알아보자.

a) 주어와 목적어에 대한 선택제약

다음은 동사와 주어 명사와의 결합에 대한 선택제약이다.

(43) a. {The horse/*the money/*the spider} *trotted* home.
b. {The airplane/the bird/*the goat} *flew* north.
c. {The woman/the bird/*the motor} *sang* sweetly
d. {The man/*the rock} is *talking*/ *thinking*/ *dreaming*.

(43a)의 동사 trot는 horse와는 결합해도 무생물인 money와 네발이 아닌 여러 개의

다리가 달린 spider와는 결합할 수 없다. 즉 네발달린 짐승이라는 [+Quadruped]의 의미자질을 지닌 주어 명사구와만 결합한다는 선택제약이 있다. (43b)의 동사 fly는 날개 달린 airplane과 the bird와는 결합해도 날개 없이 네발 달린 짐승 goat와는 결합할 수 없다. 즉 날개달린 개체라는 [+Winged]의 의미자질을 지닌 주어 명사구와만 결합한다는 선택제약이 있다. (43c)의 동사 sing은 woman이나 bird와는 결합해도 기계인 motor와는 결합할 수 없다. 즉 인간의 속성인 [+Human]이나 조류의 속성 [+Avian]의 의미자질을 지닌 주어 명사구와만 결합한다. (43d)의 동사 talk, think, dream은 man과는 결합해도 무생물인 rock과는 결합할 수 없다. 즉 인간의 속성인 [+Human]이나 유생물인 [+Animate]의 의미자질을 지닌 주어 명사구와만 결합한다.

다음은 목적어에 대한 선택제약의 경우이다.

(44) a. The thunder *terrified* {the dog/the child/*the house}.
b. The sun *melted* {the candy/*the smoke/*the water}.
c. The hammer *shattered* {the rock/*the pudding}.
d. {The child/*the glass} *drank* {the milk/*the candy}.

(44a)의 동사 terrify는 dog과 child와는 결합해도 무생물인 house와는 결합할 수 없다. 즉 감정이 있는 유생물이라는 [+Animate]의 의미자질을 지닌 목적어 명사구와만 결합한다. (44b)의 동사 melt는 candy와는 결합해도 기체인 smoke와 액체인 water와는 결합할 수 없다. 즉 고체라는 [+Solid]의 의미자질을 지닌 목적어 명사구와만 결합한다. (44c)의 동사 shatter는 rock과는 결합해도 단단한 고체가 아닌 pudding과는 결합할 수 없다. 즉 고체라는 [+Solid]의 의미자질을 지닌 목적어 명사구와만 결합한다. 한편 (44d)의 동사 drink는 유생물이라는 [+Animate]의 의미자질을 지닌 주어 명사구와, 액체라는 [+Liquid]의 의미자질을 지닌 목적어 명사구와만 결합한다. 즉 주어명사와 목적어 명사에 대한 선택제약이 동시에 적용되어야 하는 동사이다.

b) 선택제약을 어긴 비유적인 의미

다음 문장은 선택제약을 어긴 문장인데도 불구하고 비유적으로 확대되어 문법적인 문장으로 받아들여지고 있다.

(45) a. Ralph is married to *a gem.*
b. Juliet is *the sun.*

(45a)의 서술어 be married to는 유생물인 사람과 사람사이의 결혼을 의미한다. 즉 주어와 목적어에 [+ Human]의 선택제약이 있다. (동물사이에 결혼을 인정한다고 하면 적어도 [+ Animate]의 선택제약이 있다) 그런데 무생물인 보석과 결혼한다고 하면 선택제약을 어긴 비문법적인 문장이 되어야 하는데, 문법적인 문장으로 받아들여지고 있다. 즉 문자 그대로의 의미가 아닌 보석과 같은 사람이라는 은유법이 적용된 것으로 해석한다. (45b)의 be 동사도 주어와 주격보어가 의미적으로 일치해야하는 동사이다. 즉 주어가 Juliet과 같은 사람이라면 주격보어로 [+ Human]의 의미자질을 지닌 명사가 나와야 하는데, 무생물인 sun이 나왔다. 즉 은유적으로 태양과 같은 사람이란 의미로 확대된 경우이다.

다음은 주어나 목적어 명사의 선택제약에 어긋나는 동사가 나온 경우이다.

(46) a. *My car* drinks gasoline.
b. Craig ate up *the compliments.*

(46a)의 주어 My car는 무생물로 drink라는 동사를 선택할 수 없다. 그런데 문법적인 문장으로 받아들여지고 있다. 즉 문자 그대로의 의미가 아닌 연료인 gas를 마시듯 소비한다는 의미로 확대되어 쓰인 경우이다. (46b)의 동사 eat up도 음식이 아닌 아부나 의례적인 인사말을 먹을 수는 없다. 즉 문자 그대로의 의미가 아닌 의례적인 인사말을 다 먹어버리듯이 믿는다는 의미로 확대되어 쓴 경우다.

2.2 어휘간의 관계

어휘와 어휘 사이의 의미관계를 고려하면 여러 가지 현상을 발견할 수 있다. 첫째로 둘 이상의 어휘형이 한 가지의 비슷한 의미를 지니는 경우인 동의어 혹은 유의어

(synonym) 관계이다. 두 번째는 두 어휘가 서로 정반대의 의미를 지니는 경우로 반의어(antonym) 관계이다. 세 번째는 하나의 어휘형에 둘 이상 의미를 지니는 중의성의 경우로 다의어(polysemy)와 동음이의어(homonym) 관계이다. 이들을 차례로 살펴보자.

(1) 동의어(synonym) 관계

한 어휘를 비슷한 의미의 다른 어휘로 바꿔 쓸 수 있다. 이와 같이 비슷한 의미의 어휘를 동의어 혹은 유의어라고 한다. 먼저 영어는 동의어가 특히 많기로 유명하다. 역사적으로 앵글로-색슨 고유어와 불어나 라틴어에서 차용된 외래어가 공존하기 때문에 생긴 것이 많다.

(47) a. buy-purchase(구매하다) bodily-corporeal(신체상의, 형태상의)
b. brotherly-fraternal(우애의) heavenly-celestial(천상 천계의)
c. learned-erudite(학구적인) help-aid(조력하다)

일반적으로 buy, bodily 등의 고유어는 단어의 길이가 짧고 의미가 소박하고 정감이 있는 반면에, purchase, corporeal 등의 외래어는 길고 웅장하고 현학적이며 위압적인 느낌이 있는 것이 특징이다.

이와 같은 동의어 관계는 두 개의 어휘가 같은 의미자질을 지니고 있는 것으로 볼 수 있는데, 예를 들어 adult와 grown-up은 [+Human, +Adult]의 의미자질을 지닌 어휘로 볼 수 있다. 그러나 엄밀하게 말해서 모든 면에서 의미가 같은 동의어는 있을 수 없다. big과 large는 동의 관계를 이루어 a big tree와 a large tree가 성립되나, 다음과 같이 그렇지 않은 경우도 있다.

(48) a. He spent a *large* sum of money.
b. *He spent a *big* sum of money.

이와 같은 동의어간의 용법상의 차이는 먼저 automobile(자동차)과 car(차)처럼 격식 있는(formal) 표현과 허물없는(informal) 표현상의 차이가 있다. 따라서 일상적인 대화나 편지와 같은 중립적이거나 허물없는 상황에서는 car가 많이 사용되지만, 회사의 자산명세서와 같은 공식적인 서류에서는 automobile이 주로 쓰인다. 격식의 차이는 명사와 같은 주요 품사에만 나타나는 것이 아니다. 심지어는 호격 표현에서도 나타난다. 예를 들어 어머니가 아들을 부를 때, 성은 빼고 이름만을 부르는 James가 가장 중립적인 표현이라면, 애칭(愛稱)인 Jimmy는 아주 허물없는 표현이고, 화가 나서 full name을 모두 부르는 James Altman Kimball은 아주 공식적이고 딱딱한 표현이다. 이러한 '격식'의 차이를 이해하지 못할 경우, 다음과 같은 표현들 사이에 존재하는 어감의 차이를 포착하지 못할 수 있고, 말을 할 때에 허물없는 말투에서 대단히 딱딱한 말투로 계속 왔다 갔다 하는 실수를 범할 수 있다.

(49) a. I have two *kids*. (저는 애가 둘 있어요)
b. I have two *children*. (저는 자식이 둘 있어요)

(2) 반의어 관계

반의어는 서로 다른 어휘가 의미상의 대립을 이루는 경우를 말한다. 이러한 대립의 관계를 성격상 대략 세 가지로 나누어 볼 수 있다.

(50) a. old-young, wide-narrow, big-small
b. alive-dead, single-married, man-woman
c. buy-sell, lend-borrow, give-receive

첫째 (50a)는 정도(grade)상의 대립을 이루는 경우다. 둘째, (50b)는 상보적(complementary) 또는 양분적 대립의 경우다. 셋째, (50c)는 상대적(relative) 대립의 경우다. 명사의 예로는 husband-wife, parent-child, debtor-creditor 등이 있으며, 공간적 관계에서 above-below, in front of-behind, north of-south of 등이 있다.

이와 같은 반의어는 성분분석을 하여 의미자질로 표시하면 그 대립성이 극명하게 들어 난다. 예를 들어 결혼하지 않은 성인 남자와 여자를 뜻하는 영어 어휘 bachelor와 spinster를 보면 그 성분 분석은 다음과 같다.

(51) a. bachelor [+Adult, +Male, +Human, −Married]
b. spinster [+Adult, −Male, +Human, −Married]

이렇게 표현하면 그 모순적 반의 관계가 +와 −로 더욱 확실하게 들어 난다. 즉 성이라는 면에서 서로 대립을 보이고 있으나, 다른 면에서는 동일하다는 것을 알 수 있다. 이는 단순히 반의어로만 간주되던 어휘들이 부분적으로는 동의성을 지니고 있다는 사실을 동일한 의미자질의 값을 지니는 현상으로 명확하게 표현할 수 있다.

(3) 다의어(polysemy)와 동음이의어(homonymy)

다의어는 하나의 어휘가 둘 이상의 의미를 지니는 경우로, 예를 들어 conductor가 교통 분야에서는 차장을 뜻하고, 음악 분야에서는 지휘자를 뜻하는 경우가 해당된다. 반면 동음이의어는 meat-meet처럼 의미가 다른 둘 이상의 어휘가 발음이 같은 경우를 말한다. 그러나 fan(부채)-fan(운동경기나 연예인의 팬)처럼 발음뿐만 아니라 철자가 같은 경우가 있기 때문에 어디까지 다의어이고, 어디까지 동음이의어인지 구별하기가 그리 쉽지는 않다.

한편 이러한 다의성의 문제를, 어휘의 의미성분을 성분분석의 의미자질로 분석해 보면 조금 더 명확하게 구별할 수 있다.

(52) a A *man* is different from a woman.
b. Only *man* is rational.

(52a)의 man은 '남자'의 뜻으로 쓰였고, (52b)의 man은 '사람'의 뜻으로 쓰였다. 이를 의미자질로 표시하면 다음과 같다.

(53) a. man [+Adult, +Male, +Human]
b. man [±Adult, ±Male, +Human]

사람의 뜻으로 쓰인 (53b)는 남자의 뜻으로 쓰인 (53a)와 달리 Adult와 Male의 값이 ±로 표시되어 그 속성이 드러나지 않음을 보여주고 있다. 이와 같이 의미자질로 분석함으로써 man의 다의적 성격을 잘 나타낼 수 있다.

3. 어휘 의미의 확대와 숙어

3.1 원형이론(prototypes)과 의미확대과정

Rosch(1973)는 심리적인 인지와 관련하여 원형이론을 개발하였다. 원형이론에 따르면 우리는 사람, 동물, 사물 등의 모든 범주에 대해 원형적인 개념을 가지고 있다. 예를 들어 개과의 동물을 보면 실제 다양한 모양의 동물들이 구성원으로 존재한다. 그러나 우리의 마음속에는 개의 범주에 관한 원형적 개념이 있고, 다른 모든 개들은 원형과의 관계를 통하여 이해하게 된다. 즉 원형적 핵심구성원(core member)은 셰퍼드, 푸들, 허스키 등과 같은 원형과 가장 닮은 개들이고, 주변구성원(peripheral member)은 코요태, 여우, 늑대 등과 같은 금방 개로 식별되지 않는 구성원들이다. 원형적인 구성원이란 사람들과 자주 접하게 되고 가장 쉽게 배우며 가장 먼저 떠오르는 것이다. 이러한 원형적 범주에서 벗어나더라도 어느 정도 유사하다고 판단되면 그 범주의 구성원으로 간주된다. 즉, 범주의 구성원들로서 A, B, C, D가 있을 때 순서대로 관련 정도가 매겨진다면 A와 D는 거의 관련성이 없을 것이다. 하지만, C와 D가 관련이 있으므로 A와 D는 관련이 있다는 가족유사성을 지니는 것이다.

다음은 컵과 새에 대한 원형적인 구성원과 주변적인 구성원에 대한 그림이다.

(54) a. cup

b. bird

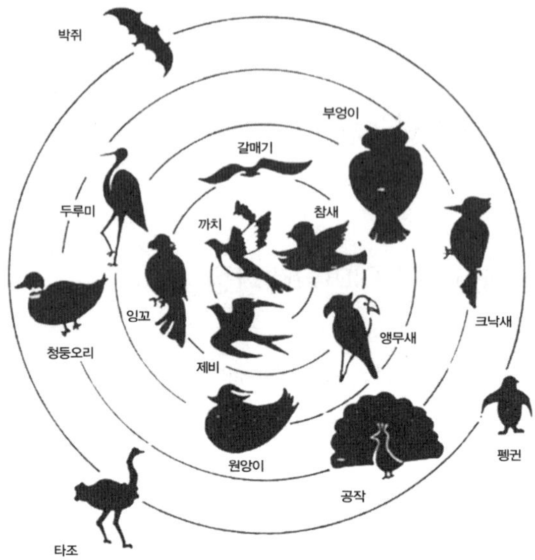

원형적인 1번 컵에 비해 옆으로 넓어지고 있는 마지막 5번 컵과 위로 길어지는 마지막 9번 컵은 매우 다른 모양을 하고 있음을 알 수 있다. 마찬가지로 참새, 제비, 까치 등의 원형적인 새와 박쥐, 타조, 팽긴 등의 주변적인 새의 모양은 무척 다름을 알 수 있다.

한편 범주 경계에 대해 Labov(1973)는 한 어휘가 끝나고 다른 어휘가 시작되는 과정에 어떤 분명한 경계가 있는지 알아보기 위해 '모호한 가장자리 현상'(fuzzy edge phenomenon) 실험을 실시하였다. 이 실험에서 Labov는 학생들에게 19가지 형태로 넓이와 높이를 조절한 cup과 bowl을 구분하는 분명한 경계는 없으며, 한 범주는 점진적으로 다른 범주가 된다고 주장하였다. Labov의 실험에서 밝혀진 모호한 가장자리 현상은 그릇 모양에 국한된 것이 아니라, 어휘 의미에도 동일하게 나타난다. 예를 들어 day와 night의 경계를 생각하면 어디에서 밤이 끝나고 낮이 시작되는지 모호하다. 그 이유는 본질적으로 연속적인 대상 세계를 어휘의 단위로 분절하였기 때문이다.

인지의미론(Cognitive Semantics)에서는 원형의미에서 주변의미로 확대해 가는 과정을 보다 체계적으로 의미망모형으로 설명한다. 예를 들어 이기동(1994)은 의미망모형을 이용하여 다의어의 의미확대과정을 설명하고 있다. 먼저 영어 명사 ring은 ①

반지, 귀걸이, 코걸이, 팔찌 ② 고리, 바퀴 ③ 원, 원형, 빙 둘러앉은 사람들 ④ (식물의) 나이테 ⑤ 권투장, 씨름판 ⑥ 동물 전시장 ⑦ (장사, 정치상의) 한패, 도당, 동맹, (경마의) 도박꾼, 사설 마권업자 등의 의미가 있다. 이를 모두 둥근 모양으로 본다면 다음과 같은 대략적인 의미망모형으로 설명할 수 있다.

(55)

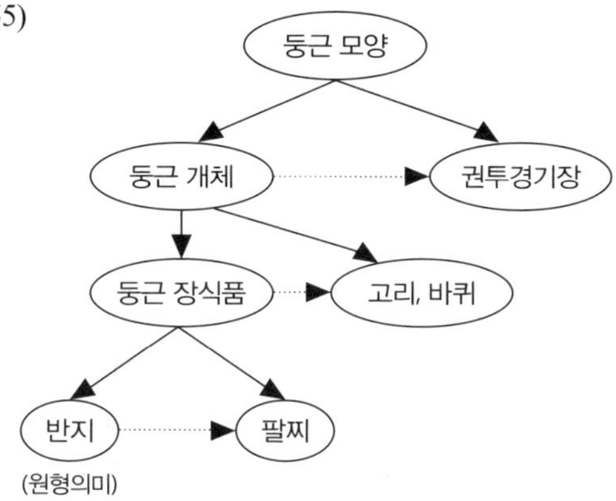

가장 기본적인 원형적 의미를 손가락에 끼는 반지라고 할 때, 귀걸이, 코걸이, 팔찌 등은 같은 점도 있지만 다른 점도 있다. 같은 점은 모두 둥근 물체이고, 장식품이라는 점이다. 그러나 크기가 다르다. 따라서 귀걸이, 코걸이, 팔찌 등은 반지에서 의미가 확대된 경우로 볼 수 있다. 그러나 공통점은 둥근 모양의 장식품인데, 장식품 기능을 제외하고 둥근 모양만 생각하면 두 번째 의미인 고리, 바퀴의 의미와의 연관성을 쉽게 상상할 수 있다. 세 번째 둥근 모양의 원, 원형과 네 번째 식물의 나이테 등도 둥근 모양의 개체라는 것을 쉽게 이해할 수 있다. 다섯 번째 실선이 아닌 점선으로 사람들이 둘러앉아 경기를 지켜보는 모습의 권투 경기장, 씨름판 등은 둥근 모양의 개체에서 확대된 둥근 모양이라는 것을 알 수 있다. 심지어 원형 모습이 아니라도 둘러앉아 모여 있는 집단인 한패거리, 도당, 동맹의 의미로도 쓰일 수 있다.

3.2 비유법에 의한 어휘의 의미확대과정

어휘의 의미가 확대되어 가는 과정에서 가장 많이 사용하는 비유법은 은유(metaphor)와 환유(metonymy)이다. 이에 대해 더 자세히 살펴보자.

(1) 은유

은유란 한 인지영역의 경험을 다른 영역을 통해서 이해하는 과정을 말한다. 가까운 예로 '그는 개/돼지/여우/늑대/소이다.'라고 사람을 동물을 통해 이해하려는 비유법이 은유이다. 즉 은유는 동물이라는 영역의 개념을 가지고 인간의 본성과 같은 추상적인 다른 영역의 개념을 이해하는 과정이다. 비교적 구체적이고 현저성을 띠는 것을 원천영역(source domain)이라고 하고, 보다 추상적인 것을 목표영역(target domain)이라고 한다. 즉 원천영역의 구체적인 것을 이용하여 목표영역의 추상적인 개념을 나타내는 것을 은유라고 한다.

가장 많이 사용하는 은유중에 방위 은유(orientational metaphor)가 있다. 예를 들어 '즐겁거나 좋은 것은 위로(up) 올라가는 것이고, 슬프거나 나쁜 것은 아래로(down) 내려가는 방위로 나타내는 은유표현이다.

(56) a. Cheer *up*!
b. I'm feeling *down* today.
c. He *rose high* in his profession.
d. The Won hit a new *low* against the dollar.
e. The new dress gave her a real *lift*.
f. She came *bottom*.

(56a)처럼 기분이 좋으면 위로 뛰어오르는 것처럼 기쁜 감정 상태를 up으로, (56b)처럼 기분이 좋지 않으면 움츠러드는 것처럼 좋지 않은 감정을 down으로 표현한다. 즉 보다 원천적인 공간적 영역에서의 위로 올라가는 것을 목표인 기분이나 원기와 같은 정서적 영역으로 전환하여 표현한 은유법이다. (56c)는 높은 자리로 승진하는 것을 형용사 high로, (56d)는 원화의 가치가 떨어지는 것을 low로 표현하고 있다.

또 (56e)는 새 옷을 입고 기분이 좋아진 것을 명사 lift로, (56f)는 기분이 나빠진 것을 bottom으로 표현하고 있다.

은유는 두 영역의 차이점은 무시되고 공통된 속성만으로 부각시켜 나타낸다. 불변화사 up의 경우를 보면 다음처럼 기분이나 원기의 상승, 수량, 속도, 정도의 증가, 시각이나 지각, 인식 영역에서의 상승, 움직임이나 활동의 증가, 한계점의 도달 또는 완결의 의미로 확대되어 쓰일 수 있다.

(57) a. I'm feeling *up*.
b. Turn the radio *up* so that I can hear well.
c. The girl walked *up* to me and said hello.
d. He started *up* the engine.
e. Fill *up* the tank with oil.

(57a)의 feel up은 기분이 좋다는 추상적인 정서적 영역의 개념을 원천적 공간영역에서의 상승의 개념에 비유하여 나타낸 은유적 표현이다. (57b)의 turn up은 온도를 올리다, 라디오 등의 소리를 높이다란 추상적인 수량영역에서의 증가 개념을 공간적 상승의 개념에 비유하여 나타낸 은유적 표현이다. (57c)의 walk up(다가오다)은 멀리 낮게 있어 보이지 않던 소녀가 가까이 다가와 올라옴에 따라 시각적으로 보이게 되었다는 추상적인 시각, 지각, 인식 영역에서의 상승을 공간적 상승의 개념에 비유하여 나타낸 은유적 표현이다. (57d)의 start up(시동을 걸다)은 기계가 작동하는 활동영역의 개념을 공간적 상승의 개념에 비유하여 나타낸 은유적 표현이다. (57e)의 fill up은 탱크를 다 채워서 더 이상 채울 수가 없는 한계점에 도달했다는 추상적인 완결의 개념을 공간적 상승의 개념에 비유하여 나타낸 은유적 표현이다.

다음은 동사 come의 의미가 은유적으로 확대된 경우이다.

(58) a. Can you *come* to my party?
b. Christmas seems to *come* earlier every year.
c. Happiness *comes* to people who work hard.
d. The solution to the problem just *came* to me.
e. He *comes* from the middle class.

f. Your dreams *come* true.

(58a)는 이동체가 화자가 있는 목적지로 이동한다는 동사 come의 원형적인 장소이동의 의미로 쓰인 경우이다. (58b)는 추상적인 목표영역의 시간이동의 개념을 구체적인 원천영역의 장소이동의 개념에 비유하여 표현한 경우이다. (58c)는 행복이라는 추상적 상황이 누구에게 다가온다는 속성변화의 개념을 장소이동의 개념에 비유하여 표현 경우이다. (58d)는 생각, 감정 등이 누구에게 일어난다는 추상적인 정서, 지각, 인지 등의 개념을 장소이동의 개념에 비유하여 표현한 경우이다. (58e)는 추상적인 출신 및 성분의 개념을 장소이동의 개념에 비유하여 표현한 경우이다. (58f)는 추상적인 상태변화의 개념을 장소이동의 개념에 비유하여 표현한 경우이다.

(2) 환유

한 어휘를 써서 그 어휘가 가리키는 개체를 가리키지 않고, 그 개체와 관련된 다른 개체를 가리키는 비유법을 환유라고 한다. 즉 직접 대상을 언급하지 않고, 그와 같은 영역 안에 있는 보다 현저한 개체를 언급하는 비유법이다. 가장 대표적인 환유가 전체(whole)를 언급해 부분(part)을 나타내거나, 부분을 언급해서 전체를 나타내는 경우이다.

(59) a. Hold up *your hands*.
b. *The whole town* welcomed him.

(59a)에서 손만 들어 올리는 것이 아니라 손을 포함한 팔 전체를 들어 올리는 것이다. 팔 전체를 나타내기 위해 보다 현저한 손을 언급하는 것으로 부분이 전체를 나타내고 있는 환유가 적용된 경우이다. (59b)에서 the whole town은 지역을 가리키는 것이 아니라 그 안에 살고 있는 사람을 가리킨다. 즉 마을에 살고 있는 부분인 개개인 사람보다 크고 현저한 전체인 마을을 언급함으로 전체가 부분을 나타내고 있는 환유가 적용된 경우이다.

환유는 일차적으로 지시기능을 갖지만 지시기능에만 국한되지는 않는다. 환유는 지시되는 개체의 특정한 부분에 초점이 주어지므로 지시되는 개체는 이 부분과 관련을 지어서 이해된다.

(60) a. We all heard *the piano*.
b. *She* finally blinked.

(60a)에서 우리가 귀로 들은 것은 피아노 자체가 아니라 피아노에서 나오는 소리이다. 마찬가지로, (60b)에서 깜박인(blink) 것은 그녀라는 사람의 신체 전부가 아니라, 그녀의 눈꺼풀과 그 주위의 힘살, 신경 등이다. 이처럼 실제 지시된 개체에서 초점을 받아 활성화 된 부분을 활성영역(active zone)이라 하고, 지시되어 표현된 것을 모습(profile)이라고 한다.

한편 동사에 따라 활성화 되는 활성영역이 달라지는데, 이는 다음 동사의 경우처럼 선택제약과도 관련이 있다.

(61) a. John *kicked* the ball.
b. John *threw* the ball.
c. John *solved* the problem.

(61)에 쓰인 각 문장의 주어인 John이라는 사람이 모습으로 나타나 있지만, 활성영역은 동사의 의미자질인 선택제약에 따라 달라진다. (61a)의 동사 kick은 발과 관련이 있고, (61b)의 동사 throw는 손과 관련이 있다. (61c)의 동사 solve는 머리와 관련이 있다. 따라서 활성영역도 달라짐을 알 수 있다.

다음 문장에서는 같은 동사인데도 불구하고 목적어가 무엇이냐에 따라 주어인 의사의 활성영역이 달라진다.

(62) a. The doctor felt *my pulse*.
b. The doctor felt *the truth of her words*.
c. The doctor feels *that we should go*.

(62a)에서 내 맥박을 집어 본 것은 의사선생의 신체의 일부 인 손이고, (62b)에서 그녀 말의 진실성을 느낀 것은 의사선생의 마음이고, (62c)에서 우리가 가야 된다고

생각한 것은 의사선생의 마음이다.

다음은 동사 go가 환유적으로 의미가 확대되어 쓰인 경우이다.

(63) a. This machine *goes* by battery.
b. When he eats, he *goes* like this.
c. His pulse is *going* rapidly.
d. The motor *went* and won't start.

(63a)는 '기계는 배터리로 작동된다.'로 동사 go가 기계 등이 작동한다(operate)는 의미로 확대된 경우로 기계 전체가 움직이는 것이 아니라 실제 움직이는 것(활성영역)은 기계의 부품이다. 즉 전체로서 부분을 나타내는 환유가 적용되고 있다. 또 장소이동의 의미에서 기계 등이 움직이는 활동영역으로 확대된 은유도 적용되고 있음을 알 수 있다. (63b)는 동사 go가 행동한다는 의미로 확대된 경우로, 사람 신체 전부가 움직이는 것이 아니라 신체의 일부분을 움직여 행동하는 환유가 적용되고 있다. (63c)는 동사 go가 맥박이 빠르게 고동치는 소리를 내는(produce a noise) 의미로 확대된 경우로, 맥박 자체가 아니라 맥박이 내는 소리를 환유적으로 나타내고 있는 경우이다. (63d)는 '모터가 나가서 시동이 걸리지 않는다'는 의미로, 모터라는 기계 자체가 아니라 모터의 원동력인 파워를 환유적으로 나타내고 있는 경우이다.

3.3 구동사의 숙어적 의미

단어가 모여 구를 형성하며 다시 구가 모여 문장을 형성한다. 본장에서는 구동사를 중심으로 숙어의 의미를 살펴보고자 한다.

(1) 숙어적 의미의 추론

숙어적 형태로 쓰인 전치사 동사나 구동사는 구성성분인 동사나 전치사의 의미에서 전체의 의미를 예측하기 힘든 경우이다.

(64) a. He *went out* an hour ago.
b. I can't *make out* what you mean.

(64a)의 go out(나가다)은 동사와 전치사성 부사의 의미가 그대로 투명하게 드러나 있는 자유결합 형태의 구동사라면, (64b)의 make out(이해하다)는 동사와 전치사성 부사의 의미에서 좀처럼 예측하기 힘든 숙어적인 구동사이다. 그러나 숙어적인 경우에도 다음과 같이 어느 정도 추론이 가능하다.

(65) a. Jane *ran across* the old friend.
b. He *came by* the money.

(65a)의 run across가 '우연히 만나다'(=meet by chance)의 의미로 즉각 파악하기는 어렵지만 run과 across의 의미를 살펴보면 어느 정도 추론이 가능하다. 즉 Jane이 가는 길과 친구가 가는 길이 다르지만 만날 수가 있다. 가는 길을 선으로 표현할 경우 두 선의 교차점이 만남의 뜻으로 풀이되므로 '우연히 만나다'의 뜻을 추론할 수 있다. (65b)의 come by에서 전치사 by는 영향력이 미치는 가까운 근처를 의미한다. 따라서 그가 돈 가까이에 오게 되었으므로 '돈을 얻다'의 의미를 추론할 수 있다.

(2) 불변화사 up과 결합한 구동사의 숙어적 의미

다음은 동사 go와 전치사성 부사인 불변화사 up이 결합한 구동사이다.

(66) a. Prices are *going up* these days.
b. She *went up* to Oxford in 1975.
c. New houses are *going up* all around the town.
d. The car *went up* in flames.

(66a)는 '요즈음 물가가 점점 올라가고 있다.'로 go up이 가격, 온도 수량 등이 올라가다(to increase in number or amount)란 뜻으로 쓰였다. 즉 go가 공간이동의 원형적 의미에서 가격, 온도 등의 상태가 어떻게 되다란 상태 변화의 의미로 은유적으로

확대되어 쓰였고, 부사 up도 공간적 위치인 위로란 뜻에서 지위, 신분, 가치, 크기, 속도, 성숙도, 음량, 밝기 등이 높은 쪽으로, 증가하여란 의미로 쓰인 경우이다. (66b)는 '그녀는 1975년에 Oxford 대학에 들어갔다.'로 go up이 대학에 들어가다(to go to a university to begin a course of study)란 의미로 쓰였다. 즉 부사 up이 공간적으로 위로란 의미에서 사회, 문화적으로 중심지로, 서울 등의 수도로, 옥스퍼드, 케임브리지 등의 고등 교육기관인 대학으로란 뜻으로 확대된 경우이다. (66c)는 '새로운 집들이 도시 곳곳에 세워지고 있다.'로 go up이 건물 등이 세워지다(to be built)란 의미로 쓰였다. 즉 동사 go가 건물 등의 상태가 어떻게 되다란 상태변화의 의미로, 부사 up은 위로란 기본의미에서 건조물이 올라가, 세워져란 의미로 확대된 경우이다. (66d)는 '자동차는 타버렸다.'로 go up이 파산, 파멸하다, 죽다, 건물 등이 타버리다, 파괴되다(to explode or be destroyed in a fire)란 의미로 쓰였다. 즉 동사 go가 자동차 등의 상태가 어떻게 되다란 상태변화의 의미로, 부사 up이 올라 갈 때까지 다 올라간, 요구된 마지막 점까지, 완전히란 의미로 확대되어 쓰여, 갈 때까지 다 가다에서 파산, 파멸하다, 죽다, 건물 등이 타버리다, 파괴되다란 의미가 된 경우이다.

다음은 동사 come과 불변화사 up이 결합한 구동사이다.

(67) a. A pretty girl *came up*.
b. She had *come up* in the world since her days on the flower stall.
c. The subject never *came up* among us.
d. Your case *comes up* next week.

(67a)는 '예쁜 소녀가 다가왔다.'로 come up이 사람이 서슴없이 다가오다, 접근해오다(to move near someone or something, especially by walking)란 뜻으로 쓰였다. 즉 동사 come이 오다란 공간적 이동의 기본의미로, 부사 up은 멀리서 점점 다가오므로 원근법에 따라 시각적으로 위로 올라가듯이 다가와 보이다란 의미로 시각영역으로 확대되어 쓰인 경우이다. (67b)는 '그녀는 꽃 봉우리가 피던 한창 때부터 출세했다.'로 come up in the world가 사람이 출세하다(to become richer or more successful in society)란 뜻으로 쓰였다. 즉 동사 come이 세상에 나오다란 신분변화의 의미로, 부사 up은 공간적으로 위로란 의미에서 지위 신분 등이 위쪽으로, 상승하여란 의미로 확대되어 쓰인 경우이다. (67c)는 '우리 사이에서는 그 화제가 나오지 않았다.'

로 come up이 화제가 이야기에 오르다, 언급되다(to be mentioned or suggested as something to be considered or given attention)란 뜻으로 쓰였다. 즉 동사 come이 화제 등에 나오다란 추상적 개념의 출현의 의미로, 부사 up은 화제 등에 등장하여, 언급되어란 의미로 시각, 지각, 인지 등의 영역으로 확대되어 쓰인 경우이다. (67d)는 '당신 사건은 다음 주에 심리된다.'로 come up이 사건이 법정에서 심리되다(if a legal case comes up, it is dealt with in a court of law)란 뜻으로 쓰였다. 즉 동사 come이 사건 등이 활동하는 상태로 나온다는 의미로, 부사 up은 안건, 사건 등이 심리나 법정에 상정되어란 의미로 활동영역으로 확대되어 쓰인 경우이다.

(3) 구동사의 의미적 특징

구동사에 쓰이는 전치사성 부사는 앞에서 살펴 본대로 일반적으로 공간부사이나, 단순히 장소의 의미만을 나타내는 것이 아니라, 동사가 표현하는 동작의 방향과 그 이동의 결과 위치를 나타내는 의미특성이 있다. Palmer(1965)는 구동사에 쓰인 전치사성 부사의 두 가지 의미특성을 동작의 방향 지시와 최종 이동결과 위치의 점유라고 설명한다. 먼저 동작의 방향을 지시하는 특성은 구동사에 쓰이는 동사가 동작 동사이므로 자연스럽게 전치사성 부사가 가지게 되는 의미제약이다. 그리고 최종 결과 위치는 구동사가 하나의 전제로서 가지게 되는 의미제약이다.

(68) a. He *ran* the flag *up*.
b. The pilot *flew* the plane *in*.

(68a)의 '그는 기를 높이 올렸다'와 (68b)의 '비행사가 비행기를 착륙시켰다'에서 run과 fly가 가지는 동작이 up과 in이라는 전치사성 부사에 의해 그 방향을 나타내는 것은 당연하다고 할 수 있다. 동시에 ran up, flew in 전체는 이들 문장이 기술하는 행위가 완결되었다는 것을 나타낸다. 즉, 깃발이 (깃대에) 다 올려졌음과, 비행기가 (공항에) 완전히 착륙했다는 것을 나타내 준다. 이러한 특성은 다음 문장들의 문법성의 차이를 설명해 줄 수 있다.

(69) a. He *pulled up* the rope./*He *pulled upwards* the rope.
b. **Leave up* the flag./*Leave* the flag *up*.

(69a)는 '그는 로프를 위로 완전히 끌어올렸다'로 pull up은 꼭대기 위치까지 끌어올림을 뜻하여 동작의 방향과 최종 결과 위치까지 포함되어 있다. pull upwards는 단지 위쪽으로라는 방향만 지시하지 최종 위치를 나타내지 못한다. 따라서 비문이 된다. 다만 'He pulled the rope upwards.' 처럼 일반 부사의 형태로 쓰일 수 있을 뿐이다. 한편 (69b)의 leave up(위에 나두다)은 최종 위치는 나타내나 동작이 없다. 따라서 이것 역시 구동사 형태로는 쓸 수 없고, 단순 부사형태인 'Leave the flag up.'처럼 쓸 수 있을 뿐이다. 이처럼 구동사는 일반적으로 동작의 방향과 그 방향으로 이동하여 동작이 완료된 결과의 의미까지 포함되어 있다.

다음 구동사와 단순동사를 비교하여 이와 같은 의미가 어떻게 적용되고 있는 가를 알아보자.

(70) a. The woodshed *burned* for an hour.
b. The woodshed *burned down* in an hour.

(71) a. You *use* your legs when you walk.
b. He has *used up* all his strength.

단순동사가 쓰인 (70a)에서는 헛간이 한 시간 동안에 탔다는 상황의 과정을 이야기 하지만, 구동사로 쓰인 (70b)는 down의 의미가 합쳐져 헛간이 한 시간 내에 타 주저앉았다는 상황이 완료된 의미까지 포함된다. 마찬가지로 (71a)는 걸을 때 다리를 사용한다는 사실을 이야기한다면, (71b)는 up의 의미까지 합쳐져 그는 모든 힘을 다 써 버려서 기진맥진한 상태에 있다는 결과의 의미까지 포함되어 있다. 이처럼 구동사는 단순동사와 비교해서 동작이나 과정뿐만 아니라 그 동작과 과정이 완료된 결과의 상태까지 의미함을 알 수 있다.

연습문제

1. 다음 단어를 구성하고 있는 형태소 수와 형태소의 종류를 자립/구속, 어휘/문법, 굴절/파생 형태로 구분하여 구체적으로 설명하시오.

   a. fruitful　　b. father-in-law　　c. pervert
   d. happier　　e. disheartened

2. 다음 단어의 내부구조에 대해 수형도(tree diagram)나 각괄호로 분석하여 품사나 의미가 변하는 과정을 설명하시오.

   a. enlargement　　b. unhappiness　　c. informality
   d. unavoidably　　e. reclassify

3. 다음과 같은 복수형 어미(the plural inflection)를 나타내는 문법형태소의 이형태에 대한 형태소규칙을 만들어 설명하시오.

   a. cubs, moves, days　　b. taps, cuffs, months
   c. bases, bruises, brushes　　d. mouse-mice, louse-lice, goose-geese
   e. children, brethren, oxen

4. 다음 의미와 관련된 접두사의 파생과정에서 의미가 어떻게 달라지는지와 품사변화에 관련된 접두사의 파생과정과 의미변화를 설명하시오.

   a. in + convenient, im + possible　　b. pre + arrange, after + shock
   c. super + sensitive, over + anxious　　d. a + moral, un + lock
   e. be + friend, en + circle

5. 다음 파생어의 뜻을 쓰고, 파생접미사가 어근의 품사를 어떤 식으로 바꾸어 주는지 설명하시오.

   a. arrange + ment, free + dom　　b. simpl + ify, priorit + ize
   c. poison + ous, accept + able　　d. gradual + ly, nowaday + s
   e. sleep + less + ness, select + ion + al

6. 다음 파생과정 및 의미와 라틴어계통의 접미사가 붙으면서 어근에 어떤 음운변화가 일어나는지 설명하시오.

a. reduce > reduction b. fuse > fusion
c. permit > permissive d. electric > electricity
e. photograph > photography

7. 다음 복합어의 뜻을 쓰고, 두 부분이 서로 어떤 관계인지 설명하시오.

a. horse + power, table + ware b. break + fast, cut + throat
c. heart + breaking, sun + rise d. noble + man, hot + bed
e. by + pass, down + fall

8. 다음 단어의 뜻을 쓰고 어형성 과정을 설명하시오.

a. googol b. transistor c. gym
d. laser e. televise

9. 다음 단어의 뜻을 쓰고, 의미자질을 이용하여 성분분석해 보시오.

a. boar b. sow c. shoat
d. gilt e. piglet

10. 다음 문장의 의미와 문법성을 주어와 목적어에 대한 선택 제약으로 설명하시오.

a. {The horse/*the spider} *trotted* home.
b. {Judy/*the goldfish} admires Mozart.
c. The news surprised {the man/*the house}.
d. The hammer *shattered* {the candy/*the pudding}.
e. {The boy/*the cup} *drank* {the water/*the rock}.

11. 다음 문장은 겉으로 보기에 주어나 목적어에 대한 선택제약을 어기는 데도 불구하고 어떻게 비유적으로 의미가 확대되어 문법적인지 설명하시오.

a. My car drinks gasoline. b. Envy attacked me.
c. He ate up the compliments. d. The moonlight sleeps upon the bank.
e. Billboards are warts on the landscape.

12. 다음 문장의 뜻을 쓰고, 밑줄 친 반의어 관계를 설명하시오.

a. How *old*/ **young* are you?

b. This road is *neither* wide *nor* narrow.

c. He is *single* not *married*.

d. John *bought* it from Bill. – Bill *sold* it to John.

e. John is Mary's *husband*. – Mary is John's *wife*.

13. 다음 문장의 의미를 전치사성 부사 down의 의미확대과정으로 설명하시오.

a. You'd better get the tree down.

b. I'm trying to cut down on my drinking.

c. The army put down a rebellion.

d. This wet weather is getting me down.

e. I think the clock must have run down.

14. 다음 문장의 의미를 쓰고, 동사 go의 의미 확대과정을 설명하시오.

a. The vacation went quickly.

b. Poverty must go.

c. All his spare money goes on books.

d. They thought we had gone crazy.

e. He is just the man to make things go.

15. 다음 문장의 의미를 구동사 go down의 의미 확대과정으로 설명하시오.

a. The ship went down with all hands (on board).

b. This cough medicine goes down easily.

c. Land values will never go down.

d. He'll go down in history as the greatest scientist of this century.

e. Overloading caused all the computers to go down.

제5장

문장구조 분석과 통사론

고대 로마에서부터 시작되어 중세로 이어져온 라틴문법의 전통이 18세기 영어 문법에 그대로 전해졌다. 따라서 오늘날 주로 중고등 학교에서 배우는 학교문법(school grammar)인 영문법을 전통문법(traditional grammar)이라고 한다. 전통문법에서는 명사, 동사, 형용사, 부사 등의 내용어와, 전치사, 대명사, 접속사, 조동사 등의 기능어 등을 다루는 품사론과 문장의 구조를 다루는 구문론으로 나눈다. 이때 문장 구문론에서는 주어, 동사, 보어, 목적어, 부사어 등을 절을 구성하는 기본 구성요소로 보고 절 구조를 크게 문장 5형식으로 분석하고 있다. 한편 전통문법은 몇 가지 문제점이 있는데 이를 개선하기 위해 20세기 초의 구조문법(structural grammar)과 20세기 후반의 생성문법(generative grammar)이 나왔다. 전통문법은 소수의 문법학자들이 용법을 정해 처방을 내리듯이 규범대로 쓰도록 정한 규범문법(prescriptivegrammar)이라고 한다. 한편 대학에서는 규범문법보다는 구조문법과 생성문법처럼 실제 영어사용 원어민이 사용하는 규칙을 그대로 기술하고자 하는 기술문법(descriptive grammar)에 대한 연구가 보다 활발하다.

1. 전통문법의 문장구조 분석

1.1 문장형식과 절 구성요소

(1) 절 유형과 문장형식

영어의 절 유형(clause patterns)을 단순문장(simple sentence)과 복합문장(multiple sentence)으로 나눈다. 단순문장은 하나의 독립적인 절로 이루어진 문장이고, 복합문장은 둘 이상의 절로 이루어진 문장이다. 또 복합문장은 등위접속사인 and, or, but으로 연결된 중문(compound sentence)과, 명사절 형용사절 부사절 등의 종속절을 가진 복문(complex sentence)이 있다.

(1) a. You can borrow my car.
b. You can borrow my car but I must.
c. You can borrow my car if you need it.

(1a)는 단문이고, (1b)는 중문이고, (1c)는 복문이다. 이들 문장을 구성하는 필수적인 성분요소로, 구성성분간의 기능적 및 문법적 관계를 나타내는 용어인 주어(S), 동사(V), 목적어(O), 보어(C), 부사어(A)가 있다.

(2)	a. The sun is shining.	(SV)
	b. Your dinner seems ready.	(SVCs)
	c. My office is in the next building.	(SVAs)
	d. That lecture bored me.	(SVOd)
	e. I must send my parents an anniversary card.	(SVOiOd)
	f. They have found him reasonably helpful.	(SVOdCo)
	g. You can put the dish on the table.	(SVOdAo)

Quirk, et al.(1983 : 719)은 종래 전통문법의 문장 5형식 외에, (2c)와 같은 주어와 관련된 부사어(As)가 필수적인 문장형식과, (2g)와 같은 목적어와 관련된 부사어(Ao)가 필수적인 문장형식을 포함한 7형식을 제안하였다.

이때 하나의 동사가 단지 한 가지 문장 형식으로만 쓰이는 것이 아니라, 여러 가지 문장형식으로 쓰일 수 있다. 예를 들어 다음과 같이 동사 make는 6개의 형식으로 쓰일 수 있다.

(3) a. Nails are making (in this factory).	(SV)
b. She will make a good wife (for him).	(SVC)
c. He made towards the door.	(SVA)
d. God made man.	(SVO)
e. I made him a new suit.	(SVOiOd)
f. Too much wine makes men drunk.	(SVOC)

(3a)는 제조된다는 의미의 완전자동사로, (3b)는 어떤 속성의 사람이 된다는 의미의 불완전자동사로, (3c)는 어디로 간다는 의미의 장소와 관련된 부사어가 필수적인 불완전 자동사로 쓰인 경우이다. (3d)는 만들다는 창조 의미의 완전타동사로, (3e)는 누구에게 무엇을 만들어 준다는 의미의 수여동사인 이중타동사로, (3f)는 누구(무엇)를 어떤 상태로 변화시킨다는 의미의 불완전 타동사인 복합타동사로 쓰인 경우이다.

이때 동사는 그 동사의 어휘적 특성에 따라 반드시 보어, 목적어 및 부사어와 함께 쓰여 동사구(verb phrase)를 형성하는 데, 이와 같이 필수적으로 동사를 보충해 주는 구성성분을 보충어(complement)라고 한다. 즉 다음처럼 동사의 보충어가 없으면 비문이 된다.

(4) a. Your dinner seems *(ready).
b. You can put the dish *(on the table).

그러나 어떤 동사의 경우에는 이런 보충어가 생략되어도 비문이 되지 않는 경우가 있다.

(5) a. They are eating (lunch).
b. We elected her (our delegate).
c. He's teaching (them chemistry).

이와 같이 보충어가 생략된 경우 그 동사의 범주가 전환(conversion)된 것으로 분석할 수 있다. 즉 (5a)는 SVO형의 타동사에서 SV형의 자동사로, (5b)는 SVOC형의 불완전 타동사(또는 복합타동사)에서 SVO형의 완전타동사로 (5c)는 SVOO형의 수여동사(또는 이중타동사)에서 SV형의 자동사로 전환된 경우가 된다. 이처럼 어휘적 특성에 의한 동사의 범주가 전환된 것으로 분석하는 이유는 다음과 같이 비슷한 의미의 동사도 어휘적 특성에 따라 전환이 되기도 하고 불가능하기도 하기 때문이다.

(6) a. They're hunting (deer).
b. They're chasing *(cats).

동사 hunt와 chase는 의미상으로 비슷하나 chase의 경우 목적어가 생략하면 비문이 된다. 이와 같은 생략의 문제는 의미상의 문제라기보다는 관용적인 화용상의 문제이다.[1]

(2) 절 구성요소들의 형태와 기능

a) 주어의 형태와 기능

주어는 형태상으로 명사구이거나 명사 상당어구이며, 위치상으로 평서문에서 동사 앞에 위치한다. 이를 구성성분구조(constituent structure)로 다음과 같은 수형도로 나타낼 수 있다.

1 이와는 달리 구성성분으로서 보충어가 생략되어 전혀 의미가 다른 동사로 전환되는 경우도 있다.

(i) a. I have found her reasonably helpful.	[SVOC]
b. I have found her.	[SVO]
(ii) a. He is running a business.	[SVO]
b. He is running.	[SV]

(7)

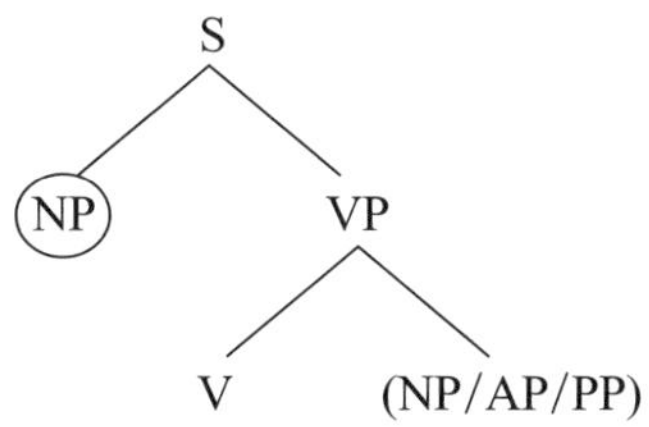

문장의 구성성분구조를 나타내는 (7)의 수형도처럼 주어는 형태상으로 문장의 핵심요소인 동사 앞에 나온 명사구 또는 명사 상당어구가 된다. 또 담화상의 기능적인 면에서 주어는 주제어(topic, theme)가 되며, 정보구조면에서 화자와 청자가 이미 알고 있는 구 정보(old information)이며, 또 공유하고 있는 정보(shared information)이다.

이와 같은 문장의 주어는 통사적으로는 첫째, 다음 예문처럼 명령문을 제외한 모든 문장에서 필수적이다.

(8) a. *Caroline* is my sister.
  b. *Caroline and Vanessa* are my sisters.

(9) a. *I* shaved myself with my own razor.
  b. *He* shaved himself with his own razor.

(10) a. *Lunch* has been prepared (by my son) today.
  b. *The milk* is sour, isn't it?
  c. *Susan* telephoned before coming over.

둘째, 예문 (8)처럼 동사의 수와 인칭을 결정하며, 셋째, 주격보어의 수를 결정한다. 넷째, 예문 (9)처럼 재귀 대명사의 수, 인칭 그리고 성을 결정하며, 다섯째, 대명사에 대해 주격 형태를 요구한다. 여섯째, 예문 (10a)처럼 수동태가 되면 삭제되거나 전치사 by의 목적어로 나타난다. 일곱째, (10b)처럼 부가의문문에서 대명사 형태로 반복된다. 여덟째, (10c)처럼 주어가 없는 분사구문의 함축된 주어는 일반적으로 상위 절의 주어로 인식된다.

b) 목적어의 형태와 기능

목적어는 주어와 마찬가지로 형태상으로 명사구나 명사 상당어구이며, 위치상으로는 동사 뒤에 온다. 만약 직, 간접목적어 둘이 다 나타나면 간접목적어는 직접목적어 앞에 위치한다. 이를 구성성분구조의 수형도로 나타내면 다음과 같다.

(11)

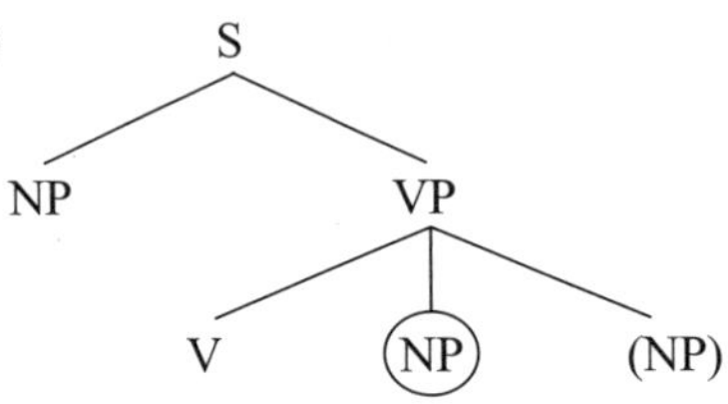

(11)의 수형도처럼 목적어는 형태상으로 명사구 또는 명사 상당어구로, 위치상으로는 동사 뒤에 나온다. 또 담화상의 기능적인 면에서 대부분의 목적어는 문장 뒤쪽에 놓이는 초점이요 논평(fucus, comment)이다. 또 정보구조상 화자가 청자에게 알려 주고자 하는 신정보(new information)이다.

이와 같은 목적어는 통사적으로는 첫째, 대명사의 경우 다음 예문 (12)처럼 목적격 형태를 취해야 한다. 둘째, 재귀대명사의 경우 예문 (13a)처럼 주어와 인칭, 수, 성이 일치해야 하며, (13b)처럼 재귀대명사가 아닌 강조적 소유격 형태에서도 주어와 인칭, 성, 수가 일치해야 한다.

(12) a. I gave *him*[Oi] my address[Od].
　　b. They gave *me*[Oi] some chocolate[Od].

(13) a. I have given *myself*[Oi] a treat.
　　b. They type *their own* letters[Od].

셋째, 간접목적어는 일반적으로 (14b)처럼 직접목적어 뒤에 위치하는 전치사구에 상응한다. 넷째, 다음 예문 (15)처럼 수동태의 주어가 되는데, 직, 간접목적어 둘 다 수동태의 주어가 되기도 하나, 직접목적어가 주어가 된 수동태에서는 (15c)처럼 간접목적어가 전치사와 같이 쓰이는 것이 더 자연스럽다. 다섯째, 간접목적어는 (16a)

처럼 동사의 특성에 따라[2] 의미해석상 어려움 없이 생략될 수 있으나, (16b)처럼 직접목적어가 생략된 경우에는 의미가 달라진다.

(14) a. I'll send *Charles* another copy.
 b. I'll send another copy *to Charles*.

(15) a. *The work* has been finished.
 b. *Jack* was sent a copy of the letter.
 c. *A copy of the letter* was sent (to) Jack.

(16) a. David saved (me) *a seat*.
 b. David saved *me*.

즉 (16)의 동사 save는 문맥에 따라 수여동사인 '누구에게 무엇을 챙겨주다'란 의미로도, 단순 타동사인 '누구를 구하다'란 의미로도 쓰이는 다의동사이다.

한편 직접목적어와 간접목적어의 구별은, 형태와 위치보다는 주로 통사적 기능과 의미역할에 근거하고 있다.

(17) a. They told *the mayor/his life story*.
 b. They admired *the mayor/his life story*.

(17)에서 보듯 형태나 위치상으로는 간접목적어와 직접목적어를 구별할 수 없다. 그러나 다음처럼 등위 접속사로 연결해 보면, 동사 admire와 tell의 통사적 차이를 알 수 있다.

(18) a. They admired *the mayor and his life story*.
 b. *They told *the mayor and his life story*.

---

2 동사의 특성에 따라 이중목적어 구문에서 다음처럼 직접목적어가 생략되고 간접목적어가 남아 있는 경우도 있다.

(i) a. Bob is teaching *the old children*.
 b. You can pay *me* instead.

(19) a. *They admired the mayor his life story.

b. They told *the mayor* his life story.

즉 admire는 직접목적어만을 취하는 단순 타동사이나, tell은 직접목적어와 간접목적어를 다 취할 수 있는 수여동사인 이중타동사이다. 따라서 admire는 (19a)와 같은 이중목적어 구문이 불가능하나, tell은 (19b)와 같은 이중목적어 구문이 가능하다.

c) 보어의 형태와 기능

보어는 형태상 일반적으로 형용사구나 명사구이나, 전치사구(경우에 따라서는 부사구)도 가능하다. 또 그 상당어구가 올 수도 있다. 위치상 주격보어는 동사 뒤에 따라오고, 목적격보어는 목적어 뒤에 따라온다. 이를 구성성분구조의 수형도로 나타내면 다음과 같다.

(20)

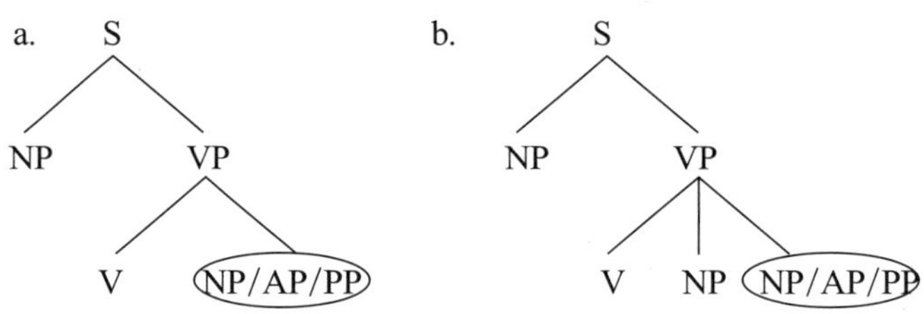

의미상 주격보어는 주어와 연결되어 있고, 목적격보어는 직접목적어와 연결되어 있다.

(21) a. My glass is *empty*.

b. Their daughter became *an accountant*.

c. My office is *in the next building*.

(22) a. We find them *very pleasant*.

b. Carol made John and Peter *her assistants*.

c. You can put the dish *on the table*.

이때 목적어와 목적격보어의 관계는 주어와 주격보어의 관계와 비슷하다. 보어의 통사적 기능으로는 첫째, 명사구인 주격보어는 일반적으로 주어와 함께 수의 일치를 가지고, 목적격보어는 직접목적어와 함께 수의 일치를 가진다. 둘째, 보어가 재귀대명사 일 때 (23a)처럼 주격보어는 주어와 관련하여 수, 인칭, 성에 일치한다. 셋째, 보어는 목적어와는 다르게 수동태의 주어가 될 수 없고, 단지 (23b)처럼 목적격보어는 수동태에서 주격보어가 된다. 넷째, 보어도 의문문화 될 수 있지만 일반적인 규칙은 없다. 다섯째, 주격보어가 대명사이면 (23c)처럼 주격과 목적격 형태가 다 쓰일 수 있으나, 주격형태는 형식적인 곳에 더 많이 쓰인다. 여섯째, 목적격보어는 (24)처럼 동사의 의미특성에 따라 생략될 수도 있다.

(23) a. She is not <u>*herself*</u> today.
b. He is called <u>*Ted*</u> by his friends.
c. This is <u>*he*</u>. (formal)/ That's <u>*him*</u>. (informal)

(24) a. We appointed her (*our delegate to the convention*).
b. They have named their baby (*Roger*).

한편 보어의 의미역할은 그와 관련된 절 구성요소인 주어나 목적어의 특성(characterization)을 묘사하거나, 신분(identification)을 나타낸다. 또 전치사구가 보어인 경우 주어나 목적어의 공간적 위치인 처소(location)를 나타낸다.

(25) a. Kevin is *an honest man.* (characterization)
b. The teacher called John *a good student.*

(26) a. Kevin is *my brother.* (identification)
b. We made John *our representative.*

(27) a. My office is *in the next building.* (location)
b. You can put the dish *on the table.*

(25a)에서 주격보어 an honest man은 주어 Kevin의 특성을 나타내고, (25b)에서 목적격보어 a good student도 목적어 John의 특성을 나타낸다. 반면 (26a)의 주격보어 my brother는 주어 Kevin의 신분을 나타내고, (26b)의 목적격보어 our representative도 목적어 John의 신분을 나타낸다. (27a)의 주격보어 in the next building는 주어 my office의 위치를 나타내고, (27b)의 목적격보어 on the table도 목적어 the dish의 위치를 나타낸다.

이처럼 주격보어로 쓰인 전치사구는 보통 주어의 공간적 위치인 처소를 나타내나, 다음처럼 비유적으로 의미가 확대되어 특성이나 상태를 나타낼 수도 있다.

(28) a. They were *out of breath* (=breathless).
b. That is *of no importance* (=unimportant).
c. He is *under suspicion* (=a suspect).
d. She is *in good health* (=healthy).
e. They are *not at ease* (=relaxed).

(28)의 be 동사 다음에 나온 전치사구는 의미적으로 주어의 특성이나 신분 나타내며, 비슷한 의미의 명사구나 형용사구로 바꾸어 쓸 수 있다.[3] 마찬가지로 목적격 보어로 쓰인 전치사구도 비슷한 양상을 보인다.

(29) a. They put me *at my ease*. [I am at my ease.]
b. I don't consider myself *at risk*.
c. He didn't feel himself *at home*.
d. She didn't want me *in any danger*.
e. He imagined himself *on the point of death*.
f. I found him *in trouble*.

전치사구 이외에 불변화사인 전치사성 부사도 보어로 쓰일 수 있다.

3 형용사구와 부사어가 의미적으로 완전히 일치하지는 않는다. 예를 들어 "She is healthy."는 "She is in good health."보다는 건강한 상태가 더 영속적인 경우에 쓰인다.

(30) a. The milk seems *off.* (sour)
b. The performance is *over.*
c. In technology we are *ahead.*

(31) a. They let us *off.*
b. I declare this meeting *over.*
c. He imagined himself *ahead.*

(30)에서는 전치사성 부사 off, over, ahead가 동사를 보충해 주는 필수적인 부사어로 주격보어 역할을 하고 있다. (31)에서는 전치사성 부사 off, over, ahead가 필수적인 부사어로 목적격보어 역할을 하고 있다.

이밖에 시간 부사어도 일반적으로 다음과 같이 사건을 나타내는 주어와 함께 쓰여 주격보어 역할을 할 수 있다.

(32) a. Their holiday extended *through the summer.*
b. The next meeting is *on Monday.*

d) 부사어의 형태와 기능

부사어는 절의 요소들 중에서 가장 다양하다. 먼저 형태상으로도 부사구, 전치사구 혹은 부사절도 되고, 심지어 명사구도 될 수 있다. 위치상으로도 문두, 문중 및 문미에 위치할 수 있다. 그러나 형태나 기능에 따라 위치상의 제약이 있다. 즉 보어 역할을 하는 부사어의 위치는 SVA형의 절 구조에서는 동사 뒤이고, SVOA형의 절 구조에는 직접목적어 뒤에 위치해야만 한다. 그 밖의 수의적인 부사어는 동사의 보충어가 아니라 동사구나 문장을 수식해 주는 부사어로 일반적으로 다음처럼 절의 끝에 위치하나, 수식하는 절의 요소에 따라 자유롭게 위치할 수 있다.

(33)

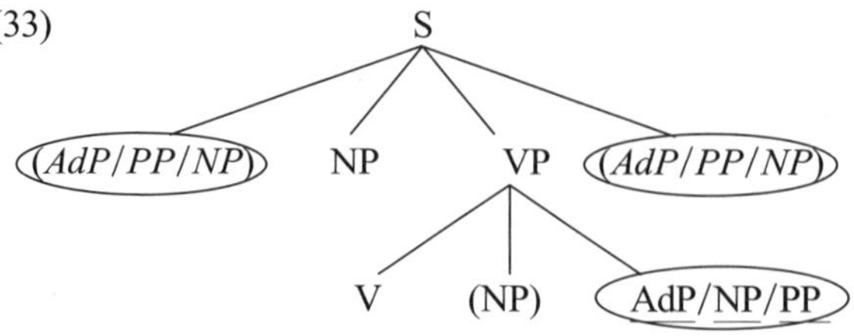

부사어의 통사적 기능은 SVA, SVOA형의 절 구조를 제외하고는 수의적이다. 따라서 위 수형도에서 문두와 문미에 나온 부사어는 괄호로 표시했다. 즉 다음처럼 의미적으로 주어가 행동을 한 장소, 시간, 방법, 이유 등을 나타내나, 문법적인 수용성에 상관없이 첨가되거나 삭제될 수 있다.

(34) a. John helped his father (*in many situations*).
b. Richard teaches Russian (*in the evening*).
c. The girls are studying French (*with enthusiasm*).
d. The Norwegians have invaded Burma (*for some reason*).

(35) a. *In many situations* John helped his father.
b. John *in many situation*s helped his father.

(34a)의 장소나 상황을 나타내는 부사어는 문장 끝뿐만 아니라. (35a)처럼 문두에도, (35b)처럼 조동사 다음 본동사 앞에 위치할 수 있다.

한편 부사어도 문장에서 하는 기능에 따라 다음과 같이 부가부사어, 이접부사어, 연접부사어 세 종류로 분류한다.

(36) a. Jonathan ran a race *for fun last weekend.*
b. *Strictly speaking,* nobody is allowed in here.
c. It was a difficult examination. *Nevertheless*, he passed it.

(36a)의 for fun과 last weekend는 이유와 시간을 나타내는 부사어로 문장에 첨가하여 덧붙인 부가부사어(adjunct adverbials)라고 한다. (36b)의 Strictly speaking처럼 독립적으로 문장 전체를 수식하는 부사어를 이접부사어(disjunct adverbials)라고 한

다. (36c)의 부사 Nevertheless는 앞 문장과 뒤 문장을 연결해 주는 접속사 구실을 하는 연접부사어(conjunct adverbials)라고 한다.

(34)에 예를 든 부사어들은 모두 문장에 덧붙여 첨가한 부가부사어이다. 따라서 생략해도 문장의 문법성에는 상관이 없다. 또 다음처럼 전치사구 뿐만 아니라 부사구, 심지어 명사구까지 가능하며, 여러 개를 첨가하여 덧붙일 수 있다. 위치도 수식하는 말에 따라 다양하다.

(37) a. He left [*for town*][*quickly*][*a few minutes ago*] [*for help*]
  b. *Yesterday*, I ran a marathon.
  c. I ran a marathon y*esterday.*
  d. I *always* run well in the heat.
  e. I handed the baton *quickly* to the next runner.
  f. I have *never* won a race.

(37a)의 부가부사어는 4개가 덧붙여 진 경우이다. for town은 방향을 나타내는 전치사구 부사어이고, for help는 이유를 나타내는 전치사구 부사어이다. quickly는 양태를 나타내는 부사구 부사어이며, a few minutes ago는 시간을 나타내는 명사구 부사어이다. (37b)에서는 문두에, (37c)에서는 문미에 (37d)에서는 동사구 앞에, (37e)에서는 동사구 뒤에 (37f)에서는 조동사 뒤에 위치하고 있다. 부사어가 올 수 없는 유일한 자리는 동사와 목적어 사이이다.

(36b)의 Strictly speaking처럼 독립적으로 문장 전체를 수식하는 부사어를 이접부사어라고 한다. 문장의 내용에 대해 화자의 태도나 판단을 표현하는 경우로, 예를 들어 화자의 진실성의 정도나 말하는 방법 등을 나타내는 부사 seriously, frankly, oddly나 전치사구 in all frankness, to my surprise, to my regret 등이 이접부사어에 해당한다. 부가부사어와는 달리 이접부사어는 동사구가 아니라 문장 전체를 수식하므로 문장부사(sentence adverbs)라고도 하며, 문장의 시작자리에 오는 것이 가장 자연스럽다. 따라서 다음 부사 seriously는 위치에 따라 다르게 분석된다.

(38) a. Bonnie spoke *seriously* about her problems.
  b. *Seriously*, that's the most shocking news I've heard.

(38a)의 부사 seriously는 동사 speak를 수식하는 부가부사어로, 'in a serious manner'를 의미하고, (38b)의 부사 seriously는 문장 전체를 수식하는 이접부사어로, 'I am being serious when I say'를 의미한다.

문장을 연결해 주는 접속사 구실을 하는 연접부사어는 (36c)의 Nevertheless 외에도 however, besides, hence 등과 같은 부사와 in addition, on the contrary, in the second place 등의 전치사구가 가능하다.

1.2 문장 5형식과 동사유형

(1) 1형식의 완전자동사

완전자동사는 크게 다음과 같이 세 종류로 구분된다.

(39) a. John has arrived.
b. He smokes (a pipe).
c. *The ice* melted.

(39a)유형의 자동사는 순수 자동사로 원래부터 목적어를 택하지 않는 동사이다. (39b)유형의 자동사는 원래 타동사로 쓰이던 동사가 큰 의미 차이 없이 목적어가 생략되어 형태상으로 자동사로 쓰이는 경우이다. (39c)유형의 자동사는 다음 (40a)와 같은 타동사적 용법에서 자동사적 용법으로 전성된 경우이다. 이에는 두 가지 유형이 있다.

(40) a. John opened the door slowly.
b. The door opened slowly.
c. The door opened easily.

(40b)유형의 자동사는 (40a)의 사역적인 타동사에서 전성된 자동사로 '문이 천천히 열렸다.'에서 형태상으로는 문이 주어인 주격 같기도 하고, 의미적으로는 (40a)처

럼 목적격 같기도 하다하여 능격 자동사(ergative verb)라고 한다. (40c)유형의 자동사는 이에 상응하는 타동사가 있다는 점에서 능격 자동사와 비슷하지만 수동형처럼 일반적인 사람인 누군가가 문을 열 때 문이 쉽게 열린다는 의미로, 능동형도 아니고 수동형도 아닌 중간형 자동사(middle verb)라고 한다.

(2) 2형식의 불완전 자동사

영어 2형식 구문은 주어 + 동사 + 주격보어의 형태의 구문으로 Quirk, et al. (1985 : 1171)은 이런 2형식 구문에 쓰이는 be 동사를 연결동사(copular or linking verb)라 하여 다음과 같이 형태상으로 세 종류로 구분하여 설명한다.

(41) a. The girl is *pretty*.
b. Williams is *my friend*.
c. The kitchen is *downstairs*.

(41a)는 형용사구가 주격보어로 쓰인 불완전 자동사 구문이고, (41b)는 명사구가 주격보어로 쓰인 불완전 자동사 구문이다. (41c)는 부사구가 주어의 위치 등을 나타내는 필수적인 부사어로 주격보어 역할을 하는 불완전 자동사 구문이다. 의미적으로는 다음 (42a)와 같이 현재상태(current stative)를 나타내는 구문과 (42b)와 같이 결과상태(resulting stative)를 나타내는 구문으로 크게 두 가지로 구분한다.

(42) a. The girl *seemed* very restless.
b. The girl *became* very restless.

이를 더 세분하면 다음과 같이 여섯 부류로 나누어 볼 수 있다.

(43) a. John *is* only a boy.
b. John *seems* very happy.
c. John *remained* silent.
d. The sun *shone* bright.

e. John *became* older.

f. The water *froze* solid.

(43a)는 순수 연결 동사 역할만 하는 be동사의 경우이고, (43b)는 appear, look, smell, sound, taste 등과 같이 지각과 관련된 seem유형의 동사이고, (43c)는 keep, stay 등과 같이 상태유지의 remain유형의 동사이고, (43d)는 첨가된 형태의 주어묘사 서술어이다. 이상은 의미적으로 현재상태를 나타내는 구문이다. (43e)는 grow, turn 등과 같이 결과상태의 become유형의 동사이고, (43f)는 복합타동사에서 전성되어 불완전 자동사로 쓰인 결과상태 서술어이다.

한편 전통문법에서는 일반적으로 시간, 장소, 방법 등의 수식어를 동사구를 수식하는 부가부사어 본다. 그러나 다음 (44b)와 같이 경로(path)의 목표(goal)를 나타내는 전치사구의 경우 의미와 기능이 달라진다.

(44) a. John walked *in the park.*

b. John walked *to the store.*

c. John was *at the store.*

(44a)의 전치사구 in the park은 순수 장소의 부사구로 전체 사건이 일어난 장소를 나타내는 수식어로 첨가된 부가부사어이다. 그러나 (44b)의 전치사구 to the store는 행위자인 주어가 이동하여 도달한 도착지인 목표(지)를 나타낸다. 즉 (44a)의 동사 walk는 걷는 이동행위만을 나타내는 행위동사(activity verb)라면, (44b)의 동사 walk는 걷는 행위가 완료되어 그 결과 (44c)와 같이 도착지인 목표에 가 있는 '걸어서 어디로 갔다'란 의미의 이동결과동사로 전환된 경우이다.[4] 다음의 예문에서 그 차이를

4 Dowty(1979)는 영어 동사를 의미적으로 크게 네 종류로 분류하였다.

(i) a. states : know, believe. have, desire, love

b. activities : run, walk, swim, push a cart, drive a car

c. achievement : learn, recognize, spot, find, lose, die

d. accomplishment : paint a picture, make a chair, draw a circle

(ia)는 상태동사(states)이고, (ib)는 행위동사(activities)이다. (ic)는 순간적으로 어떤 상태로 변하는 완수동사(achievement)이고, (id)는 어떤 행위를 해서 그 결과 어떤 상태가 된다는 달성동사(accomplishments)이다. 한편 Van Vallin and LaPolla(1997)는 (44b)와 같은 경우 행위동사에서 달성동사로 전성된 행위-달성동사로 본다.

엿볼 수 있다.

(45) a. John walked in the park *for an hour/*in an hour.*
b. John walked to the store **for an hour/in an hour.*

이동행위동사는 동안을 나타내는 전치사구 for an hour와 같이 쓰일 수 있지만, 동작의 완료를 나타내는 전치사구 in an hour와는 같이 쓰일 수 없다. 반대로 이동결과동사는 완료의 전치사구와 만 같이 쓰인다. 이처럼 순수 자동사의 이동동사는 경우에 따라서 위치변화의 결과상태를 나타내는 불완전 자동사로 전환되어 쓰일 수 있다. 이는 다음의 상태변화의 불완전 자동사에 비유된다.

(46) a. Mary fell *silent.*
b. The well ran *dry.*

(46)은 상태변화의 결과구문으로 위치변화의 이동이 비유적으로 상태변화로 확대된 경우이다.

(3) 3형식의 완전타동사

영어의 3형식 구문은 완전타동사(transitive verbs) 구문으로 목적어의 유형에 따라 다음처럼 7가지로 분류할 수 있다.

(47) a. Tom caught *the ball.*
b. I think *that we have met.*
c. Can you guess *what she said*?
d. I learned *how to sail a boat.*
e. We decided *to move house.*
f. She enjoys *playing squash.*

(47a)는 명사구가 목적어인 구문이고, (47b)는 that-절이 목적어인 구문이고, (47c)

는 wh-절이 목적어인 구문이다. (47d)는 wh-부정사구가 목적어인 구문이라면, (47e)는 부정사구가, (47f)는 동명사구가 목적어인 구문이다.

이외에도 다음과 같이 동사와 전치사가 결합한 전치사동사(prepositional verb)와 동사와 전치사성 부사인 불변화사가 결합한 구동사(phrasal verb)도 의미상 목적어를 동반할 경우 3형식 구문으로 분류할 수 있다.

(48) a. They *shot at* the fugitive soldier, but missed.
b. They suddenly *called off* the general strike.

(48a)는 '그들은 탈영병을 향해 발사했지만 빗나갔다.'로 전치사동사 shoot at은 '… 향해 쏘다'로 형태상으로는 동사와 전치사가 결합한 형태로 자동사 구문으로 분석하기도 하지만, 의미상으로는 동사와 전치사가 결합하여 타동사 역할을 하는 경우이다. (48b)는 '그들은 갑자기 동맹 파업을 취소하였다.'로 구동사 call off는 '취소하다'로 cancel과 같은 의미의 타동사로 쓰인 경우이다. 구동사는 전치사동사와 달리 목적어가 대명사일 때 call it off로 쓰인다는 점에서 다른 특성이 있다.

(4) 4형식의 이중타동사

이중타동사(ditransitive verbs) 구문의 유형으로 Quirk, et al.(1985 : 1171)은 여덟 유형을 제시하고 있다. 이를 크게 두 가지 유형으로 대별해 볼 수 있다.

(49) a. They offered *her* some food.
b. Please say something *to us*.
c. He made a toy *for his son*.
d. We reminded him *of the agreement*.

(50) a. They told me *that I was ill*.
b. He asked me *what time it was*.
c. Mary showed us *what to do*.
d. I advised Mark *to see a doctor*.

(49a)는 간접목적어와 직접목적어 형태의 전형적인 이중목적어 구문이다. (49b)는 직접목적어와 여격의 전치사 to를 사용한 여격 구문이다. (49c)는 직접목적어와 수혜자를 나타내는 전치사 for를 사용한 수혜자 구문이다. (49d)는 간접목적어와 전치사구 직접목적어 형태의 유사 구문이다. (50a)는 직접목적어가 that-절 형태의 구문이다. (50b)는 wh-절 형태의 구문이다. (50c)는 wh-부정사구 형태의 구문이다. (50d)는 순수 부정사구 구문이다.

다음은 이중목적어 구문이 여격 구문이나 수혜자 구문으로도 쓰이는 경우이다.

(51) a. The sun gives light and heat *to us*.
b. My father bought a computer *for me*.

give유형의 동사는 이중목적어 구문으로도 쓰이지만, 전치사 to를 사용하여 (51a)와 같은 여격 구문으로도 쓰인다. 이런 유형의 동사로는 hand, allow, offer, promise, pay, tell, sell, pass, teach, bring, send, write, owe, lend, show 등이 있다. 한편 buy유형의 동사는 전치사 for를 사용하여 (51b)와 같은 수혜자 구문으로도 쓰인다. 이런 buy형의 동사로는 call, choose, cook, find, get, make, order, play, reach, knit 등이 있다.

한편 이외에 다음과 같은 의미적으로 유사한 유사 이중타동사 구문이 있다.

(52) a. The government *supplied* the homeless *with* blankets.
b. He *robbed* an old lady *of* her saving.

(52a)는 '누구에게 무엇을 공급하다'는 의미의 'supply A with B'로, 직접목적어에 해당하는 B 앞에 전치사 with를 동반하는 유사 이중타동사 구문이다. 이런 유형의 동사로 endow, present, feed 등이 있다. 또 (52b)는 '누구에게서 무엇을 빼앗다'는 의미의 'rob A of B'로 직접목적어에 해당하는 B 앞에 전치사 of를 동반하는 유사 이중타동사 구문이다. 이런 유형의 동사로 deprive, rob, strip, clear 등이 있다. 이들은 전통적으로 3형식 구문으로 취급되어 왔으나, 의미상 4형식에 가깝다.

(5) 5형식의 복합타동사

Quirk, et al.(1985 : 1171)에 따르면 복합타동사(complex transitive verbs)의 5형식 문장구문을 형태상으로 다음처럼 7가지 유형으로 나누고 있다.

(53) a. That music drives me *mad*.
b. They named the ship 'Zeus'.
c. I left the key *at home*.

(54) a. They knew him *to be a spy*.
b. I saw her *leave the room*.
c. I heard someone *shouting*.
d. I got the watch *repaired*.

(53a)는 목적보어가 형용사구인 경우이고, (53b)는 명사구인 경우이고, (53c)는 부사구인 경우이다. 또 (54a)는 to-부정사구가 목적보어인 경우이고, (54b)는 원형부정사구가 목적보어인 경우이고, (54c)는 현재분사, (54d)는 과거분사가 목적보어인 경우이다. 따라서 크게 (53)과 같은 단순 구형태의 목적보어와 (54)처럼 비정형절(non-finite clause) 형태의 목적보어로 나누어 볼 수 있다.

(53)과 같은 목적보어가 단순 구형태인 5형식 구문도 의미적으로 다음처럼 4가지 유형으로 더 세분해 볼 수 있다.

(55) a. You should keep the cabbage *fresh*.
b. They bought a fish *cheap*.
c. Terry wiped the table *clean*.
d. Mary urged Bill *into the house*.

(55a)는 목적보어가 현재상태(current state)를 나타내는 경우이고, (55b)는 목적어에 목적보어를 덧붙인 첨가보어구문이다. (55c)는 행위를 하고 난 후의 상태변화의 결과를 나타내는 결과구문(resultative)이고, (55d)는 이동행위를 하고 난 후 위치변화의 결과를 나타내는 사역이동(caused-motion) 구문이다.

한편 다음과 같이 가목적어 형태의 5형식 구문도 있다.

(56) a. He found *it* strange that no one else had arrived.
b. I think *it* very odd that she left without saying goodbye.

(57) a. He found *it* good to read the book.
b. No one considers *it* impossible for you to marry her.

(56)은 목적어가 that-절인 경우이고, (56)은 to-부정사인 경우로 둘 다 목적어가 길기 때문에 가목적어 it를 앞으로 내세우고 뒤로 내 보낸 경우이다.

1.3 정형절과 비정형절

(1) 정형절

정형절(finite clause)이란 일반적인 문장형태의 절을 의미한다. 즉 주어와 동사가 시제, 주어의 인칭, 수의 일치현상에 따라 정해진 형태를 취하는 정형동사(finite verb)로 구성된 절이다. 이때 복문에서 종속절로 정형절이 오는 경우는 명사절로 that-절, wh-의문사절 등이 있다. 또 형용사절로 관계대명사 및 관계부사에 의한 관계절이 있다. 부사절에서도 시간, 장소, 양태, 이유 등 다양한 접속사와 함께 완전한 문장형태의 정형절이 쓰인다.

먼저 명사절인 that-절은 문장에서 주어, 목적어, 보어 등의 역할을 한다.

(58) a. *That coffee grows in Brazil* is well known to all.
b. I know *that coffee grows in Brazil.*
c. He told mother *that coffee grows in Brazil.*
d. My understandings is *that coffee grows in Brazil.*
e. He is certain *that coffee grows in Brazil.*
f. His claim *that coffee grows in Brazil* is correct.
g. *It* is well known *that coffee grows in Brazil.*

(58a)는 that-절이 문장에서 주어역할을 하는 경우이고, (58b)는 문장에서 타동사의 목적어역할을 하는 경우이고, (58c)는 문장에서 이중타동사의 직접목적어역할을 하는 경우이다. (58d)는 문장에서 보어역할을 하는 경우이고, (58e)는 문장에서 형용사술어의 목적어역할을 하는 경우이다. (58f)는 동격절로 전성명사의 목적어와 같은 역할을 하는 경우이다. (58g)는 it 가주어와 that-절 진주어 구문으로, (58a)의 주어역할을 하는 that-절이 외치변형(extraposition)에 의해 문장 뒤로 간 경우이다. 즉 주어가 너무 길어 이해하기 힘들기 때문에, 허사 주어인 it를 주어자리에 넣고, 진주어인 that-절을 뒤로 보낸 경우이다.

wh-절도 that-절과 마찬가지로 명사절 역할을 한다.

(59) a. *How he gets the money* is his own affair.
b. I asked *when he was going to do it.*
c. He asked his friend *when he was leaving on his holidays.*
d. The question is *how he will get the money.*
e. She is uncertain *whether he will lose his job.*
f. The question *whether he did it is troubling.*
g. *It* has often been asked *who did it.*

(59a)는 주어역할을 하는 경우이고, (59b)는 타동사의 목적어역할을 하는 경우이다. (59c)는 이중타동사의 직접목적어역할을 하는 경우이다.[5] (59d)는 보어역할을 하는 경우이고, (59e)는 형용사술어의 목적어역할을 하는 경우이고, (59f)는 동격절로 명사의 보충어역할을 하는 경우이다. (59g)는 it 가주어 wh-절 진주어 구문으로 (59a)의 주어역할을 하는 wh-절이 외치변형(extraposition)에 의해 문장 뒤로 간 경우이다.

명사를 수식하는 절을 형용사절이라고 하며,[6] 보통 다음과 같이 접속사 역할을 하

---

5 직접화법의 의문문은 간접화법에서 다음과 같이 목적어 역할을 하는 종속절로 표현되어 간접의문문이 된다.

i) a. Rosie asked Paul, "Are you going to Toronto tomorrow?"
b. Rosie asked Paul whether he was going to Toronto the next day.

ii) a. Rosie asked Paul, "Why are you going to Toronto tomorrow?""
b. Rosie asked Paul why he was going to Toronto the next day."

6 한편 명사를 수식하는 전치사구 수식어를 다음과 같이 관계절로 바꾸어 쓸 수 있다.

i) a. The girl with red hair is my sister.

는 관계대명사로 wh-단어나 that가 쓰이는 관계대명사절이 있다. 또 시간, 이유, 장소 등의 명사를 수식하는 관계부사절이 있다.

(60) a. He paid the money to the man *who/that had done the work.*
 b. The chair *which/that belongs to me* is being repaired.
 c. I gave the book to the woman *whose sister is my friend.*
 d. I enjoy reading books *whose author I know.*

(61) a. This is the year *when the Olympic Games are held.*
 b. Give the one good reason *why I should do it.*
 c. I told the place *where I had hidden the gift.*

(60)은 사람, 사물 등의 보통명사를 수식하는 경우로 wh-단어나 that가 관계 접속사역할을 하는 관계형용사절이다. (61)는 시간, 이유, 장소를 나타내는 명사를 수식하는 경우로 when, why, where 등의 의문부사가 관계 접속사역할을 하는 관계부사절이다. 이때 관계부사 when, where 등을 전치사 + 관계대명사(in which)로 바꾸어 쓸 수 있다.

문장인 정형절이 시간, 장소, 이유, 방법을 나타내는 부사어로 쓰일 때 부사절이라고 한다.

(62) a. The student left the room *before I had finished the lecture.*
 b. She looked around the room *as if she knew people there.*
 c. He lied *because he was afraid.*
 d. We won't have our picnic *if it rains.*
 e. I tried to finish it *although I was very tired.*
 f. John spends his spare time reading, *while Bill watches television.*
 g. It's *such* a hot day *that I'm going to the beach.*
 h. She works hard*er than her sister works.*
 i. We climbed higher *so that we could get a better view.*

---

b. The girl who has red hair is my sister.

(62a)는 시간을 나타내는 부사절로 before외에도 after, when, as, since, until, as soon as, every time 등의 접속사가 있다. (62b)는 양태를 나타내는 부사절이고, (62c)는 이유를 나타내는 부사절이다. (62d)는 조건을, (62e)는 양보를, (62f)는 대조를 (62g)는 결과를, (62h)는 비교를, (62i)는 목적을 나타내는 부사절이다.

(2) 비정형절

비정형절(nonfinite clause)이란 일반적으로 전통문법에서 구로 취급되어 왔던 부정사구문, 동명사구문, 분사구문 등을 말하나, 의미상으로는 사건과 같은 명제의 내용을 나타내기 때문에 절의 일종으로 본다. 즉 정형절과 달리 주어와 동사가 시제, 인칭, 수의 일치현상에 따라 정해지는 형태를 취하지 않고, to + 동사원형, 동사원형 + ing 등의 형태를 취하는 비정형동사(nonfinite verbs)로 구성된다. 또 다음 예문처럼 주어가 반드시 있을 필요가 없기 때문에 완전한 절의 형태를 취하지 않은 비정형절이라고 한다.

(63) a. It is necessary *(for him) to go there.*
b. I am opposed to *(John's) going there.*
c. *Going down*, I met an old friend.

비정형절중 가장 대표적인 것이 부정사(infinitive)구문이다. 부정사구문은 명사적 용법과 형용사적 용법, 부사적 용법 등 다양한 용법으로 쓰이고 있기 때문에, 용법이 정해져 있지 않았다는 의미에서 부정사라고 한다.

(64) a. *For Sue to see a doctor* is important.
b. We are anxious *for John to do well.*
c. We issued a commend *for him to return.*
d. Here is a letter *for you to mail.*
e. *For him to do well*, he must try harder.

(64a)는 주어역할을 하는 경우이고, (64b)는 형용사의 목적어인 보충어역할을 하

는 경우이고, (64c)는 명사의 보충어역할을 하는 경우로 모두 명사적 용법에 해당한다. (64d)는 명사를 수식하는 형용사적 용법이고, (64e)는 부사적용법으로 쓰인 경우이다. 이처럼 부정사구문은 다양한 용법으로 쓰인다. 그러나 의미적으로 주어와 동사구로 구성된 사건적 의미를 지니고 있기 때문에 절로 본다.

한편 for-to 부정사구 외에 다음과 같은 wh-부정사구와 원형부정사구(bare infinitive)도 있다.

(65) a. *Which sofa to buy* is his current concern.
　　b. I asked *where to put it.*
　　c. We are concern about *what to do.*
　　d. He agonized over the question *whether to report the fraud.*

(66) a. The teacher made me *do it.*
　　b. I saw him *leave.*

(65)의 wh-부정사구는 wh-절과 마찬가지로 주어, 목적어, 보충어역할을 하는 명사적 용법으로 쓰인다. (66)의 원형부정사구는 사역동사나 지각동사의 목적격보어역할을 할 때 쓰인다.

동명사구문은 말 그대로 동사가 명사역할을 하는 경우이다. 따라서 다음처럼 주어, 목적어, 보어역할을 한다.

(67) a. *Jane's running five miles* is impressive.
　　b. He was happy about *Mary's being chosen.*
　　c. Her first job was *selling computers.*

(67a)는 주어역할을 하는 경우이고, (67b)는 형용사 및 전치사의 목적어역할을 하는 경우이고, (67c)는 보어역할을 하는 경우이다. 이처럼 동명사구문도 의미적으로 주어와 동사구로 구성된 사건적 의미를 지니고 있기 때문에 절로 본다. 단 (67c)처럼 주어가 생략될 수도 있고, 시제, 성, 수 등에 의한 일치현상도 없기 때문에 비정형절이라고 한다.

한편 같은 명사적 용법이라고 해도 부정사구는 구체적인 사건으로 미래지향적인데 비하여, 동명사구는 명사적인 성격으로 과거나 동시성이 강하다.

(68) a. She likes *swimming/to swim.*

b. She loves *having/to have breakfast in the garden.*

like, love, prefer, hate 등은 (68)처럼 동명사구나 부정사구를 다 목적어로 취할 수 있다. 이때 동명사구를 택할 경우 명사적인 성격이 강하므로 일반적인 어떤 행위를 좋아하거나 싫어하는 의미로, 이미 과거에 경험해 본 근거로 좋고 싫다는 정서적인 반응을 보인 경우이다. 부정사구를 택할 경우 동사적인 성격이 강하여 구체적인 어떤 행위를 하기 좋아하거나 앞으로 해보고 싶다는 의미가 된다. 따라서 다음과 같이 문법성의 차이를 보인다.

(69) a. Brian loathed *living/?to live in the country.*

b. Would you like *?*seeing/to see my stamp collection.*

(69a)에서 과거에 시골에서 살아본 경험을 통해 몹시 싫어한다고 말하고 있으므로 동명사구 living이 쓰여야 한다. (69b)에서 구체적인 행위로 하고 싶으냐의 의미이므로 동명사구는 쓰일 수 없다. 다음도 동명사구와 부정사구를 다 목적어로 택할 수 있지만 의미가 다른 경우이다.

(70) a. I remember *posting/to post the letter.*

b. I forgot *posting/to post the letter.*

(71) a. When the bell rings, ignore it and continue *reading.*

b. Why don't you continue *to read* another five minutes?

(70)에서 동명사구 목적어는 과거에 편지 부친 것을 기억하거나 잊어버린 경우라면, 부정사구 목적어는 앞으로 편지 부칠 것을 기억하거나 잊어버린 경우이다. 또 (71a)는 동명사구는 상황이 계속 진행된다는 데 중점이 주어지므로, 종이 울리더라

도 무시하고 읽고 있는 행위를 계속 진행하라는 의미이고, 부정사구가 쓰인 (71b)는 계속한다는 행위에 중점이 주어지므로 쉬었다가 다시 계속하자는 의미이다.

한편 현재분사나 과거분사는 다음과 같이 부사어적 용법의 분사구문으로 쓰일 수 있다.

(72) a. *Arriving late*, we were not seated until the intermission.
b. *Disappointed by the result*, the scientist gave up the project.
c. *The plane arriving*, we missed our connection.
d. *Her fingers being numb*, she couldn't button her coat.
e. *Their home ruined by fire*, they had to seek shelter with relatives.
f. *The plot discovered*, the conspirators fled.

(72a-b)는 분사구문의 의미상의 주어가 주절주어와 같기 때문에 생략된 경우이다. (72c-f)는 의미상의 주어가 주절주어와 다르기 때문에 명시적으로 표시해 준 경우이다. (72a,c,d)는 현재분사구문이고, (72b,e,f)는 과거분사구문이다. 이때 과거분사구문은 being을 생략한 경우이다. 위의 예는 주로 이유, 원인 등을 나타내는 부가부사어이나, 다음처럼 이접부사어로도 쓰일 수 있다.

(73) a. *Generally speaking*, I don't watch television.
b. *Putting it briefly*, your computer cannot be repaired.

이때 의미상의 주어는 생략되는데, 주절주어가 아니라 말하는 화자이다.

한편 분사는 형용사적 용법이 있기 때문에 명사를 수식해 주는 수식어역할을 할 수 있다.

(74) a. The letters (which are) *lying on the counter* are to mail.
b. The book (which was) *written by Chomsky* is on the table.

이들은 정형절의 관계절에서 which are나 which was가 생략된 것으로 분석한다. 한편 분사구문은 형용사적 용법에 따라 목적격보어 역할을 할 수 있다.

(75) a. I saw him *lying on the beach.*

b. He found me *waiting outside.*

(75a)는 feel, hear, notice, observe, overhear, see, watch 등의 지각동사의 경우이고, (75b)는 catch, discover, find, keep, leave 등의 조우동사(encounter verb)의 경우이다.

지각동사는 원형부정사나 현재분사를 다 목적격보어로 택할 수 있는 동사인데, 현재분사 목적격보어의 경우 진행상의 의미가 있다.

(76) a. Tim watched Bill *mend/mending the lamp.*

b. Bill did the whole job while Tim was watching.

(76)에서 진행적인 의미를 가지고 있지 않은 원형부정사 mend가 쓰인 경우는 전 과정을 나타내는 (76b)를 함축한다. 그러나 진행상의 현재분사 mending이 쓰인 경우는 그러한 함축적인 의미는 없고, 어떤 한 순간의 진행 상황을 지켜본 것이다.

2. 기술문법의 통사론

전통문법은 주어, 목적어 등과 같은 문법관계를 나타내는 기능적 용어와 동사와 같이 절 구성성분의 종류인 품사를 나타내는 용어가 혼재하고 있는 문제점이 있다. 또 절 구조는 주어 + 동사 + 목적어 + 부사어 등과 같은 선형적 어순관계만 있는 것이 아니라 상하관계의 계층적 관계도 있다. 이러한 문제점을 개선하기 위해 20세기 초 구조문법(structural grammar)과 20세기 후반 생성문법(generative grammar)이 나왔다. 전통문법은 소수의 문법학자들이 용법을 정해 규범대로 쓰도록 한 규범문법(prescriptive grammar)인데, 구조문법과 생성문법은 실제 영어사용 원어민이 사용하는 규칙을 그대로 기술하고자 하는 기술문법(descriptive grammar)이다.

2.1. 구조문법의 직접구성성분 분석

문장을 이루는 구성성분이 단지 선형순서(linear order)로만 배열되는 것이 아니라, 상하관계의 일정한 계층(hierarchy)을 이루며 결합한다. 이러한 결합관계를 구성성분구조(constituent structure)라 한다. 다음 문장에서 전치사구 in the library가 무엇을 수식하느냐에 따라 구성성분구조가 달라지며 그 의미도 달라진다.

(77) a. I saw the boys <u>in the library</u>.

b.

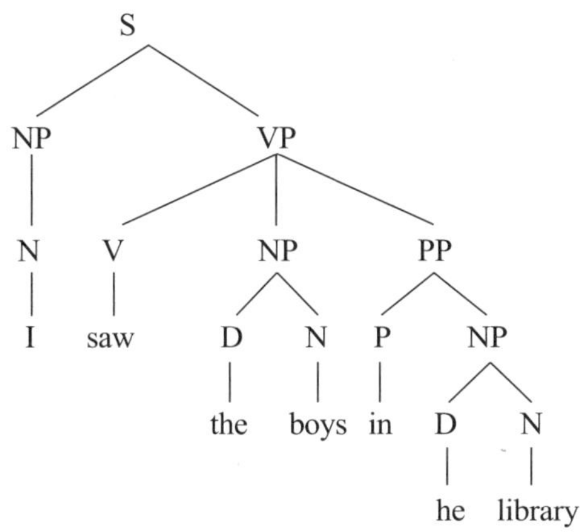

c.

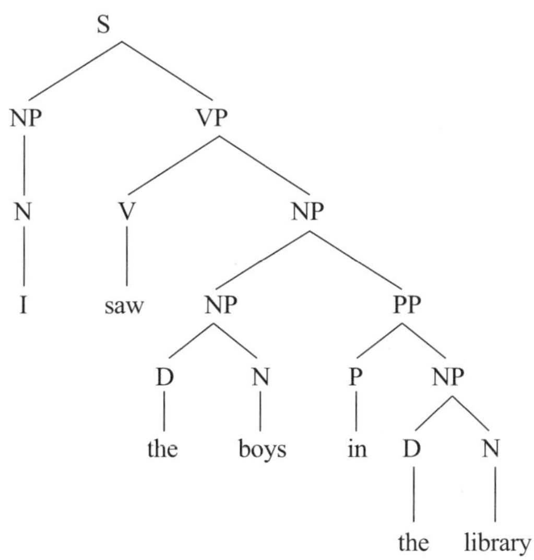

(77b)구조는 명사구(NP) the boys와 전치사구(PP) in the library가 각각 독립적인

구성요소로, 동사구(VP)를 구성하는 구성성분이다. 전치사구는 동사를 수식하여 '도서관에서 소년들을 보았다'란 의미가 된다. (77c)구조는 명사구(NP) the boys와 전치사구(PP) in the library가 하나로 결합되어, 전체 명사구를 구성하는 구성성분으로 '도서관에 있는 소년들을'이란 의미가 된다. 이와 같이 구나 문장의 구조에 따라 의미가 달라지는데, 기능어의 문법적 기능과 함께 이를 구조적 의미라고 한다. 특히 위와 같이 구조에 따라 의미가 달라지는 경우를 구조적 중의성(structural ambiguity)이라 한다. 영어문장을 구성성분구조로 분석하는 방법을 직접구성성분분석(immediate constituent analysis)이라고 한다.

2.2. 생성문법의 구구조규칙

(1) 구구조규칙과 생산성

한편 Chomsky(1965)의 생성문법에서는 문장을 생성(generate)해 내고, 또 위와 같이 그 문장의 직접구성성분 구조를 정확히 기술해 주는 문법규칙으로 다음과 같은 구구조규칙(phrase structure rule)을 제안하고 있다.

(78) a. S → NP + AUX + VP
b. VP → V + NP
c. NP → D + N

위의 구구조규칙을 차례로 적용하면 다음과 같은 수형도가 된다.

(79)

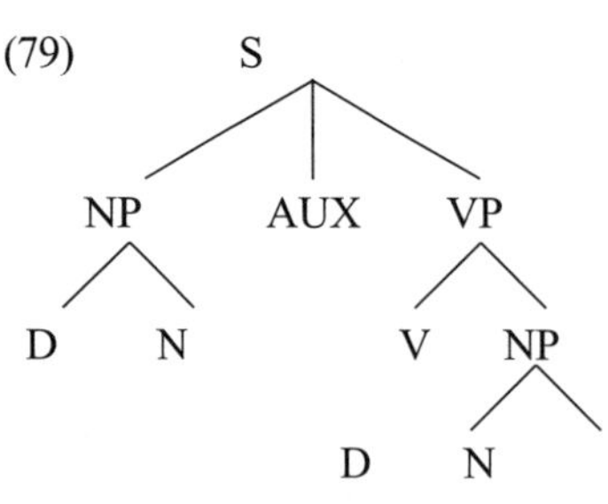

영어 문장의 구조를 위와 같은 수형도를 이용하여 직접 구성성분으로 분석하게 되면, 주어와 목적어의 위치와 형태는 자동적으로 설명할 수 있다. 문장(S) 바로 밑이 있는 명사구(NP)가 주어이고, 동사구(VP) 밑에 있는 명사구가 목적어이다.

한편 어휘목록에는 다음과 같은 어휘항목이 있다고 가정하자.

(80) boy(N), girl(N), like(V), this(D), that(D), will(AUX), ...

주어진 어휘범주에 맞는 어휘들을 삽입해야 한다는 어휘삽입규칙(Lexical Insertion Rule)에 따라 위의 어휘 항목을 (79)의 구조에 삽입하면 다음과 같다.

(81)

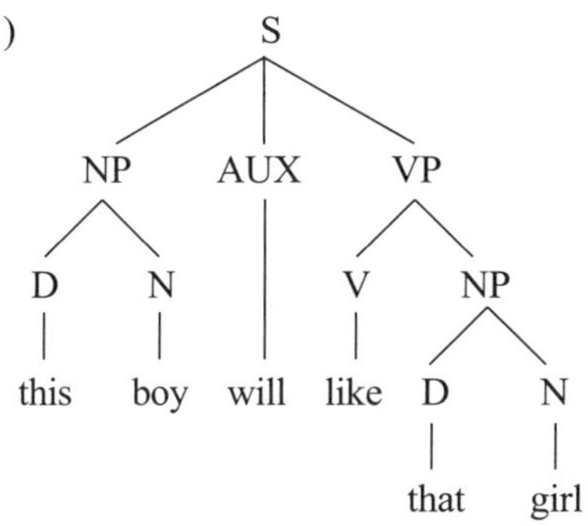

이처럼 어휘목록과 어휘삽입규칙을 활용하면 구구조규칙은 문장을 생성해 내며, 그 문장의 구성성분구조를 잘 기술한다. 이때 주어진 어휘 항목만으로도 this와 that을 교체하거나, boy와 girl을 교체하면, 같은 구조의 문장을 10개나 생성해 낼 수 있다. 따라서 어휘 항목이 늘어나면 날수록 생성해낼 수 있는 문장의 수는 기하급수적으로 늘어난다. 또 임의의 구성성분을 괄호의 기호를 사용하여 (78b)를 VP → V + (NP)로, (78c)를 NP→ (D) + N으로 수정하여 첨가하면, 더 많은 구조의 문장을 생성할 수 있다. 즉 유한수의 구구조규칙으로 무한수의 문장을 생성 할 수 있다.

(2) 영어문형과 구구조규칙

Chomsky(1965)의 표준이론에서 제시하고 있는 영어의 기본 문장구조를 생성해

낼 수 있는 구구조규칙을 살펴보자.

(82) a. The girls are studying French (with enthusiasm).
b. Kate had been kind (at Harvard).
c. Richard teaches Russian (in the evening).
d. The Norwegians have invaded Burma (for some reason).

영어의 문장을 직접 구성하는 성분으로는 일반적으로 명사구(NP)와 조동사(AUX)와 동사구(VP)이다. 그러나 위 문장에서 볼 수 있듯이 방법, 장소, 시간, 이유 등을 나타내는 부사어로 전치사구(PP)가 문장을 구성하는 직접구성성분이 될 수 있다. 그러나 반드시 문장을 구성하는데 필요한 의무적(obligatory)인 성분이 아니라 수의적이다. 따라서 이를 괄호를 사용하여 다음처럼 표시한다.

(83) S → NP + AUX + VP + (PP)

한편 전치사구도 주격보어나 목적격보어가 될 수 있음을 살폈다.

(84) a. Our car isn't *in the garage.*
b. I put the kettle *on the stove.*

be동사의 보충어인 주격보어가 형용사구나 명사구만 가능한 것이 아니라 (84a)처럼 처소(locative)의 전치사구도 가능하다. 즉 'VP → be + PP[+ Loc]'인 경우도 있다. 또 목적격보어가 형용사구나 명사구만 가능한 것이 아니라 (84b)처럼 처소의 전치사구도 가능하다. 즉 'VP → V + NP + PP[+ Loc]'인 경우도 있다.

한편 동사의 목적어로 문장이 오는 경우도 있다.

(85) a. They agree *(that) she is efficient.*
b. I don't know *who left.*
c. I want *to leave.*
d. I dislike *driving in the rush hour traffic.*

(86) a. He told her *that he would be back early.*

b. She asked me *where I have been.*

c. They persuaded him *to go home early.*

d. I saw him *crossing the bridge.*

(85)는 목적어로 문장이 나온 경우이고, (86)은 직접목적어나 목적격보어로 문장이 나온 경우이다. 이때 that-절과 의문사절과 같이 주어 동사, 시제 등 모든 문장구성 요소가 다 정해져 나온 문장을 정형절(finite clause)이라 하고, 부정사구문, 동명사구문과 같이 일부 생략되어 나온 문장을 비정형절(non-finite clause)이라 한다. 이때 생성문법에서는 정형절이든 비정형절이든 모두 절이므로 문장 S로 분석한다. 즉 (85)의 경우 'VP→ V + S'가 되고, (86)의 경우 'VP → V + NP + S'가 되는 경우이다. 따라서 문장 7형식에 입각하여 동사구를 구성하는 모든 성분구조를 다음과 같은 구구조규칙으로 나타낼 수 있다.

(14)
$$\text{VP} \rightarrow \left\{ \begin{array}{l} \text{V} + (\text{NP}) + \left\{ \begin{array}{l} (\text{NP}) \\ (\text{AP}) \\ (\text{PP}\ [+\text{Loc}]) \\ (\text{S}) \end{array} \right\} \\ \text{be} + \left\{ \begin{array}{l} \text{AP} \\ \text{NP} \\ \text{PP}\ [+\text{Loc}] \end{array} \right\} \end{array} \right\}$$

전통문법에서의 완전 자동사는 동사를 의미적으로 보충해 주는 보어나 목적어와 같은 보충어(complement)가 없기 때문에 핵인 동사 하나로만 구성된다. 목적어인 명사구와 같은 쓰이는 완전타동사는 핵인 동사와 명사구로 구성된다. 간접목적어와 직접목적어와 같은 쓰이는 이중타동사는 핵인 동사와 두개의 명사구로 구성된다. 목적어와 목적보어로 쓰이는 복합타동사는 핵인 동사와 목적어인 명사구와 목적보어인 명사구나, 형용사구나 전치사구로 구성된다. 이때 이들 목적보어인 명사구, 형용사구, 전치사구는 선택적이기 때문에(문장이 목적어나 목적보어로 나온 경우 포함) 중괄호로 표시한다. 한편 be 동사와 같은 불완전 자동사는 주격보어가 형용사구나 명사구나 전치사구로 구성된다. 이 경우도 선택적이기 때문에 중괄호로 표시한다.

다음 명사구의 경우를 보자. 명사구의 직접구성성분은 핵인 명사와 그를 한정해주는 한정사이다. 따라서 다음처럼 표시된다.

(88) NP → D + N

그러나 다음과 같은 경우를 보자.

(89) a. I saw *dogs/the dogs/those dogs/his dogs/them.*
b. I don't like *the large dogs/the loudly barking dogs.*
c. I know the dog *(lying) in the yard/which you bought.*
d. I remember *that I owned a dog/the fact that I bought a dog.*

(89a)는 한정사가 선택적인 경우이고, (89b)는 한정사와 핵인 명사 사이에 형용사구(AP)가 들어가 명사를 수식하는 경우이다. (89c)는 핵인 명사 뒤에 분사구문과 같은 비정형절이나 관계대명사절과 같은 정형절 및 전치사구(PP)도 수식할 수 있는 경우이다. (89d)는 직접 절이 명사구가 되는 경우도 있지만, 동격절로 수식받는 명사구도 가능하다. 따라서 (88)의 구구조규칙을 확장하여 다음과 같이 표시한다.

(90) $NP \rightarrow \begin{Bmatrix} (D) + (AP) + N + (S/PP) \\ (NP) + S \end{Bmatrix}$

한편 조동사의 구성성분으로는 시제(tense), 서법조동사(modal auxiliary), 완료상, 진행상이 있다. 다음 예문을 보자.

(91) a. John *fishes.*/John *fished.*
b. John *can fish.*/John *could fish.*
c. John *has fished.*/John *had fished.*
d. John *has been fishing.*/John *had been fishing.*
e. John *may have been fishing.*/John *might have been fishing.*

즉 시제를 제외하고는 모두 수의적이다. 그러나 선택될 경우 그 순서가 서법조동사가 제일 먼저 나오고, 그 다음 완료형, 진행형의 순서이다. 따라서 다음과 같은 규칙으로 표시한다.

(92) AUX → Tense + (Modal) + (have -en) + (be -ing)

이처럼 유한수의 구구조규칙을 알게 되면 무한수의 문장을 생성해 낼 수 있다. 따라서 이와 같은 구구조규칙을 사용하는 생성문법은 인간이 무한히 많은 문장을 규칙적으로 생성해서 사용한다는 언어의 생산성 및 창조성을 설명할 수 있다.

2.3 구구조규칙의 한계와 변형규칙

(1) 동의의 문장 분석

구구조규칙의 생산성에는 한계가 있다. 다음 문장을 보자.

(93) a. The boy killed the dog./The dog was killed by the boy.
b. That you are tired upsets me./It upsets me that you are tired.
c. John ate spaghetti./It was spaghetti that John ate.

위 문장들의 짝은 표면적으로 형태는 다르나, 본질적으로 유사하거나 동일하다. 그러나 구구조문법에서는 이들을 별개의 구구조규칙으로 생성해야 된다. 즉 구구조규칙의 수를 늘려야 하는 문제와, 이들 문장상호간의 연관성을 포착할 수 없는 문제점이 있다. 따라서 생성문법에서는 위와 같은 비슷한 의미의 문장들은 원래 하나의 기저구조를 지닌 것으로 가정한다. 즉 하나의 구구구조규칙에 의해 기저가 되는 심층구조를 만들어 내고, 여기에 형태를 바꾸어 주는 변형규칙이 적용되어 여러 개의 표면구조로 생성된다고 설명한다.

(2) 중의적 문장 분석

다음 (94a), (95a)는 두 가지 의미로 해석될 수 있는 중의적인 문장이다.

(94) a. *Flying planes* can be dangerous.
b. *To fly planes* can be dangerous.
c. *Planes which are flying* can be dangerous.

(95) a. John likes Mary more *than his brother*.
b. John likes Mary more *than* his brother *like Mary*.
c. John likes Mary more *than he likes* his brother.

(94a)는 의미적으로 (94b)의 '비행기를 조정하는 것이 위험할 수 있다.'와 (94c)의 '날고 있는 비행기가 위험할 수 있다.'처럼 두 가지로 해석될 수 있는 중의적인 경우이다. 따라서 (94a)와 같은 표면구조만으로는 설명할 수 없고 (94b-c)같은 심층구조와 삭제와 같은 변형규칙이 필요하게 된다. 또 (95a)도 의미적으로 (95b)의 'John이 그의 형이 Mary를 좋아하는 것보다 더 좋아한다.'와 (95c)의 'John이 그가 그의 형을 좋아하는 것보다 Mary를 더 좋아한다.'로 분석될 수 있다. 이 때 이와 같은 심층구조를 가정하지 않고 (94a)와 (95a)와 같은 표면구조만 인정하여, 구구조규칙 하나만으로 설명하려고 한다면, 이런 중의성을 설명하기는 여간 어렵지 않다. 따라서 생성문법에서는 서로 다른 구구조규칙에 의해 두 개의 의미구조인 심층구조가 만들어지고, 여기에 변형규칙이 적용되는 과정에서 같은 표면구조가 된 것으로 설명한다. 이처럼 구구조규칙의 생산성에는 한계가 있기 때문에 변형생성문법에서는 삭제, 삽입, 이동과 같은 변형규칙의 도입을 주장한다.[7]

7 변형생성문법에서는 언어사용자가 앞에서 살펴본 바와 같이 구구조규칙에 의한 구성성분구조에 대한 직관을 갖고 있는 것 외에도, 표면구조에 나타난 것보다 문장구조에 대한 이해가 훨씬 높은 것으로 보고 있다. 다음 문장을 보자.

(i) a. Alex won a prize but Mary didn't.
b. Alex won a prize but Mary didn't win a prize.

(ia)에서 언어사용자는 didn't 다음에 win a prize가 생략되어 있는 것을 어려움 없이 알고 있다. 다시 말하면, (ia)는 원래 (ib)와 같은 구조에서 유래되었음을 알고 있다. 즉 생략현상과 같은 직관이 있는 것으로 본다. 따라서 구성성분구조에 대한 직관은 구구조규칙으로, 이동과 삭제 및 삽입에 대한 직관은 변형규칙으로 설명한다.

(3) 구조적 중의성

다음 겉으로 비슷한 구조를 지닌 두 개의 문장을 보자

(96) a. John is *easy to please.*
b. John is *eager to please.*

위 문장은 표면적으로 비슷한 구조를 지녔으나, 본질상 전혀 다른 구조의 문장이다. (96a)는 의미적으로 다음 (97a)와 같은 심층구조에서 유래된 것이라면, (96b)는 다음 (97b)와 같은 심층구조에서 유래된 것이다.

(97) a. It is easy to please John.
b. John is eager to please (someone).

즉 표면구조상으로는 비슷하나 의미적으로 전혀 다른 구조인 구조적 중의성 (structural ambiguity)을 보인 경우이다. 따라서 구구조규칙만으로는 문장의 중의성뿐만 아니라 구조상의 중의성도 설명할 수 없는 한계가 있다.

이런 구조적 중의성의 경우를 더 살펴보자.

(98) a. Mary seems *to be unhappy.*/Mary seems to us *to be unhappy.*
b. Mary prefers *to stand alone.*/Mary prefers for us *to stand alone.*
c. Mary tried *to leave.*/*Mary tried for us *to leave*

(99) a. It seems (to us) *that Mary is unhappy.*
b. Mary prefers [*for Mary/us to stand alone*].
c. Mary tries [*for Mary/*us to leave*].

겉으로 보기에는 서로 비슷한 구조를 지녔으나 의미상 주어와 부정사구와의 관계가 다르다. (98a)의 주어 Mary는 의미상 동사 seem의 주어가 아니라, 보문 즉 부정사구 to be unhappy의 주어이다. Chomsky(1965)의 표준이론에 따르면 (99a)와 같은 심층구조에서 보문 주어가 주절 주어로 인상된 경우가 된다. 단 to us와 같은 전치사구가 수의적으로 나올 수 있다. (98b)는 동사 prefer의 목적어가 부정사구 to stand alone인 경우이다. 이때 의미상의 주어가 주절주어와 같을 경우 (99b)와 같은 심층구조에서 동일-명사구-삭제 변형(Equi-NP-deletion)이 적용되어 생략되고, 다를 경우 표시해 주어야 한다. (98c)는 (99c)처럼 부정사구의 의미상의 주어가 반드시 주절 주어와 동일하기 때문에 동일-명사구-삭제 변형이 반드시 적용되어야 하는 경우이다.

또 다음처럼 목적어인 명사구를 동반한 서로 비슷한 구문을 살펴보자.

(100) a. John wanted *Mary to be happy.*
b. John believed *Mary to be unhappy.*
c. John persuaded *Mary to give herself up.*
d. John promised *Mary to behave himself.*

(101) a. John wanted [*for John/Mary to be happy*].
b. John believed *that Mary is happy.*
c. John persuaded *Mary that she should give herself up.*
d. John promised *Mary that he would behave himself.*

겉으로 보면 다 비슷한 구조의 문장이지만 의미적으로 전혀 다르다. 즉 구구조규칙만으로는 설명할 수 없고, 의미적으로 다른 심층구조를 설정하고, 변형규칙에 의해 구조가 비슷하게 변형된 것으로 설명해야 한다. (100a)는 보문인 부정사구의 의미상의 주어가 (101a)처럼 주절 주어와 같을 수도 있고 다를 수도 있는 데, 같을 경우 동일-명사구-삭제 변형에 의해 삭제되지만, 다른 경우이므로 그대로 표시된 경우이다. 즉 (98b)의 prefer와 같은 부류의 구문이다. (100b)는 Mary가 보문인 부정사구의 의미상으로 주어로 (101b)와 같은 심층구조에서 보문 주어가 주절 목적어로 주어 인상된 경우이다. 다음 예문을 보면 그 의미상의 차이를 더 확실히 알 수 있다.

(102) a. I wanted to go.
b. I believed myself to go.

보문의 주어가 주절 주어와 같은 경우 want류의 동사는 동일 명사구 생략에 의해 생략 된다. believe류의 동사는 보문주어가 주절 목적어로 주어 인상되어 목적어가 되었기 때문에, 주절 주어와 같은 경우 생략되는 것이 아니라 재귀대명사가 된다.

(100c)는 목적어 Mary가 보문인 부정사구의 의미상의 주어일 뿐만 아니라, 주절 동사 persuade의 목적어도 된다. 따라서 (101c)와 같은 심층구조에서 보문 주어가 주절 목적어와 같은 경우로 동일-명사구-삭제 변형규칙에 의해 보문 주어가 삭제된 구문이다. 다음의 경우를 보면 차이를 알 수 있다.

(103) a. I believed Mary to be examined by the doctor.
b. I persuaded Mary to be examined by the doctor.

(103a)의 believe는 주어인상 동사로 보문이 수동문이 되어도 크게 의미상의 차이가 없지만, (103b)의 persuade류의 동사는 의미가 전혀 다르다. 즉 보문 주어에서 목적어로 인상된 것이 아니라, 처음부터 설득의 대상인 동사의 목적어인 것이다. (100d)의 promise유형의 동사에서 부정사구의 의미상의 주어가 (101d)에서 보듯 주절 목적어가 아닌 주절 주어와 같은 사람인 경우로 주절 주어에 의해 동일-명사구-삭제 변형규칙이 적용된 구문이다.

2.4 표준이론의 문법모형과 의미해석

(1) 표준이론의 문법모형

Chomsky(1965)의 표준이론에서는 구구조규칙에 의해 기본적인 구조가 만들어지고, 어휘부(lexicon)에서 어휘삽입규칙에 의해 심층구조가 생성된다. 이 심층구조에 의미해석 이론이 적용되어 의미를 해석하게 된다. 즉 심층구조는 일종의 의미구조를 의미하며 초기 해석의미론의 기본적 토대가 된다. 한편 의미적인 심층구조에 삭제, 삽입, 이동과 같은 변형규칙이 적용되어 실제 우리가 발음하게 되는 형태로 변형된 표면구조가 생성된다. 즉 표면구조에 음운론이 적용되어 소리로 해석하게 된다. 이를 다음과 같이 문법모형으로 나타낼 수 있다.

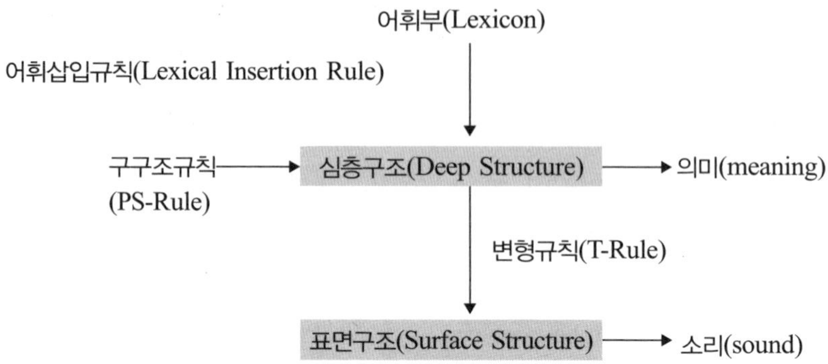

(2) 해석의미론의 의미합성원리

Chomsky(1965)의 표준이론의 해석 의미론에서는 Katz & Fodor(1964)의 투사규칙(Projection Rule)에 근거를 두고 다음과 같은 문장의 의미를 그 구성성분인 단어나 구의 합으로 투사되어 합성되어 가는 과정으로 설명한다.

(104) a. The man hit the colorful ball.

b.

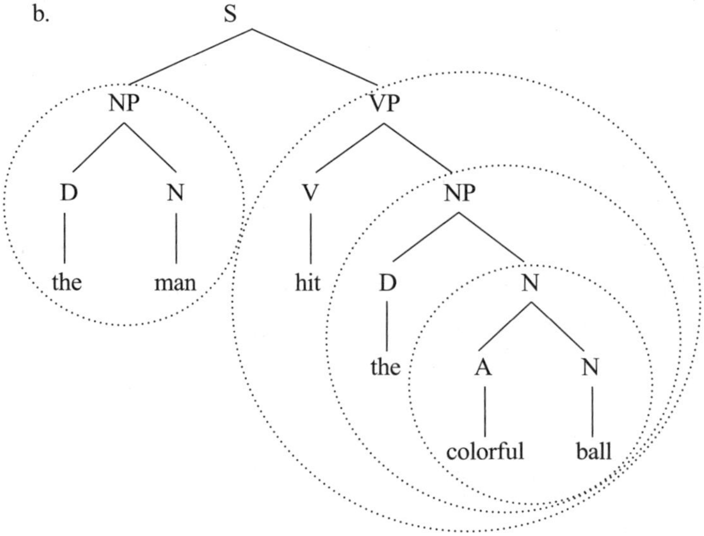

(104a) 문장의 의미는 (104b)와 같은 심층구조를 바탕으로 해서, 가장 작은 어휘에서부터 단계적으로 구와 문장으로 결합해 가는 투사규칙에 따라 문장 전체의 의미가 합성되는 과정으로 설명된다. 즉 문장 전체의 의미는 '그 남자는 그 울긋불긋한 공을 쳤다.'로 그 가장 작은 구성요소인 어휘의 의미에서부터 점선으로 둘러싸인 순서대로 어휘의 결합관계에 의해 합성하여 설명한다. 이때 각 어휘는 다의적 여러 의미를 지닐 수 있는 데, 이를 의미자질로 표시하여 다른 어휘와의 결합과정에서 일종의 어휘간의 결합관계를 제한하는 선택제약(selectional restriction)이 적용되어 불필요한 의미를 배제하고, 문맥에 맞는 의미만 투사하여 합성되는 것으로 설명한다. 예를 들어 colorful ball에서 ball은 공, 탄알, 무도회라는 세 가지 뜻이 있고, colorful은 '울긋불긋한'과 '호화로운'라는 두 가지 뜻이 있다고 하면, 논리적으로는 여섯 가지의 의미조합이 가능하나 실제로는 '울긋불긋한 공, 울긋불긋한 탄알, 호화로운 무도회' 3 가지만이 가능하였다.

다음 동사 hit는 '치다', '맞히다'와 '때리다' 등의 세 가지 의미가 있다고 보면, 논리적으로는 hit the colorful ball의 의미는 3 곱하기 3하여 아홉 가지가 가능하다. 그러나 hit의 세 가지 의미가 다 물리적인 개체하고만 결합이 가능하므로 '그 울긋불긋한 공을 쳤다.'는 의미만 합성되어 투사된다. 이처럼 통사론 중심의 전통적인 문법이론에서는 문장의 의미를 통사구조를 근거로, 최소의 구성성분인 어휘의 의미를 성분분석에 따른 의미자질로 분석한 다음, 투사규칙에 따라 작은 부분으로부터 좀 더 큰 부분으로 합성하여 투사하는 과정으로, 전체 문장의 의미를 해석한다.

2.5 지배결속이론

(1) 지배결속이론의 핵계층구조

표준문법이론에서는 구구조규칙을 설정하여 영어의 기본문장구조를 생성해 내는 것으로 설명하였다. 그러나 Chomsky(1970)에서부터는 이 구구조규칙이 주로 영어를 대상으로 하기 때문에 언어 보편성을 설명할 수 없다는 문제점을 지적받기 시작한다. Chomsky(1981)의 지배결속(Government and Binding)이론에 와서 명사, 동사, 형용사, 전치사 등의 모든 어휘범주(lexical category)의 최대 투사범주(maximal projection)는 기본적으로 같은 형상(configuration)을 하고 있는 것으로 보고, 다음과 같은 핵계층구조(X-bar structure)를 가정한다.

(105)

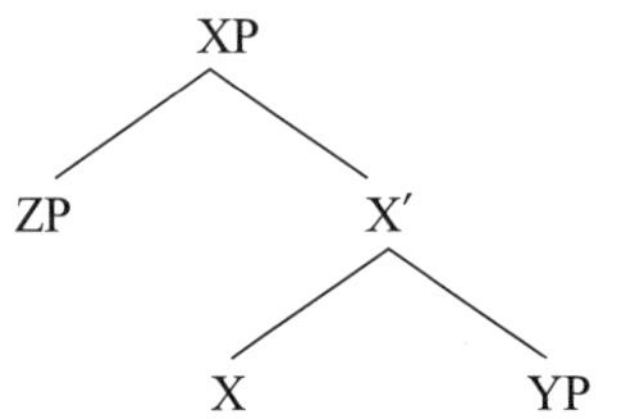

가장 기본적인 핵(head) X라는 기본범주는 보충어(complement)인 YP와 결합하여 X'로 확대되어 투사되고, 다시 지정어(specifier)인 ZP와 결합하여 XP로 확대되어 투사된다. 즉 X의 최대투사범주는 XP로 중간에 X'를 두어 3단계를 가정하고 있다. 동사 V는 V', VP로 투사되고, 형용사 A는 A', AP로 투사되고, 명사 N은 N', NP로 투사되고, 전치사 P는 P', PP로 투사된다.

(106) a. Mary *knows* Bill. (V)
b. Mary *is afraid of* Bill. (A)
c. Mary *is a sister of* Bill's. (N)
d. Mary *is with* Bill. (P)

예를 들어 (106a)의 동사 know의 경우 '누가 누구를 알다.'로 알고 있는 대상과 아는 사람과의 의미관계를 나타낸다. (106b)의 형용사구 (be) afraid of도 '누가 누구를 두려워하다'로 두려움의 대상과 두려워하는 사람과의 의미구조를 나타낸다. (106c)의 명사구 (be) a sister of는 '누가 누구의 여동생이다/누가 누구와 자매지간이다'란 의미구조를 지닌다. (106d)의 전치사 (be) with는 '누가 누구와 같이 있다/누가 누구를 동반하고 있다'란 의미구조를 지닌다. 즉 보충어 자리는 내재논항(internal argument)으로 술어인 X의 대상(theme)이라는 의미역이 직접 표시되고, 지정어 자리에는 외재논항(external argument)이 와서 X'에 의해 행위자(agent)나 경험자(experiencer)와 같은 의미역이 간접적으로 표시되는 의미역구조(thematic structure)를 지닌다. 이처럼 핵계층구조에 따른 의미역구조는 기본적인 문장의 의미를 정해준다.

(2) 수동문 분석과 명사구 이동규칙

Chomsky(1965)의 표준이론에서는 다음과 같은 영어의 수동문을 능동문과 의미적 유사성뿐만 아니라, 구조적 연관성이 있다고 보고, 이를 수동 변형규칙으로 설명하였다.

(107) a. The boy will love the girl.
b. The girl will be loved by the boy.

수동 변형규칙은 능동문의 목적어를 수동문의 주어로 만들고, 주어는 by의 목적어로 만들고, be동사를 첨가시키고, 동사에 과거분사 어미를 부가시키는 복잡한 규칙이다. 이때 (107b)와 같은 수동문을 (107a)와 같은 능동문에서 변형규칙으로 설명하지 않고, 별도의 구구조규칙으로 생성해 낸다면, 두 문장간의 의미적 유사성과 선택제약(selectional restriction)과 같은 두 구조간의 긴밀한 상관관계를 전혀 설명할 수 없거나, 별도의 복잡한 설명을 부과해야 하는 문제점이 있었다. 그러나 Chomsky(1981)의 지배결속(GB)이론에 와서는 (107a)의 능동문과 (107b)의 수동문은 기본적인 의미, 즉 경험자인 소년이 대상인 소녀를 사랑한다는 의미역구조는 같지만, 주제나 초점과 같은 담화상의 의미는 다르다고 본다. 능동문 (107a)는 주어인 the boy에 대한 이야기로 그 소년이 어떠하다는 설명이다. 반면 수동문 (107b)는 주어인 the girl에 대한 이야기로 그 소녀가 어떠하다는 설명이다. 따라서 수동 변형규칙의 의미보전가설을 포기하고, 수동문과 능동문의 기저구조가 처음부터 다르다고 본다. 따라서 의미해석은 기저구조인 D-구조에서 할 필요가 없고, 변형이 다 이루어진 S-구조에서 논리형태(Logical Form)로 해석하는 입장을 취한다.

(108) a. $[_{NP}$ the boy$]$ will $[_{VP}$ love the girl$]$
b. $[_{NP}$ e$]$ will be $[_{VP}$ loved the girl$]$ by the boy.

수동문 (107b)의 D-구조를 (108b)로 본다. 기본적으로 능동문의 D-구조 (108a)와 마찬가지로 사랑하는 사람인 경험자 the boy와 사랑받는 사람인 대상 the girl과의 관계인 의미역구조는 같다고 본다. 단 형태상으로 수동문은 원래부터 사랑하는 사람인 경험자가 by에 의해 표현되었기 때문에, 주어자리는 처음부터 비어있는 $[_{NP}$ e$]$로 영범주(null category)로 설정된다. 이때 과거분사 loved는 형용사적인 성질이 있으므로 명사구 the girl에 목적어인 대격(accusative)을 주지 못하기 때문에, will에게 주격을 받기 위해 the girl은 빈자리인 주어자리로 이동되는 것으로 설명한다.

(3) 주어인상구문의 분석과 명사구 이동규칙

명사구 이동규칙에 따른 주어인상 구문의 통사적 분석에 대해 알아보자.

(109) a. The boy seems to be sick.
　　　b. It seems that the boy is sick.
(110) a. $[_{NP}$ e$]$ seems $[_{IP}$ the boy to be sick$]$.
　　　b. $[_{NP}$ the boy$_i]$ seems $[_{IP}$ t_i to be sick$]$.

Chomsky(1965)의 표준이론에서는 (109a)와 (109b)를 동의의 문장이라고 보고, (109a)를 (109b)와 같은 기저구조에서 보문절의 주어가 주절의 주어로 주어인상(subject-raising) 변형규칙에 의해 변형되는 것으로 설명하였다. 그러나 Chomsky(1981)의 지배결속이론에 와서는 변형규칙이 지니는 힘이 너무 막강하다고 하여, 이를 일반화된 명사구-이동(Move-α) 규칙으로 통합시켰다. 또 위의 두 문장은 주제 및 초점 등의 담화상의 의미가 다르다고 보고, D-구조에서는 기본적인 의미역 관계만 같고, 변형이 다 이루어진 S-구조에서 주제와 초점에 대한 의미해석을 한다고 본다. 즉 (109a)의 D-구조를 소년이 아프다라는 의미역 관계만 같고, 형태상으로는 다른 (110a)로 본다. 이때 주어 the boy는 (110a)의 구조에서는 아픈 사람이란 외재적 의미역은 지니지만, 부정사구를 나타내는 to가 주격을 주지 못하므로, seems에게 주격을 받기 위해 원래부터 영범주인 주어자리로 명사구-이동되어 (110b)가 된다. 따라서 의미는 이동이 완료된 (110b)와 같은 S-구조에서 논리형태로 해석하게 되는 데, 전체적으로 소년에 대한 이야기라는 주제어에 대한 의미와 소년이 아픈 상황이며, 그 상황이 겉으로 보기에 그렇게 보인다는 것과 그렇게 보이는 상황이 현재의 상황이라는 의미로 해석된다.

(4) 결속이론

Chomsky(1981)의 지배결속 이론에서는 영어의 대용어(anaphor)와 대명사 및 일반 어휘명사구의 지시적 의미를 결정하고, 그 지시영역을 제한하기 위해 다음과 같은 결속이론(Binding Theory)을 제시하였다.

(111) Binding Condition

A : An anaphor is bound in its governing category.

B : A pronominal is free in its governing category.

C : An R-expression is free.

결속조건 (A)에 따르면 재귀대명사와 같은 대용어는 지배범주내에 결속되어야 하고, 결속조건 (B)에 따르면 대명사는 지배범주내에 결속되지 않고 자유스러워야 한다. 일반적으로 지배범주는 어떤 요소와 그 요소의 지배자를 포함하는 최소의 절이나 명사구가 된다.[8] 즉 대용어와 대명사는 다음 예문에서처럼 같은 위치에 나오지 못하고 서로 상보적 분포(complementary distribution)를 해야 한다.

(112) a. [John_i adores himself_i/*him_i].

b. I saw [John_i's picture of himself_i/*him_i]

c. John_i saw [my picture of *himself_i/him_i].

(112a)에서는 절인 문장 전체가 지배범주가 되기 때문에, 대용어 himself는 결속조건(A)에 따라 지배범주인 문장내에서 선행사 John에 의해 결속되어 정문이 된다. 반

8 Chomsky(1981 : 188)는 지배범주를 다음과 같이 정의하고 있다.

(i) a. β is a governing category for α iff β is the minimal category containing α, a governor of α, and a SUBJECT accessible to α.

b. β is accessible to α iff α is in the c-command domain of β and assignment to α of the index of β would not violate (c).

c. *[γ ...σ...], where γ and σ bear the same index.

면 대명사 him은 결속조건(B)에 따라 지배범주내에서 결속되지 않고 자유스러워야 하나, 오히려 선행사 John에 의해 결속되었기 때문에 비문이 된다. 즉 단순문인 문장 내의 목적어 자리에는 선행사가 주어일 경우 재귀대명사인 대용어만이 나올 수 있지 대명사는 나올 수 없다. 단 대명사가 나올 경우 선행사가 주어가 아닌 다른 사람을 지칭해야 한다. (112b)에서는 명사구가 지배범주가 되기 때문에, 대용어 himself는 지배범주인 명사구 [$John_i$'s picture of $himself_i$] 내에서 선행사 John에 의해 결속되어 정문이 되나, 대명사 him은 지배범주내에서 선행사 John에 의해 결속되었기 때문에 비문이 된다. (112c)에서도 명사구가 지배범주가 되기 때문에, 대용어 himself는 지배범주인 명사구 [my picture of *$himself_i$] 내에서 결속되지 못하고 주절의 주어 John과 결속되었기 때문에 비문이 되나, 대명사 him은 지배범주인 명사구내에서 결속되지 않고 자유스럽기 때문에 정문이 된다. 명사구내에서 핵인 명사의 보충어인 전치사의 목적어는 지정어인 소유격 주어에 결속되는 재귀대명사가 나오던지 소유격 주어에 결속되지 않는 대명사가 나와야 한다. 즉 대용어와 대명사는 같은 위치에 나올 수 없고 서로 다른 위치에만 나와야 되는 상보적 분포를 한다.

(5) 통제이론

Chomsky(1981)의 지배결속이론에서는 서술어가 있으면 주어가 있어야 한다는 인허원리(Licensing Principle)에 따라 다음과 같은 부정사구, 동명사구 및 분사구문과 같은 비정형절의 주어자리에 공범주 PRO를 설정한다.

(113) a. $John_i$ decided [PRO_i to leave early].
b. John accused $Mary_i$ of [PRO_i being a communist].
c. [PRO_i peeling navel oranges], $John_i$ watched the game.

PRO와 그 통제자(controller)와의 관계를 설명하는 이론을 통제이론(Control Theory)이라고 한다. 이 때 구조적인 면에서 Chomsky(1981)는 PRO는 비지배된다는 조건으로 다른 공범주와 구별하고 있다.[9] 따라서 PRO는 구조적으로 지배되지 않는

9 Chomsky(1981)는 공범주 PRO를 다른 공범주 흔적(trace)과 구별하여 대용어적(anaphoric) 특성과 대

(113)과 같은 비정형절의 주어자리만이 가능하다.

다음과 같은 부정사구 보문절 구조의 경우를 보자.

(114) a. John$_i$ tried [PRO$_i$ to go].

b. John persuaded Mary$_i$ [PRO$_i$ to go].

c. John$_i$ promised Mary [PRO$_i$ to go].

(114a)는 부정사구의 의미상의 주어로 설정된 공범주 대명사인 PRO가 주절 주어와 반드시 같은 사람으로, 주절 주어에 의해 의무적으로 통제되는 주어 의무통제(subject obligatory control)이다. (114b)는 부정사구의 의미상의 주어로 설정된 공범주 PRO가 주절 목적어와 반드시 같은 사람으로, 주절 목적어에 의해 의무적으로 통제되는 목적어 의무통제(object obligatory control)이다. 반면에 (114c)는 공범주 PRO가 주절 목적어가 아닌 주절주어와 반드시 같은 사람으로, 주절 주어에 의해 반드시 통제되는 주어 의무통제이다. 이와 같은 의무통제의 PRO는 통제자가 반드시 있어야 하는 의무성(obligatoriness), 통제자가 같은 절안에 있어야 하는 국부성(locality), 반드시 하나여야 하는 유일성 (uniquenes), 성분통어(c-command)와 같은 구조적 제약 등의 특성이 있다.

(6) 지배결속이론의 문법모형

Chomsky 생성문법이론은 계속 발전하여 왔는데, 80년대의 지배결속이론 및 90년대의 최소주의이론에서는 어휘적 의미의 합성과정보다는 문장의 부가적 의미를 해석하는 데 더 관심을 보이고 있다.[10] 즉 심층구조에서 의미를 해석하는 것이 아니라,

명사적(pronominal) 특성을 동시에 지닌 것으로 정의하였다. 따라서 명사구 흔적과 같은 대용어적 요소를 다루는 결속이론(A)와 대명사적 요소를 다루는 결속이론(B) 속하게 된다. 그러나 결속이론(A)에 따르면 지배범주내에 결속되어야 하며, 결속이론(B)에 의하면 결속되어서는 안된다. 이는 서로 모순이 되므로 PRO는 지배범주를 갖지 않도록 지배되지 않아야 한다.

10 Chomsky(1957)의 Syntactic Structure를 초기 변형문법의 태동이라고 한다면, Chomsky(1965)의 Aspect를 표준이론(Standard Theory)라고 하고, Chomsky(1981)의 Government and Binding을 지배결속(GB)이론이라 하며, Chomsky(1993)의 Minimalist Program을 최소주의이론이라고 하여 계속 이론적으로 발전하고 있다.

변형이 다 이루어진 표면구조에서 논리형태로 의미를 해석하는 입장을 취하고 있다. 이를 도표로 나타내면 다음과 같다.

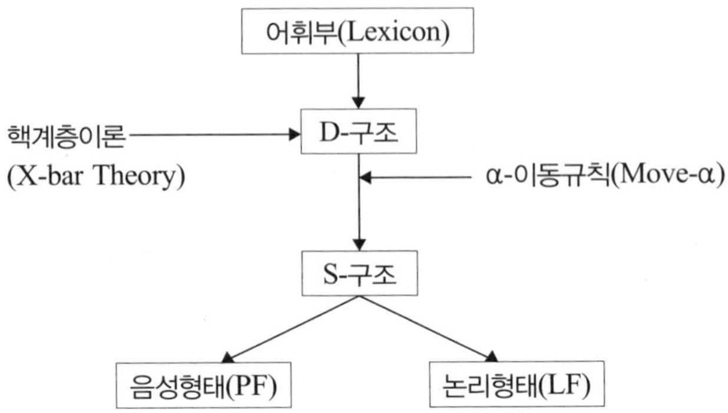

변형규칙이 형태만 바꾸어 놓는 것이 아니라 약간의 의미변화도 초래한다고 보고, 불필요한 변형규칙을 모두 버리고, Move-α라는 이동규칙 하나만 남겨놓았다. 어휘부와 핵계층이론에 의해 정해진 기본적인 구조와 의미는 D-구조, S-구조, 논리형태(LF)에 그대로 유지된다고 보고, S-구조에서 재귀대명사, 대명사 등의 대용어의 공지시(coreference) 관계와 every, some 등과 같은 양화사들간의 작용역 범위상의 중의성(scope ambiguity) 문제, 또 주제와 초점과 같은 담화상의 의미 등을 논리형태로 번역하여 해석하는 입장을 취하고 있다.

연 습 문 제

1. 전통문법의 문장 **5**형식의 문제점을 예를 들어가며 구체적으로 설명하시오.

2. 다음 문장의 문법성을 동사의 의미 및 통사적 특성을 갖고 설명하시오.

a. *Your dinner seems./They are eating.

b. *Caroline and Vanessa are my sister./Caroline is my sister.

c. A copy of the letter was sent ?(to) Jack.

d. *They told the mayor and his life story.

e. *They admired the mayor his life story.

3. 다음 문장의 의미를 이태릭체 부사어의 문법적 특성과 함께 설명하시오.

a. The milk seems *off*.

b. He imagined himself *on the point of death*.

c. *Yesterday*, I ran a marathon.

d. *Frankly speaking,* nobody is allowed in here.

e. The house looked good; *moreover*, the price was right.

4. 다음 문장의 의미를 문장의 구조적 문법적 차이로 설명하시오.

a. The window broke suddenly./The window breaks easily.

b. John run *in the park*./ John run *to the park*.

c. The teacher *called* the roll./The teacher *called off* the meeting.

d. They offered *her* some food./They reminded *her* of something.

e. They keep the cabbage *fresh*./ They bought a fish *cheap*.

5. 다음 문장의 뜻을 쓰고 that-절의 문장에서의 역할에 대해 설명해 보시오.

a. *That you don't speak French* is a pity.

b. I know *that it's late to be calling*.

c. My guess is *that the case will be settled out of court*.

d. She is confident *that all will go well*.

e We are considering your complaint *that you are underpaid*.

6. 다음 문장의 뜻을 쓰고, wh-절의 문장에서의 문법적 역할을 설명하시오.

a. He asked his friend *when he was leaving on his holidays.*

b. This is the year *when the Olympic Games are held.*

c. The student left the room *when I finished the lecture.*

d. She is uncertain *whether he will lose his job.*

e. The question *whether he did it* is troubling.

7. 다음 문장의 뜻을 쓰고, 비정형절의 특징에 대해 설명하시오.

a. *Going down*, I met an old friend.

b. We issued a commend *for him to return.*

c. He agonized over the question *whether to report the fraud.*

d. He was happy about *Mary's being chosen.*

e. The teacher made me *do it.*

8. 다음 문장에서 동명사구와 부정사구를 목적어로 택한 경우 문법적 의미적 차이를 설명하시오.

a. She likes *reading in the bed/to read in the bed.*

b. She loathed *living/?to live in the country.*

c. I forgot *talking/to talk* with him.

d. Would you like *?*going/to go with me?*

e. When the bell rings, ignore it and continue *reading/?to read.*

9. 다음 영어문장에 근거하여 조동사(AUX)를 생성해 내는 구구조 규칙을 만들어 설명해 보시오.

a. John fishes./John fished.

b. John can fish./John could fish.

c. John has fished./John had fished.

d. John has been fishing./John had been fishing.

e. John may have been fishing./John might have been fishing.

10. 다음 예문을 중심으로 구구조규칙의 한계성과 어떤 변형규칙이 왜 필요한지 설명하시오.

a. The boy broke the window./The window was broken by the boy.

b. That she is pretty is well known/It is well known that she is pretty.

c. John studied linguistics./It was linguistics that John studied.

d. Hunting dogs can be dangerous.

e. Mary hates Jane more than Bill.

11. 다음 문장의 구조적 중의성을 변형생성문법에서 어떻게 설명하고 있는지 설명하시오.

(1) a. Mary seems to be unhappy.

b. Mary prefers to stand alone.

c. Mary tried to leave.

(2) a. John wanted Mary to be happy.

b. John believed Mary to be unhappy.

c. John persuaded Mary to give herself up.

d. John promised Mary to behave himself.

(3) a. John is eager to please.

b. John is easy to please.

12. 다음 문장의 구조와 의미차이를 지배결속이론의 입장에서 어떻게 설명하고 있는지 설명해 보시오.

a. John played the violin. ↔ The violin was played by John.

b. It seems that John is diligent. ↔ John seems to be diligent.

13. 다음 문장의 문법성을 결속이론에 입각하여 설명해 보시오.

a. $John_i$ loves {$*John_i$/$*him_i$/$himself_i$}.

b. $John_i$ thinks that {he_i/$*John_i$/$*himself_i$} is the most intelligent.

c. $Bill_i$ liked Mary's pictures of {$*himself_i$/him_i}.

14. 다음 예문에서 의무통제와 비의무통제의 특성을 설명해 보시오.

a. $John_i$ decided [PRO_i to leave early].

b. John accused $Mary_i$ of [PRO_i being a communist].

c. [PRO_i peeling navel oranges], $John_i$ watched the game.

제 6 장

문장 의미론과 화용론

1. 문장 의미론

문장의 의미는 기본적으로 그 문장을 구성하고 있는 구성성분인 어휘의 의미를 합성하여 얻을 수 있는 의미라고 생각할 수 있다. 이는 "복합표현의 의미는 그것을 구성하는 부분의 의미의 합에 대한 함수다"라는 Frege의 합성성 원리(Compositionality Principle)에 근거를 둔 말이다. 즉 한 문장의 의미는 그 문장을 구성하는 어휘들의 의미의 조합으로 결정되는데, 그 조합관계를 설명해주는 문법구조에 대한 분석이 큰 역할을 담당한다고 할 수 있다. 이때 어휘의 의미는 앞에서 정의한 성분분석에 의한 의미자질의 구성체를 뜻한다. 그러나 문장을 구성하고 있는 어휘는 같다고 하더라도 이들의 조합관계, 즉 문장구조에 대한 분석이 달라지면 전하는 의미는 전혀 달라진다.

(1) a. The cat chased the mouse *in the yard*.
  b. The mouse chased the cat *in the yard*.

두 문장을 구성하고 있는 어휘는 똑같지만, the cat와 the mouse가 동사 chased와의 결합관계인 어순이 다르다. 즉 전통문법에서 주어와 목적어로 정의되는 어휘의 순서가 서로 바뀌었다. 이처럼 어순에 의해서도 의미가 달라지지만, 같은 어순이라고 하더라도 그 수식하는 구조, 즉 구구조가 어떠하냐에 따라서도 의미가 달라진다.

즉 전치사구 in the yard가 그 앞의 명사구를 수식하느냐, 동사구를 수식하느냐에 따라 전체의 의미가 달라진다.

이를 종합하면 문장의 의미는 그 문장을 구성하는 어휘가 지니는 의미자질과 그 어휘들이 이루는 문법적구조가 지닌 의미의 합성으로 결정된다. 따라서 문장의 의미를 결정하는 방법은 문법구조를 분석하는 통사이론과 밀접한 관계를 맺고 있다. 통사구조에 근거를 둔 변형생성문법과 연계된 해석 의미론뿐만 아니라, 논리학의 전통을 잇는 형식 의미론 및 기타 의미역이론을 사용하고 있는 격문법, 인지문법 등에서 제각기 다른 의미해석이론을 제시하고 있다. 특히 위와 같이 구조에 따라 의미가 달라지는 경우를 구조적 중의성(structural ambiguity)이라고 한다. 또 이들 문장 간의 관계인 함의와 동의성과 중의성을 문장 의미론에서 다룬다.

1.1 술어논리학과 논항의 의미역

(1) 술어의 종류와 논항의 의미역

문장의 기본 단위인 절을 구성하는 가장 핵심적인 구성요소를 (서)술어로 보고 문장의 의미를 분석한 이론이 술어논리학이다. 술어는 기본적으로 동사이지만 형용사구, 명사구, 심지어 전치사구도 술어가 될 수 있다. 또 술어는 의미적 특성에 따라 하나 이상의 논항을 갖고 있는데, 논항이 몇 개 있느냐에 따라 1항 술어(one place predicates), 2항 술어(two place predicates), 3항 술어(three place predicates)라 한다.[1] 다음은 주어 논항 하나만을 필요로 하는 1항 술어의 예이다.

(1) a. John *arrived*. (V)
　　b. John *is very friendly*. (AP)

---

1 술어논리학에서는 임의의 술어를 predicate라 하고, 임의의 논항을 x, y, z라고 할 때, 1항 술어, 2항 술어, 3항 술어의 의미를 다음과 같이 표시한다.

(i) a. predicate'(x) : one place predicates : run'(x)
　b. predicate'(x, y) : two place predicates : love'(x, y)
　c. predicate'(x, y, z) : three place predicates : give'(x, y, z)

c. John *is my true friend.* (NP)
d. John *is in trouble.* (PP)

(1a)의 동사 arrive는 '누가 도착하다'란 의미로 논항 하나만 필요로 하는 1항 술어이다. 즉 전통적으로 주어 하나만 필요로 하는 완전자동사로 분류되는 경우이다. (1b)는 전통적으로 형용사구 very friendly가 주격보어로 분석되는 경우이고, (1c)는 명사구 my true friend가 주격보어로 분석되는 경우이다. 또 (1d)의 전치사구 in trouble은 전통적으로 부사구로 분석되던 경우이나 be 동사 다음에 나와 반드시 필요한 보충어로 쓰인 경우이다. 이들은 전통문법에서 주격보어를 필요로 하는 불완전 자동사 구문으로 취급하여 왔으나, 의미를 따지는 논리학에서는 be동사는 형식적으로 연결동사(linking verb)의 역할만 하고 형용사구, 명사구, 전치사구가 서술어 역할을 하는 것으로 분석한다. 즉 '친하다. 진실한 친구다, 곤란하다'란 의미의 술어로 주어 논항 하나만 필요로 하는 1항 술어이다.

다음은 주어 논항과 목적어 논항 2개를 필요로 하는 2항 술어이다.

(2) a. Mary *knows* Bill. (V)
b. Mary *is afraid of* Bill. (AP)
c. Mary *is a sister of* Bill's. (NP)
d. Mary *is with* Bill. (P)

(2a)의 동사 know는 '누가 누구를(무엇을) 알다'란 의미로 주어와 목적어 논항 둘을 필요로 하는 2항 술어이다. (2b)의 형용사구 (be) afraid of는 '누가 누구를 두려워하다'란 의미로 형용사구가 논항 둘을 필요로 하는 술어역할을 하고 있는 경우이다. (2c)의 명사구 (be) a sister of는 '누가 누구의 여동생이다/누가 누구와 자매지간이다'란 의미로 명사구가 논항 둘을 필요로 하는 술어역할을 하고 있는 경우이다. (2d)의 전치사 (be) with는 '누가 누구와 같이 있다/누가 누구를 동반하고 있다'란 의미로 전치사구가 논항 둘을 필요로 하는 술어역할을 하고 있는 경우이다. 이때 (2b-d)에서 be동사는 형식적으로 연결동사의 역할만 하고 있는 경우이다. 한편 (2b-c)에서 형용사구와 명사구는 목적어 논항을 직접 취할 수 없어 전치사 of를 동반하고 있다.

다음은 주어, 간접목적어, 직접목적어와 같은 논항 3개를 필요로 하는 3항 술어의 예이다.

(3) a. Mary *gave* Bill a book. (V)
b. The book *is a gift of* Mary's to Bill. (NP)

(3a)의 동사 give는 '누가 누구에게 무엇을 주다'란 의미로 논항 셋을 필요로 하는 3항 술어로 동사이다. (3b)의 명사구 (be) a gift of는 '무엇이 누가 누구에게 준 선물이다'란 의미로 명사구가 논항 셋을 필요로 하는 술어역할을 하고 있는 경우이다. 이때 (3b)의 명사 gift는 동사 give에서 전성된 명사로 be동사와 연결하여 술어 역할을 하는 경우이다.[2]

(2) 논항의 의미역과 문장의 의미

논항의 의미적 역할(semantic role)은 술어의 의미적 특성에 따라 정해지는데, 일반적으로 문장 내에서의 전형적인 주어의 의미역은 행위자(agent)이고, 전형적인 목적어의 의미역은 피영향자(patient)이다.

(4) a. *Margaret* is mowing *the grass*.
b. *James* threw *the ball*.

예문 (4a-b)의 주어 논항 Margaret과 James는 모두 유생물(animate)로, 술어동사에 의해 일어나는 사건이 시작되는 근원(instigating)이요, 사건이 일어나게 되는 원인이 되는(causing) 행위자이다. 반면에 (4a)의 목적어 논항 the grass는 행위자가 하는 행동에 의해 영향을 받아 상태변화가 일어나는 피영향자(patient)이다. (4b)의 목적어 논항 the ball은 행위자가 하는 행동에 의해 위치변화가 일어나는 대상(theme)으로

2 다음은 드물지만 4개의 논항을 필요로 하는 4항 술어의 예이다.
(i) Mary *sold* the book to Bill for $50. (V)
(i)의 동사 sell은 '누가, 무엇을 누구에게, 얼마에 팔다'라는 의미에서 4개의 논항을 필요로 하는 4항 술어라고 할 수 있다. 이외에도 교환하다는 의미의 동사 swap, trade, exchange 등의 술어를 예로 들 수 있다.

상태변화의 피영향자와 구별하기도 한다.

한편 다음 (5a)에서 간접목적어 Mary는 직접목적어인 대상 a book을 받는 사람으로 수령자(recipient)이다.

(5) a. John gave *Mary* a book./John gave a book *to Mary.*
b. She made *her son* a scarf./ She made a scarf *for her son.*
c. She made *me* a scarf *for her son.*

이와 같은 수령자는 이중목적어 구문에서 간접목적어 형태로 표현되기도 하지만 여격인 전치사 to의 목적어로 표현되기도 한다. (5b)에서 간접목적어 her son은 직접목적어인 대상 a scarf를 궁극적으로는 받는 사람으로 수령자가 되기도 하지만, 전치사 for의 목적어로 표현되기도 하고, (5c)처럼 수령자인 간접목적어가 있는 경우가 가능하기 때문에, (5a)의 수령자와 구별하여 수혜자(benefactive or beneficiary)라고 한다.

통사적인 문장구조와 주어, 목적어 등의 논항의 의미역을 종합하여 문장의 의미를 나타내면 다음과 같다.

(6) (완전)자동사 구문(SV)	1항 및 0항 술어
a. *He* was working.	(행위자 주어)
b. *She* is standing.	(자세자 주어)
c. *The curtains* disappeared.	(피영향자 주어)
d. *The wind* is blowing.	(자연력 주어)
e. *It*'s raining.	(비인칭 배경 주어)

(6)은 전통문법에서 1형식 구문에 해당하는 (완전)자동사 구문(SV)이다. 논리적으로는 주어인 논항 하나만을 택하는 1항 술어이나 (6e)처럼 허사주어 it와 쓰이는 경우 0항 술어로 볼 수 있다. (6a)의 동사 work는 '누가 일하다'란 의미로 행위자(agent) 주어구문으로 행위자인 개체가 어떤 행위를 하는 행위사건을 나타낸다. (6b)의 동사 stand는 '누가 서있다'란 의미로 서있는 자세자(positioner) 주어구문으로 자세를 취하고 있는 개체의 자세상황을 기술하고 있다. (6c)의 동사 disappear는 무엇인가

에 영향을 받아 사라진 피영향자(patient or affected) 주어구문으로 상태변화의 피영향자인 개체가 어떤 상태로 변해있는 상태변화의 결과상태를 나타낸다. (6d)의 동사 blow는 '바람 등이 불다'란 의미로 바람, 폭풍 등의 자연력(natural force)이 작용하는 자연현상을 기술하고 있다. (6e)의 동사 rain은 '비오다'란 의미로 비인칭 주어 it의 완전자동사 구문으로 논리적으로는 0항 술어로 기상 등의 상황적 배경을 기술하고 있다.

(7) 연결(불완전)자동사 구문(SVC)	1항 및 0항 술어
a. She's happy.	(피영향자 주어)
b. The Sahara is hot.	(처소 주어)
c. Last night was warm.	(시간 주어)
d. The show was interesting.	(사건 주어)
e. It's windy.	(비인칭 배경 주어)

(7)은 전통문법에서 주어와 주격보어로 구성되었다고 보는 2형식 구문에 해당하는 연결(불완전)자동사 구문(SVC)이다. 명사나 형용사가 현재 상태를 나타내는 주격보어역할을 하는 경우 논리적으로는 논항이 아니라 술어로 보기 때문에 주어 논항 하나만 택하는 1항 술어로 본다. (7a)의 경우 주격보어 형용사 happy가 '행복하다'란 의미로 주어의 속성을 나타내는 술어가 되는 피영향자 주어구문이다. 즉 무엇인가에 영향을 받은 피영향자 개체가 어떤 상태로 있는 (현재)상태를 나타낸다. (7b)의 주격보어 형용사 hot은 '어디가 덥다'란 의미로 주어인 처소의 속성을 나타내는 술어 역할을 하고 있다. 즉 처소(locative) 주어 하나만 있는 1항 술어구문이다.('언제 덥다'란 의미로 쓰인 경우 시간 주어 구문이 되고, 무엇이 뜨겁다'란 의미로 쓰인 경우 피영향자 주어 구문이 될 수도 있다.) (7c)의 주격보어 형용사 warm은 '언제 따뜻하다'란 의미로 주어인 시간의 속성을 나타내는 술어 역할을 하고 있다. 시간 주어 하나만 택하고 있는 1항 술어구문이다. (7d)의 주격보어 형용사 interesting도 '어떤 사건이 재미있다'란 의미로 주어인 사건의 속성을 나타내는 술어 역할을 하고 있다. 사건(event) 주어 하나만 택하는 1항 술어구문이다. (7e)의 주격보어 형용사 windy는 바람이 부는 날씨다'란 의미로 날씨를 나타내는 술어 역할을 하고 있다. 비인칭 주어 it와 결합한 0항 술어구문으로, 배경인 기상상황을 기술하고 있는 경우이다.

(8) 불완전 자동사 구문(SVC) 2항 술어
- a. He was at school. (대상 주어-처소 보어)
- b. He turned traditor. (행위자 주어-결과속성 보어)
- c. She got into the car. (행위자 주어-처소 보어)
- d. He is lying on the floor. (자세자 주어-처소 보어)
- e. The meeting is at eight. (사건 주어-시간 보어)

(8)은 전통문법에서 처소나 시간 부사구 형태의 1형식 구문으로 분석하였으나, Chomsky(1965)의 변형문법이후 처소나 시간 부사구가 의미상 반드시 필요한 보충어(complement)로 일종의 주격보어로 분석하게 된 불완전자동사 구문(SVC)이다. 논리적으로는 주어와 주격보어 두 개의 논항을 택하는 2항 술어이다. (8a)의 동사 be는 '무엇이 어디에 있다'란 의미로 대상(theme) 주어와 처소(location) 보어 논항 두 개를 택하는 2항 술어의 불완전자동사이다. (8b)의 동사 turn은 '누가 무엇으로 변하다'란 의미로 행위자 주어와 상태변화의 결과(속성)를 나타내는 주격보어를 택하는 2항 술어의 불완전 자동사구문이다. (8c)의 동사 get은 '누가 어디로 이동하다'란 의미로 행위자 주어와 이동해간 처소인 목표(지)(goal) 논항 두 개를 택하는 2항 술어의 불완전자동사이다. (8d)의 동사 lie는 '누가 어디에 드러누어 있다'란 의미로 드러누운 자세를 취하고 있는 자세자 주어와 처소 논항 두 개를 택하는 2항 술어의 불완전자동사이다. (8e)의 동사 be는 '사건이 언제 있다'란 의미로 사건주어와 시간(temporal)격 보어 논항 두 개를 택하는 2항 술어의 불완전자동사이다.

(9) 타동사 구문 (SVO) 2항 술어
- a. He threw the ball. (행위자 주어-대상 목적어)
- b. Lighting struck the house. (원인자 주어-피영향자 목적어)
- c. He is holding a knife. (자세자 주어- 대상 목적어)
- d. The stone broke the window. (도구 주어-피영향자 목적어)
- e. She has a car. (수령자(소유자)주어-대상 목적어)
- f. We paid the bus driver. (행위자 주어-수령자 목적어)
- g. The will benefits us all. (도구 주어-수혜자 목적어)

(9)는 전통문법에서 주어와 목적어로 구성된 완전타동사 구문으로 분석하고 있는 경우이다. 논리적으로는 주어논항과 목적어논항 두 개를 택하는 2항 술어이다. (9a)의 동사 throw는 '누가 무엇을 던지다'로 주어인 행위자가 목적어인 대상을 던지는 행위를 한다는 행위사건을 나타낸다. (9b)의 동사 strike는 '벼락 번개 등이 쳐 무엇을 떨어뜨리다/무너뜨리다'란 의미로 주어인 번개와 같은 자연력이 원인이 되어 목적어인 피영향자 집이 불타버리는 상태변화가 일어난다는 사역적인 (결과)사건을 나타낸다. (9c)의 동사 hold는 '누가 무엇을 쥐고 있다'로 주어인 자세자가 목적어인 대상을 쥐고 있는 상태를 나타낸다. (9d)의 동사 break는 '누가 무엇을 깨뜨리다'란 기본의미에서 '무엇 때문에 무엇이 깨지다'란 의미로 확대되어 쓰인 경우이다. 주어인 돌과 같은 도구(instrument) 때문에 목적어인 피영향자 창문이 깨지는 결과상태가 일어난다는 사역적인 (결과)사건을 나타낸다. (9e)의 동사 have는 '누가 무엇을 소유하고 있다/누구에게 무엇이 있다'란 의미로 물건을 수령하여 소유한 소유자(possessor) 주어가 목적어인 대상을 소유하고 있는 상태를 나타낸다. (9f)의 동사 pay는 '누가 누구에게 (돈을) 지불하다'란 의미로 주어인 행위자가 목적어인 수령자에게 지불하고 있는 행위사건을 나타낸다. (9g)의 동사 benefit는 '무엇 때문에 누가 혜택을 입다'란 의미로 주어인 유언이라는 수단의 도구가 원인이 되어 목적어인 수혜자가 혜택을 받게 되는 결과상태를 나타낸다. 이처럼 타동사구문에서 주어논항은 행위자, 자연력의 원인자(causer), 자세자, 도구, 소유자, 처소 등이 가능하고, 목적어 논항은 대상, 피영향자, 수령자, 수혜자 등이 가능하여 다양한 의미의 사건이나 상황을 나타낼 수 있다.

(10) 타동사 구문 (SVO)	2항 술어
a. They climbed the mountain.	(행위자주어-처소목적어)
b. The bus seats thirty.	(처소주어-대상(중립자)목적어)
c. They fought a clean fight.	(행위자주어-동종목적어)
d. I wrote a letter.	(행위자주어-결과목적어)
e. They had an argument.	(행위자주어-사건목적어)
f. He nodded his head.	(행위자주어-도구목적어)

(10a)의 동사 climb는 '누가 어디를 올라가다'란 의미로 주어인 행위자가 목적어인

처소의 위치로 이동해 가는 이동(결과)사건을 나타낸다. (10b)의 동사 seat는 '어디에 몇 개의 좌석이 있다'란 의미로 주어인 처소에 목적어인 대상 또는 중립자(neutral)가 어느 정도 들어간다는 처소주어의 수용능력을 나타낸다. (10c)의 동사 fight는 '누가 어떤 싸움을 벌이다'란 의미로 주어인 행위자가 동족목적어(cognate object)인 어떤 싸움을 한다는 행위사건을 나타낸다. (10d)의 동사 write는 '누가 무엇을 쓰다'란 의미로 주어인 행위자가 행위를 해서 그 결과 목적어인 어떤 결과물(resultant, effected)이 만들어진다는 창조사건을 나타낸다. (10e)의 동사 have는 '누가 어떤 일을 벌이다'란 의미로 주어인 행위자가 목적어인 사건을 한다는 행위사건을 나타낸다. (10f)의 동사 nod는 '누가 머리 등을 끄덕이다'란 의미로 주어인 행위자가 목적어인 신체의 일부인 머리를 도구로 사용하여 행위를 한다는 행위사건을 나타낸다.

(11) 이중타동사 구문 (SVOO) 3항 술어
- a. I sent her a gift. (행위자주어-수령자-대상목적어)
- b. She knitted me a sweater. (행위자주어-수혜자-결과목적어)
- c. She gave the door a kick. (행위자주어-대상-사건목적어)

(11)은 전통문법에서 주어와 간접목적어 및 직접목적어로 구성된 이중타동사 구문으로 분석하고 있는 경우이다. 논리적으로는 주어논항과 간접목적어논항, 직접목적어논항 세 개를 택하는 3항 술어에 해당된다. (11a)의 동사 send는 '누가 누구에게 무엇을 보내다'란 의미로 주어인 사역적인 행위자가 간접목적어인 수령자에게 직접목적어인 대상을 보내어 소유할 수 있도록 한다는 전형적인 사역소유사건을 나타낸다. (11b)의 동사 knit는 '누가 누구에게 편물 등을 짜주다'란 의미로 주어인 사역적인 행위자가 간접목적어인 수혜자에게 뜨개질이란 행위를 해서 목적어인 그 결과물(sweater)을 소유하게 한다는 사역소유사건을 나타낸다. (11c)의 동사 give는 '누가 누구에게 무엇을 주다'란 기본의미에서 '누가 무엇에게 어떤 일을 벌이다'란 의미로 확대되어 쓰인 경우이다. 주어인 행위자가 간접목적어인 대상(door)에게 직접목적어인 어떤 행위(kicking)를 한다는 행위사건을 나타낸다. 이처럼 이중타동사구문에서 주어논항은 행위자이고, 간접목적어논항은 수령자와 수혜자이나, (11c)처럼 대상논항도 가능하다. 또 직접목적어는 이동되는 개체인 대상이나, (11c)처럼 사건도 가능하고, (11b)처럼 결과물도 가능하다.

(12) 복합타동사 구문 1 (SVOC) 2항 술어(+ 1항 속성술어)
a. He declared her the winner. (행위자-피영향자-속성술어)
b. The sun turned it yellow. (원인자-피영향자-속성술어)
c. The revolver made him afraid. (도구-피영향자-속성술어)
d. I found it strange. (경험자-대상(중립자)-속성술어)

(12)는 전통문법에서 주어와 목적어 및 목적격보어로 구성된 복합타동사 구문으로 분석하고 있는 경우이다. 논리적으로는 주어논항과 목적어인 어떤 내용을 택하는 2항 술어이다. 그러나 목적어 내용 속에 목적어를 주어로 하는 술어가 들어가 있는 복합사건구조에 해당된다. (12a)의 동사 declare는 '누가 어떤 내용을 선언하다'란 의미로 주어인 행위자가 목적어인 피영향자가 어떤 속성을 지니게 된다는 내용을 선언하는 선언(화행)사건을 나타낸다. (12b)의 동사 turn은 '무엇 때문에 무엇이 어떻게 변하다'란 의미로 주어인 햇빛과 같은 자연력이 원인이 되어서 목적어인 피영향자가 어떤 속성의 상태로 변화되었다는 사역적인 결과사건을 나타낸다. (12c)의 동사 make는 '누가 무엇을 만들다'란 기본의미에서 '무엇 때문에 누가 어떤 상태가 되다'란 의미로 확대된 경우이다. 주어인 사람이 사용하는 도구인 회전식 연발 권총 때문에 목적어인 피영향자가 두려워하는 상태로 변화되었다는 사역적인 상태변화의 결과사건을 나타낸다. (12d)의 동사 find는 '누가 무엇이 어떠하다란 사실을 알게 되다'란 의미로 주어인 경험자(experiencer)가 목적어인 대상이 어떤 속성이 있다는 사실을 인지하는 상태를 나타낸다. 이처럼 복합타동사구문에서 주어논항은 행위자, 원인자, 도구, 경험자 등이 가능하고, 목적어도 피영향자와 대상(중립자)이 가능하다. 목적격보어는 주로 명사나 형용사가 나와 목적어에 대한 술어역할을 한다.

(13) 복합타동사 구문 2 (SVOA) 3항 술어
a. He placed it on the shelf. (행위자-대상-처소)
b. The storm drove the ship ashore. (원인자-대상-처소)
c. A car knocked him down. (도구-대상-처소(상태))
d. I prefer them on toast. (경험자-대상-처소(상태))

(13)은 전통문법에서 주어와 목적어 및 처소의 부사구로 구성된 타동사 구문으로

분석하고 있었으나, Chomsky(1965)의 변형문법이후 처소의 부사구가 첨가된 부가어가 아니라 의미적으로 반드시 필요한 보충어인 보어로 분석하게 되어 복합타동사 구문이 된 경우이다. 논리적으로는 주어논항과 목적어논항 및 목적격보어인 처소논항 세 개를 택하는 3항 술어에 해당된다. (13a)의 동사 place는 '누가 무엇을 어디에 갖다놓다'란 의미로 주어인 행위자가 목적어인 대상을 어떤 위치의 처소에 놓아 이동시킨다는 사역이동결과사건을 나타낸다. (13b)의 동사 drive는 '누가 자동차 등을 운전하다/운전하여 어디로 가다'란 기본의미에서 '자현현상 때문에 무엇이 어디에 놓이게 되다'란 의미로 확대된 경우이다. 주어인 폭풍과 같은 자연력 때문에 목적어인 대상이 어떤 위치인 처소로 이동된다는 사역이동결과사건을 나타낸다. (13c)의 동사 knock은 '누가 누구를 쳐서 타격을 입히다/타격을 입혀 어떤 상태로 만들다'란 기본의미에서 '무엇 때문에 누가 타격을 받아 어떻게 되다'란 의미로 확대된 경우이다. 주어인 자동차와 같은 사람이 사용하는 도구 때문에 표면적으로는 목적어인 대상이 어떤 위치로 이동된다(down)는 사역이동결과사건을 나타낸다. 그러나 비유적으로 의미가 확대되어 그가 차에 치여 넘어졌다는 사역적인 상태변화를 나타낸다. (13d)의 동사 prefer는 '누구는 무엇이 어디에 있는 상태를 더 좋아하다/누가 어떤 상황을 선호하다'란 의미로 주어인 경험자가 목적어인 대상이 어떤 위치에 있는 상태를 선호한다는 정서적인 상태를 나타낸다. 전치사구 on toast는 형태상으로는 처소를 나타내는 것처럼 보이나 의미적으로는 비유적으로 확대되어 구워진 상태를 나타내는 경우이다.

1.2 인지문법의 의미분석

(1) 인지문법의 개관

Langacker(1995 : 17-21)는 문장의 의미를 상태(state)와 사건(event)으로 구별하지 않고, 통합된 사건의 과정(process)으로 보고 있다. 이때 문장을 기술하는 화자(인지자)는 모든 사건의 과정을 다 묘사하여 표현하는 것이 아니라 그 중 윤곽적인 모습(profile)으로 들어난 것에 집중하여 표현하는 것으로 보고 있다. 전형적인 사건모형

(canonical event model)에는 시간적 공간적 배경(setting)이 있고, 그 사건에 참여하는 참여자(participant)가 있다. 또 참여자가 단지 배경에 위치해 정적인 상태를 나타내기도 하지만, 참여자들 사이에 상호작용의 사건을 나타낸다. 이 상호작용은 에너지가 어떤 참여자에서부터 시작하여 다른 참여자에게 전달되는 행동연쇄(action chain)로 나타난다.

(14) In his kitchen, Phil sliced the bread with a sharp knife.

위 예문에서, 전치사구 In his kitchen은 사건이 일어나는 공간적 배경을 나타내고, 주어 Phil은 사건의 참여자로 행위자가 되며, 목적어 the bread는 사건의 참여자로 피영향자가 된다. 전치사의 목적어 a sharp knife은 사건의 참여자로 도구가 된다. 이에 대한 사건모형의 도식이 다음 (15)이다.

(15)

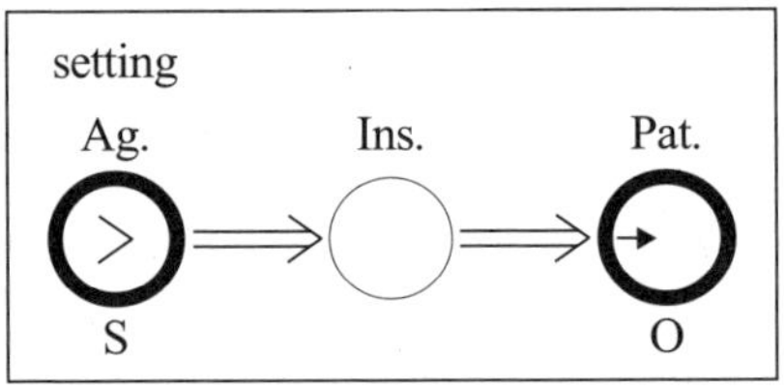

인지문법에서 사용하는 도식에는 무대 모형(stage model)과 당구공 모형(billiard model)이 있다. 무대 모형은 사각형으로 표시하여 일종의 시간적 공간적 배경을 나타내며, 당구공 모형은 이 무대에서 참여자들의 상호작용을 나타낸다. 참여자들의 상호작용은 당구공의 움직임으로 표시하는데, 외부의 힘이 원인이 되어 움직이기도 하고, 내부의 힘이 원인이 되기도 한다. 이것을 에너지원(energy source)으로 보고, 이러한 에너지의 흐름을 두 줄의 화살표로 표시한다. 위 도식 (15)는 전형적인 사건모형에 대한 도식으로 에너지의 흐름이 행위자에서부터 시작되어 도구로 가고, 다시 피영향자로 가는 행동연쇄의 형태를 취하고 있다. 이때 행위자내의 쇄기모양은 의도성(volitionality)을, 피영향자내의 화살표는 상태의 변화를 의미한다. 즉 부엌이라는 공간적 배경에서, 행위자인 Phil은 의도성을 지닌 에너지원으로써 에너지가 도구인 칼로 전달되고, 다시 그 에너지가 피영향자인 빵으로 전달되어, 빵이 얇게 베어지는 상태변화의 과정을 나타낸다. 이때 행위자는 에너지 흐름의 머리(head)인 주어로 나타나고, 피영향자는 꼬리(tail)인 목적어로 나타난다. 반면에 도구는 전치사구로 표현된다. 따라서 주어와 목적어는 윤곽적으로 돌출된(focal) 모습의 참여자로 굵은 선의 당구공으로 표현되나, 도구는 비돌출된(non focal) 참여자로 가는 실선의 당구공으로 표현된다. 전치사구로 표현된 공간적 배경도 비돌출적이므로 가는 실선의 사각형으로 표현된다.

한편 다음과 같은 행위자, 도구, 피영향자 주어교체현상을 보자.

(16) a. Phil sliced the bread with a sharp knife.
b. A sharp knife easily sliced the bread.
c. The bread easily sliced.

(16a)처럼 사건의 참여자인 행위자, 피영향자, 도구가 다 표현이 된 경우는 에너지 흐름의 전 과정을 다 윤곽적인 모습으로 표현한 경우로 도식 (15)에 해당된다. (16b)의 도구주어구문은 도구에서 시작되어 피영향자로 가는 일부분만 윤곽적인 모습으로 표현한 경우로, 다음 도식 (17a)에 해당된다. 반면 (16c)의 피영향자 주어구문은 피영향자의 상태변화만 윤곽적인 모습으로 표현한 경우로 다음 도식 (17b)에 해당된다

(17) a.
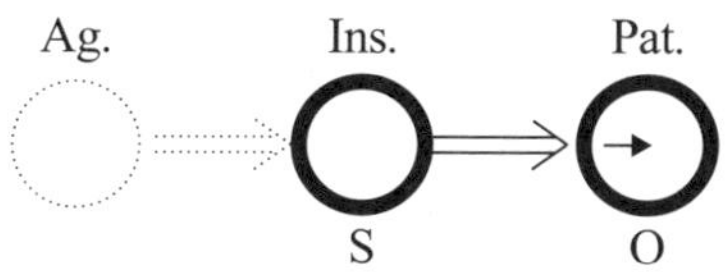

b.
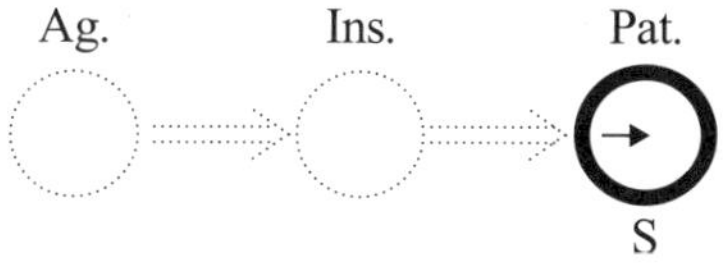

(17a)는 도구와 피영향자간의 상호작용에 대한 행동연쇄로, 도구는 행동연쇄의 머리(head)인 주어로 나타나고, 피영향자는 꼬리(tail)인 목적어로 나타나 윤곽적으로 돌출된(focal) 모습의 참여자이다. 따라서 굵은 선의 당구공으로 표시된다. 이때 행

위자는 명시되어 있지는 않지만, 누군가가 빵을 자를 때의 상황을 가정할 수 있으므로, 암시되어 있다고 본다. 따라서 이를 구별하여 비윤곽적인 가는 점선의 당구공으로 표시하며, 그 에너지 흐름도 점선으로 표시한다. 한편 (17b)는 피영향자의 상태변화에 관한 행동연쇄로, 피영향자는 이 행동연쇄의 머리인 주어로 나타난 돌출된 모습의 참여자이므로 윤곽적으로 돌출된 굵은 선의 당구공으로 표시한다. 이때 행위자뿐만 아니라 도구도 명시되어 있지 않고, 암시되어 있을 뿐이다. 따라서 비윤곽적인 가는 점선의 당구공으로 표시하며, 그 에너지 흐름도 점선으로 표시한다.

이처럼 인지문법에서는 문장의 의미를 사건이나 과정에 참여하는 참여자들과 배경과의 관계에서 무대모형과 당구공모형을 사용하여 사건모형으로 표현한다. 이때 사건모형에서 주어와 목적어와 같은 문법관계는 화자가 어떤 참여자를 더 윤곽적으로 부각된 모습으로 표현하느냐에 따라 결정된다. 즉 주어는 제일의 초점을 받아 윤곽적으로 부각된 모습의 참여자이며, 에너지 흐름의 행동연쇄의 사건에서 보면 사건의 시작인 머리에 해당한다. 주어는 움직이는 개체인 탄도체(trajector)와 같은 것으로 보고 있다. 한편 목적어는 제이의 초점을 받아 윤곽적으로 부각된 모습의 참여자이며, 에너지 흐름의 행동연쇄 사건에서 보면 끝인 꼬리에 해당한다. 주어인 탄도체가 이동하여 도달하는 지표(landmark)와 같은 것으로 본다. 따라서 에너지원인 탄도체로서의 주어는 행위자나 도구 외에도, 다음 예문 (18)과 같이 외적인 자연력과 같은 원인자가 되기 쉽다. 반면에 에너지가 도달하는 지표로서의 목적어는 피영향자 외에도, (19)와 같이 이동되는 대상과 경험자가 되기 쉽다.

(18) a. *An earthquake* destroyed the village.
b. *A meteor* made that crater.

(19) a. They were pushing *a heavily-laden wagon* up the hill.
b. Zack's hard work pleased *his teachers* enormously.

(18a)는 '지진으로 마을이 파괴되었다.'이고, (18b)는 '유성이 떨어져 분화구가 만들어졌다.'로 지진이나 유성 등과 같은 자연력은 사건을 일으키는 에너지원으로서의 원인자 역할을 하고 있다. (19a)는 '그들이 무거운 짐을 실은 마차를 언덕위로 밀어 올리고 있다.'로 목적어인 마차는 행위자의 에너지가 이동해 간 대상이고, (19b)는

'Zack이 열심히 공부해서 선생님을 몹시 기쁘게 했다.'로 목적어인 선생님은 감정이 전달되어 경험하는 경험자이다.

한편 주어와 목적어는 둘 다 윤곽적으로 돌출된 모습의 참여자이지만 에너지의 흐름면에서 보면 시작과 도착점이라는 비대칭적인 관계에 있다. 또 물리적인 에너지 흐름이 없는 다음과 같은 상태의 경우에도 주어는 객관적이던 주관적이던 현저하게 두드러진 적극적인 참여자이나, 목적어는 비적극적인 참여자이다.

(20) a. *I* remember *my childhood* very well.
b. *Sharon's apartment* faces *the country yard.*

(21) a. *Line A* intersects *line B.*
b. *The railroad tracks* parallel *the highway.*

(20a)의 '나는 어린 시절을 잘 기억한다.'에서 객관적으로 보아 주어인 경험자가 목적어인 대상 어린 시절보다는 더 적극적으로 두드러진 참여자이다. (20b)의 'Sharon의 아파트는 시골마당을 향하고 있다.'에서도 에너지가 없는 두 대상 사이의 상태관계이지만 주관적인 면에서 주어인 샤론의 아파트를 목적어인 시골마당보다 더 적극적으로 두드러진 참여자로 본 경우이다. 특히 (21)은 대칭관계에 있어 주어와 목적어의 위치를 서로 바꿀 수도 있지만 그 의미는 사뭇 달라진다. 물리적인 에너지의 흐름은 아니지만 심리적인 에너지의 흐름이 탄도체인 주어에서 지표인 목적어로 흘러가는 것으로 본다. 이처럼 행동연쇄의 탄도체로서의 주어와 지표로서의 목적어는 똑같이 윤곽적으로 돌출된 모습의 참여자이므로 당구공 모형에서 굵은 선의 당구공으로 표시하게 되지만, 물리적이던 심리적이던, 에너지 흐름이 주어인 탄도체에서 시작하여 목적어인 지표로 이어지기 때문에 주어와 목적어는 비대칭관계에 있다.

(2) 유사구문의 의미차이

인지문법에서는 사건을 묘사하는 화자가 어디에 더 윤곽을 부여하느냐에 따라 주어와 목적어가 결정된다. 의미적으로 유사한 구문에서도 어떤 참여자 논항이 주어와 목적어로 표현되느냐에 따라 상당한 의미차이가 있는 것으로 본다. 다음의 처소격 주어 구문의 경우를 보자.

(22) a. *Bees* are swarming in the garden.
  b. *The garden* is swarming with bees.

(22a)의 주어 bees는 행위자의 의미역을 지닌 참여자 논항이고, 배경인 in the garden은 주어인 행위자 논항이 활동하는 처소이다. (22b)에서는 이 처소격 논항이 주어가 되고, 대상 논항인 bees는 전치사 with와 같이 쓰였다. 위 두 문장은 기본적인 의미는 비슷하지만 윤곽적으로 부각되는 현저성에 있어 상당히 다르다. 이를 도식적으로 표현하면 다음과 같다.

(23) a. 
b. 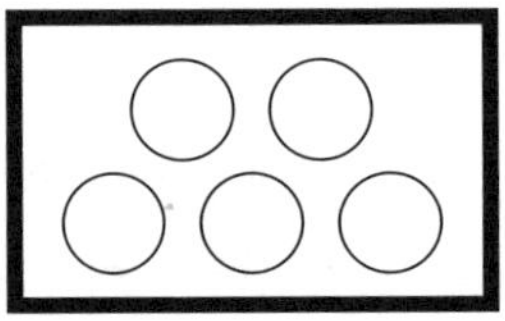

(23a)는 사건의 참여자인 벌이 주어로 표현되어 그 만큼 윤곽적으로 부각된 경우로 전체적으로 벌에 대한이야기이고, (23b)는 사건의 배경인 처소가 주어로 표현되어 그 만큼 윤곽적으로 부각된 경우로 정원에 관한 이야기이다.

다음은 주어 인상에 따른 주어교체이다.

(24) a. It seems that John is happy.
  b. John seems to be happy.
  c. John seems happy.

(24a)는 it-that의 가주어구문으로 단지 일반적인 사고의 내용을 표현한 것인데 반하여, 주어 인상된 (24b)는 일종의 주제화 현상으로, 어떤 구체적 주제(이 경우 John)에 대한 진술이므로 뜻의 뉘앙스가 달라진다. 특히 (24c)는 (24b)보다도 더 구체적 주제에 대한 주관적인 견해를 나타낸다.[3]

3 (24c)와 같이 to be가 생략되고 직접 형용사구나 명사구가 나오는 경우 주관적인 평가를 내포한다.

Langacker(1995)는 이러한 인상구문의 의미차이를 주어의 의미 및 기능과 밀접한 관계가 있다고 본다. 인지문법에서는 문장의 의미를 사건이거나 상태관계인 어떤 과정을 윤곽적으로 드러내어 묘사하는 것으로 본다. 따라서 다음 문장의 의미차이는 주어의 선택에 있다.

(25) a. That John will leave is likely.
b. John is likely to leave.

(25a)는 'John이 떠날거다.'라는 과정(process)이 주어인 탄도체로 선택된 경우라면, (25b)는 그 과정에 참여한 개체인 John을 주어인 탄도체로 선택한 경우이다. 이를 도식적으로 표현하면 다음과 같다.

(26) a. LIKELY 1 b. LIKELY 2

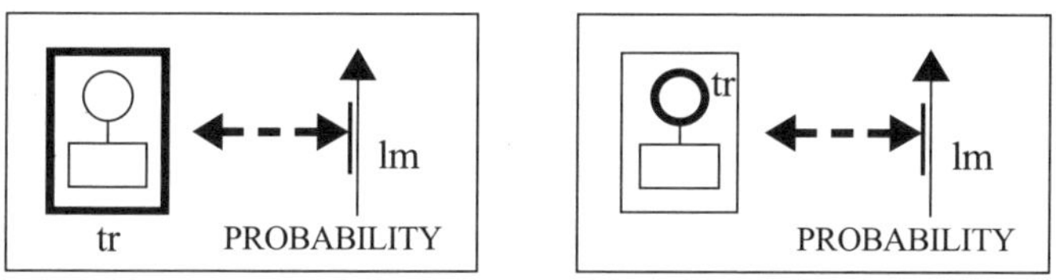

(26a)는 (25a)문장에 대한 도식으로, 과정자체가 제일의 촛점을 받아 윤곽적으로

(i) a. He seems to be a doctor.
b. He seems a *good* doctor.

(ia)는 개관적인 진술이므로 to be를 생략할 수 없지만, (ib)는 주관적인 평가인 good이 들어가 있으므로 to be의 생략이 가능하다. Langacker(1991)는 이러한 의미 차이를 that-절과 to-부정사의 의미와도 연관이 있다고 본다. (24a)와 같이 사고의 내용이 that-절로 표현된 경우는 그 내용이 객관적이고 공적인 경우로 화자가 간접적으로 듣거나 알아내서 표현한 경우라면, (24b)는 화자 자신이 직접 그 사람을 보고 내린 진술의 경우이고, (24c)는 이 보다 더 직접적으로 경험을 통하여 주관적으로 평가를 내린 경우가 된다. 즉 (24a)의 의미의 간접성은 부분적으로는 보문소 that에 의해 전달되는 개념적 거리(conceptual distance)일 수도 있지만, 보다 중요한 것은 that-절의 의미이다. that-절은 시제를 포함하고 있는 정형절로 주절과는 별도로 시간적 공간적 개념을 지니고 있다. 따라서 그 내용을 사고하는 데는 상당히 시간적 간격이 있고, 또 객관적일 수밖에 없으며 동시에 간접적이다. 반면 (24b)는 보다 직접적이기는 하지만, 동사 be의 의미에 따라 경험과 사고 사이에 약간의 간격이 있을 수 있으며, 또 보문소 to-에는 시간적인 일치의 개념은 없음이 이를 밑받침 한다. 그러나 (24c)에는 이런 간접적 요소가 없기 때문에 심리적으로 직접 사고한 경험을 주관적으로 평가하고 있음을 시사한다.

돌출된 참여자인 탄도체(주어)로 굵은 실선으로 표현 된다. 이때 탄도체는 'John이 떠날거다.'라는 과정이므로 무대상의 사건인 사각형으로 표현된다. (26b)는 (25b)문장에 대한 도식으로, 과정에 참여한 개체인 John이 제일의 촛점을 받아 탄도체(주어)로 선택된 경우로 윤곽적으로 돌출된 굵은 실선의 당구공으로 표현된다. 술어 likely는 가능성(probability)을 나타내는데, 그 가능성의 척도(scale)를 지표로 표현한 것이다. 따라서 (25a)가 그 가능성의 정도를 객관적인 진술인 과정에 두고 있다면, (25b)는 그 가능성의 정도를 과정에 참여한 개체인 인물 John에 두고 있는 것이다. 즉 보문의 주어인 John을 윤곽적으로 현저하게 부각시켜 주절의 주어로 표현함으로써, 개체인 인물 John의 의지가 과정이 일어날 가능성의 정도에 결정적인 역할을 하고 있음을 보여주는 것이다. 이때 일종의 환유법이 적용된 것으로 다음처럼 활성영역(active zone)과 윤곽(profile)이란 개념으로 설명하고 있다.

(27) a. *The wombat* bit *the skunk* on the tail with its sharp teeth.
b. *Jane* blinked *her big blue eyes*.

(27a)에서 움벳이 이빨로 스컹크를 물은 경우이지만, 부분인 이빨보다는 더 인지적으로 더 윤곽적인 전체 움벳을 모습으로 부각시켜 주어로 표현한 환유법이 적용된 경우이다. 이때 활성영역은 당연히 이빨이므로 묵시적으로 표현하지 않을 수도 있지만, 날카로운 이빨이라는 것을 나타내기 위해 전치사구 with its sharp teeth로 표현하고 있다. (27b)에서도 전체와 부분이라는 환유법을 적용하여 부분인 눈보다는 전체인 사람 Jane을 모습으로 부각시켜 주어로 표현한 경우이다. 이때도 깜박였다면 활성영역은 당연히 사람의 눈이므로 보통은 생략하지만 크고 푸른 눈이라는 것을 명시적으로 나타내기 위해 목적어 her big blue eyes로 표현한 경우이다. 이와 같은 설명을 그대로 (25b)와 같은 인상 구문에 적용할 수 있다. 실제로 가능성 높은 것은 John이 아니라 그가 떠난다는 사실이지만 더 구체적이고 생기 있는 John이란 인물을 모습으로 부각시켜 강조 시켰으며, 실제 활성영역은 생략되지 않고 부정사구로 표현된 경우이다. 따라서 주어 인상된 (25b)는 그 가능성이 객관적인 사실에 근거를 둔 것이라기보다는 인물에 대한 주관적인 가능성임을 시사한다.

한편 다음은 소유자의 속성과 소유자에 의한 주어교체이다.

(28) a. *The clown's antics* amused the children.
  b. *The clown* amused the children with his antics.

(28a)는 소유자의 속성이 주어로 표현된 구문이고, (28b)는 소유자가 주어로 표현된 구문이다. 즉 주어교체가 일어난 경우이다. 이 경우 실제 어린애를 즐겁게 한 것은 광대의 익살이다. 광대의 익살대신 광대를 대신 주어로 내세워 광대가 어린애를 즐겁게 했다고 할 수 있다. 이것이 가능한 이유는 주어 인상과 같이 일종의 환유법으로 추상적인 광대의 익살대신 조금 더 구체인 사람인 광대를 직접 주어로 부각시켜 모습으로 표현하였기 때문이다. (28a)는 객관적인 광대의 익살에 대한 평가라면, (28b)는 조금 주관적인 광대라는 사람에 대한 평가라고 할 수 있다.

다음은 여격 구문과 이중목적어 구문을 비교해 보자.

(29) a. She threw a ball *to Bill*.
  b. She threw *Bill* a ball.

(29a)는 공을 Bill에게 던졌을 뿐이지, Bill이 그것을 받었는지에 대해서는 중립적이다. (29b)는 공을 받었다는 의미가 전제되어 있다. 따라서 다음 (30a)는 자연스러운 문장이나, (30b)는 불가능하다.

(30) a. She threw a ball *to Bill*, but it never reached him.
  b. *She threw *Bill* a ball, but it never reached him.

이를 대략적으로 도식화하면 다음 도식과 같다.

(31) a. b.

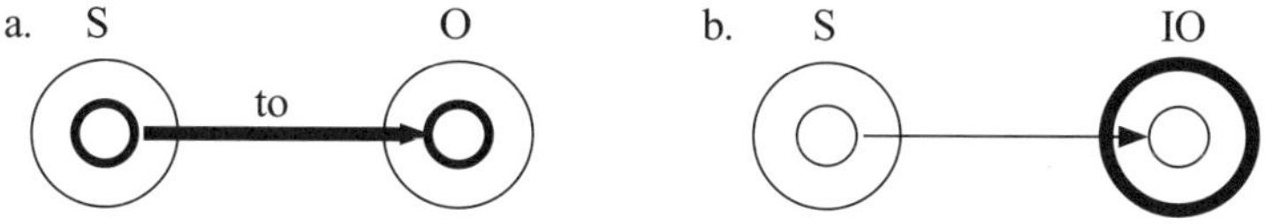

수령자가 전치사구로 표현된 to-여격구문은 전치사 to에 의한 소유이동의 방향성이 부각된 반면, 간접목적어로 표현된 이중목적어 구문은 수령자의 의미특성이 더

현저하게 두드러져, 대상이 수령자로 이동되어, 그 대상을 완전히 소유하는 관계에까지 이른 것으로 본다. 이처럼 인지문법에서는 목적어의 의미를 주어 다음으로 윤곽적으로 현저하게 두드러진 참여자로 보고 있다.

1.3 문장 간의 기본적 의미관계

두 문장 사이에는 어떤 의미관계가 성립하기도 한다. 이런 기본적인 의미관계(semantic relationships)를 살펴보자.

(1) 바꿔 쓰기(paraphrase)

한 어휘나 문장을 비슷한 의미의 다른 어휘나 문장으로 바꾸어 쓰는 것을 바꿔 쓰기라고 한다.

(32) a. Philip purchased an automobile. ↔ Philip bought a car.
b. I have to postpone the meeting. ↔ I want to reschedule the meeting.

(32a)의 문장에서 purchase는 buy로 automobile은 car로 바꾸어 문장을 다시 쓸 수 있다. 또 (32b)의 문장에서 postpone은 put off나 reschedule로 바꾸어 쓸 수 있다. 이때 반대 방향으로 바꿔 쓸 수도 있기 때문에 쌍방향적이라고 한다.

(2) 함의(entailment)

한 문장의 의미가 맞는 말일 때, 다른 문장의 의미가 논리적으로 반드시 성립하는 경우를 함의라고 한다.

(33) a. They killed the pig. → The pig died.
b. Mary forced John to kiss her. → John kissed Mary.
c. John is a bachelor. → John is a male.(John is not married.)

돼지를 죽였다면 돼지가 죽었다는 말이 반드시 성립한다. 억지로 키스하게 했다면 키스한 것이 성립한다. 총각이라면 남자이며, 결혼하지 않았다는 말이 성립한다. 이런 의미적 관계를 논리적인 함의관계라고 한다. 함의는 바꿔 쓰기와 달리 일방향이다. 즉 반대로 돼지가 죽었다고 해서 반드시 그들이 죽였다는 말이 성립하지 않는다. 자연사했을 수도 있기 때문이다. 한편 부정문이나 의문문에서는 이러한 함의관계가 성립하지 않는다.

(34) a. They didn't kill the pig.
b. Did they kill the pig?

죽이지 않았거나, 죽였느냐고 묻는 경우에 논리상 죽었다는 의미가 함의되지 않는다.

한편 포함(inclusion)은 장이론의 상의어인 animal이 하의어인 human, dog 등을 포함하는 관계를 말한다. 함의와는 정반대의 개념으로 포함된 하의어인 human하면 반드시 상의어인 animal이 성립하지만, 상의어인 animal하면 human을 포함하기는 하지만 개, 소, 돼지 등의 가축도 포함하기 때문에 반드시 human이 성립하지는 않는다.

(3) 모순(contradiction)

두 어휘나 문장이 서로 논리적으로 맞지 않을 때 모순된다고 한다.

(35) a. A bachelor is married.
b. Jack is killed. Jack is alive.
c. He is an orphan. His parents are living

(35a)에서 총각이라고 하면 결혼하지 않는 성인 남성을 말하는데, 결혼했다고 하면 서로 논리적으로 모순이 되므로 항상 거짓이 된다. (35b)에서 살해당했다면 죽은 것을 함의하는데, 살아있다면 서로 논리적으로 모순된다. (35c)에서 고아라면 부모님이 돌아가신 어린아이를 함의하는데, 부모님이 살아있다고 하면 서로 논리적으로

모순된다.

(4) 전제(presupposition)

전제란 어떤 한 어휘나 문장이 사실이 되기 위해서 먼저 전제되는 내용이다. 예를 들어 다음 (36a)문장은 (36b)의 내용을 전제로 하고 있다.

(36) a. John stopped beating his wife.
b. John had been beating his wife.

(36a)의 동사 stop은 의미상 '어떤 일을 하던 것을 그만두었다.'로, '그 이전에 이미 그 일을 하였었다.'는 내용이 전제 되어야만 한다. 한편 이와 같은 전제는 함의와 달리 그 문장이 부정이 되거나 의문이 되어도 그대로 사실로 남아 있는다.

(37) a. John didn't stop beating his wife.
b. Did John stop beating his wife?

아내를 구타하는 짓을 그만 두지 않았다고 부정을 해도, 또 아내를 구타하는 짓을 그만 두었냐고 물어도 아내를 이전에 구타하고 있었다는 내용을 전제로 하고 있다. 따라서 함의와 달리, 부정문에서 부정되지도 않고, 의문문에서 의문의 대상이 되지도 않는 부분을 어떤 문장의 전제라고 한다. 이와 같은 전제관계를 보이는 특정 표현의 동사로는 stop, continue 등과 같이 시상과 관련된 동사가 있다. 또 regret, forget 등과 같이 목적절인 보문이 사실이라고 항상 전제로 하는 사실동사(factive verb) 등이 있다.

(38) a. John regrets that he failed in the exam.
b. John forgot that he went there.

(39) a. John believes that he failed in the exam.
b. John asserted that he went there.

(38)의 예문들은 항상 목적절인 보문의 내용이 사실임을 전제로 하여, 그 사실을 후회하거나 잊어버리는 경우이다. 따라서 부정문이 되거나 의문문이 되어도 그 보문이 사실임이 전제가 되어, 그 사실을 후회하지 않거나, 또는 후회하는지 잊었는지를 묻는 경우가 된다. 그러나 (39)의 예문들은 그런 전제가 없고, 단지 그 보문에 대한 믿음이나 주장을 하고 있을 뿐이다. 따라서 부정문이 되거나 의문문이 되면, 그런 보문에 대한 믿음이나 주장을 부정하거나 의문시하는 경우가 된다. 이런 동사들을 전자의 사실동사와 구별하기 위해 비사실 동사(non-factive verb)라고 한다. 이밖에도 전제를 포함하고 있는 어휘는 정관사 the, 부사 also, too, even 등이 있다.

(40) a. The king of France is bald. (There is a king of France.)
b. John also likes Mary. (There is other than John who likes Mary.)

(40a)의 프랑스 왕이 대머리라면(the king of France의 표현 속에는) 프랑스 왕이 있다(There is a king of France.)는 말이 전제되어야 성립한다. 또 (40b)의 John도(also) Mary를 좋아한다면 Mary를 좋아하는 사람으로 John 이외의 다른 사람이 있다(There is other than John who likes Mary.)는 말이 전제되어 있다.

(5) 함축(implication)

함축이란 실제 말한 것은 아니나, 그 말한 것 속에 암시되어 있는 내용을 의미한다.

(41) It's cold here.

(42) a. Close the window, will you?
b. May I close the window?
c. Please turn on the heater.
d. Shall I turn on the heater?

(41)의 문장은 춥다는 문자 그대로의 의미뿐만 아니라, 그때의 발화상황에 따라

청자에게는 (42)와 같은 여러 가지의 의미가 함축되어 있는 것으로 여겨질 수 있다. 즉 '추우니 창문을 닫아 달라.'는 의미가 될 수 있고, '추운데 창문을 닫아도 될까요.' 하는 의미도 될 수 있고, '난로를 켜 달라.'는 의미, 혹은 난로를 켤까요.'라는 의미 등 여러 가지의 의미가 상황에 따라 함축되어 있다. 이처럼 함축은 상황과 문맥에 따라 얼마든지 달라질 수 있다는 점에서 앞의 논리적인 함의나 전제와는 다르다.

(6) 변칙(anomaly)

어떤 문장이 의미가 성립하지 않거나 이상한 말일 때 변칙적인 말이라고 한다. 즉 선택제약과 같은 의미규칙을 위반하여 이상하고 의미가 통하지 않는 변칙적인 말이 되는 경우이다.

(42) a. The rock giggled.
b. He swallowed a dream.

(42a)에서 킥킥 웃는다고 하면 인간과 같은 유생물이어야 하는데, 선택제약과 같은 의미규칙을 어기고 무생물인 돌이 주어로 나왔다. 즉 돌이 킥킥 웃는다고 하면 의미적으로 이상한 변칙적인 문장이 된다. 또 (42b)에서 삼킨다고 하면 알약, 음식 등과 같은 구체명사가 나와야 하는데, 추상명사인 꿈이 목적어로 나왔다. 즉 꿈을 삼킨다고 하는 이상한 문장이 되었다. 일반적으로 이와 같은 문장은 의미가 통하지 않는 비문법적인 문장으로 취급하고 있으나, 의인법, 은유법 등과 같은 수사법에 의해 비유적으로 의미가 확대된 경우도 가능하다. 따라서 논리적인 모순과는 다르다.

2. 담화와 정보구조

대화는 주로 음성언어인 말로 서로 의사소통을 하는 과정이라면, 담화는 주로 문자언어인 글로 의사소통을 하는 과정이다. 이때 의사소통이란 서로 정보를 주고받는 과정으로 대화나 담화속의 문장이 지닌 정보구조가 중요한 역할을 하게 된다. 즉 같은 말이나 글이라고 하여도 어떻게 정보를 조직하여 전달하느냐에 따라 효과가 달라진다. 문장이 문법적으로 맞느냐 틀리느냐를 따지는 것이 아니라, 대화나 담화 문맥에 맞게 적절히 표현한 정보전달이냐 아니냐를 따지게 된다.[4]

2.1 정보구조의 기본개념

(1) 구정보와 신정보

일반적으로 대화나 담화는 이미 알고 있는 주어진 정보(given information), 즉 구정보(old information)를 주제(theme)로 하여, 초점(focus)인 신정보(new information)를 전달하는 의사소통의 과정이다. 구정보란 화자와 청자와 같은 대화 참여자들에게 이미 알려진 주어진 정보이다. 이전의 담화문맥에서 명시적으로 언급되어 주어졌거나, 어떤 정보로부터 암시되어 있는 정보를 말한다. 또는 사적으로 공유하고 있는 정보(shared information)이거나, 사회문화적으로 널리 알려진 정보를 말한다. 반면에 신정보란 대화에서 화자가 청자에게 전달하려고 하는 정보이며, 담화에서 처음으로 도입되는 정보를 의미한다. 이때 문장 앞에 오는 주어는 보통 주제인 구정보이며, 문장 뒤에 오는 서술어 또는 서술어 속의 목적어 등은 전달하고자 하는 초점인 신정보가 되는 정보구조의 패턴을 이룬다. 다음의 담화를 보자.

(54) *I* must tell you about <u>my move</u>. First, *the movers* arrived <u>two hours late</u>. Then,

4 물건도 포장이나 디자인을 어떻게 하느냐에 따라 가치가 달라진다. 이런 점에서 정보를 어떻게 포장하여 전달하느냐의 문제로 정보포장(information packaging)이론이라고도 한다.

they damaged my new couch. *The upholstery on the back* is badly ripped. And *they* dropped two boxes of dishes. What a nightmare!

첫 문장에서 일인칭 주어 I 및 말하는 행위는 의사소통 맥락에서 주어진 것으로 구정보이고, 이사하는 내용은 전달하고자 하는 신정보가 된다. 두 번째 문장의 주어인 이사꾼들은 비록 처음으로 등장하지만 앞 문장의 이사(move)라는 상황적 맥락에서 추측할 수 있는 구정보이다. 따라서 화자나 청자가 알고 있는 정보란 의미에서 정관사 the로 표현하고 있다. 두 시간 늦게 도착했다는 서술구가 전달하고자 하는 초점인 신정보이다. 세 번째 문장의 주어 "they"는 앞 문장의 주어 the movers를 대신해서 쓴 대명사로 구정보이고, 새 실내가구를 망가트렸다는 서술구가 전달하고자 하는 신정보이다. 네 번째 문장의 주어인 의자 뒷부분 속도 앞 문장의 실내가구(couch)라는 맥락에서 알 수 있는 구정보이다. 따라서 정관사 the로 표현되었다. 심하게 뜯겨 나갔다란 서술구가 전달하고자 하는 신정보이다. 다섯 번째 문장의 주어 "they"는 앞에서 언급된 이사꾼들로 구정보이고, 접시 두 상자를 떨어뜨렸다는 서술구가 전달하고자 하는 신정보이다. 즉 주어는 구정보인 주제어이고, 서술어는 신정보인 초점이 되는 전형적인 패턴을 보여준다. 마지막 문장인 감탄문에서는 주어(the move)는 문맥상 알 수 있는 구정보이므로 생략되었다. 이때 앞 문장의 내용이 뒤에 나오는 다음 문장으로 연결되어 전개되고 있으므로 일관성이 있고, 앞에 언급된 말이 대명사 등으로 연결되어 응집력도 있다.

(2) 화제와 논평

화제(topic)는 발화의 주제로, 출발점이며, 관심사이며, 관점이다. 즉 문장의 주어가 이야기의 주제이면서 동시에 이야기의 시작이며 관점인 화제가 된다. 논평(comment)은 화자가 화제에 관해 평하여 말하는 내용으로 대개 문장의 서술구가 논평이 된다. 앞 (43) 담화문맥에서의 세 번째 문장인 '*They* damaged my new couch.'를 보아도 주어인 they(movers)는 주제이면서, 이야기의 시작이고 관심사인 화제가 된다. 서술어는 그 화제내용에 대해 화자가 평하고 있는 논평이 된다. 이때 화제 X를 도입하는 표현으로 "As for X", "Speaking of X", "Tell me something about X"를 사용하여 명시적으로 나타낼 수도 있다.

(55) a. As for the mover, *They* damaged my new couch.

b. Tell me something about your move.

한편 (54) 담화에서 주어진 문장들의 주어가 모두 화제이지만, 다음 (56a)처럼 화제가 반드시 문장의 주어일 필요는 없으므로, 목적어를 전치하여 화제로 삼을 수도 있고, (56b)처럼 절 전체가 화제가 될 수도 있다.

(56) a. *That movie* I want to see.

b. *That my furniture was damaged* was upsetting.

(3) 대조

일반적으로 신정보는 강세를 받는 초점인데, 신정보가 아니라도 구정보중에서 다른 정보와 대조를 이룰 경우 대조강세의 초점이 될 수 있다.

(57) A : *Most of my high school friends* have moved away.

B : a. *Only Phyllis* still lives in town.

b. (even) *Phyllis* has now left town.

c. *Phyllis* rather than *Amanda* still lives in town.

d. and Phyllis has died

(57)의 담화문맥에서 (57B-a)의 주어 'Only Phyllis'는 친구중의 한 사람이므로 문맥상 알 수 있는 구정보이지만, "most of my high school friends"와 대조를 이룬다. 둘 다 대조강세의 초점을 받아 강하게 발음된다. 한편 명시적으로 앞의 문맥이 없다고 하여도 (57B-a)처럼 only를 쓸 경우, 다른 사람이 아닌 Phyllis만은 이라는 대조 강세를 받는다. 반면 (57B-b)의 담화로 이어진다면 맥락 속에서 추론되는 구정보로 주제이며 화제가 된다. (57B-c)처럼 대조의 대상이 되는 두 개의 명사구를 rather than과 같은 어구를 이용하여 명시적으로 표시할 수도 있다. 또 (57B-d)처럼 서술어 die가 move away와 대조관계를 이룰 수도 있다.

2.2 정보구조와 통사현상

영어 문장은 주어처럼 문장 앞에 위치하면 주제인 화제가 되고, 문장 뒤에 위치하면 초점인 논평이 되는 경향이 있다. 이번 장에는 이와 같은 정보구조에 따라 문장의 구조가 재배치되는 여러 통사현상에 대해 살펴보고자 한다.

(1) 전치

전치(fronting)는 단어, 구, 절 등을 문장의 시작 부분으로 이동시키는 것을 말한다. 아래 예문들에서 밑줄 친 부분은 모두 전치된 것이다.

(58) A : Which holiday do you like best?
B : Christmas I like best; Thanksgiving I like least.

전치된 요소는 문맥에서 명시되었거나 암시되어 있는 구정보이어야 하며, 전치의 결과로 전치된 요소가 발화의 화제가 된다. 따라서 전치는 문맥 속에서 주어진 정보를 화제화하는 수단이다. 전치된 요소는 (58B)처럼 대조가 될 수도 있다.

명사구외에 다음처럼 부사구나 부사절을 전치하여 화제화할 수 있다.

(59) a. *Suddenly* the car careered across the road.
b. *The day after tomorrow/On Tuesday* I hope to return home.
c. *Working late*, I missed my train.
d. *If you don't stop playing that loud music*, I'll go crazy.

한편 전치와 도치(inversion)가 같이 일어나는 경우도 있다.

(60) a. *Out* popped **a clown**.
b. *Here* comes **my brother**.
c. *Never* have I seen **such a sight**.

처소격 및 부정 부사어를 전치시키면서 주어와 동사가 도치되는 현상인데, 전치와 마찬가지로 문장 끝으로 도치된 요소를 초점화하는 효과가 있다. 이때 (60c)처럼 대명사는 구정보이므로 도치되어 문장 끝부분으로 가지 않는다.

(2) 좌향배치

전치와 마찬가지로 좌향배치(left-dislocation)는 단어, 구, 절을 문장의 시작 부분인 좌측으로 이동시키는데, 이동된 요소의 원래 자리에 대명사를 남긴다는 점이 전치와 다르다.

(61) a. *Annette*, she'll be home late tonight.
 b. *That party*, Alison said that Susie had organized it for Dean.

좌향배치는 일정 기간 동안 화제의 대상이 되지 않았던 구정보를 화제로 재도입하는 기능을 가진다. (61b)처럼 종속절내의 요소도 좌향배치시켜 화제화할 수 있다.

(3) 분열문

분열문(cleft sentence)은 It-that의 강조구문으로 "Jane gave this book to Bill on Saturday because it was his birthday"와 같은 문장에서 강조할 부분을 분열시켜, 다음과 같이 it-that안에 배치하여 강조시키는 것을 말한다.

(62) a. It was this book that Jane gave to Bill.
 b. It was Bill who Jane gave this book to.
 c. It was on Saturday that Jane gave this book to Bill.

It-that의 강조구문으로 (62a-b)에서는 명사구를, (62c)에서는 전치사구를 분열시켜 강조할 수 있다. 분열시켜 강조된 요소는 종종 대조 강세를 받기도 한다. 즉 (62b)에서 강조된 Bill은 John, Jack 등 다른 사람이 아닌 Bill에게만(only Bill)이란 의미가 담겨 있다. 또 강조된 부분은 대개 신정보인데 다음처럼 구정보일 때도 가능하다.

(63) a. It was in 1954 that I first visited London…
b. His ego knew no bounds. It was his egoism that I despised, but it was his brilliance that I admired.

(63a)는 이야기를 시작하는 도입부 문장으로 강조된 'in 1954'은 이미 청자도 알고 있는 구정보일 수 있는데, 화자는 청자가 말하는 순간에는 생각하지 못하고 있지만, 재확인 시키면 금방 기억해 내거나 추리할 수 있다고 가정하여 강조한 경우가 된다. (63b)는 처음 강조된 his egoism은 문맥상(his ego) 알 수 있는 구정보이다. 그러나 다음 강조된 신정보 his brilliance와 대조가 되므로 대조 강세를 받는 경우이다. 이처럼 it-that의 강조구문은 원래 문장의 통사구조를 바꾸기는 하지만 주어, 목적어 등의 기능적 관계를 바꾸는 것은 아니라, 위치만 재배열시킨 것이다.

(4) 유사 분열문

유사 분열문(pseudocleft sentence)은 분열문과 비슷한 강조구문으로 "Henry Studied linguistics at university."와 같은 문장을 다음과 같이 분열시켜 강조시키는 경우이다.

(64) a. What Henry studied at university was **linguistics**.
b. What Henry did was **study linguistics at university**.

유사 분열문에서 강조되는 부분은 NP나 VP 등인데, be동사 다음의 문장 끝에 위치한다. 강조되는 부분은 당연히 신정보이며 대조강세의 초점을 받는다. 즉 (64a)에서 강조된 언어학은 수학 등 다른 과목이 아니라 언어학이라는 의미이다. (What Henry studied at university was linguistics (not mathematics)). 유사 분열문에서 복합관계대명사절로 문장 앞에 위치한 부분이 구정보요 화제가 되며, 강조된 부분이 신정보인 논평이 된다. 따라서 다음처럼 문장의 어순을 바꾸면 화제와 논평도 바뀌게 된다.

(65) a. What Henry studied at university was Linguistics.
→ *Linguistics* was **what Henry studied at university**.
b. The one who studied linguistics at university was Henry.
→ *Henry* was **the one who studied linguistics at university**.

새로 바뀐 문장에서는 Linguistics와 Henry가 구정보인 화제가 되며, 관계절은 신정보인 논평이 되는 구조이다. 특히 (65b)는 유사 분열분과 유사한 one-분열문(one-cleft sentence)이라고 한다.

(5) 수동문

수동문도 일종의 문장구조의 재배열로 화제와 논평이 바뀌는 효과가 있다.

(66) a. Did you hear the news about Adele?
b. *She* was given a commendation by the council.

(66a)는 "Adele"을 담화의 화제로 도입하는 문장이기 때문에, 능동문 'The council gave her a commendation.'라는 대답은 담화의 화제가 "council"이 되기 때문에 부자연스럽다. 따라서 (66b)처럼 수동문으로 표현하여 그녀(Adele)를 화제로 시작하는 것이 자연스럽다. 이처럼 수동문은 능동문의 주어인 행위자(agent)를 화제로 삼지 않는 경우이므로, 다음처럼 능동문의 주어인 행위자를 생략하는 경우가 많다.

(67) a. A bomb was thrown.
b. The expensive vase was broken.
c. The tape should be rewound.

(67a)는 행위자가 알려지지 않아 화제대상이 될 수 없기 때문에, (67b)는 화자가 행위자를 명시하고 싶지 않기 때문에, (67c)는 행위자가 일반인이거나 불특정인이기 때문에 능동문으로 쓰이지 않고 수동문으로 쓰인다.

특히 다음과 같이 감정을 나타내는 동사는 무생물 주어인 능동문보다는 유생물

주어인 경험자를 주어인 화제로 내세우는 수동문을 더 많이 사용한다.

(68) a. *We* were amused by the movie. ← The movie amused us.
b. *I* am frightened by the prospect of tackling that job.
← The prospect of tackling that job frightens me.

수동문외에도 다음 (69c)처럼 주어를 교체하여 행위자대신 새로운 주어를 구정보인 화제로 할 수 있다.

(69) a. *You* can buy a good computer for $2000.
b. *A good computer* can be bought for $2000.
c. *$2000* can get you a good computer.

(69a)는 능동문으로 행위자 주어가 화제인 문장이지만, (69b)는 수동문으로 대상인 computer가 새로운 주어로 화제가 된 경우이다. (69c)는 금액 $2000가 새로운 주어로 화제가 된 경우이다.

(6) 정보구조와 목적어 교체

다음은 목적어 교체 현상으로 먼저 가장 대표적인 여격교체와 수혜자교체현상을 보자.

(70) a. Bill sold it(a car) to Tom./Bill sold *him*(*Tom*) **a car**.
b. He carved a toy(it) for Mary./He carved *her(Mary)* **a toy**.

(70a)의 동사 sell은 수령자인 사람이 to-형태의 전치사로도 쓰이지만, 간접목적어 형태의 이중목적어 구문으로도 쓰인다. (70b)의 동사 carve는 '누구를 위하여 무엇을 조각해 내다'란 의미의 창조동사이다. 이들은 원래 수혜자를 전치사 for로 나타내는 for-수혜자구문으로 쓰이지만, 이중목적어구문으로도 쓰인다. 문장 끝에 있던 초점의 요소를 화제가 있는 왼쪽의 목적어 자리로 이동시키고 대신 직접목적어인 명사

구를 문장 끝으로 보내 초점화시키는 현상이다.

다음은 처소격 교체(locative alternation)와 불변화사 이동(particle movement) 현상이다.

(71) a. Jill sprayed paint **on the wall.**/Jill sprayed *the wall* **with paint.**
b. He wore out **the brakes**./He wore the brakes **out**.

(71a)의 동사 spray는 이동체인 대상을 목적어로도, 이동되어 가는 목표(goal)의 처소 논항(wall)을 목적어로 표현할 수 있는 목적어교체가 가능한 동사이다.[5] 화용적인 정보구조면에서 대상 목적어(paint) 구문은 'Jill이 페인트칠을 했다.'는 내용이 구정보인 화제이고, '벽에다'가 신정보인 초점의 논평이 된다. 반면에 처소격목적어 구문은 'Jill이 벽에다 무엇인가 칠했다.'는 내용이 구정보인 화제이고, '페인트로'라는 것이 신정보인 초점의 논평이 된다. 한편 (71b)는 불변화사 out 이동현상으로, 첫 문장은 '그가 무엇인가를 많이 사용하여 고장냈다'는 내용이 구정보인 화제라면, 고장 낸 것이 '브레이크'라는 것이 신정보인 논평이 되는 문장이다. 반면 불변화사 out이 뒤로 이동된 두 번째 문장은 '그가 brake를 많이 사용했다'는 내용이 구정보인 화제이고, 그 결과 brake가 '고장이 났다(out)'는 것이 신정보인 논평이 되는 문장이다.

(7) 정보구조와 초점화 현상

문장에는 첫 부분은 화제가 되는 중요한 위치이고, 끝 부분은 논평인 초점이 되는 중요한 위치이다. 이런 초점화에는 다음과 같은 현상이 있다.

(72) a. It has been confirmed **that boris won the election**.
b. In the room were **several people I knew**.
c. There were **two children killed in the fire**.
d. *She*'s gone out shopping, **your mother**.

5 이때 처소격 목적어(wall) 구문은 페인트로 벽을 모두 다 뿌려 놓아 온통 벽이 페인트칠로 번벅이 되어 있다는 총체적 의미가 있어 의미적으로 약간의 차이가 있다.

(72a)는 it-that의 외치변형(extraposition)으로 상황을 나타내는 가주어 it를 화제로 만들고, 진주어인 that-절을 문장 뒤로 보내면서 초점화하는 효과가 있다. (72b)는 주어-동사 도치(subject-verb inversion)현상으로 부사구를 문장 앞으로 이동시켜 화제화하면서, 도치된 주어를 초점화 하는 효과가 있다. (72c)는 there-삽입(insertion) 현상으로 허사 there를 가상의 화제공간으로 설정하여 주어로 내세우면서 신정보인 새 개체를 도입하는 규칙인데, 신정보인 새 개체를 초점화 하는 효과가 있다. (72d)는 우향배치(right-dislocation)로 대명사 주어로 표현된 구정보의 개체를 문장 끝에 다시 명시적인 명사구로 표현하는 방법으로 구정보인 화제를 재확인하면서 초점화하는 효과가 있다.

2.3 정보구조와 담화

지금까지 살펴본 정보구조와 문장구조를 근거로 다음의 부자연스러운 담화단락 (73a)와 자연스럽고 정상적인 담화 단락 (73b)를 일관성(coherence)과 응집력(cohesion)에 있어 어떻게 다른지 비교 분석해 보자.

(73) a : (1) *What was discovered in 1960* was the cave. (2) A shepherd who was old thought 'water running underground' had been heard by him at a near-by mountain's foot. (3) A friend of his who lived in the village was told by him. (4) A few stones were removed by the villager and it was the cave that he literally fell into. (5) That animal bones littered the floor was found by him and he had discovered a prehistoric habitation site.

b : (1) It was *in 1960* that the cave was discovered. (2) An old shepherd thought he heard 'water running underground' at the foot of a near-by mountain. (3) He told a friend of his who lived in the village. (4) The villager removed a few stones and literally fell into the cave. (5) He found the floor was littered with animal bones and what he had discovered was a prehistoric habitation site.

(73a)의 첫 문장 (1)은 유사분열문의 강조구문 형태로 담화 도입부의 문장으로는 매우 어색하여, 자연스러운 담화문맥의 시작이라고 할 수 없다. 더구나 주어로 '*What was discovered in 1960*'을 구정보인 화제로 내세우고 있는데, 이런 내용은 구체적인 문맥상의 정보가 없는 한, 상식적으로 구정보로 받아들여지지 않는다. 또 'the cave'를 강조하고자 하는 신정보로 내세우고 있는데, 정관사 'the'는 일반적으로 화자나 청자가 알고 있는 구정보를 나타내므로 논리적으로도 맞지 않는다. 반면 (73b)의 문장 (1)은 It-that 분열문구조의 강조구문으로 일견 어색해 보이나, 'the cave was discovered'란 내용은 일반적인 상황에서 널리 알려진 사실일 수 있고, 주어 'the cave'가 정관사로 표현되어 있다는 점 등, 문맥상 알 수 있는 내용으로 구정보인 화제가 될 수 있다. 즉 동굴이 발견 된 때가 'in 1960'라고 강조하고자 하는 내용으로 자연스럽게 받아들일 수 있다. (73a)의 다음 문장 (2)는 'A shepherd who was old'를 주절주어로 처음 소개하는데, 관계대명사절로 수식하고 있어 'An old shepherd'보다 간결성과 응집력이 떨어진다. 또 동사 thought의 목적절 내에서 주어인 'water running underground'는 문맥상 알기 어려운 신정보로 주제로는 어울리지 않는다. 오히려 대명사 him이 주절주어와 같은 사람으로 구정보인 주어로 적합하다. 억지로 수동문 형식을 취하여 구정보인 주제와 신정보인 초점이 서로 바뀐 매우 부적절한 문장구조이다. 따라서 주절과 종속절의 문장이 서로 연결이 안 되어, 응집력과 일관성이 떨어진다. 반면 (73b)의 문장 (2)의 주절 주어 'An old shepherd'는 비록 부정관사로 시작되는 불특정명사구이나 문맥상 추론할 수 있는 구정보로 주제가 될 수 있으며, 능동문의 종속절 주어 대명사 he와 연결되어 간결성과 응집력을 보인다. 그가 들은 소리 'water running underground'가 전달하고자 하는 초점의 신정보로 논평이 된다. 자연스럽게 주절과 종속절의 문장이 서로 연결되고 있어 일관성과 응집력을 보인다. (73a)의 문장 (3)의 주어 'A friend of his'는 담화에 처음 소개되는 신정보로 주제인 화제로 삼기에는 매우 어색하고 부자연스럽다. 앞 (2)번 문장과 서로 연결이 안 되어 응집력과 일관성이 떨어진다. 반면 (73b)의 문장 (3)의 주어 He는 앞 (2)에서 언급한 'An old shepherd'를 자연스럽게 대명사 he로 받아 주제인 화제로 시작하고 있다. 또 신정보인 그의 친구 'a friend of his'를 소개하고 있다. 자연스럽게 앞의 문장과 연결되고 있어 응집력과 일관성이 있다. (73a) 문장 (4)에서 앞 문장의 주어 'A few stones'는 담화상 처음 소개되는 신정보로 주제인 화제가 되기에는 매우 어색하다. 구태여

수동문으로 쓸 이유가 없다. 다음 문장도 it-that의 강조구문으로 'the cave'를 강조하고 있는데, 동굴은 이미 앞에서 언급된 구정보이므로 대조강세의 신정보로 취급하는 것은 논리적으로 매우 어색하다. 또 앞 뒤 문장이 수동문과 강조구문으로 자연스럽지 못하고, 서로 일관성도 없고, 연결도 안 되어 응집력도 떨어진다. 반면 (73b)의 문장 (4)는 앞에서 언급한 그의 친구 'The villager'를 주어인 화제로 시작하여 신정보인 'a few stones'를 소개하고 있다. 구정보는 정관사 'the'로, 신정보는 부정관사 'a'로 표현하고 있고, 돌을 치우다 자연스럽게 동굴 속으로 떨어졌다는 다음문장으로 자연스럽게 이어져 일관성과 응집력도 보인다. 주어는 일반적으로 앞에서 언급된 구정보로 주제가 되어 서로 앞뒤가 연결되는 응집력이 있어야 하고, 긴 문장이 아닌 간단한 명사구나 대명사가 되는 간결성이 있어야 한다. 그러나 (73a)의 마지막 문장 (5)에서 문맥상 처음 도입되는 새로운 정보 'That animal bones littered the floor'를 수동문의 주어로 내세우고 있어 어색하고, 또 주어가 긴 문장으로 간결성이 떨어져 응집력도 없다. 또 그 다음 문장과도 내용상 서로 연결이 안 되어 일관성도 없다. 반면 (73b)의 마지막 문장 (5)에서 앞 문장의 주어 he는 앞에서 언급된 The villager를 받는 대명사로 서로 연결되어 응집력이 있고, 그 다음 문장도 유사분열문 형태로 문맥상 동굴 마닥에 동물 뼈가 널려져 있는 것을 알게 되었기 때문에, 자연스럽게 'what he had discovered'는 앞에서 언급된 구정보인 화제가 되고, 'a prehistoric habitation site'는 강조하고자 하는 초점의 신정보로 논평이 된다. 즉 논리적으로 일관성이 있고 서로 연결되어 간결성의 응집력도 보인다.

3. 화용론과 간접발화행위

Morris의 기호론(semiotics)에 따르면, 기호와 기호와의 결합관계를 연구하는 분야가 통사론이라면, 기호와 그 지시대상과의 관계를 연구하는 분야가 의미론(semantics)이고, 기호와 그 사용자와의 관계를 연구하는 분야가 화용론(pragmatics)이다. 즉 화용론에서는 문장이라는 한계를 벗어나서, 화자와 청자와 문맥이 포함된 발화(utterance)의 의미를 다루게 된다. 예를 들어 다음 문장의 문자적 기호의 의미를 다 알았다고 해서 그 문장이 전달하고자 하는 의미를 다 알았다고 할 수는 없다.

(74) a. She's very clever.
b. There is a bull in the field.

만약 (74a) 문장을 발화(utterance)할 때 정상적인 억양이 아니라 내림-올림조(fall-rising intonation)로 발음했다면, 그 전달하는 내용은 원래의 의미와 정반대인 'She's rather ugly.'가 된다. 또 (74b) 같은 문장은 단순히 '들판에 황소가 있다'는 정보를 전달하는 경우도 있지만, 그 발화상황에 따라 '황소가 있으니 조심하라'는 경고도 될 수 있고, '황소를 보아라'는 제안이 될 수도 있다. 이와 같이 발화상 전달되는 의미를 발화의미(utterance meaning)라고 한다. 발화의미와 관련된 발화행위(speech act)와 그 발화행위에서 암시하고 있는 함축(implicature)이나 간접 발화행위(indirect speech act) 등은 의미론에서 독립하여 별도의 화용론(pragmatics)에서 다룬다. 이들 언어표현과 의미의 관계를 도표로 나타내면 다음과 같다.

(75)
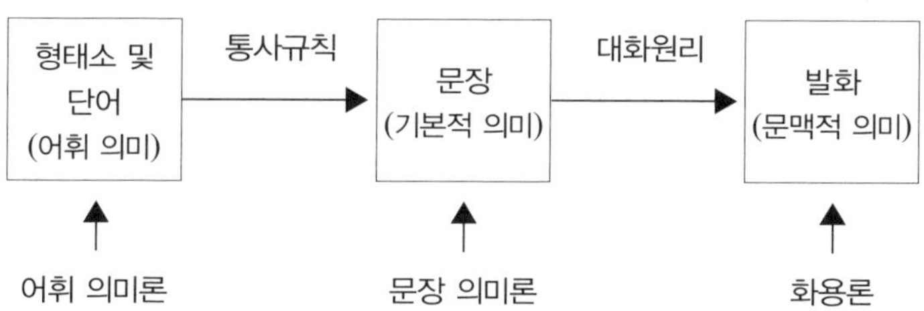

단어 의미론에서는 형태소 및 단어의 어휘적 의미 및 어휘들 사이의 관계를 설명하는 것이 주목적이다. 문장 의미론에서는 이런 기본적인 단어들이 어떻게 결합하여 문장을 구성하는지 그 통사규칙과 합성성 원리에 따라 의미해석규칙으로 문장의 기본적 의미를 해석하는 분야가 된다. 더불어 문장들 사이의 관계인 동의성과 중의성을 다루게 된다. 화용론에서는 대화원리에 따라 화자와 청자가 어떤 식의 대화를 하고, 그 발화 속에 어떤 문맥적 정보가 들어 있는지 발화해석규칙으로 해석하는 분야가 된다.

3.1 발화행위

(1) 발화행위와 언표내적 행위

Searle(1969)은 발화행위는 행위라는 측면에서 세 개의 행위로 더 세분될 수 있다고 보았다. 첫째, 말을 하는 행위, 즉 언어로 내용을 표현한다는 언표적 행위(locutionary act), 둘째, 말을 하면서 동시에 내적으로 수행하는 제안, 권유, 약속 등과 같은 언표내적인 행위(illocutionary act), 셋째, 말하는 언표적 행위와 그와 동시에 수행되는 언표내적인 행위가 청자나 그 외 인물의 감정, 사고, 행위 등에 영향을 미치는 결과적인 언향적 행위(perlocutionary act)이다.

(77) It's raining.

(77)의 문장은 비가 오고 있다는 내용을 표현하는 언표적 행위를 하면서, 비가 온다고 진술하거나 주장하는 언표내적 행위를 할 수 있다. 또 대화 상황에 따라 우산을 갖고 가라는 충고나 외출을 하지 말라는 경고와 같은 언표내적인 행위를 할 수 있다. 또 이와 같은 언표내적인 행위가 청자에게 고마움이나 불쾌감 등의 영향을 줄 수 있는 언향적 행위도 상상할 수 있다. 이때 진술이나 주장과 같은 언표내적인 행위는 언어기호인 말과 세상과의 일치 관계를 따진다. 즉 비가 오고 있다고 진술하는 말과 실제 실세계에서 비가 오는 상황과 일치하면 맞는 말이 되고, 실 상황에서 비가 오지 않는다면 이 말은 거짓 진술이 된다. 그러나 충고나 경고와 같은 언표내적인 행위는 이 말을 하면서 실제 상황이 말처럼 되기를 바라는 경우로 진위를 따지는 경우가 아니라, 실제 상황에 맞게 적절하게 발화했느냐를 따지게 된다. 이런 충고나 경고를 했는데도 우산을 갖고 가지 않거나 외출을 했다면 이 말은 적절한 충고나 경고가 아닌 것이다. 한편 (77)의 문장을 통해 화자가 우산을 갖고 가라는 충고를 하고 있다면, 화자의 심리상태는 청자가 우산을 갖고 갔으면 하는 소망을 나타낸다고 할 수 있다.

한편 Searle(1969)은 언표내적인 힘에 따라 발화행위를 다음과 같이 여섯 가지로 분류하고 있다.

(78) a. 지시(Directive) : 지시란 명령, 요구, 간청, 요청, 탄원, 권유, 질문(청자에게 대답이라는 화행을 수행하도록 하므로), 제안, 허락, 도전 등과 같이 화자가 청자로 하여금 어떤 일을 하도록 지시하는 발화 행위이다.
b. 약속(Commissive) : 약속이란 약속, 맹세, 언약, 위협, 보장, 동의, 합의, 거절 등처럼 화자가 어떤 행위를 하겠다는 발화행위이다.
c. 표상(Representative) : 표상이란 확인, 선포, 묘사, 주장, 진술, 설명, 분류, 고집, 이야기, 가정, 기억, 언급, 증언, 비밀, 강조, 예측 등과 같이 화자가 어떤 명제의 내용을 표현하는 발화행위이다.
d. 감정표현(Expressive) : 감정표현이란 감사, 사과, 위로, 축하, 인사, 환영, 개탄 등처럼 화자의 심리적 감정 상태를 표현하는 발화행위이다.
e. 판결(Verdictive) : 판결이란 평가, 점검, 등위, 점수, 진단, 계산, 측량 등과 같이 화자가 어떤 것에 대해 가치 판단을 하거나 등급을 매기는 발화행위이다.
f. 선언(Declarative) : 선언은 전쟁의 선포, 법안의 재청, 회의의 연기, 해고, 지명, 세례, 유죄판결과 무죄판결, 내기, 카드놀이의 패스, 이혼, 체포, 사임 등과 같이 화자가 발화행위를 함으로써 실제 상황을 이루어졌음을 선언하는 발화행위이다.

(2) 적정조건

어떤 문장의 발화가 적절한 의사소통기능 즉 언표내적인 행위를 구성하기 위해서는 그 발화가 그때의 상황에 맞게 쓰였는지를 따지게 된다. 화용론적 개념인 문맥과 상황에 맞게 적절하게 쓰였느냐를 따지게 되므로, 이를 전문용어로 특별히 적정조건(felicity condition)이라고 한다. 이와 같은 적정조건에는 명제내용조건(propositional content condition), 예비조건(preparatory condition), 기본조건(essential condition), 진지성조건(sincerity condition) 등이 있다.

a) 명제내용조건(propositional content condition)

명제내용조건은 발화행위에 사용한 명제내용이 언표내적인 힘에 적절해야 한다는 조건이다. 예를 들어 명령과 약속의 발화행위의 내용은 미래 행위이고, 스스로의 의지에 따라 할 수 있는 행위내용이어야 한다.

(79) a. #I command you to leave yesterday.
b. #I order you to grow taller.

(79a)는 미래의 행위가 아니라는 점에서, (79b)는 스스로 의지에 따라 할 수 있는 행위가 아니라는 점에서 명제내용조건을 어긴 비적절한 발화이다.

b) 예비조건(preparatory condition)

예비조건은 어떤 발화행위가 적절하게 수행되기 위해서 필요한 예비적인 여러 조건을 말한다. 화자와 청자는 그 발화행위에 대한 믿음이 있어야 하며, 그 발화행위는 관습적으로 용인된 맥락이나 적절한 상황에서 이루어져야 한다. 또 화자는 발화행위를 하기 위한 적절한 위치나 지위에 있어야 한다는 조건이다. 예를 들어 요청을 하기 위해서는 청자가 요청한 행위를 할 능력이 있다는 믿음이 있어야 요청이 성립된다.

(80) #Please take out the garbage, even if you can't.

(80)은 요청하는 어떤 행위를 청자가 할 수 있을 것이라는 요청의 예비조건을 어긴 경우로 요청이 성립될 수 없다.

c) 기본조건(essential condition)

기본조건은 화자의 어떤 발화행위가 기본적으로 청자에게 특정 발화행위를 하고 있구나 하고 인정 되어야만 된다는 조건이다. 예를 들어 화자가 약속이라는 발화행위를 한다면, 기본적으로 화자가 그 약속한 행위를 해야 할 의무를 짊어질 때, 청자는 약속으로 인정한다는 것이다.

(81) a. I promise to take you to the concert.
b. #I didn't do it, I promise.
c. #I promise you'll go to jail for 10 years.

(81a)는 화자가 약속한 행위를 해야 할 의무를 짊어진다는 것을 청자가 인정할 수 있기 때문에 기본조건을 지킨 적절한 약속의 발화행위가 된다. 그러나 (81b)처럼 화자가 해야 할 의무와는 상관없는 과거의 일이거나, (81c)처럼 청자가 약속으로 인정할 수 없는 비우호적인 미래의 일일 경우에는 약속의 기본조건을 어긴 경우로 약속이 될 수 없다. 오히려 그 내용이나 행위에 대해 책임진다는 화자의 의지를 나타내게 되어 약속보다는 강력한 단언이 될 수 있다.

d) 진지성 조건(sincerity condition)

진지성조건은 화자나 청자의 심리상태와 관련된 조건으로 발화행위를 하는 화자는 자신이 말하는 것에 대해 진지하게 책임을 져야 하며, 청자도 화자가 진지하게 말하고 있다고 가정해야 한다는 조건이다. 예를 들어 화자가 약속하는 발화행위에서 화자는 자신이 약속한 것을 실행할 의도를 가지고 있고, 그렇게 하는 것이 가능하다고 생각해야 진지하다고 할 수 있다.

(82) a. #I promise to take you to the concert, even if I can't.
b. #Turn on the T.V., but I don't want you to.

(82a)는 약속을 했다면 화자가 약속한 행위를 할 의도가 있고, 할 수 있다는 생각이 있어야 한다는 약속의 진지성조건을 어긴 경우로 적절한 약속의 발화행위가 아니다. (82b)는 요청을 했다면 화자가 요청한 행위를 화자가 진지하게 원한다는 요청의 진지성조건을 어긴 경우로 적절한 요청의 발화행위가 아니다.

3.2 간접발화행위

(1) 적정조건과 간접발화행위

명령문과 의문문 속에는 각각 명령과 질문이라는 언표내적인 힘이 담겨 있다. 그러나 이와 같이 직접적으로 명령문이나 의문문을 사용하지 않고, 어떤 명령이나 질문 행위에 필요한 조건들 가운데 어느 하나와 관련된 다른 문장형태를 가지고, 간접적으로 이와 같은 명령이나 의문의 언표내적인 힘을 나타내는 경우가 있다. 이를 간접발화행위(indirect speech act)라고 한다.

(83) a. I would like/want the salt.
  b. I would like/want you to pass the salt.

요청의 진지성 조건은 화자의 심리상태로 화자가 진지하게 그 행위를 원하고 있다는 것이다. 따라서 (83)은 명령문이 아닌 서술문이지만, 간접적으로 이런 요청의 언표내적인 힘을 갖게 된다. 이외에도 다음과 같은 표현이 가능하다.

(84) a. It would be nice if you passed the salt.
  b. I'd rather you didn't do that any more.
  c. I hope you'll do it. I wish you wouldn't do that.

다음은 약속의 진지성 조건과 관련된 간접발화행위이다.

(85) a. I will buy a watch on your birthday.
  b. I will take you to the concert tomorrow.

약속의 진지성조건은 화자가 진지하게 그 행위를 하겠다는 의도가 있어야 한다는 것이다. 이런 점에서 (85)는 화자가 이런 의도를 분명하게 표명하고 있기 때문에 간접적으로 약속이라는 언표내적인 힘을 지니게 된다. 이런 간접발화행위는 직접적인 명령이나 약속보다 훨씬 점잖은 표현으로 일상대화에서 많이 사용되고 있다.

다음은 요청의 예비조건과 관련된 문장으로 간접발화 행위를 하는 경우이다.

(86) a. Can you pass me the salt?
b. Is it possible for you to pass the salt?
c. Are you able to reach the salt on the table?

요청의 예비조건은 화자는 청자가 그 행위를 할 수 있다는 믿음이 있어야 한다는 조건이다. 이때 (86)의 발화는 이런 믿음과 관련해서 청자가 이런 행위를 할 수 있는지 여부를 물어봄으로써 간접적으로 이런 요청을 표현하는 경우이다.

다음은 요청의 명제내용조건과 관련된 간접발화행위이다.

(87) a. Officers will henceforth wear ties at dinner.
b. Will you quit making that awful racket? (Please.)
c. Would you kindly get off my foot? (Please.)

요청의 명제내용조건은 요청한 행위는 청자가 앞으로 해야 할 미래행위라는 조건이었다. 따라서 (87a)은 청자가 앞으로 어떤 행위를 하게 될 것이라고 서술하는 표현으로 간접적으로 어떤 행위를 해 달라는 요청을 하는 경우가 된다. (87b-c)는 어떤 행위를 하겠느냐고 물어 봄으로 간접적으로 어떤 행위를 해 달라는 요청을 하게 된다. 이처럼 의문문 형식을 빌려 간접적으로 요청을 표시하는 방법은 할 수 없으면 안 해도 되고, 할 의도가 없으면 안 해도 된다는 여유를 남김으로써 직접적으로 요청하는 것보다 더 점잖은 표현이 되어, 오히려 명령문 형식보다 더 많이 쓰인다. 특히 (87b)는 요청의 형식으로 거의 굳어져 있어, 그 간접성도 약화되어 있다. 더욱이 (87c)처럼 will 대신 would가 쓰이면 더욱 더 요청의 뜻으로만 쓰인다. 자연스럽게 문장 앞이나 뒤에 요청의 의미를 나타내는 'please'란 말을 덧붙일 수 있다.

다음은 이런 양상을 잘 대변하고 있다.

(88) a. Why don't you sit down?
b. *Why not* sit down?

(88a)는 의문문 형식으로 간접적으로 제의의 언표내적인 힘을 나타내고 있다. 그러나 아직은 질문의 언표내적인 힘이 남아 있기 때문에 간접적인 제의의 발화형식이다. 반면 (88b)는 질문의 형식으로는 거의 쓰이지 않고, 완전히 제의의 형식으로 굳어져 버린 문형이다. 따라서 다음 문장의 문법성을 설명할 수 있다.

(89) a. Why not listen to the music?
b. *Why not hear the music?

(89b)의 hear는 (89a)의 listen to와 달리 행위동사가 아니므로, 요청의 형식으로 굳어진 (89b)의 문장 형태로는 쓰일 수 없다.

(2) 대화상의 함축

실제 대화상에서는 화자와 청자 사이에 특유한 대화상황에 따라 화자가 원래 의도한 내용을 직선적으로 표현하지 않고 우회적으로 둘러서 표현하는 경우가 많다. 간접발화행위도 그 가운데 한 예가 될 수 있다. 한편 이와 같은 대화상의 함축(conversational implicature)은 담화의 일반적인 성질과 관련이 깊다. 이를 어느 정도 체계적으로 정리해놓은 것이 Grice(1975)의 대화의 공리(maxims of conversation)이다. Grice(1975)는 일상대화는 화자와 청자가 서로 의사소통을 주고받는 협력적인 행위라는 생각에 기초를 두고, 협력의 원리(co-operative principle)를 제안했다. 대화상의 발화가 주고받는 대화의 목적이나 방향에 맞게 요구되는 대로 대화에 이바지하라는 협력의 원리이다. 이에는 4가지의 공리(maxim)가 있다. 먼저 정보의 양을 주고받는 데 있어, 대화가 원만하게 협력적으로 이루어지기 위해서는 '필요한 만큼의 정보를 제공하라'와 '필요이상의 정보를 제공하지는 말라'는 양의 공리(maxim of quantity)가 있다. 둘째 대화를 주고받는 정보의 질에 있어서는 사실만 말하라는 질의 공리(maxim of quality)가 있다. 셋째 대화가 원만히 이루지기 위해서는 관련성이 있게 말하라는 관련성 공리(maxim of relation)가 있다. 넷째 태도의 공리(maxim of manner)로 '명확하게 말하라', '중의성을 피해라', '간단하게 말하라', '질서 정연하게 말하라' 등이 있다. 일상대화에서는 이와 같이 상식적인 대화원리가 지켜지고 있지 않는 경우가 허다하다. 그 경우 청자는 말하는 화자가 왜 이와 같은 협력의 원칙을 어기고 있을까 하고 추론하게 되므로 여러 가지 대화상의 추측을 낳게 된다. 이를 전문용어로 대화상의 함축이라고 한다.

예를 들어 어느 철학과 교수가 교직에 응모한 자기 제자에 대한 추천서를 "A군은 언변이 대단히 좋고 강의에 출석도 대단히 잘했습니다."라고 썼다면, 그 교수는 A의 철학교사로서의 실력과 자질에 관한 필요한 만큼의 정보를 제공해야 하는 양의 공리를 어긴 것이 된다. 이는 'A군의 실력과 능력은 좀 떨어진다.'는 가정에서 이루어진 추천서라는 추론을 낳게 한다.

다음의 대화는 프랑스로 여행하려는 사람이 미리 그곳에 사는 친구의 집을 알아보려는 대화 내용이다.

(90) A : Where dose he live?
B : Somewhere in the south of France.

B의 대답은 충분히 제보적이지 못하여 양의 공리를 어기는 것같이 보인다. 그러나 이는 오히려 사실만 말하려는 질의 공리를 지키려다보니 어쩔 수 없이 그렇게 된 경우이다. 질의 공리가 양의 공리를 선행하는 경우이다. 따라서 B의 말속에서 그 친구가 프랑스의 어느 시에 살고 있는지 자신도 구체적으로는 모른다는 내용을 추론할 수 있다.

다음의 대화는 관련성의 공리와 관련된 대화상의 함축이다.

(91) A : What on earth has happened to the roast beef?
B : The dog is looking very happy.

(92) A : Is Jim coming to the party tonight?
B : His parents are visiting for the weekend.
B' : Well, his parents are visiting for the weekend.

(93) A : Is Ellen at home?
B : Her light is on.

A : So/Then she must be at home.

(91)에서 '구운 고기가 어떻게 된거냐?'는 A의 질문에 '개가 만족해 보인다.'는 B의 대답이 관련성을 가지려면 개가 먹어치웠다는 추론을 함축하게 된다. (92)에서 '파티에 올 수 있냐?'는 A의 질문에 대해 'Jim의 부모가 주말에 방문할 예정이다.'라는 B의 대답이 관련성을 가지려면 부모가 방문해서 같이 지내야하기 때문에 그가 파티에 올 수 없을 것이라는 추론을 함축하게 된다. 이때 (92B')처럼 담화표지(discourse marker)로 Well과 같은 말을 첨가하면 더 자연스럽게 관련성을 지어 추론하는 상황임을 보여준다. (94)에서 'Ellen이 집에 있냐?'는 A의 질문에 대해 '방에 불이 켜져 있다.'는 B의 대답이 관련성을 가지려면 그녀가 집에 있다는 추론을 함축하게 된다. 이때도 So나 Then과 같은 담화표지를 첨가하면 이런 내용이 함의가 아니라 함축된 추론임을 자연스럽게 나타낼 수 있다.

연 습 문 제

1. 다음 문장의 의미를 쓰고, 술어를 찾아 몇 항 술어인지 설명하시오.
   a. It rained.
   b. John is very friendly.
   c. Mary is with Bill.
   d. The book is a gift of Mary's to Bill.
   e. Last night was warm.

2. 다음 문장의 의미를 몇 항 술어인지, 논항의 의미역은 무엇인지에 초점을 맞추어 설명하시오.
   a. She got into the car.
   b. The book was lying on the table.
   c. My tents sleeps four people.
   d. I paid her a visit.
   e. The revolver made him afraid.

3. 인지문법에서는 다음 문장에서 주어 선택을 어떻게 설명하고 있는가.
   a. John opened the door with a key.
   b. The door opens easily.
   c. A key opened the door.
   d. I don't remember my parents.
   e. The road parallels the subway.

4. 인지문법에서는 다음과 같이 의미가 비슷해 보이는 두 문장의 의미차이를 어떻게 설명하고 있는가.
   a. John seems to be a doctor. ↔ It seems that John is a doctor.
   b. He touched her shoulder. ↔ He touched her on the shoulder.
   c. She sent a package to him. ↔ She sent him a package.
   d. The book is on the table. ↔ There is a book on the table.
   e. Bees are swarming in the garden. ↔ The garden is swarming with bees.

5. 다음 문장은 어떤 의미적 관계에 있는지 설명하시오.
   a. I made her type a letter. ↔ She typed a letter.
   b. Can you give me a lift? ↔ Would you mind riding me?
   c. I am a spinster. ↔ I'm married.
   d. This area continued (to be) rainy. ↔ This area was rainy.
   e. It's too hot. ↔ May I open the window?

6. 다음 문장의 뜻을 쓰고, 밑줄 친 부분이 화제인지 논평인지 설명해 보시오.

a. $2000 can get you a good computer.

b. Here comes my brother.

c. John sprayed water on the grass.

d. There were many children killed in the accident.

e. What I can was study linguistics at university.

7. 다음 문장들의 짝은 어떤 통사현상에 의한 문법적 관계이며, 화용적인 정보구조면에서 어떻게 다른지 설명해 보시오.

a. We are surprised at the news. ↔ The news surprise us.

b. He returned home, John. ↔ John, he returned home.

c. It is Mary who makes plans. ↔ Mary is the one who makes plans.

d. Heat radiates from the sun. ↔ The sun radiates heat.

e. John bought it from Bill. ↔ Bill sold it to John.

8. 다음 부자연스러운 담화단락 (A)와 자연스러운 담화단락 (B)를 일관성과 응집력에 있어 어떻게 다른지 비교 분석해 보시오.

A : (1) *It*'s the sun *that*'s shining, the day that's perfect. (2) *The astronauts* come here. (3) *The Great Hall* they're just passing : (4) *he*'ll perhaps come out to greet them, the President. (5) No, *it*'s the ceremony *that* the admiral's taking.

B : (1) *The sun*'s shining, it's a perfect day. (2) *Here* comes the astronauts. (3) *They*'re just passing the Great Hall; (4) perhaps *the president* will come out to greet them. (5) No, *it's* the admiral *who*'s taking the ceremony.

9. 다음 문장에서 발화행위의 모순성을 구체적으로 설명해 보시오.

a. #I promise to leave yesterday.

b. #Please take out the garbage, though I don't want you to.

c. #I promise to pay you back, but I don't intend to.

d. #I order you to grow older.

e. #Turn on the T.V., but I don't want you to.

10. 다음 문장의 간접발화행위는 무엇이며 어떤 적정조건과 관련 있는지 구체적으로 설명하시오.

a. Can you pass me the salt?

b. I would like you to open the window.

c. I will take you to the museum next week.

d. Officers will henceforth wear ties at dinner.

e. I'd rather you didn't do that any more.

11. 다음 대화에서 어떤 대화상의 함축을 추론할 수 있는지 구체적으로 설명해 보시오.

a. A : I am out of gas. B : There is a garage round the corner.

b. A : Where's John? B : Jane's taking a holiday in Paris now.

c. A : What happened to beef? B : The cat looks very happy.

d. A : Are you coming to the meeting? B : My mother is visiting.

e. A : Is Mary at the office? B : Well, the light is on.

제7장

역사언어학과 영어의 변화

1. 역사언어학과 언어변화

1.1 언어변화와 방언 및 언어

언어는 유기체(有機體 : organism)와 같아서, 태어나고 성장하고 사멸하는 변화를 규칙적으로 겪는다. 사회 구성원이 지리적으로 떨어져 살거나, 시간적으로 몇 세대가 지나면, 그 사회 구성원들이 사용하는 언어도 변하게 된다. 한 언어의 지역적인 차이를 방언(dialect)이라고 한다.[1] 한국어의 예를 들면, 독특한 방언이 지역마다 발달되어 있어서 몇 마디 말만 듣고도 어느 고장 출신인지를 알 수 있다. 한편 제주도의 방언은 육지 사람들이 무슨 말인지 알아듣지 못할 만큼 매우 특이하다. 그러나 자세히 연구해 보면 분명히 한국어의 한 갈래임을 확인하게 된다. 멀리 외떨어져서 다르게 변했을 뿐이다. 그러나 몇 세대가 지나면서 서로 의사소통이 되지 않을 정도로 변하게 되면 별개의 언어(language)가 된다. 일반적으로 이러한 언어변화는 동시대인이 깨닫지 못하는 경우가 많으며, 몇 세대를 거친 후에 비로소 변화가 인식되는 경우가 많다.

이처럼 옛날에 한 곳에서 같은 언어를 사용하며 살던 사람들이 여러 곳에 나뉘어 따로 떨어져 살게 되면 그들의 언어는 서로 다른 방향으로 변화하여 천년쯤 지

1 여러 고장의 말이 다르게 변한 결과로서 이것을 연구하는 분야를 방언학(方言學)이라 한다.

나면 아주 다른 언어가 되고 만다. 독일어와 영어는 본래 한 뿌리(원시 게르만어)에서 1500년쯤 전에 갈라져 나온 가지들이다. 19세기 초에 유럽 학자들은 어족(語族, family of languages)이란 개념을 발전시켰다. 이것은 옛날의 같은 언어에서 변한 여러 언어들을 한 조상의 자손들로 생각한 데서 연유한 것이다. 한 영국의 학자가 고대 인도의 산스크리트어(Sanskrit : 범어(梵語))를 배우다가 자기가 영국에서 배운 그리스어나 라틴어와 산스크리트어가 우연이라고 하기에는 너무나 신통하게 닮은 점들이 많음을 깨닫고, 이들이 한 조상에서 나왔을 것이라는 가설을 세운 것이다. 이 가설이 19세기 초에 유럽 학자들의 주목을 끌어, 인도의 산스크리트어로부터 페르샤어, 그리스어, 라틴어, 슬라브어, 게르만어(독일어, 영어 등)의 비교 연구가 이루어졌고, 이들의 친족관계(親族關係)가 밝혀져 하나의 커다란 어족으로 묶이게 된 것이다. 이리하여 인도유럽어족(Indo-European family of languages)이 형성된 것이다.

1.2 역사언어학과 비교언어학

역사언어학(historical linguistics)은 이처럼 통시적인 측면에서 언어 변화의 양상을 살펴보고, 언어 변화의 원인을 설명하려는 언어학의 분야이다. 따라서 역사언어학의 주요 연구과제는 음운, 어휘, 문법 등의 유기적인 체계에서 나타나는 언어 변화의 양상과 원인 문제이다. 언어의 변화를 체계적, 과학적으로 연구하기 위해서는 먼저 역사적으로 다른 시기의 문헌이나 관련 자료에 나타난 언어를 기술하여 비교하고 음운, 어휘, 문법 등에서의 변화를 확인한다. 다음 이처럼 확인된 언어 변화의 대응 관계를 일반화하고 보편적 가설을 세워 언어 변화의 원인을 설명하는 것이다.

초기의 역사언어학 연구는 주로 인도유럽어 연구자들에 의해 이루어졌으며, 18세기와 19세기에 비교언어학(comparative linguistics)과 함께 언어학 연구의 중심 분야로 자리 잡았다. 비교언어학의 방법은 인도유럽어족뿐만 아니라 곧 세계의 다른 언어들에 파급되어 여러 어족의 가설이 세워지게 되었다. 그 한 예로 유라시아 대륙에 널리 퍼져 있는 말들, 서쪽은 핀랜드어, 헝가리어로부터 동쪽은 터키어, 몽고어, 퉁구스어까지를 묶은 우랄 알타이 어족의 가설이 생겨났으나, 20세기에 들어 서쪽의 우랄 어족과 동쪽의 알타이 어족으로 나뉘게 되었다. 이 알타이 어족에 우리 한국어를 포함시키려는 노력이 이루어져 상당한 성과를 거두어 왔다. 여기서 알타이 어족의 '알타이'는 산맥의 이름에서 따온 것이지만, 반드시 이 어족의 조상이 이 산맥에서 나왔다거나 이 산맥을 중심으로 분포되어 있었다는 것을 의미하지 않는다.

1.3 언어변화의 양상

(1) 음운변화

음운변화는 크게 조건적 변화와 무조건적 변화로 나눌 수 있다. 먼저 조건적 변화는 어떤 소리가 일정한 환경, 즉 어떤 조건이 갖추어졌을 때 변화하는 현상을 말한다. 이에는 다음과 같은 동화(assimilation), 이화(dissimilation), 음위전환(metathesis) 등을 들 수 있다.

(1) a. indirect : [in-dirέkt] → imperfect : [im-pɚ́:fɪkt]
b. chimney : [ʧímni] → [ʧímli] (/n/→/l/)
c. ask : [æsk] → axe : [æks]

(1a)의 부정접두사 'in-'의 발음은 뒤따르는 음의 조음위치에 따라 조음위치가 같은 [m], [n], [ŋ] 등으로 동화된다. 특히 'imperfect, impossible, immortal'의 경우는 발음뿐만 아니라 철자까지 바뀐 경우이다. (2b)의 chimney : [ʧímni]의 [n]은 앞의 발음이 같은 비음인 [m]이기 때문에, 이와 다른 설측음 [l]로 바뀌어 [ʧímli]로 발음된다. 이와 같이 비슷하거나 같은 음이 둘 있을 때 한음이 다른 음과 달라지는 현상을 이화라고 한다. 한편 일상대화에서 급한 상황이거나 말을 빨리 할 경우, 또는 발화 실수(speech error : slips of tongue)로, 두 음을 서로 자리를 바꾸어 발음하는 경우가 있다. 이러한 현상을 음위전환이라고 한다. 예를 들어 (1c)의 ask[æsk]를 [æks]로 발음하는 경우가 있다. 사실 이 예는 고대 영어의 동사 형태인 aksan과 비교해보면, 오히려 aksan에서 음위전환 되어 오늘날의 ask로 변화된 것이다.

한편 무조건적 변화는 일정한 환경의 조건 없이 모든 환경에서 변화하는 것을 말한다. 무조건적 변화는 조건을 알 수 없는 경우로 초기 현대영어에서 일어난 대모음 변이(great vowel shift)와 같은 음운변화를 예로 들 수 있다.

(2) a. bite : [i:] → [ai]
b. see : [e:] → [i:]
c. name : [a] → [ei]

영어의 대모음변이란 오늘날 bite의 모음 발음 i가 [i:]가 아니라 [ai]로 발음나고, see의 모음발음 e가 [ε:]나 [ei]가 아니라, [i:]로 발음난다든지, name의 모음발음 a가 [a]나 [æ]로 발음나지 않고 [ei]로 발음나는 현상이다. 또 house(고어는 huse이었음)이 [u:]가 아니라 [au]로 발음나고, food가 [o:]가 아니라, [u:]로 발음나는 현상이다. 이 대모음변이는 중세영어 시기의 7개의 장모음(a:, e:, ε:, i:, o:, ɔ:, u:) 중에서 가장 맨 위에 있던 두 개의 장모음(i:, u:)이 중간 단계를 거쳐 이중 모음으로 변하면서, 다른 장모음들도 단계별로 위로 상승하기 시작하면서, 그 자리에 있던 장모음의 음가를 차지하게 된 현상이다.

(2) 어휘변화

어휘형태 변화는 유추(analogy)와 밀접한 관련이 있다. 유추는 언어 변화에서 중요한 역할을 하는 것으로, 이미 존재하는 어떤 유형을 본받아서 어떤 문법 형태가 새로이 만들어지거나 변화하는 것을 말한다. 예를 들어 다음과 같은 영어의 조어법 중에서 역형성(back formation)이 유추에 의한 경우이다.

(3) a. sightseer → sightsee
b. baby-sitter → baby-sit
c. typewriter → typewrite

행위자를 나타내는 파생접미사 –er을 동사에 붙여 singer, worker, buyer와 같이 명사를 만드는 단어들을 보고, 유추해서 sightseer, baby-sitter, typewriter와 같은 단어에서 반대로 실제 어원적으로 없는 단어인 sightsee, baby-sit, typewrite와 같은 동사를 만들어 쓰는 경우이다.

한편 형태변화뿐만 아니라 어휘의 의미도 변화한다.

(4) a. 희한하다 : 매우 드물다 → 이상하고 멋지다
b. pen : 깃털, 깃털로 된 필기구 → 잉크를 쓰는 모든 필기구
c. gurle : 젊은 남녀 → girl : 젊은 여자
d. presently : 즉시, 가까운 미래에 → present+ly : 지금, 현재에

(4a)의 희한(稀罕)하다"는 본래 "매우 드물다"는 뜻인데, 신기하고 이상한 일에 주로 사용하므로 오늘날 젊은이들은 "이상하고 멋지다"의 뜻으로 쓴다. (4b)의 pen은 본래 "깃털, 깃털로 된 필기구"였는데, 일반화에 의한 은유적 확장으로 "잉크를 쓰는 모든 필기구"로 의미가 확장되었다. (4c)의 중세 영어의 gurle은 "젊은 남녀"를 가리켰는데, 현대 영어에서 girl은 "젊은 여자"를 가리키는 것으로 의미가 축소되었다. (4d)의 presently는 본래 "즉시, 가까운 미래에"의 뜻인데, "present+ly"로 재해석하여 "지금, 현재에"의 의미가 나타나게 되었다. 이외에도 은유와 환유 등의 비유법에 의해 의미가 확대되어 변한다.

(3) 통사변화

일반적으로 음운이나 어휘변화에 비해 문법변화는 그렇게 크게 변하지 않는데, 고대영어에서 현대영어로의 문법변화는 매우 예외적인 큰 변화이다.

(5) a. Se cyning meteth thone biscop. ↔ Thone biscop meteth se cyning.
(왕이 주교를 만났다. ↔ 주교를 왕이 만났다.)
b. The king meets the bishop. ↮ The bishop meets the king.

(5a)의 se cyning은 현대영어의 주격으로 쓰인 the king에 해당되고, thone biscop은 목적격 the bishop에 해당된다. 이처럼 고대영어의 문법에서 명사의 주격, 목적격은 굴절어미의 변화로 나타났으며, 관사도 명사와의 일치현상에 따라 어미변화로 표현되었다. 예를 들어 현대영어의 of the king은 thaes cyninges이고, to the king은 thaem cyninge이다. 즉 고대영어는 명사의 성(gender), 수(number), 격(case) 등의 문법범주를 굴절어미로 나타냈다. 이처럼 명사의 격이 고대영어의 경우 굴절어미로 표현되었기 때문에 우리말처럼 어순이 상대적으로 자유스러웠다. 그러나 현대영어에 와서 이런 굴절어미가 사라져 구별이 안 되다 보니, of, to 등의 전치사 등이 발달하고 어순이 고정되었다. 현대영어처럼 전치사, 어순 등으로 문법현상을 분석적으로 나타내는 언어를 분석적 언어(analytic language)라 한다. 반면 고대영어는 한 어휘 속에 많은 문법정보를 종합적으로 나타내는 언어로 종합적 언어(synthetic language)라고 한다. 이처럼 영어는 문법적으로 상당히 큰 변화를 겪은 언어이다.

(4) 언어변화의 원인

언어변화를 일으키는 보편적인 원인을 밝히는 문제는 역사언어학의 핵심적인 연구과제이다. 언어 변화의 원인을 밝히려는 시도는 주로 음운변화를 대상으로 이루어졌는데, 아직까지 언어변화에 대하여 보편적으로 받아들일 만한 설명은 없다. 단 19세기 후반 독일의 라이프치히 대학을 중심으로 한 젊은 소장파 문법학자(neo-grammarian)들은 실증주의적인 자연과학적 방법론을 언어학 연구에 적용하여 언어변화에서 음운변화는 규칙적이고, 모든 어휘에서 동시에 일어난다고 보았다. 또 기계적인 음운규칙으로 설명이 불가능한 경우에는 심리적인 유추가 적용하여 언어변화가 일어나는 것으로 설명하려 하였다.

20세기 초의 구조주의 문법학자들은 조건적 음운변화뿐 아니라 무조건적 음운변화에도 관심을 갖고 이를 설명하려 하였다. 즉 음운변화에서 내적요인과 외적요인이 있는데, 내적요인이란 언어의 내적구조와 기능적 요인을 의미한다. 음운변화는 구조적 불안정 및 불균형이 생기면 이를 균형과 불균형인 체계와 구조로 변하려는 경향이 있다고 보았다(영어의 대모음변이). 한편 외적요인이란 언어의 주체인 인간의 속성과 관련된 것으로 최소의 노력으로 최대의 효과를 발휘하여 발화하려는 경제원칙 등과 같은 것이다. 이러한 내적요인과 외적요인 사이의 대립에 의해서 음운변화를 설명하려 하였다.

20세기 후반의 생성문법(generative grammar)에서는 언어변화를 언어습득에서 찾으려 했다. 유아의 언어습득 시기에 어른 화자(話者)의 언어를 통하여 자기의 문법을 구성하게 되는데, 이때 습득한 언어를 통한 문법이 어른의 문법과 다르게 될 때 언어는 변화한다는 것이다. 즉 기존문법의 불완전한 학습이나 변화 등이 언어변화를 초래한다는 것이다. 예를 들어 기저형(underlying form)에서 표면형(surface form)으로 변형 생성되는 과정에서 규칙적용의 변화(규칙첨가, 규칙소실, 규칙재배열, 단순화)가 언어변화의 요인이라는 설명이다. 또 언어변화란 기계적이 아닌 심리적 과정이며, 점진적이 아니라 비약적이라고 주장한다.

사회언어학(sociolinguistics)에서는 생성문법과 달리 언어변화는 비약적인 사건이 아니라, 점진적으로 진행하고 있는 과정으로 규칙적이라고 본다. 언어변화는 언어를 습득하는 가족단위가 아니라, 언어사회 전체에 전파되는 것으로 보고 있다. 즉 어떤 언어특징이 개인에게서 일어나는 것은 언어변화라고 할 수 없으며, 사회적으로 전파될 때 비로소 언어변화라고 할 수 있다고 주장한다. 이처럼 언어변화는 다른 언어문화권과의 접촉 등 역사적으로 또 사회문화적으로 서로 밀접한 관련이 있다. 따라서 다음 절에서 영어의 변화를 역사와 사회문화적인 면에서 고찰해 보고자 한다.

2. 영어의 변화와 역사적 사회문화적 배경

2.1 고대영어와 역사적 사회문화적 배경

(1) 고대 영어시기의 역사적 배경

1) 앵글로 색슨족이 브리튼 섬에 들어오기 이전의 영국

선사시대의 영국에 대해서는 기록된 문헌이 없으므로 충분히 알려져 있지 않다. 아마도 영국 섬 최초의 원주민은 구석기인으로 동굴에서 생활하면서 야생 식물을 먹고 풍부한 물고기와 사냥을 하며 생활하였다고 한다. 이후 BC 2,000년대 초 대륙에서 비커형태의 토기를 사용하던 청동기인 비커족(beaker folk)이 거석문화를 장악하였다고 한다. 이들이 세운 **스톤헨지(stone henge)**로 알려진 선돌기념물이 솔즈베리 평원에 남아 있다.

이들 선주민들은 그 후 철기시대 초기(기원전 6-4세기)에 걸쳐 대륙에서 침입한 켈트족(Celts)에 의해 정복된다. 켈트족은 원래 라인 강 및 다뉴브 강 유역, 현재의 북부 이태리, 프랑스, 벨기에, 스위스, 도이치, 네덜란드의 일부를 포함하는 광범위한 갈리아(Gallia) 지방과 알프스 북부에 이르는 지역에 살던 호전적인 야만인들로서 전쟁을 즐겨 하였다고 한다. 최초의 이주민은 라인 강 유역에 살던 켈트족이었다. 두 번째 이주민은 지금의 잉글랜드 지역을 점령했다. 이 켈트족은 몸에 그림을 그리는 풍습이 있었는데, 그리스어로 '몸에 그림 그리는 사람'을 '프레타니카이'라고 불렀다고 한다. 여기서 '**브리튼(Britain)**'이라는 이름이 생기게 된다. 세 번째 이주민은 갈리아 북부 지역에 살던 켈트족으로 흔히 게일인(Gael)으로 불린다. 이들 게일인은 로마가 갈리아 지역을 정복할 때 갈리아 지역의 게일인과 연합하여 로마의 침략에 저항하였다. 이것이 빌미가 되어 로마는 브리튼 섬을 침략하게 된다.

BC 55~54년에 로마 장군 시저의 침략을 받은 뒤부터 브리튼(브리타니아)은 로마 세계와 밀접한 관계를 가지게 되었다. 기원 후 43년에 비로소 로마의 황제 클라우디우스(Claudius)에 의해 영국은 로마에 정복당한다. 이후 영국은 약 4세기동안 로마의 지배를 받았는데, 이 시기를 **로마화한 영국(Roman Britain)**이라고 한다. 유적으로는 로마제국의 유명한 **하드리안 장성(Hadrian's Wall)**과 **바쓰(Bath)**가 남아 있다. 영국 남서부 서머셋주에 있는 바쓰는 대규모 목욕탕 시설로 건설할 당시 로마제국의 호사스러운 생활상을 보여주는 건축물이다. 군사적 목적으로 건축된 도로, 성벽, 도시, 목욕시설, 사원 등이 아직 잉글랜드 지방에 남아 있다.

요새를 의미하는 라틴어 카스트라(Castra)에서 유래한 체스터가 붙은 잉글랜드 지방의 지명 이름은 모두 로마 군대의 주둔지와 관계가 있다.

(6) Manchester, Lancaster, Winchester, Colchester, Dorchester

로마제국의 지배하의 켈트족들의 운이 다하고 호전적인 기백도 쇠약해지자, 그들의 언어는 이제 정복자의 언어인 라틴어로 대체되었다. 하지만 약 400여년 동안의 지배에도 불구하고 로마인들은 켈트족들로부터 그들의 언어를 완전히 빼앗지는 못하였다. 이들이 쓰던 켈트어(Celtic)는 영국에서 사용된 최초의 인도-유럽어였으며 오늘날까지도 그 흔적이 남아있다.

(7) a. 도시이름 : London, Leeds
  b. 강 이름 : Avon, Ouse, Thames, Trent
  c. 주(county) 이름 : Kent, Devon

런던(London)이라는 지명은 소택지의 성을 뜻하는 켈트어 린딘(Lyndyn)에 기인하며, 나중에 로마인이 이를 라틴어로 론디니움(Londinium)이라고 말한 데서 비롯되었다고 한다.

2) 앵글로 색슨족의 침입과 브리튼족

6세기 브리튼의 작가 길더스의 기록에 따르면, 게르만족이 처음(447년) 브리튼 섬에 들어온 것은 북쪽에 살던 야만인 피트족과 스코트족의 침입을 막아달라는 브리튼 왕의 요청에 의한 것이었다. 브리튼족의 왕인 보티간(Vortigern)은 급한 나머지, 아이러니컬하게도 대륙에 있는 게르만족에 원조를 요청했다. 이들은 브리튼 섬에 들어와 오히려 브리튼족을 몰아내고 나라를 세웠다. 브리튼족의 상태는 절망적이어서 오랫동안 저항하다 목숨을 잃기도 하고, 많은 사람들은 웨일즈(Wales)나 콘월(Cornwall) 지방으로 피신하였다. 일부는 해협을 건너 아일랜드로 도망가기도 하고, 일부는 결혼 등으로 앵글로 색슨

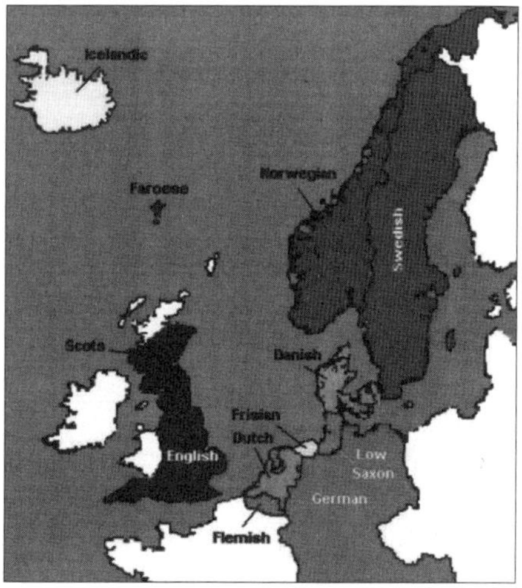

〈색슨족의 브리튼섬 이주〉

족들과 동화되어 버렸다. 유명한 아서 왕(King Arthur)의 전설은 브리튼족의 고난의 역사가 만들어낸 문학작품이다. 아서왕의 전설은 삶의 터전을 지키려고 침입자들과 대적해서 싸웠던 브리튼족 명장의 무용담이다.

3) 앵글로 색슨 7왕국

게르만 민족인 앵글로-색슨족이 브리튼섬에 들어와 나라를 세운 5세기부터 11세기 노르만 정복 전까지(447-1066)를 고대영어 시기라고 한다. 앵글로-색슨족은 원주민인 브리튼인과 싸웠으며, 6세기 말에는 현재의 잉글랜드에서 북부와 동부를 앵글족이 차지하면서 노섬브리어(Northumbria), 머시어(Mercia), 이스트앵글리어(East Anglia)왕국을 세웠다. 템스강 이남을 색슨족이 차지하면서, 에섹스(Essex), 웨섹스(Wessex), 서섹스(Sussex)왕국을 세웠다. 또 켄트주를 주트족이 차지하면서, 켄트(Kent)왕국을 세워 모두 7개 왕국(Anglo-Saxon Heptarchy)이 건설되었다.

로마시대의 도시는 일부를 제외하고 폐기되었고, 생활의 중심은 농촌으로 옮겨졌다. 주민은 장로, 자유민, 노예로 나뉘었고, 노예는 죄인 또는 채무 불이행자들이었다. 장로의 권력은 컸으며, 국왕을 세워도 절대권을 부여하지 않았다. 후일의 대헌장(Magna Charta)은 이 전통에 기인한다. 7왕국은 약간의 흥망성쇠를 거쳐 9세기 전반에는 웨섹스왕 에그버트(Egbert)에 의해 통일되어 잉글랜드 왕국이 성립하였으며, 전 잉글랜드가 그 지배에 복종하게 되었다.

4) 바이킹의 침략과 알프레드 대왕

8세기에 접어들면서 유럽대륙에서 여전히 이교도로 남아있던 스칸디나비아인들이 유럽의 각 지역에서 도발을 일으키기 시작했다. 그들의 침략경로를 보면 스웨덴인들로 구성된 한쪽 집단은 러시아로 향하여 콘스탄티노플에 이르렀고, 노르웨이인들인

〈바이킹 족의 침입로〉

다른 한 집단은 스코틀랜드와 영국의 북부, 서부 웨일즈를 거쳐 스페인, 지중해까지 진출하였다. 우리가 데인이라 부르는 덴마크인들로 구성된 바이킹들은 프랑스 연안과 영국의 동쪽과 남쪽 해안(주로 동중부(East Midland)와 요크셔(Yorkshire))을 괴롭혔다. 이들을 우리에게 익숙한 이름으로 바이킹(Vikings)으로 부른다.[2]

8세기 말부터 시작된 북방 데인족(Dane)의 침입은 9세기 중엽부터 규모를 더하였으며, 웨섹스 지배하의 각 왕국 중 동쪽의 여러 나라는 데인족의 수중에 들어갔다. 그러나 에그버트(Egbert)의 손자 **앨프레드 대왕(Alfred, The Great : 811-900)**과의 사이에 강화가 성립되면서 다시 고도의 번영과 문화적으로도 상당한 발전을 도모했다. 알프레드는 선왕인 에델울프(Ethelwulf)의 넷째 아들로 태어났으나 바이킹과의 전투에서 형들이 모두 전사함에 따라 왕이 되었다. 즉위한 해부터 그는 데인족과 전투를 벌였다. 낡은 요새가 강화되고 전략지점에 새로운 요새가 건설되었으며, 머시아 및 웨일스와 우호관계를 지속하고 데인족과도 화통을 맺는 등 외교술도 능통했다. 그는 웨섹스를 구했으나 바이킹들이 자유롭게 살 수 있는 지역을 영국 영토내에 허용해 줌으로서 사실상은 중부와 북부 영국 국토의 대부분을 데인족들에게 빼앗긴 격이 되었다. 이것은 데인족들이 그들의 법에 따라 살 수 있게 만들어 준 일종의 치외법권 지역으로 그 당시 바이킹의 세력이 얼마나 컸는지 느끼게 한다. 이로서 바이킹들은 **데인로(Danelaw)**라고 부르는 템스강 이북 티즈(Tees)강에 이르는 땅과 지금의 노포크(Norfolk), 린컨셔(Linconshire), 요크셔(Yorkshire) 및 그 인접지역에 이르는 지역에서 평화롭게 정착할 수 있었다.

10세기에 데인족의 침략이 재개되어 노르웨이 왕 울라프(Olaf), 덴마크왕 스베인(Svein)이 이끄는 바이킹의 2차 침입이 시작되었다. 이 무렵의 웨섹스의 왕은 에델레

2 Vikings이란 단어의 어원은 '강에 사는 사람들(creek-dwellers)'란 뜻이다. 고대노스어로 vik는 'creek, fiord'를 말한다.

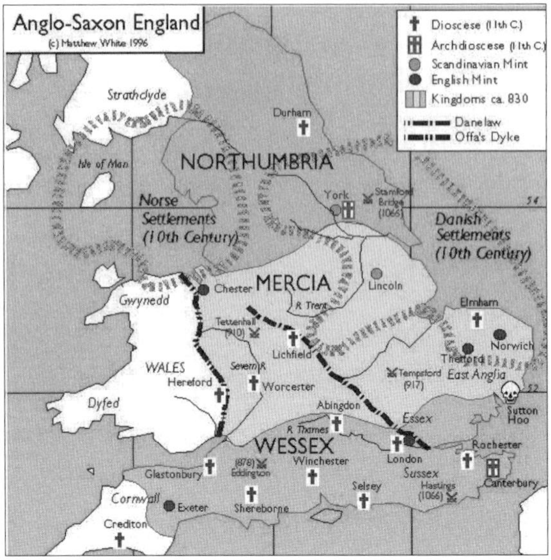

〈데인로〉

드(Ethelred, the Unready)였는데, 이름이 보여주듯 알프레드의 후손 중 가장 무능한 왕이었다. 그가 1016년 전사하자 런던도 점령된다. 이에 덴마크 왕의 동생인 크누트(Cnut : 1017-1035 통치)가 영국의 왕이 되었다. 비록 데인족이었지만 크누트는 기독교로 개종하고 에델레드의 왕비 엠마(Emma of Normandy)를 아내로 받아들일 정도로 진정한 영국의 왕이 되기 위해 노력하였다. 결국 그가 40세로 세상을 떠날 때까지 영국은 바이킹의 왕이 다스리는 국가가 된 것이다. 데인족의 정복은 하나의 큰 사건이기는 했으나 그들은 이미 알프레드에 의해 기독교화 된지 약 140년이라는 세월이 흘렀고 문화수준도 영국이 앞서 있었으며, 데인로에서는 양 민족이 평화적인 공존을 유지해왔다. 사실상 이 두 민족은 같은 게르만족이었으며 언어도 의사소통에 어려움을 느끼지 않았다. 데인족들은 점차 영국인에 동화되어 12세기에 들어설 무렵에는 그들의 언어가 영어에 흡수되었다.

(2) 고대영어의 특징

1) 영어(English)라는 이름의 유래

1차 게르만족의 대이동 때 앵글족(Angle), 색슨족(Saxon), 쥬트족(Jute)이 5세기경

브리튼 섬으로 건너와서 나라를 세웠다. 이 세 민족을 대표하여 Angli란 단어가 쓰이고, 또 그들이 쓴 언어 즉 고대영어를 Englisc(=English, Anglian)로 부르면서 바로 오늘날의 English가 되었다. 현재 England는 고대어로 Angle + land에서 유래되었다는 것을 쉽게 알 수 있다. 왜 이와 같은 명칭이 Saxon이나 Jute가 아니라 Angles에서 유래되었는지 그 이유는 확실하지 않다. 아마도 대륙에 남아 있는 색슨족과 혼동될 우려와 초기에 중앙을 차지한 앵글족의 세력이 컸기 때문인 것 같다.

언어 족보상으로 보면, 영어는 크게 인도-유럽어족(Indo-Europian)에 속한다. 그 중에서도 게르만 민족의 일파인 앵글족, 색슨족, 쥬트족이 쓰던 언어이기 때문에 "서독일어(West Germanic) 계통"에 속한다. 독일어, 네덜란드어 등이 영어와는 친형제 언어가 되고, 스웨덴어, 덴마크어 등은 사촌쯤 된다고 할 수 있다.

2) 고대영어의 방언과 표준어

고대영어시기의 방언으로는 주로 앵글족이 사용하던 노섬브리언(Northumbrian), 머시언(Mercian)과 색슨족이 사용하던 웨스트 색슨(west Saxon), 쥬드족이 사용하던 캔트쉬(kentish)로 4개 방언이 있었다. 그러나 광범위한 기록이 보존되어 전해내려오는 것은 웨스트 색슨어이기 때문에 고대영어의 표준어는 웨스트 색슨어이다. 이는 앨프레드 대왕(871-889)이 데인족의 침략으로 황폐해진 나라와 국민들의 사기를 진작시키기 위해 많은 문화적인 번역 사업을 벌인 결과라고 할 수 있다. 알프레드 대왕은 교황 그레고리(Gregory)의 성직자의 임무(Pastoral Care)를 번역하는 등 몸소 몇 개의 라틴어 문헌을 영역한 바 있다. 비드를 시켜 **영국교회사(Ecclesiastical History of English People)**를 집필시킨 것도 바로 그였다. 더욱이 그는 법전을 재 편찬케 하고, 데인족의 침공과 유린으로 그 동안 중단되었던 **앵글로 색슨 연대기(Anglo-Saxon Chronicles)**의 기록을 재개시켰다.

3) 고대영어 특징

고대영어는 독일어계통의 언어로 여러 가지 발음상의 특징도 있겠지만, 가장 두드러진 형태상의 특징은 동사, 명사 등의 어미가 굴절한다는 점이다. 언어를 형태상으로, 중국어처럼 하나의 음절이 하나의 의미를 지니는 **고립어(isolating language)**,

터키어, 한국어 등과 같이 부분 부분이 모여 전체를 이루는 **교착어(agglutinative language)**, 인도-유럽어처럼 어미가 굴절하여 변하는 **굴절어(inflective language)**로 나누어 볼 때, 영어는 인도-유럽어족에 속하니 당연히 굴절어에 속하게 된다. 예를 들면 주어가 3인칭 단수일 때 현재형 동사가 -s나 -es로 바뀌는 것에서 볼 수 있듯이 동사의 뒷부분이나, 명사의 인칭이나 수(단수, 복수 등)에 따라 변화하는 것이 대표적인 굴절어미의 한 형태이다. 현대 영어에는 이런 동사어미가 변하는 경우가 3인칭 단수 현재시제 인 경우밖엔 없지만, 현재 독일어나 스페인어, 이태리어에선 1인칭, 2인칭도 다 나름대로의 규칙에 따라 변화하고, 단수 복수에 따라 또 다른 어미가 붙기 때문에 영어보다 문법체계가 훨씬 더 복잡하다.

현재 영어에서 살아남아 있는 흔적은 be동사(am, are, is, was, were)와 인칭대명사(I, my, me, mine, you, your, you, yours, he his, him, his, she, her, her, hers, it, its, it its, we, our, us, ours, they, their, them, theirs) 등이다.

다음은 주기도문(The Lord's Prayer)의 본문을 고대영어(웨스트 색슨어)로 표기한 것이다.

(8) Fæder ure þu þe eart on heofonum,
    (Father ours, thou that art in heaven,)
  Si þin nama gehalgod.
    (Be thy name hallowed.)
  To becume þin rice,
    (Come thy rich (kingdom),)
  gewurþe ðin willa, on eorðan swa swa on heofonum.
    (Worth (manifest) thy will, on earth also as in heaven.)
  Urne gedæghwamlican hlaf syle us todæg,
    (Our daily loaf sell (give) us today,)
  and forgyf us ure gyltas, swa swa we forgyfað urum gyltendum.
    (And forgive us our guilts as also we forgive our guilty)
  And ne gelæd þu us on costnunge, ac alys us of yfele.
    (And lead thou us not in temptation, but loose (release) us of evil.)
  Soþlice.
    (Soothly.)

위 주기도문에서 볼 수 있듯이 고대영어의 철자[3]에는 오늘날 현대영어의 발음기호에서나 볼 수 있는 æ(æsc), ð(eth), þ(thorn) 등의 철자가 쓰였다. 발음은 철자대로 발음하는 것을 원칙으로 했다. 예를 들면 ure(our)의 u는 철자그대로 [u:]발음이었고, hlaf(loaf)의 a도 철자그대로 [ɑ:]발음이었다. 고대영어의 모음철자는 ɑ, æ, e, i, u, y의 5개의 모음으로 장모음, 단모음의 구별이 있었다. 고전설원순모음에 해당하는 y 발음은 중세영어에 오면서 사라졌다. 고대영어의 자음철자는 b, c, d, f, g, h, k, l, m, n, p, r, s, t, þ, ð, w, x, z였다. (j와 v철자는 i, u의 변이형으로 구별이 없었으며, 모음으로 취급하였다)

어휘는 현대영어로 번역해야 하듯, Fæder(father) 등 몇몇 단어를 제외하고는 거의 모든 어휘가 바뀐 것을 알 수 있다. 또 고대영어의 문법은 엄격한 굴절언어(inflectional language)로 명사는 성(gender), 수(number), 격(case), 인칭(person)에 따라 굴절변화를 하였으며, 동사는 시제(tense), 상(aspect), 법(mood)에 따라 굴절변화를 하는 종합적 언어였다. 따라서 어순은 상대적으로 비교적 자유스러웠다.

4) 스칸디나비아어의 영향

당시 스칸디나비아어는 지금보다 훨씬 영어에 더 가까웠다. 실지로 데인족이 영어를 듣고 이해하는데 큰 어려움이 없었다. 데인로를 중심으로 널리 퍼져 있었던 이 시기의 이중 언어사용 경향은 많은 스칸디나비아 계통의 어휘들을 영어에 들어오게 하였다. 많은 무식한 이교도들이 영어를 사용하게 됨에 따라 게르만어의 전통을 이어받은 복잡한 영어의 문법체계와 어미변화가 사라지게 되는 계기가 되었다. 이 변화는 비록 한참 후에까지 눈에 뜨이지는 않았지만 영어의 변화에 큰 계기가 된 사건이었다.

스칸디나비아어 차용어의 특징은 일상생활에 자주 쓰이는 어휘가 많다는 점이다. 가족의 명칭인 sister 외에도 husband, 그리고 신체의 일부인 leg, neck와 같이 도저히 외래어라고 믿어지지 않는 단어들이다. 현대영어에서 흔히 대할 수 있는 스칸디나비

3 앵그로 색슨족이 원래 대륙에 있을 때 사용하던 문자는 비문이나 주문 등에 사용하던 루운문자(runes)이다(rune는 비밀이란 의미임). 이 문자는 원래 나무나 돌 등에 새기거나 긁어 쓰도록 의도된 모난 문자였다. 한편 고대영어에 사용하던 문자는 로마 알파벳의 아일랜드 수정문자를 기초로 하고 있는데, 브리튼섬(britain)에서 사용하는 문자라 하여 도서서체(Insular hand)라 한다.

아어 차용어만 하더라도 다음과 같다.

(9) a. 명사 : anger, bag, cake, fog, gear, knife, man, skill, skin, sky, sister, window, winter, wife.
b. 형용사 : ill, loose, low, odd, ugly, wrong
c. 동사 : call, come, die, get, give, hear, raise, smile, take

일부의 스칸디나비아어 차용어는 오히려 고대영어의 토착어들을 내몰고 오늘날 현대영어로 정착되었다. 완전한 영어처럼 보이는 take도 역시 차용어로 고대영어의 niman의 자리를 차지하였으며, sister는 형태가 비슷한 sweostor를 영어에서 사라지게 하였다. 이처럼 심하지는 않지만 anger, die, ill은 wræþþ 'wrath', steorfan 'starve', yfel 'evil'의 위치를 접수하고, 지금의 이차적인 의미를 갖도록 전락시켰다.

일반적으로 외국의 언어를 자신의 것으로 차용할 때는 명사, 동사, 형용사, 부사와 같은 내용어(content words)로 범위가 한정되는 것이 보통이다. 하지만 스칸디나비아어 차용에서는 기능어(function words)까지 차용해 버렸다. 현대영어의 though와 till(until)이 일단 기본적으로 스칸디나비아어 어원이며, both, same, 약간 고어체인 fro(to and fro '이리저리')가 모두 한정사나 접속사인 기능어 차용어이다. 또한 h-로 시작하는 고대영어의 3인칭 복수 대명사형을 몰아낸 they, their, them 역시 스칸디나비아 어원의 단어들이다.

2.2 중세영어와 역사적 사회문화적 배경

(1) 중세 영어시기의 역사적 배경

1) 노르만 정복(Norman Conquest)과 노르만 왕조

노르만인(Normans)이란 그 어원이 보여주는 바와 같이 본래 북방인(Northmen) 즉 북유럽에서 온 데인족들이다. 영국을 바이킹들이 침범했던 것처럼 이들 일파가 9세기경 프랑스를 약탈하기 시작했다. 당시 프랑스왕 샤를르(Charles the Simple)는 이들 노르만인들에게 시달리다 못해, 911년 북부 해안 땅을 주고 이들의 족장 롤로(Rollo)를 노르만디 공(Duke of Normandy)에 봉했다. 그들은 기독교에 귀의하고 프랑스문화를 섭취하였으며, 본래의 언어인 스칸디나비아어를 버리고 프랑스어를 일상어로 사용했다. 그들이 사용한 프랑스어는 파리 중심의 중부 프랑스어(Central French)와 구별하여 지역 방언인 노르만 프랑스어(Norman French)라고 한다. 1066년 마침내 영국을 정복하는 노르만정복(Norman Conquest)이 일어난다.

노르만의 영주인 윌리엄이 영국을 정복하여 영국 왕이 된 후 영국에서 노르만왕조(1066~1154)가 시작된다. **정복왕 윌리암 1세**(William, The Conqueror)는 정복 전의 잉글랜드에서는 거의 볼 수 없었던 성(城)을 건설하고 행정과 군사조직의 정비하여 국가체제를 완비하였다. 당대의 연대기에서 윌리엄은 반란을 가혹하게 진압하고 넓은 지역을 유린한 무자비한 폭군으로 묘사되어 있다. 그러나 그는 유능한 통치자였다. 그가 이룬 가장 큰 공헌 가운데 하나는 잉글랜드를 대륙과 연결시킨 점이다. 귀족들은 프랑스어를 사용하는 한편 라틴어가 교회와 행정기관의 공식언어가 되었다.

〈정복왕 윌리엄〉

정복왕 윌리엄 1세가 대관식(1066년의 크리스마스)을 마친 뒤, 토착상인사회를 지배하고 중요한 항구였던 런던 항구를 통제할 목적으로 곧 바로 런던탑(Tower of London)을 세웠다.[4] 1086년 윌리엄은 왕국의 경제와 토지소유에 대한 조사를 명했으며 조사결과는 **둠즈데이 북(Domesday Book)**이라는 2권짜리 토지대장으로 압축되었다. 둠즈데이는 최후심판의 날(doomsday)을 뜻하는데, 이 기록이 아주 자세한 것까지 다루고 있어 도저히 발뺌할 수가 없다는 데서 나온 이름이다. 둠즈데이 북은 잉글랜드 대다수의 촌락 및 도시에 대한 최초의 기록이며, 노르만 정복 이후의 잉글랜드 역사연구에 빼놓을 수 없는 중요한 자료이다.

4 후에 런던탑은 감옥으로도 사용되어 많은 죄수들이 성 바깥의 타워 힐에서 공개적으로 처형당하기도 했다.

2) 플랜태저넷 왕가(1154~1399)와 대헌장

1154년 헨리 1세의 딸 마틸다와 프랑스 앙주 백작 조프루아의 아들인 헨리 플랜태저넷이 **헨리 2세(1154~89 재위)**로 왕위를 이어받는다. 그는 잉글랜드의 법률제도와 군사제도에 중대한 변화를 일으켰다. 그는 두드러진 많은 업적을 이루었지만 토머스 베켓과의 논쟁 및 가족과의 불화로 손상되었다. 1170년 그는 맏아들 헨리를 공동 통치자로 임명했으나, 젊은 왕은 사실상 아무 권력도 갖지 못했고, 보잘것없는 자신의 신세에 분개하다가 1183년에 죽었다. 헨리 2세의 뒤를 이어 1189년 둘째 아들 리차드가 왕위에 오른다. 그가 바로 유명한 사자왕 리처드 1세(Richard, The Lion)로 주로 십자군원정에 관심을 쏟았던 까닭에 잉글랜드에 머문 것은 10년 동안의 통치 기간 중 6개월뿐이었다. 제3차 십자군 원정(1189~92)에서 기사다운 풍모와 무용(武勇)을 과시해 당대의 인기를 얻었고, 무수한 낭만적 전설의 주인공이 되었다.

형 리처드의 뒤를 이어 왕위에 오른 실지왕 **존(John, The Lackland : 1199~1216 재위)**은 잉글랜드의 왕들 가운데 가장 미움을 받는 왕이다. 형과 같은 군사적 능력을 갖지 못한 그는 프랑스에 있는 잉글랜드 영토를 거의 모두 잃어버렸다. 존 왕이 왕비로 맞은 이사벨(Isabel of Angouleme)이 프랑스 귀족과 약혼 중에 있었다는 사실과 그가 왕위에 오를 때 유력한 후보인 조카 아더(Arthur) 공을 살해하였다는 의심을 받고 있었다. 당시의 프랑스 왕 필립 2세(Philip II)는 그가 프랑스 내에 토지를 가진 신하임을 들어 존에게 프랑스 법정에 나와 심의에 응하도록 명했다. 존은 자기가 노르만디 공(Duke of Normandy)이기 전에 영국 왕임을 상기시키고, 재판에 응할 수 없음을 주장하며 소환에 불응했다. 필립이 궐석재판에 의해 노르만디 영토를 몰수하자, 이곳에 영지를 가지고 있던 귀족들도 존 왕을 등지게 되었다. 이로서 영국은 윌리엄 1세와 헨리 2세 이래 영국이 소유하고 있었던 노르만디와 앙쥬 등지의 땅을 모두 프랑스 왕에게 빼앗기게 된다. 존 왕은 또 교회와 충돌해 교황에게서 파문을 당하기도 했다. 프랑스 영토를 되찾으려는 시도와 그에 따른 전쟁과 패배로 무거운 세금부담과 불필요한 군사적 징발로 귀족과 국민들에게 많은 불만을 샀다. 마침내 귀족들이 존 왕을 만나 '귀족의 요구사항'(Articles of the Barons)으로 알려진 문서를 제시했는데, 이 문서를 바탕으로 1215년 **대헌장(Magna Carta)**이 만들어졌다. 이 문서는 영국 민주주의의 발전에 크게 기여하였다.

33세에 왕좌에 오른 **에드워드 1세(1272~1307 재위)**는 현명하고, 강하며, 왕의 덕목을 갖추고 있었다. 그는 앙주왕가(플랜태저넷 왕가)를 대표하는 왕으로 웨일즈와 스코틀랜드를 귀속시키고, 법률을 정비했으며, 상원과 하원을 탄생시킨 역사상의 인물이었다. 지금까지의 영국 왕들의 이름이 윌리암(William), 헨리(Henry) 등 노르만 계통의 이름이었던데 반하여 에드워드(Edward)는 순수한 영국 이름이었으며, 이만큼 왕실도 영국화되어 갔다. 1295년에 소집된 '**모범 의회**'는 오늘날의 의회가 갖추고 있는 여러 요소들을 모두 간직하고 있었다.

3) 백년전쟁(1339-1453)

〈에드워드 3세〉

에드워드 3세(1327~77 재위)의 치세 동안에 **백년전쟁(1339-1453)**이 시작되었다. 백년전쟁은 영국에서 에드워드 3세, 리처드 2세, 헨리 4-6세 등 5명, 프랑스에서 필립 6세부터 샤를르 7세까지의 5명의 왕이 참여하였다. 무능하여 피살당한 아버지 에드워드 2세를 이어 왕위에 오른 에드워드 3세는 비록 어리기는 했지만, 1330년 부친 암살을 지시한 어머니 이사벨라(Isabella)와 정부 모티머(Mortimer) 백작으로부터 실권을 되찾았다. 한편 프랑스에서는 샤를르 4세가 후사 없이 세상을 떠나자 사촌동생인 필립이 왕위에 올라 발로아(Valois) 왕가를 세우게 되는데, 이사벨라가 프랑스왕의 딸이어서 영국 왕에게는 프랑스의 왕위계승권을 주장할 명분이 있었다. 프랑스 왕 필립이 1337년 가스코니의 합병을 주장하자, 영국 왕은 오히려 자신이 프랑스의 왕임을 주장하면서 프랑스를 침공한 것이 백년전쟁의 시작이다.

영국군은 수적으로는 크게 열세였지만 성능이 뛰어난 활과 보병을 가지고 있었다. 1346년 황태자 에드워드(Edward, the Black Prince)가 거느린 영국군이 크레시(Crecy)에서 최초의 승리를 거둔다. 에드워드 3세 재위 기간에 영국군은 계속 승리하여 영국인의 프랑스에 대한 우월감을 확보하고 애국심을 고취시켰다.

리처드 2세(1377~99 재위)의 통치 초기에 부과된 세금들은 불공평하고 비현실적이었으며, 1381년 봄에 정부가 그 징수를 독촉하자 **와트 타일러의 반란**이 일어났다.

반란을 일으키게 한 불꽃은 인두세였지만, 경제적 변화 및 정치적 발전과 관련된 더욱 근원적인 원인들이 있었다. 종교적 불안과 개혁이 처음 나타난 것도 리처드 2세의 치하에서였다. 옥스퍼드의 신학자이자 신부인 **존 위클리프**는 1375~76년에 2편의 논문을 발표하면서 종교개혁가로서의 삶을 시작했다.

한편 헨리 5세(1413~22 재위)는 프랑스와의 싸움을 다시 시작했다. 1415년에 소규모의 군대를 가지고 프랑스에 침입한 그는 힘껏 싸웠고 그 결과 놀라운 승리를 거두었다. 뒤이어 1417~19년에 헨리 5세는 노르망디를 정복했다. 헨리는 프랑스 왕위 계승자 겸 프랑스 섭정으로 인정받았고, 프랑스 왕 샤를의 딸 카트린(캐서린)과 결혼했다. 그는 이제 권력의 절정에 서 있었다. 그러나 그의 승리는 오래가지 않았고, 1422년 뱅센 성에서 발진티푸스로 죽었다. 헨리 5세의 아들 헨리 6세(1422~61, 1470~71 재위)가 아직 어리던 1429년에 잔 다르크가 나타나 프랑스인들의 저항력을 한군데로 결집했을 때 전쟁은 프랑스 쪽으로 기울기 시작하였다. 1453년 무렵 잉글랜드는 칼레를 제외한 모든 프랑스 영토를 잃고, 프랑스의 승리로 전쟁은 끝나고 말았다.

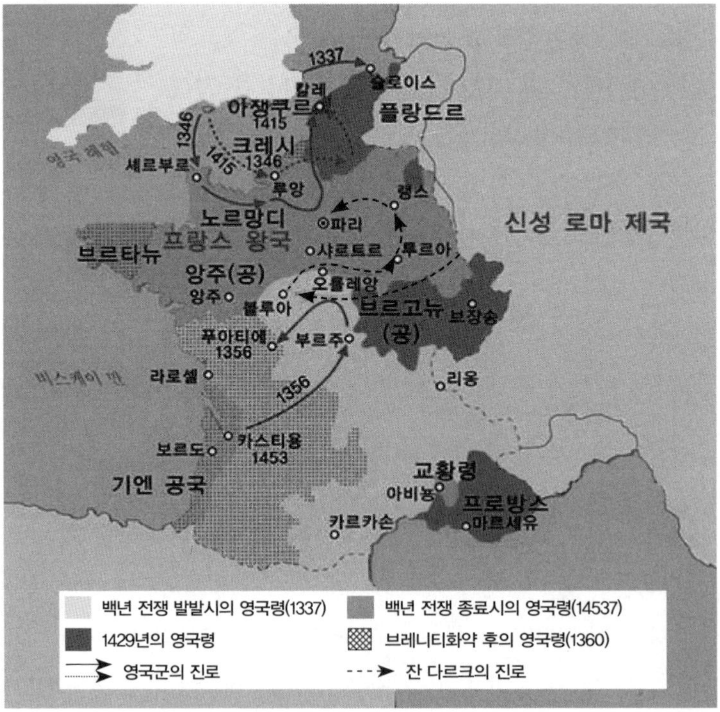

〈백년 전쟁〉

4) 장미전쟁(1455-1485)

〈랭커스터 가문〉

〈요크 가문〉

백년전쟁 끝난 2년 후인 1455년부터 국내의 왕위계승권을 두고 30년간 내전이 시작되었다. 에드워드 3세의 손자인 랭커스터공 헨리 6세를 지지하는 랭커스터파와 에드워드 3세의 막내아들의 손자 요크공 리처드를 옹립하는 요크파가 대립한 것이다. 이 전쟁은 양가의 문장(紋章)이 각각 붉은 장미와 흰 장미였기 때문에 장미전쟁이라 불렀다. 요크의 맏아들이며 후계자인 에드워드는 1461년 랭커스터군을 무찌르고 3월 4일 웨스트민스터에서 국왕 에드워드 4세(1461~70, 1471~83)로 즉위하였다.

에드워드가 죽은 뒤 두 어린 왕자는 숙부인 리처드의 보호를 받게 되었다. 첫째 아들인 에드워드 5세는 즉위하자마자 리처드에 의해 동생과 함께 런던탑에 갇히는 신세가 되었다. 리처드는 1483년에 리처드 3세(1483-1485 재위)로 즉위했다. 그는 유능한 국왕으로 인정받았으나, 그가 조카들을 살해했다느니 또는 살해를 묵인했다느니 하는 소문이 퍼지자 상황이 바뀌기 시작했다. 1485년 여름에 랭커스터 가계의 인물로서 왕위를 요구할 수 있는 유일한 남자인 헨리 튜더가 밀퍼드 헤이븐에 상륙하자, 리처드는 결국 지지자들에게 버림받고, 보즈워스 평야의 전투에서 패배해 죽었다.

(2) 중세영어의 특징

1) 영어의 재등장과 중세영어의 방언

노르만정복이후 프랑스어는 상류계급과 궁정의 언어로 군림하였고, 그 후 300여 년간 영국의 공식 언어로 존속하였다. 프랑스어가 사회적, 문화적인 명성을 누리는 동안 영어는 일반 서민 대중의 언어로 끊임없이 사용되면서, 프랑스어에 흡수되지 않고 다시금 살아남을 수 있었다. 이는 영국 국민 중 영어를 사용하는 앵글로-색슨족의 수가 우선 압도적으로 많았다는 점에서 엿볼 수 있다. 한편 존 왕 때, 대륙에 있던 그들의 프랑스 영토를 잃게 되고난 후, 영국은 프랑스와 다르다는 국민적 감정이 팽배해짐에 따라 영어는 상류계급 속으로 급속도로 침투되어 갔다. 1258년에 포고된 헨리 3세의 포고문(Proclamation)이 프랑스어와 영어 두 가지로 쓰여 진 것만 보아도 영어에 대한 관심도가 증가했음을 알 수 있다. 노르만 정복 이후 영어가 공용어로 사용된 것은 이것이 처음이다.

한편 백년전쟁 동안 서로 밀고 밀리면서 영국 국민의 마음속에는 국민적 자각이 고조되었을 뿐만 아니라 프랑스 국민과의 대립의식 또한 강해졌다. 결국 프랑스어는 적국의 언어라는 사고가 뿌리를 내리게 되었다. 이리하여 백년전쟁은 결과적으로 프랑스어를 몰아내고 영어를 제자리로 복권시키는 데 크게 기여했다고 할 수 있다. 흑사병과 백년전쟁 등을 겪으면서 일반대중의 생활 조건이 개선되고 풍요한 중산층의 발흥으로 인해, 1362년 앵글로 색슨족이 쓰던 영어는 다시금 그 지위를 되찾아 공식적으로 영국인의 국어로 재등장하기에 이른다.

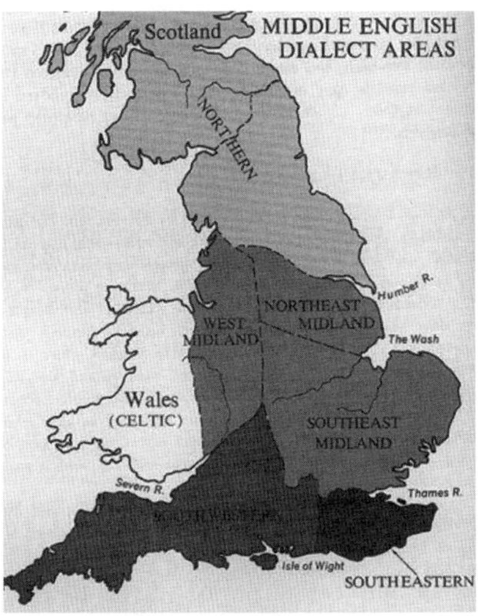

〈중세 방언〉

중세영어에서는 부족이 아니라 방위에 따라 북쪽의 북부(Northern)방언, 중앙부의 서중부(West Midland), 동중부(East Midland)방언, 남쪽의 남서부(South Western)방언, 남동부(South Eastern)방언(그대로 켄트쉬로 불리기도 한다)으로 5대 방언으로 나누어진다. 고대영어의 표준어인 웨스트 색슨어는 노르만 정복 직후 지배계급의 언어가 프랑스어가 된 이후로, 문학어로서의 세력이 급격하게 떨어졌다. 12세기까지 영국에는 라틴어 저술과 앵글로-노르만(Anglo-Norman)어 작품이 궁정의 문학을 이루었으며, 영어로 쓰여진 문학작품이 없었으므로 웨스트 색슨어는 한동안 모습을 감추었다. 그러다 1200년을 전후해서 영어로 된 작품이 서서히 나타나게 되는데, 정통을 이을 만한 표준영어가 없었기 때문에 저자들은 제각기 자기의 방언으로 저술하였다.

2) 어휘상의 변화와 특징

현재 영어 어휘 중에서 순수 게르만어 계통의 고유어는 1/4에 지나지 않고, 3/4이 프랑스어, 라틴어 등 다른 나라 어휘에서 차용해다 쓴 외래어이다. 영어는 역사적으로 게르만 계통의 언어이지만 프랑스어를 사용하던 노르만족이 300여 년간 지배를 해 오다, 다시 영어가 부활하였기 때문에 상당히 많은 프랑스 어휘가 그대로 영어로 사용하게 되었다는 것은 지극히 당연한 일이다. 특히 노르만족은 앵글로-색슨족과 합쳐 영국민족이 되었기 때문에 더 자연스럽게 프랑스어 어휘가 영어 속에서 사용될 수 있었다.

프랑스어가 상류 계층의 언어로 막강한 지위를 누리고 있을 때인 11-12세기에는 garden, hour, market, people 등의 단어가 유입된다. 그러나 이에 비해 차용의 전성기는 오히려 그 후인 13세기와 14세기였다. 이것은 프랑스어에 익숙해진 사람들이 정부나 사회의 제도를 정비하면서 특화된 어휘가 필요했기 때문이었다. 이들은 영어에 이미 해당되는 어휘가 존재하더라도 갈아치웠다. 그것은 프랑스어가 상류 사회에서 하층계급으로 내려온 차용어이기 때문이다. 이들이 전쟁, 교회, 법, 예술, 패션의 분야에 대거 진출한 것은 우연이 아니다. 다음은 각 분야별 차용어의 예이다.

(10) a. 지위 : baron, cunt, duke, marquess, prince, royal (cf. king, earl, knight, lord, queen)
b. 행정 : assembly, authority, chancellor, council, government, manor, minister, nation, parliament, state, sovereign, tax,
c. 법률 : accuse, attorney, court, crime, judge, judgement, justice, pardon, perjury, prison, punish, verdict
d. 종교 : Bible, clergy, charity, chapel, friar, mercy, parish, prayer, religion, saint, sermon, service, virgin
e. 군사 : armor, battle, castle, captain, enemy, soldier, war
f. 예술, 문화 : apparel, costume, dress, fashion, art, beauty, music, paint, poem, poetry, prose, romance, study

영어 어휘는 숫자가 엄청나게 많기도 하지만, 비슷비슷한 뜻의 동의어가 무수히 많다. 앞에서 이야기 한 것처럼 프랑스어 계통, 르네상스 이후 라틴어 계통, 그리스어 계통 등 무수히 많은 어휘를 차용하여 쓰다 보니, 비슷한 뜻의 어휘가 많이 있을 수밖에 없었다. 이들 비슷한 뜻의 어휘들은 한동안 같이 공존하여 쓰이다가, 힘이 센 놈만 살아남기도 하고, 아니면 약간의 의미가 변하여 역할 분담을 하면서 살아남기도 하였다.

(11) a. ox, swine, calf, sheep
b. beef, pork, veal, mutton

앵글로-색슨족이 사용하던 순수어 계통의 (12a)는 동물을 나타내는 어휘로, 노르만 족이 사용하던 프랑스 계통의 (12b)는 음식을 나타내는 어휘로 고정되어 갔다. 당시 앵글로-색슨족은 주로 피지배계층으로 소나 돼지 등을 가축으로 기르는 일에 종사했을 것이고, 지배계층의 노르만 족은 주로 요리된 음식을 먹었을 것이라고 생각하면 쉽게 이해가 될 것이다. 이외에도 프랑스에서 들어 온 어휘가 영어 고유어와 대비되어 뚜렷한 의미상의 차이를 보이는 경우가 많다. 먼저 차용어가 상류 계층의 취향을 풍기는 어휘라면, 영어는 평범한 일반 계층의 어휘가 되어 있다. 예컨대 manor와 palace는 home, house보다, heir는 son이나 daughter보다 우월한 인상을 준다. 또한 문화적이고 격식체인 프랑스 차용에 비해 토착 영어 낱말은 비격식체이고 감정적이다.

3) 중세영어의 문법과 특징

a) 동사의 굴절어미

동사의 굴절어미는 주로 시제(tense), 상(aspect), 법(mood) 등에 따라 어미가 변한다. 예를 들어 영어 동사의 시제변화에 있어 규칙변화의 동사는 -ed만 붙이면 과거형이 된다. 그러나 come came come, sing sang sung, drive drove driven, buy bought bought, think thought thought, break broke broken, rise rose risen, eat ate eaten.… 등의 불규칙변화 동사들은 어디서 유래되었을까? 독일어에는 강변화(strong inflection)와 약변화(weak inflection)라는 게 있다. 동사들 중 어떤 것들은 스스로 모음을 바

꿔서 다른 요소의 첨가가 없어도 시제를 바꾸는 것들이 있는데, 이런 동사들을 힘이 쎈 놈들이라 해서 "강변화 동사(strong verbs)"라고 한다. 고대영어에도 이와 같은 규칙이 있어서 강변화 동사와 약변화 동사의 구분이 있었다. 하지만 영어가 하층민들만 쓰는 언어가 되다 보니, 복잡하게 뭘 그리 어렵게 생각하나… 해서 많은 동사들이 강변화 동사에서 약변화 동사로 바꾸고, 또 새로 프랑스어 등에서 차용한 많은 동사는 모두 약변화 동사가 되어 현재는 대부분의 동사가 약변화를 하게 되었다. 즉 약변화 하는 동사들의 수가 늘어나서 그 것이 규칙변화 동사가 된 것이다. 반면 불규칙 변화를 하는 동사들은 대부분 일상생활에서 많이 쓰이는 강변화 동사들이다. be동사가 대표적 경우인데, 매일 자꾸자꾸 쓰니까 모양이 좀 이상해도 귀에 익어서 하루아침에 바꾸기가 어렵고 세대를 거쳐 가도 변화를 거부하고 살아남은 것이다.

한편 가정법 현재는 동사 어간에 단순히 -e만 첨가하여 쓰였다.

(12) a. And he falle, he hath non helpe to rise
(If he should fall, he would have no help to get up)
b. Al falle it foule or faire
(Whether it turn out good or evil)

명령법에는 단수는 어미변화가 없었지만 복수는 -eth를 첨가하였다.

(13) a. Go bet! (Go quickly!)
b. "Cometh neer," quod he, "my lady Prioress."
("Come nearer," he said "my lady Prioress.")

b) 명사, 형용사 등의 굴절어미

영어 명사는 성(gender), 수(number), 격(case), 인칭(person)에 따라 굴절어미가 변한다. 에를 들어 복수형의 경우에 어떤 건 -s나 -es가 붙고, 또 어떤 건 다음처럼 복잡하게 강변화 하는 것도 있다.

(14) a. ox-oxen, child-children
b. goose-geese, foot-feet, tooth-teeth

이런 명사의 격변화도 앞에서 말한 노르만 정복이후 동사의 굴절과 마찬가지로 대부분 사라지게 되었다. 지금은 고작 소유격 (-'s. -'es) 표시 정도와 대명사에서만 남아 있다. 옛날 강변화 명사의 복수형이던 (14)의 oxen, geese, feet, children 등은 일상생활에서 구어체로 많이 사용하다보니 끈질기게 그 목숨을 부지해서 아직까지 살아남아 있는 것이다.

중세영어의 인칭대명사도 다음처럼 변화하였다.

(15) a. ich → I
b. my/myn, thy/thyn
c. heo → she
d. hine(남성)/hi(여성) → him(남성)/hir(여성)

1인칭 단수 주격 ich는 강세 없는 음절에서 어말의 자음이 없어져, 후기에 현대영어와 같은 I가 되었다. 1, 2 인칭의 단수 속격(소유격) 인칭대명사는 자음 앞에서는 my, thy가, 모음 앞에서는 myn, thyn이 사용되었다. 3인칭 여성 단수 주격 형으로는 고대영어의 heo 대신 she가 등장하였다. 3인칭 목적격은 원래 hine/hi였으나, him/hir로 대체되었다. 1, 2인칭의 복수형에서는 we/oure/us와 ye/youre/you가 사용되었다. 3인칭 복수형은 북부지방에서 스칸디나비아방언의 영향을 강하게 받아 th-로 시작하는 복수형 they/their/them을 사용하였다.[5]

중세영어의 형용사는 약모음의 평준화에 의거하여 형용사 어미들도 명사와 같은 방식으로 대거 축소되어, 전통적인 강변화와 약변화의 어미변화가 아주 간소화된다.

(16) a. <u>good</u> man
b. for the <u>goode</u> men, his hors were <u>goode</u>

단수일 때는 (16a)처럼 어간에 아무런 어미도 붙이지 않았고, 복수일 때만 (16b)처럼 -e를 붙이면 되었다. 비교, 최상급어미는 현대영어와 같이 –er, -est를 붙였다.

5 쵸서는 이들을 절충하여 they/hire/hem를 사용하였는데 이는 주격에는 외래어에서 온 they를 주격이외의 사격(oblique case)에서는 고유어의 h-형을 사용한 것이다.

c) 초서의 캔터베리 이야기와 굴절어미의 평준화

다음은 초서의 캔터베리 이야기 서언의 일부이다.

(17) Whan that Aprile with his shoures sote
    (When April with its showers sweet)
The droughte of Marche hath perced to the rote.
    (the drought of March hath pierced to the root)
And bathed every veyne in swich licour,
    (And bathed every vein in such moisture,.)
Of which vertu eugendred is the flour;
    (From which power begotten is the flower;)
When Zephirus eek with his swete breeth
    (when Zephirus also with his sweet breath)
Inspired hath in every holt and heeth
    (Inspired has in every holt and heath)
The tendre croppes, and the yonge sonne
    (the tender shoots and the young sun)
Hath in the Ram his halfe cours y-ronne,
    (Has in the Ram his half course run)
And smale fowles maken melodve,
    (and small birds make melody)

〈말을 탄 초서〉

궁정시인이며 중세기의 영국 최대의 시인으로 일컬어지는 **초소(Geoffrey Chaucer : 1345?~1400)**는 같은 시대의 이탈리아 시인 페트라르카와 작가 보카치오에게서 커다란 영향을 받았다. 이런 의미에서 그는 영국 중세문학의 상징적인 존재이지만, 만년에는 외국의 영향에서 벗어나 독자적인 세계를 구축하였다. 그와 같은 결실이 1387년 집필에 착수, 1400년 사망으로 중단된 캔터베리 이야기(The Canterbury Tales)이다. 남부 영국의 캔터베리 대성당을 참배하는 당시 영국의 각종 직업 계층에 속한 31명의 순례자가 런던 템스강변의 한 여관에서 여관 주인의 제의로 번갈아 이야기를 하는 형식으로, 미완성의 이야기를 포함하여 24편의 이야기가 실려 있다. 이 작품에서 다루어진 인간에 대한 폭넓은 관찰이나 풍부한 유머는 이후 오랫동안 영국문학의 특징을 이루게 되었다.

초서가 사용한 영어에 적용된 문법은 바로 중세영어의 문법을 의미한다. 중세영어는 굴절어미의 평준화(leveling, merging)를 겪었다. 이것은 영어의 구조에 관한 한 가장 중요한 변화의 하나로서, 비강세 음절에서 약모음 a, o, u들이 e로 변화하여 궁극적으로는 schwa인 [ə]가 되어 버린 현상을 말한다. 이때부터 영어는 강세가 없는 음절의 모든 모음이 e 하나로 중화되는 결과가 초래되어 고대영어의 복잡한 굴절어미체계가 대폭 단순화되었다. 그리고 평준화된 모음인 schwa도 점차 소멸하기 시작하여 1400년경에 완전히 없어졌다. 어말의 m이 n으로 바뀌는 변화와 함께 진행된 평준화는 결국 고대영어를 주름잡던 굴절어미 체계의 전반적인 붕괴를 촉발하였다. 현대영어에서 굴절의 역할은 전치사나, 접속사 등의 기능어가 대신하게 된다.

2.3 초기 현대영어와 역사 문화적 배경

(1) 초기 현대영어시기의 역사적 배경

초기 현대영어 시기는 크게 두 시기로 나누어 볼 수 있다. 16세기의 엘리자베스 시대와 17세기의 청교도 및 왕정복고 시대이다. 먼저 16세기 **엘리자베스 시대**는 시대적으로 르네상스 및 종교개혁과 맞물려 있다. 영국의 르네상스는 에라스무스와 토마스 모어 경 등의 학자들에 의해 전해진 것인데, 그들의 인문주의(humanism)는 인간의 가능성에 대한 믿음과 항해상의 새로운 발견, 경제적 발전을 영국에 가져다주었다. 다음으로 영국에서의 종교개혁은 어떤 이념적인 토대를 가지고 있었다기보다는 헨리 8세의 이혼문제와 관련된 정치적 사건에서 시작된 것이다. 독일의 루터와 스위스의 칼뱅의 종교개혁 사상의 영향으로 1534년, 영국의 교회는 로마 교회에서 벗어나 영국 국교회로 확립된다.

한편 절대 왕정은 엘리자베스시대를 정점으로 하여 쇠퇴하기 시작하였다. 여왕은 독신으로 자식이 없었기 때문에, 사후에는 스코틀랜드 왕 제임스가 혈연에 따라 잉글랜드왕을 겸하여 제임스 1세가 되면서 **스튜어트(Stuart) 왕조**가 시작되었다. 그는 엘리자베스시대부터 세력을 키워온 칼뱅파 청교도들을 박해하였다. 청교도가 많은 의회와 왕권신수설의 제임스의 대립은 뒤를 이은 찰스 1세 시대에 이르러 더욱 두드러졌다. 1628년 의회가 공채나 조세는 의회의 찬성을 요한다는 것, 함부로 백성을 체포, 투옥하지 못한다는 것 등을 주요내용으로 한 권리청원을 통과시키자 왕은 의회를 해산시켰다. 이후 왕과 의회의 반목이 격화되었으며, 1642년부터는 의회파와 왕당파 사이의 국내전쟁이 일어났다. 제1차, 제2차 내전을 통해 최후에는 의회파의 승리로 끝나, 1649년 찰스는 처형되고 올리버 크롬웰을 지도자로 하는 공화정부가 성립하였다. 이 시대를 **청교도 시대**라고 한다. 크롬웰이 죽은 후 **왕정복고**가 이루어졌고, 그 후 **명예혁명**으로 영국은 의회 민주주의가 확립되어 나갔다.

(2) 초기 현대영어의 특징

1) 초기현대 표준영어의 성립

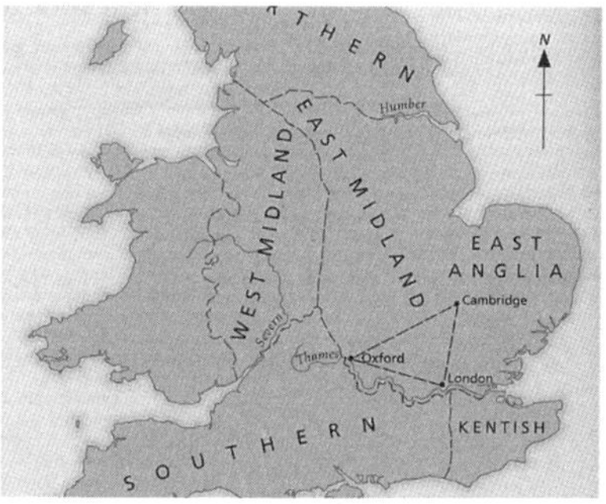

〈표준어 형성 지도〉

오늘날의 표준영어는 중세영어의 여러 방언 중 런던을 중심으로 한 **동중부(East Midland) 방언**이다. 그 이유 중 하나는 중세영어 시기에 동중부 지역에 옥스포드와 캠브리지의 두 대학이 학문과 지식의 중요한 중심지로 그 권위를 자랑하면서 발전하였기 때문이다. 또 중세기 유명한 켄테베리 이야기의 작가 초서는 위대한 영국 궁정 시인으로서, 그가 동중부 방언 즉, 런던 방언을 구사하여 쓴 많은 작품의 인기에 힘입어 그의 언어는 영국 전역에 확산되었기 때문이기도 하다. 거기에 15세기말 캑스톤의 대량 서적 출판은 동중부 방언이 표준어로서의 확고한 지위를 갖추는 데 결정적인 역할을 하였다.

또 르네상스 후반의 초기 현대영어시기에 **셰익스피어**(William Shakespeare : 1564-1616)의 작품과 **흠정 영역 성서**(Authorized Version of the Bible : 1611)의 영향도 중요했다. 셰익스피어가 작품 중에서 구사한 어휘 수는 35,000여 개로, 당시로서는 가장 풍부한 어휘를 사용하였다. 그가 활용한 문법이나 어휘의 선택 및 활용은 매우 뛰어났다. 또 셰익스피어가 쓴 수많은 작품에 나오는 단어나 어구는 일반 대중의 마음속에 깊이 파고 들어가 누구나 알 수 있는 관용어구(idioms)가 되어 버렸다. 다음은 셰익스피어의 소네트 18번이다.

(18) Shall I Compare Thee to a Summer's Day? (Sonnet XVIII)
- William Shakespeare -

Shall I compare thee to a summer's day?
Thou art more lovely and more temperate :
Rough winds do shake the darling buds of May,
And summer's lease hath all too short a date :
Sometime too hot the eye of heaven shines,
And often is his gold complexion dimm'd;
And every fair from fair sometimes declines,
By chance, or nature's changing course untrimm'd;
But thy eternal summer shall not fade,
Nor lose possession of that fair thou ow'st,
Nor shall death brag thou wander'st in his shade,
When in eternal lines to time thou grow'st;
So long as men can breathe, or eyes can see,
So long lives this, and this gives life to thee.

〈흠정영역성서〉

성서 또한 이 시기의 영어 발달에 크게 기여하였다. 엘리자베스 여왕의 뒤를 이은 제임스 1세의 명에 의해 기존의 영역성서들을 집대성한 유명한 흠정 영역 성서가 1611년에 나오게 된 것이다. 이 성경의 완성 시기는 17세기이지만, 문체는 약간 고어체이다. 셰익스피어가 영시의 정수라면, 이 흠정 영역 성서는 영어 산문의 보고라고 할 수 있다. 성서의 영역은 신의 말씀을 일반 국민 대중에게 직접 전달하고자 하는 민주주의적인 운동이기에 일반 대중을 위해서 쓴 평이하고 소박한 어구로 순수한 고유의 영어였음은 말할 나위도 없다. 이 흠정 영역 성서에는 셰익스피어 작품에 엿보이는 많은 수의 새로운 단어를 지니고 있지는 않으나, 고문체의 냄새가 짙게 풍기는 단어들이 많이 나타나 있다. 또한 전통적인 문법의 테두리를 벗어나지 않고 있으므로 성서가 아니면 이미 사라져 버렸을 상당수의 구문이나 형태를 그대로 보존하고 있는 것이 특징이다.

2) 초기현대영어의 특징

시대적으로 대략 1500년경을 초기현대영어의 시작점으로 본다. 평준화와 굴절어미의 상실로 영어가 종합적(synthetic) 언어에서 분석적(analytic) 언어로 탈바꿈을 하게 만든 의미 있던 시대이다. 그러나 1700년까지는 아직 완전한 현대영어의 모습을 갖추지 못하여서 이 시기를 초기현대영어(Early Modern English)라고 부르게 된다.

초기현대영어는 우리가 지금 쓰는 후기현대영어인 현대영어와는 다소 차이가 있었다. 정해진 영어 사용에 관한 문법은 아직 없는 상태였고, 문인이나 작가들은 비교적 자유로이 영어를 구사하고 있었다. 영어는 창작이나 번역에서 이 경이로운 시대의 발랄한 삶, 신선한 경험, 사상, 공상의 표현수단이 되었다. 후대의 영어처럼 인위적으로 정리된 모습이 아니고, 자유분방한 시대정신을 보여주는 그런 모습의 영어였다. 어쨌든 다소 무질서하게 보일지는 모르지만 문법서나 사전이 없던 시대의 영어, 즉 제약을 받지 않던 시대의 영어였던 것이다. 초기 현대영어의 특징을 추려보면 다음 5가지로 요약할 수 있다.

(19) a. 동중부 방언이 표준어로 정착화 고정되어 갔다.
b. 초기현대영어만의 특수 철자법이 있다.
c. 철자와 발음이 차이를 보이게 된다.
d. 정자법이 정착되어 갔다.
e. 라틴어 등의 고전어에서 무수히 많은 어휘를 차용하였다.

첫째 초기현대영어는 동중부 방언이 표준어로 정착화 고정되어 훨씬 현대영어에 가까운 언어가 되었다. 중세영어는 지역 방언의 특색이 강하여 유동성이 많고 하나의 통일된 기준을 가지지 못하고 있었다. 중세영어의 특징의 하나로 일관성 없는 철자법(inconsistent spelling)이 지적될 정도였다. 예를 들어 never는 neure, naure, ner 등의 여러 가지 방법으로 철자 되었고 이중 어느 것이 바른지 아무도 말할 수 없었다. 그러나 1500년대가 되면서 인쇄술의 발전에 의한 활발한 출판사업으로 철자가 고정되기 시작하고 영어가 굳건하게 자리를 잡아 나아가게 되었다. 초서 등의 문인들의 노력으로 런던에서 쓰이던 동중부방언이 표준어가 되어 영어의 구심점 역할을 하게 된 것도 영어의 정착화에 크게 기여한 사실이다.

둘째 초기현대영어만의 특수 철자법이 있다. 초기현대영어에서는 철자나 부호를 사용하는 방법에 있어 중세영어와 차이를 보인다. 그 중에서는 초기현대영어에만 사용되어 당시의 글을 읽기 위해 꼭 알아두어야 할 것들도 있다. 중세까지 쓰이던 þ(thorn)은 거의 사라졌고, 현대영어처럼 th로 되거나 y로 표기되는 경우도 있었다. 에를 들어 Ye가 the를 나타내는 경우가 있었다. 일부 문자들 간에는 아직 자음과 모음의 구별이 분명하지 않아 i가 j를 써야할 경우(Iohn, Iack)에 사용되었으며, u와 v는 상호적으로(interchangeably) 사용되어 단어를 시작할 때는 v가(vp, vundr), 나머지는 u가(euery, euil) 나타나는 것이 관례였다. 어말을 제외하고 s 대신 긴 s(long s)를 쓰는 것도 유행이었다. 우리는 이런 특이한 철자법을 16세기 셰익스피어의 작품에서 자주 대하게 될 것이다.

셋째 초기현대영어 이후 철자와 발음이 차이(discrepancy between spelling and pronunciation)를 보이게 된다는 점이다. 우리가 영어를 대할 때 부딪히는 어려움 중의 하나는 단어를 철자 된 대로 발음하면 낭패를 볼 경우가 많다는 것이다. 예컨대 find, house는 철자와 달리 [faund], [haus]로 각각 발음된다. 묵음이 있는 know, climb도 철자 그대로 발음하면 웃음거리가 될 것이다. 이런 현상은 초기현대영어에서 중요한 음운변화들이 일어났으나 철자는 이미 고정이 되어 둘 사이가 멀어진대서 기인한다.

네 번째 정자법의 정착이다. 영어 단어에 정확한 하나의 철자를 요구하는 정자법(orthography)의 기초가 닦인 것은 뭐니 뭐니 해도 캑스턴(William Caxton)의 공이다. 그의 일관된 노력의 결과 인쇄된 단어의 철자는 17세말 경에 거의 고정되었다.

다섯째 전문용어로 적절하지 못하고 턱없이 부족한 영어어휘를 보충하기 위해 라틴어 등의 고전어에서 무수히 많은 어휘를 차용하였다. 르네상스후 영국 지식인층의 어학적 관심은 주로 라틴어에 있었고 영어는 뒷전에 물러나 있었다. 당시 영국의 문법학교(grammar school)에서는 고전 라틴어(Classical Latin)를 가르치는 것이 일반적 풍조였다. 라틴어 차용어가 홍수처럼 밀려왔으므로 일반인들은 이런 어려운 단어들을 'hard words'라고 불렀다(고전어로부터 차용한 어려운 단어들을 inkhorn terms라고 한다). 17세기에 와서도 고전연구는 여전히 왕성하여 뉴톤과 베이컨의 학술서가 라틴어로 쓰여졌고, 라틴어 학습을 위한 사전과 문법서도 갖추어졌다.

3) 철자법과 대모음변이(Great Vowel Shift) 등의 음운변화

〈캑스톤〉

오늘날 우리가 영어를 공부할 때 가장 고통스러운 것 중에 하나가 영어 철자와 발음이 다른 것이다. 심지어 발음기호란 것이 있을 정도이니 영어 발음과 철자가 얼마나 다른지를 알 수 있다. 이와 같이 발음과 철자가 다른 현상은 15세기경 캑스톤이란 사람이 독일에서 처음으로 인쇄술을 도입하여 책을 출판하기 시작하면서 비롯되었다. 그 당시에는 문예부흥의 영향으로 모든 철자의 기원을 라틴어에서 찾으려고 한 것은 당연한 일이다. 중세영어의 iland가 라틴어에서 온 insula의 영향을 받아 island로 표기되었다든지, receipt는 라틴어 receptem의 영향으로 발음되지 않는 p자가 삽입되었는데, 이외 비슷한 일이 매우 많았다. 이처럼 인쇄술의 보급으로 라틴어의 영향을 받은 15세기경의 철자가 영어의 정통 철자로 고정되어간데 비하여, 영어 발음은 그 후에도 입에서 입으로 전해내려 오면서 상당히 바뀌게 되었다. 따라서 발음은 자꾸만 변하여 왔는데, 철자는 그대로 15세기경의 철자법을 고집하였기 때문에 오늘날 영어의 발음과 철자가 달라지게 된 것이다.

영어의 대모음변이란 중세영어 시기의 7개의 장모음(a:, e:, ɛ:, i:, o:, ɔ:, u:) 중에서 가장 맨 위에 있던 두 개의 장모음(i:, u:)이 중간 단계를 거쳐 이중 모음으로 변하면서, 다른 장모음들도 단계별로 위로 상승하기 시작하면서, 그 자리에 있던 장모음의 음가를 차지하게 된 현상이다.

(20) a. bite : [i:] → [ai]
b. see : [e:]/[ei] → [i:]
c. name : [a]/[æ] → [e]/[ei]

d. house(huse) : [u:] → [au]

e. food : [o:] → [u:]

bite의 모음 발음 i가 [i:]가 아니라 [ai]로 발음나고, see의 모음발음 e가 [e:]나 [ei]가 아니라, [i:]로 발음난다든지, name의 모음발음 a가 [a]나 [æ]로 발음나지 않고 [e] 또는 [ei]로 발음나는 현상이다. 또 house(고어는 huse이었음)가 [u:]가 아니라 [au]로 발음나고, food가 [o:]가 아니라, [u:]로 발음나는 현상이다.

예스퍼슨(Jespersen : 1933 : 232)은 이들 장모음 중에서 가장 먼저 음변화가 일어난 모음은 중세영어 시기의 고모음 [i:] 및 [u:]였을 것으로 보고 있다. 이들이 먼저 이중모음이 된 후에 각각 그 밑에 있던 [e:] 및 [o:]가 중세영어의 [i:] 및 [u:]가 차지하고 있던 위치로 자유롭게 이동하여 그 자리를 차지하게 되었다.

step 1 : i and u drop and become əɪ and əʊ
step 2 : e and o move up, becoming i and u
step 3 : a moves forward to æ
step 4 : ɛ becomes c, ɔ becomes o
step 5 : æ moves up to i
step 6 : e moves up to i
A new e was created in Step 4; now that e moves up to i,
step 7 : ɛ moves up to c
The new ɛ created in Step t now moves up.
step 8 : əɪ and əʊ drop to aɪ and aʊ

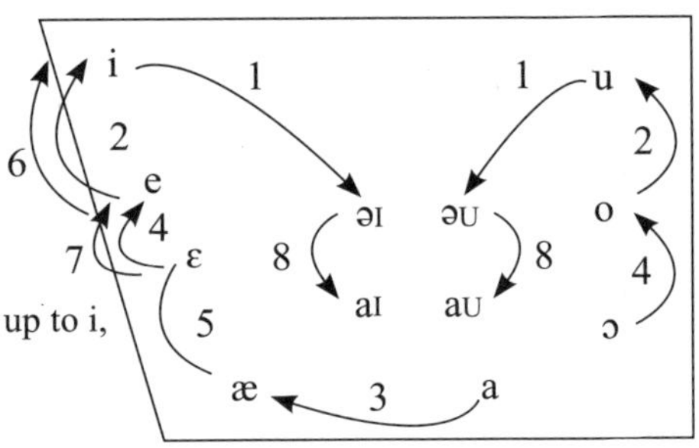

한편, 방언의 혼합으로 다양한 방언이 사용되면서 대모음변이에 예외적인 현상도 나타났다. 중세영어의 철자 [ea]는 장모음 [e:]로 발음나다, 대체로 다음 (21a)처럼 [i:]로 변했는데, 대모음변이가 일어나기 전에 단모음으로 변한 단어들도 있었다.

(21) a. [i:] : cheat, plead, wreath, leaf

b. [e] : threat, head, death, deaf

c. [ei] : break, yea, steak, great

(21b)의 threat, head, death, deaf와 같은 단어들은 오늘날 단모음 [e]로 발음되고 있다. (21c)의 break, yea, steak, great 등과 같은 단어들은 중세영어의 장모음발음 [e:]

가 이중모음 [ei]로 변화하여 끝나고 있다.

(22) a. [u:] : boot, loose, mood, pool, soon
b. [u] : food, good, hook, wood
c. [ʌ] : flood, blood

(22a)의 boot, loose, mood, pool, soon과 같은 단어들은 대모음변이에 따라 오늘날 장모음 [u:]로 변하여 발음하지만, (22b)의 food, good, hook, wood 등과 같은 일부 단어는 장모음 [u:]가 단모음 [u]로 단순모음화된 것들도 있고, 소수이긴 하나 (22c)의 flood, blood처럼 [u]가 더 변하여 [ʌ]로 평순모음화된 것도 있다.

15세기 이후 자음들도 변화하여 현대영어의 자음체계가 이 시기에 거의 완성된다. 이때의 변화는 역시 철자에 반영되지 못하여 발음과의 차이는 커진다.

(23) a. gnaw, gnome, know, knight
b. wrong, wrinkle, wrist
c. lamb, climb, dumb, tomb

(24) a. sight, caught, straight (tough)
b. half, palm, talk, folk, should, would
c. castle, hasten, listen, hustle
d. sing, hang, ring

(23a)처럼 어두 위치의 [g, k]가 [n]앞에서 탈락하거나 묵음되고, (23b)처럼 [w]가 [r] 앞에서 묵음된다. (23c)처럼 어말에서 [m]다음 [b]가 묵음되기도 한다. 또 (24a)처럼 모음 뒤와 자음 [t] 앞에서 이음 gh가 묵음되기도 하지만, tough처럼 어말에서는 [f]로 발음나기도 한다. (24b)처럼 저후모음(low back vowel)과 순음 또는 연구개자음 사이에서는 [l]이 묵음된다, (24c)처럼 주로 [s] 다음의 자음군에서 [t]도 발음되지 않게 되었다. (24d)처럼 어말의 -ng의 [g]음이 탈락하면서, 이음이었던 연구개 비음 [ŋ]이 음소가 된 것도 초기현대영어의 변화이다.

이밖에도 16세기에 다음 (25a)처럼 유성음사이에서 일어난 [s] > [z]의 유성음화

(voicing)와 17세기에 (25b)처럼 치경음 [s, z, t. d] 등이 전설모음 앞에서 경구개치경음 [ʃ, ʒ, ʧ, ʤ]으로 변한 구개음화(palatalization)도 철자에는 반영되지 않아 규칙을 알아야 발음을 설명할 수 있는 부분이다.

(25) a. possess, resolve, presume, houses
  b. special, vision, question, educate

4) 문법변화

한편 동사의 굴절어미는 주로 시제(tense), 상(aspect), 법(mood) 등에 따라 어미가 변하는 것인데, 이것이 없어지게 되다보니 조동사 등이 발달하게 되었다. 즉 오늘날 미래를 나타내는 표현에 will, shall 등의 조동사를 사용한다든지, 완료형 진행형 등의 상을 나타내는 표현에 have, has, had 등의 조동사와 be동사를 사용하는 것, 또 가정법 등에 많이 사용되는 would, should, might, must 등의 조동사 사용이 그 예이다. 또 명사의 굴절어미는 성(gender), 수(number), 격(case) 등에 의해 어미변화를 하였는데, 이것이 사라져 구별이 안되다 보니, 전치사 등이 발달하고 어순이 고정되게 되었다. 예를 들어, '누구에게'라는 여격(dative)의 경우 전치사 to로 표현하게 되었으며, 주격과 목적격의 경우 고대영어의 경우 격어미로 표현되었기 때문에 우리말처럼 어순이 상대적으로 자유스러웠지만, 오늘날에는 명령문이나 의문문 외에는 주어 명사는 반드시 동사 앞에 와야 하고, 목적어 명사는 동사 다음에 와야 하는 어순으로 고정되어 버린 것이다.

(5) a. Se cyning meteth thone biscop. ↔ Thone biscop meteth Se cyning.
  (왕이 주교를 만났다. ↔ 주교를 왕이 만났다.)
 b. The king meets the bishop. ↮ The bishop meets the king.

즉 고대영어와 같은 종합적 언어(synthetic language)에서 현대영어의 분석적 언어(analytic language)로 획기적인 변화를 겪게 된 것이다.

2.4 현대영어와 역사 문화적 배경

(**1**) 현대영어시기의 역사적 배경

1) 산업혁명과 **18**세기 영국의 정치와 사회

메리와 윌리엄 치세 말기인 1702년부터 앤의 치세인 1714년까지 영국은 에스파냐와 프랑스로부터 뉴펀들랜드, 노바스코샤, 허드슨만(灣) 지방, 지브롤터, 미노르카 등을 획득하였으며, 절대왕정 이래의 식민지체제를 확대하여 국내 상공업자의 이익을 증진하였다. 또 스코틀랜드와 합동하여 **대영제국(Great Britain)**이 되었다. 앤이 죽은 뒤, 1714년 독일 하노버가의 선제후 조지 1세(1714~27 재위)가 왕위에 올랐다. 조지왕은 제임스 1세의 증손자이나 독일태생이었기 때문에 영어를 모르는 영국 왕이었다. 따라서 '왕은 군림하나 통치하지 않는다'는 말이 나왔으며 영국의 의원내각제가 시작되었다. 조지 3세 재위기간(1760～1820)에는 산업혁명으로 영국 산업자본주의가 성립한 시기로 영국은 유럽 내에서 가장 부유하고 강력한 제국이 되었다. 와트의 개량 증기기관이 발명되면서 면공업의 비약적 발전이 달성되었다. 사회과학면에서도 벤담의 정치학, 스미스, 리카도의 경제학 등 자유주의 사상이 중상주의를 대신하여 새시대의 요청에 따랐다. 이 기간 동안 의회개혁과 재산 소유자의 선거권을 요구하는 운동이 일어났다. 1775년에 미국독립전쟁이 일어났고, 1783년 영국은 마침내 미국의 독립을 승인했다.

1800년의 영국은 세계에서 가장 산업화한 국가였다. 영국은 대서양에 면하는 자연항들, 풍부한 연안 운송, 그리고 훌륭한 내륙수송로 체계를 가지고 있었다. 1760년대에 벌써 영국에는 1,600㎞에 달하는 내륙 운하가 있었고, 석탄과 철광석 자원이 풍부했다. 그러나 가장 중요한 것은 영국이 국내외 양쪽에서 상품을 소비할 고객을 많이 끌어들일 수 있었다는 점이다. 영국의 식민지들은 영국 상품의 고객 노릇과 함께 그 원료 공급지 노릇을 했다.

2) **19**세기 대영제국의 확장과 빅토리아 시대

조지 3세 시대의 영국의 발전은 조지 4세, 윌리엄 4세 시대를 거쳐 빅토리아 여왕

시대(1837~1901)에 절정에 달하였다. 빅토리아 여왕시대는 영국이 세계의 강국으로 발전의 극치를 이루었던 '팽창의 시대'였다. 영국은 산업혁명을 통해 농업과 수공업 위주의 국가에서 근대적 산업국가, 기계적 공업국가로 변모했고, 그러한 경제적 번영과 더불어 이 시대에는 물질주의와 실리주의, 공리주의, 과학 만능주의적 사고, 체면중시 풍조 등이 사회전반에 퍼져 있었다. 특히 과학 만능주의적 사고는 종교의 권위를 추락시켜 신앙을 쇠퇴시키는 결과를 낳기까지 했다.

〈빅토리아 여왕〉

장수한 빅토리아는 1837년에 즉위했다. 몇 해 동안의 개혁 바람이 불고난 후 중기 빅토리아 시대의 영국은 비교적 평온을 유지했다. 품격, 의무, 의지, 성실, 근면, 훌륭한 처신과 태도, 그리고 검약 등 이른바 '빅토리아주의'가 절제된 일련의 윤리적 덕목을 대표했다. 또한 산업혁명의 성과로 1851년에는 런던 만국박람회가 성공적으로 열리기도 했으며, 의학과 위생교육의 진보에 따라 인간 평균수명이 현저하게 연장되었다. 일반교육이 보급됨으로써 자력으로 인생을 개척하려는 인생관이 나타나게 되었고, 자연과 인간사회를 보는 안목도 높아지게 되었다. 이러한 '진보 시대'의 대표적 산물로는 다윈(Charles Darwin : 1809-82)의 종의 기원(On the Origin of Species : 1859)에서 나타나는 생물진화론이 있다.

빅토리아 조의 또 하나의 특징으로 여성의 지위향상을 들 수 있다. 초기에는 현모양처가 일반여성의 이상이었으나, 중류계급의 여성들이 패션에 관심을 가지기 시작하면서 패션잡지가 유행하게 되었고, 스포츠에도 여성들이 참여하는 등 조금씩 기성의 틀이 깨지기 시작했다. 1870-80년대가 되자 남녀평등권 운동이 성행했고, 여성의 지위가 한층 향상되었다. 한편 빅토리아조 시대의 복음적인 윤리 도덕감은 공격적이고 배타적인 인간들을 만들어냈고, 속물주의(snobbism)의 토대가 되기도 했다. 사람들은 사회의 엄한 도덕적 제재를 두려워했고, 진지함을 숭상했으며 자기방어의 수단으로 속물근성을 지니게 되었다. 즉 빅토리아 조는 물질문명에 지배된 타락한 시대처럼 보이지만 그 기저에서는 도덕적 의지가 왕성하게 작용하고 있었던 도덕적인 시대였다.

3) 20세기 이후 영국의 정치와 생활

영국의 20세기는 빅토리아 여왕의 뒤를 이은 에드워드 7세(1901-10)의 즉위로 시작되었다. 19세기말에 이르면서 빅토리아식 사회구조가 흔들리기 시작했다. 노동자들의 불만의 목소리는 점점 더 뚜렷해지고 또 조직화되어갔다. 1900년 2월 런던에서 열린 노동자대표회의에서는 노동조합 운동가들과 사회주의자들이 의회에 노동자 출신 의원을 내보내기 위한 위원회를 설치하기로 결정했다. 이것이 20세기의 노동당의 시작이었으며, 노동당은 마침내 자유당 대신 제2당의 자리를 차지하게 되었다. 1929년 미국에서 시작된 대공황은 영국에도 큰 영향을 미쳐 실업자 수와 재정적자가 급증, 경제적 위기를 맞았다.

1939년 히틀러가 체코를 침공하자, 제2차 세계대전이 시작되었다. 전쟁의 큰 타격으로 전후 영국의 경제는 극심한 저성장이었고 그것은 해외의 식민지와 자치령이 차차 독립한 것과 더불어 영국의 국제적 지위를 떨어뜨렸다. 이에 따라 영국국민은 전쟁완수의 영웅 처칠(Churchill)을 교체했고, 애틀리(Attlee)가 이끄는 제 3차 노동당 내각이 서게 되었다. 애틀리 내각은 중요 산업의 국유화와 철저한 사회보장 등의 신정책을 실시하였고, 이에 따라 영국은 '요람에서 무덤까지로'의 국가가 돌보아 주는 이른바 복지국가의 길을 걷게 되었다. 1960년대 중엽에 이르면서 영국의 번영이 시들어가는 징조들이 나타나기 시작했다. 1979년 마거릿 대처를 총리로 한 보수당이 다시 집권했다. 대처는 지난 40년 동안 노동당이 정부의 통제하에 넣었던 거의 모든 산업과 1세기 이상 국가의 수중에 있던 몇몇 산업을 다시 민영화하기 시작했다. 세계적 호경기시대가 다시 돌아오고, 인플레이션이 둔화하고, 기업가들에게 매각한 산업에서 이윤이 남고, 북해산 석유 판매에서 막대한 돈을 얻음으로써 성공을 거둘 수 있었다.

흔히 영국인의 생활태도가 전통을 사랑하고 변화를 싫어하며, 매우 보수적이라고 한다. 아직도 귀족제도가 남아 있고, 런던시내 오피스거리에 근무하는 사람은 지금도 1년 내내 중산모자를 쓰고 검은 옷을 입으며, 우산을 가지고 다닌다. 판사는 여전히 가발을 쓰고, 일요일에 극장은 문을 열지 않는다. 아직도 좌측통행을 고집하고 있으며, 같은 술집에 들어가는 데도 중류계급과 노동자는 입구를 달리할 정도로 고전적인 계급의식을 가진다. 그러나 이와 반대되는 면도 간과할 수 없다. 어느 나라

보다도 앞서서 원자력의 평화이용을 달성한 것도 영국인이며, 1971년에 전통적인 화폐 제도를, 1975년에 도량형 제도를 바꾼 이도 영국인이다. 그들에게는 보수와 진보의 묘한 혼합이 있으며, 그것이 영국인의 생활 전체를 일관하고 있다. 경제적 자유주의의 모국이면서도 다른 자본주의 국가에서 찾아보기 어려운 사회보장체계를 확립하였다. 거칠지 않고 예의바르면서도 16, 17세기에는 해적행위를 감행하고 어려운 싸움을 승리로 이끄는 활력을 가졌다. 욕을 들을 정도로 타산적이면서도 전쟁 중 암시장이 없었다. 이러한 태도는 여러 세기의 지난 경험을 통해 얻은 경험주의적, 현실주의적인 생활에서 터득한 지혜이다.

(2) 현대영어의 특징

1) 학술원 설립운동(English Academy Movement)

17-18세기에 르네상스의 과도한 영향을 조절하고 영어를 보다 세련되고, 표준화되고, 고정시키기 위해 학술원을 두자는 운동이 일어났다. 이는 1635년 설립된 프랑스의 한림원(Academie Francaise)에 자극을 받은 듯하다. 이 운동에는 과학자이자 철학자인 Robert Hooke(1660), Royal Society의 관장이었던 Daniel Defoe(1697)를 비롯하여 Joseph Addison(1711), Jonathan Swift(1712) 등의 많은 학자가 참여하였다. 걸리버 여행기(Gulliver's Travels)의 작가로도 유명한 스위프트는 언어에 대해서도 많은 관심을 쏟았다. 그러나 영어에 관심이 없던 조지 1세가 즉위하자 유야무야되고 말았다. 결국 영국에 학술원이 설립되는 작업은 무산되고 Johnson의 사전(1755)이 그 역할을 대신하는 수밖에 없었다.

〈존슨(**1709-84**)〉

2) 영어사전 편찬

영국이 산업혁명이후 국력이 신장되면서 영어의 발음과 철자법을 통일시키는 한편, 형태를 정리하고 단어의 뜻을 정확하게 정의함으로써 영어를 보다 더 세련되게 만들려는 움직임이 일어나기 시작하였다. 17세기에도 몇몇 사전들이 편찬되었으나, 주로 외래어에서 들어온 알기 어려운 단어를 올바르게 쓰고 이해할 목적으로 만들어졌거나, 히브리어, 희랍어, 라틴어 등에 나오는 어려운 용어를 해석하거나, 신학, 철학, 법률, 항해, 수학, 예술, 과학 등 학문 분야에 쓰인 전문적인 술어를 설명하는데 치우쳐 있어서 현대 영어사전이 지니고 있는 특징을 지닌 본격적인 의미의 사전이라고는 할 수 없었다. 18세기에 존슨 박사가 펴낸 영어사전(A Dictionary of the English Language : 1755, two volumes)이 현대 영어사전의 효시라고 할 수 있다. 존슨박사가 내린 많은 정의와 그의 편찬 방법은 그가 당대의 유명한 문호들의 작품에서 인용한 수많은 예증과 더불어 그 후 여러 세대에 걸쳐 사전 편찬자들에 의해 계승 발전되어 왔다. 더욱이, 문맥에 쓰인 어휘의 의미를 확립하기 위해 그가 사전에 인용한 용례들은 금세기 사전 편찬의 모델로 간주되어 온 옥스퍼드 영어사전(Oxford English Dictionary)의 전거가 되었다.

3) 영어교육과 영문법서

18세기 중반부터 영어의 적절한 사용(usage)에 대한 관심이 높아져서 보다 적합한 언어 교육을 하려는 움직임이 중산층을 중심으로 감지되었다. 이미 그들은 영어를 학문적 언어(scholarly language)로 인정하고 표용하고 있었다. 더구나 이시기는 이성의 시대(Age of Reason)이어서 한 언어의 규칙성을 정의하고, 언어의 기원이 신성하다는 개념의 바탕하에서 보편문법(universal grammar)을 추구하는 경향이 뚜렷하였다. 종종 라틴어와 그리스어가 덜 타락하였으며 어미변화가 문법과 동일시되는 경우도 있었다. 따라서 언어를 더 이상 타락시키기 않고 보호하고 다시 가다듬어 고정시키려는 노력이 문법서 저술로 나타났다.

1760년에 영문법에 대한 관심이 매우 뚜렷하게 나타났는데, 이 시기의 가장 영향력 있는 문법서 중의 하나는 로스(Robert Lowth)의 영문법개론서(A Short Introduction to English Grammar : 1762)로서 규범 문법(prescriptive grammar)의 효시(嚆矢)를 이루었다. 18세기의 문법가들은 보수적이고 규범적인 전통을 고수하면서도 그 전통 속에서 세 가지 일을 수행하는 것을 목적으로 삼았다. 첫째로, 언어의 원리를 요약하여 규칙으로 만드는 일, 둘째로, 논란의 대상이 되는 문제점을 해결하고 관용법의 옳고 그름을 결정해야 하는 일, 셋째로, 일반적으로 범하기 쉬운 잘못을 지적하고 이를 수정하여 언어를 개량해 나가는 일, 이 세 가지 목적은 모두 동시에 추구되었다. 이 시기의 문법적인 특징은 언어를 정확하게 표현하기 위하여 규칙을 정해 놓고 이것을 위반했을 때에는 잘못된 것으로 지적하여 시정을 요구하면서 똑같은 과오를 범하지 않도록 정해 놓은 규칙을 따르도록 한 규범적인 성격을 띤 것이었다. 이처럼 규칙을 정해 규범적인 성격을 띤 문법을 규범문법이라 하는 데, 오늘날 우리가 중고등학교에서 배우는 학교문법(school grammar)은 모두 이 시대의 규범문법을 그대로 계승한 것이라고 할 수 있다. 따라서 학교문법을 전통문법(traditional grammar)이라고도 한다.

4) 19세기의 영문학

19세기 초는 사회문화적으로 낭만주의 시대였다. 낭만주의 시대는 철저한 개인주의의 시대로 낭만주의파의 시인들은 자신의 개인적인 시각을 넓히기 위해 일부러 사회로부터의 고립을 자초하기도 하였다. 다음은 낭만주의 시인인 워즈워드의 대표작 중 하나인 무지개(rainbow)이다

(26) The Rainbow

- William Wordsworth -

My heart leaps up when I behold
A rainbow in the sky;
So was it when my life began;
So is it now I am a man;
So be it when I shall grow old,
Or let me die!
The Child is father of the Man;
I could wish my days to be
Bound each to each by natural piety.

소설로는 제인 오스틴(Jane Austen)의 분별과 다감(Sense and Sensibility, 1811), 오만과 편견(Pride and Prejudice, 1813), 스코트(Walter Scott)의 웨이벌리(Waverley,

1814), 아이반호우(Ivanhoe) 등이 있고, 수필로는 찰스 램(Charles Lamb)의 엘리아 수필집(Essays of Elia, 1823) 등이 있다. 낭만주의 이후 빅토리아 조에 와서는 사실주의 문학이 발전하였다. 소설이 이 시대에 발달하게 된 것은 산업혁명의 성공으로 시민계급이 성장하면서 그들이 시대의 담당자가 되면서 시민의 생활을 여실히 묘사할 수 있는 소설이라는 장르가 매력을 끌었기 때문이다. 대표적인 작가와 작품으로는 디킨스(Charles Dickens)의 올리버 트위스트(Oliver Twist, 1837-9), 위대한 유산(Great Expectations, 1861), 샤르롤 브론테(Charlotte Bronte)의 제인 에어(Jane Eyre, 1847), 에밀리 브론테(Emily Bronte)의 폭풍의 언덕(Wuthering Heights, 1848) 등이 있다.

2.5 미국영어와 역사 문화적 배경

(1) 미국영어의 성립과 사회문화적 배경

유럽 대륙에서 건너 온 이민들이 미국에 정착하게 됨으로 해서 시작되는 미국의 이민사 내지 미국영어의 역사는 대체로 세 단계로 구분된다.

1) 제 1단계 식민지 시대

제1단계 식민지 시대(1607-1790)는 이주민의 90%가 영국의 동남부로부터 미국의 동부 뉴잉글랜드 지방(New England)으로 이주해 온 시기로, 영국에서 처음 미국으로 이주해 와서 자리를 잡은 후, 독립을 얻기까지의 시대이다. 1776년에 미국을 구성한 최초의 13개 영국 식민지는 북아메리카에 제국을 건설하려는 유럽 열강의 수많은 시도 가운데 하나에 불과했다. 모든 식민 집단은 땅을 차지했고, 대부분 토착 인디언들한테서 생존기술을 배웠다. 그러나 기술을 가르쳐준 인디언들은 대개 백인에게 동화되거나, 우세한 유럽무기를 당해내지 못하고 쫓겨났다. 스페인은 1513년에 이미 플로리다에 상륙했고, 1540년에는 뉴멕시코에 도착했다. 네덜란드의 서인도회사는 1624년에 포르트오라녜(지금의 뉴욕 주 올버니)에 뉴네델란드를 건설했다. 프랑스인들은 1673년에 광대한 미시시피 강 유역을 탐험하기 시작했고, 러시아인들은

1741년에 알래스카에 도착했다.

영국인이 북아메리카대륙 미국에서 건설한 13개의 식민지 중에서 최초로 건설한 것은 1607년 남부버지니아의 제임스타운(James town)이었다. 그러나 2세기에 걸친 식민지시대 정치 문화의 중심은, 1620년 유명한 메이플라워호로 매사추세츠의 플리머스에 상륙한 필그림 파더스에 의해 식민이 시작된 북부 뉴잉글랜드에서였다. 청교도 순례자 가운데 성인 남자는 그들이 타고 온 메이플라워호에서 내리기 전에 이 새로운 모험의 지도자들이 만든 법률과 포고령을 지키겠다고 약속하는 서약서에 서명해야 했다. 이 메이플라워 서약은 미국 역사에서 민주주의 발전의 중요한 단계로 해석된다. 청교도주의에 입각한 매사추세츠 식민지 정부의 지배에 반대하여 코네티컷(1635)과 로드아일랜드(1636)가 건설되었으며, 메릴랜드(1632), 캐롤라이나(1663)와 뉴햄프셔(1692) 등도 건설되었다. 영국은 1664년에 뉴네덜란드 식민지(지금의 뉴욕, 뉴저지, 델라웨어 주로 이루어진 지역)를 빼앗았다. 이 지역은 찰스 2세의 동생인 요크 공 제임스의 이름을 따서 뉴욕으로 이름이 바뀌었다. 펜실베이니아(1701)는 땅이 비옥했고 식민지 정부가 관대한 토지정책을 시행했기 때문에, 북아메리카의 모든 식민지 가운데 가장 다양하고 활기차게 번영하는 식민지로 성장했다. 13번째 식민지는 1732년 제임스 오글소프와 영국 젠트리 계급의 부유한 사회사업가들이 세운 조지아(1732)였다.

〈대륙회의에서 의원들과 조지 워싱턴〉

한편 1763년 영국인들은 북아메리카에서 프렌치-인디언 전쟁에 승리하면서 프랑스인들을 쫓아내는 데 성공한 뒤, 식민지 주민들의 반감을 불러일으킨 많은 정책을 시행하기 시작했다. 식민지 주민들은 본국의 조치에 반대해 그것을 타도하기 위해 단결하기 시작했다. 이런 행동 가운데 가장 유명한 것이 이른바 보스턴 차 사건(1773)으로 보스턴의 일부 주민들이 인디언으로 가장해 보스턴 항에 정박 중인 배에 올라가 1만 파운드 상당의 차를 바다에 내버린 사건이다. 1775년 봄 마침내 전투가 벌어졌다. 필라델피아에서 열린 제2차 대륙회의는 군대를 모집하고, 조지 워싱턴을 사령관으로 임명했다. 조지 워싱턴을 비롯한 많은 사람들은 처음에 이 분쟁을 내전정도로 여겼다. 그러나 1776년 1월에 토머스 페인이 '상식(Common Sense)'이라는 소책자를 출판하자, 갑자기 독립이 대륙회의의 의제가 되었다. 대륙회의는 1776년 7월 4일에 독립선언서를 발표했다. 다음은 제퍼슨이 쓴 독립선언문의 일부이다.

(27) We hold these truths to be self-evident, that all men are created equal, that they are endowed by their Creator with certain unalienable rights, that among these are Life, Liberty, and the pursuit of Happiness. That to secure these rights, Governments are instituted among Men, deriving their just powers from the consent of the governed. That whenever any Form of Government becomes destructive of these ends, it is the Right of the People to alter or to abolish it, and to institute new Government, laying its foundation on such principles and organizing its powers in such form, as to them shall seem most likely to effect their Safety and Happiness.

한편 초기 식민지 시대의 문학은 아직 순문학이라고 할 수 있는 것이 거의 없었다. 대부분이 일기, 식민지의 역사, 여행기, 보고서, 설교집, 교리에 관한 논쟁 등이었다. 이주민들이 당시 미국에서 사용한 영어는 셰익스피어 등이 사용하던 초기 현대영어 즉, 엘리자베스 왕조의 영어이다. 18세기 후반으로 들어서자 독립혁명의 기운이 높아져 유럽의 계몽사상, 합리주의의 영향 하에 많은 정치문서가 나왔다. 제퍼슨(Thomas Jefferson)의 독립선언(1776)과 페인(Thomas Paine)의 상식(Common Sense, 1776)이 대표적인 작품이었다. 무엇보다도 양키의 아버지로 불렸던 프랭크린(Benjamin Franklin)의 합리주의와 실천적인 공리주의의 진수인 부에 이르는 길(The Way to Wealth, 1757)과 자서전이 후세에 큰 영향을 끼쳤다.

2) 제 2단계 초기 미국공화국 시대

제2단계 (1790-1860)는 초기 미국공화국시기로 남북 전쟁을 전후한 무렵까지를 말한다. 이 시기의 영국 이주민들은 서쪽으로는 앨리게니 산맥과 애팔래치아 산맥을 넘어 서부로 진출하였고, 동부로는 펜실베니아까지, 그리고 남부로는 남부 캐롤라이나주의 일부 비산맥 고원지대에 이르기까지 세력을 확장하면서 정착하게 되었다. 따라서 18세기 중엽에 형성된 메인(Maine)에서 조지아(Georgia)에 이르는 대서양 연안지역이 오늘날 모든 미국영어 방언의 원천지가 된다.

〈미국의 영토 확장〉

1783년에 파리 평화조약으로 미국의 독립이 결정되었고, 미국의 국경은 서쪽으로 미시시피 강까지 확대되었다(스페인령 플로리다 제외). 조지 워싱턴(1789-97)이 초대 대통령이 되었다. 1803년에는 제퍼슨(1801-09) 대통령이 프랑스로부터 루이지애나를 사들임으로써 미국 영토는 2배로 늘어났다. 미국은 서부 영토 확장에 열을 올려 아메리카 인디언 전쟁이 일어났으며, 인디언 제거 정책을 펴서 원주민들은 터전을 잃게 되었다. 여러 이유로 영국과 벌인 1812년 2차 전쟁은 승패가 분명히 갈리지는 않았으나 미국의 민족주의를 강화시켰다. 1819년에 미국은 스페인에게서 플로리다와 여타 멕시코 만 연안 영토를 할양받게 된다. 1845년에 미국은 텍사스 공화국을 병합하였다. 1846년 영국과 오리건 조약을 맺으면서 미국은 오늘날의 미국 북서부를 통치하게 된다. 멕시코-미국 전쟁에서 미국이 승리하면서 1848년에 캘리포니아와 오늘날의 미국 남서부를 할양받게 되었다. 1848년~49년의 캘리포니아 골드러시로 서부 이주가 가속화되었다. 새로이 철도가 부설되면서 정착민들의 이동이 쉬워지고, 원주민과의 갈등도 커졌다. 평원 인디언들은 주요 자원이던 버팔로를 손실하면서 큰 타격을 입었다. 이 시기에는 아일랜드와 독일에서 대량으로 이주민들이 미국으로 건너 왔으며, 화란인, 스웨덴인도 건너와서 비영어 사용자가 미국영어권에 섞이게 되었다.

먼로 독트린(1823)은 미국이 유럽 문제에 개입하지 않을 것이며 미국에 대한 유럽의 간섭도 받아들이지 않겠다는 선언이다. 이 시기동안 국민적 일체감이 높아졌음에도 불구하고 분열의 움직임도 그에 못지않게 존재했다. 문제가 발생한 근본원인은 19세기 초의 미국이 국민 국가(nation)가 아니라 지역 국가(country)였다는 사실이다. 1808년 이후 노예의 수입이 금지되었는데도 불구하고 남부에서는 여전히 노예매매가 성행하여 북부의 인도주의자로부터 강력한 비난을 받았다. 링컨(1861-65)은 남부 11개 주 '남부연합'(Confederate States of America)의 연방 탈퇴권을 부인했다. 사우스캐롤라이나 주의 섬터 요새에 지원부대를 파견하겠다는 그의 결정은 남부연합을 자극해, 마침내 1861년 4월 12일 남북전쟁의 첫 번째 포성이 울려 퍼졌다. 그 후 4년 동안 북부와 남부는 전쟁에 휘말렸다. 다음은 링컨 대통령의 유명한 게티즈버그 연설문 중의 일부분이다.

〈게티즈버그 전투〉

(28) But, in a larger sense, we can not dedicate, we can not consecrate, we can not hallow, this ground.
The brave men, living and dead, who struggled here, have consecrated it, far above our poor power to add or detract. The world will little note, nor long remember what we say here, but it can never forget what they did here. It is for us the living, rather, to be dedicated here to the unfinished work which they who fought here have thus far so nobly advanced. It is rather for us to be here dedicated to the great task remaining before us -- that from these honored dead we take increased devotion to that cause for which they gave the last full measure of devotion -- that we here highly resolve that these dead shall not have died in vain -- that this nation, under God, shall have a new birth of freedom -- and that government of the people, by the people, for the people, shall not perish from the earth.

한편 정치적 독립을 이루고 사회가 안정됨에 따라, 미국에서도 직업작가가 모습을 나타냈는데 스케츠북(The Sketch Book, 1819)으로 유명한 워싱톤 어빙(Washington Irving)은 미국 최초의 문인 중 한 사람이다. 또 쿠퍼(James Fenimore Cooper)는 개척지를 무대로 문명과 자연의 대립, 또는 백인 개척자와 원주민 인디언의 숙명적인 대결을 로맨틱한 모험이야기로 그려낸 모히칸족의 최후(The Last of the Mohicans, 1826)의 작가이다. 또 시인으로 유명한 에드가 앨랜 포우(Edgar Allan Poe)가 있다. 1830년대에 들어, 초절주의(Transcendentalism)[6]가 사상적으로 미국의 주류가 되었고, 19세기 중엽에는 보스턴을 중심으로 아메리칸 르네상스라는 미국 낭만주의 문학이 멋지게 개화했다. 그 중심이 되었던 것은 콩코드의 철인(哲人)으로 불렸던 에머슨(Ralph Waldo Emerson)이었다. 월든-숲속의 생활(Walden, or Life in the Woods, 1854)의 저자 소로(Henry David Thoreau)와 풀잎(Leaves of Grass)의 시인 휘트먼(Walt Whitman)은 에머슨의 사상을 발전시켰다. 미국 낭만주의는 대가로 호손(Nathaniel Hawthorne)과 멜빌(Herman Melville)은 각각 대표작 주홍글씨(The Scarlet Letter, 1850)와 백경(Moby-Dick, 1851)으로 인간의 어두운 일면과 본질적인 비극을 추구했다.

3) 제 3단계 남북전쟁이후 현대미국 시기

제3단계(1860-현재)는 남북 전쟁 이후의 산업혁명 및 세계 최강국으로의 부상시기로, 다채로운 이민의 원숙기를 이룬 시기이다. 남북전쟁 이후의 미국을 특징짓는 것은 지속적인 서부진출, 산업화와 도시화의 진전, 외국이민의 대량 유입, 그리고 세계적인 강대국으로의 부상 등이다. 남북전쟁이 끝난 뒤 골드러시가 일어나자, 금광을 찾아 모여든 사람들에게 생필품과 편의를 제공하기 위해 광산촌이 생겨났다. 서부의 금광, 은광은 투자에 필요한 새로운 자본을 동부에서 공급해주었다. 가정 난방과 조명에서뿐만 아니라 산업에도 석유가 쓰이게 된 것은 이 시대에 나타나서 비약적

6 초월주의라고도 한다. 1830년대 New England 지역 Concord에서 태동한 문예운동이다. 이전의 청교도주의(Puritanism)나 공리주의(Unitarianism)에 대한 회의감에서 비롯되었다. 미국사회의 문화적인 독자성의 부재, 산업사회의 모순과 부작용으로 인한 불안감 증대로 발생하였다. Kant의 관념론을 선호하였으며, 이성보다는 직관을 중시하고, 인간은 신성을 지닌 존엄하고 가치 있는 존재이고, 자기 신뢰의 중요성(Self- Reliance)과 자연에도 하나님이 존재(범신론적 성격)하며, 신, 인간, 자연이 하나의 통합된 존재라고 믿었다. 낭만주의의 감정적 열정과 이상주의의 열의가 결합되어 물질보다 정신적 가치를 추구하였으며, 개인의 가치와 존엄성을 주장하였다. 또 미국인으로서의 자긍심과 미국의 독자적인 문화 건설 및 미국인의 정체성을 추구하였다.

으로 성장한 새로운 산업의 기반이 되었다. 19세기말경에는 펜실베이니아 서부, 오하이오 동부, 5대호 연안, 앨라배마 북부에 강철 산업이 확고한 기반을 잡았다. 중서부지방에서는 정육업, 식료품가공업 같은 농업관련 산업이 발달했다. 이 같은 산업의 지리적 분산은 미국이 산업국가로 전환하는 데 하나의 동력이 되었다.

테오도르 루스벨트(1901~09)가 대통령으로 취임한 1901년부터 대통령 윌슨(1913~21)의 제1기말, 즉 1919년까지의 시기는 독점 반대의 사회개혁이 행하여진 혁신주의 시대라고 한다. 산업이 팽창하자 사용자와 노동자 사이의 긴장이 차츰 높아졌고, 전국 규모의 노동조합이 등장하게 되었다. 급속히 성장하는 공업단지에 필요한 인력은 대부분 유럽과 아시아에서 탄압, 학살, 기아를 피해 미국으로 달아난 이민들이 공급해주었다. 이민들 대다수가 살고 있는 대도시의 소수민족 거주구역은 빈민굴과 열악한 생활환경으로 악명을 떨치게 되었다. 서북부 유럽에 쏠렸던 이주민의 분포가 남부 유럽과 슬라브계의 여러 나라로 확산되면서 잡다한 인종이 모국에서 가져간 자기네 언어를 신대륙인 미국의 언어에 심어놓게 되는 시기이다. 이 시기 이후에도 많은 이태리인과 남유럽 및 동유럽인 및 라틴아메리카와 아시아인들이 대량으로 이주하여 각자의 특이한 언어를 가져 왔으나, 대부분의 경우 얼마 가지 않아 미국영어에 동화되었다.

제1차 세계대전이 끝난 뒤 10년 동안은 미국에 매우 중요한 시기였다. 이 시기는 프로테스탄트 윤리가 지배한 시대였는데, 이 윤리는 술의 제조, 판매, 소비를 금지한 1919년의 금주법에도 여실히 나타나 있다. 1933년에 금주법이 폐지될 때까지 밀주사업은 번창했다. 한편 '말괄량이'로 불린 여성들은 남성과 동등한 대우를 요구했고, 여성참정권운동을 전개해 1920년에 참정권을 획득했다. 1920년대에 라디오, 자동차, 영화 등 새로운 산업이 출현하여 미국은 번영의 시대를 맞이하였다. 그 반면, 농업, 석탄, 면공업은 쇠퇴하였다. 호경기는 1925년에 그 절정을 맞이하여 주식투자가 성행하고 과대투기가 성행하였다. 1929년 10월 뉴욕주식시장의 주가폭락을 계기로 대공황이 일어났으며 이것은 즉시 유럽에 파급되어 세계공황으로 번졌다. 1933년 프랭클린 루스벨트(1933~45)가 대통령에 취임하여, 뉴딜정책을 시행하였다. 이들 새로운 정책을 통하여 연방정부의 권한은 대폭적으로 확대되고 종래의 자본주의의 폐단은 크게 시정되어 자본주의 체제 안에 사회복지적인 여러 정책이 채택되었다.

제2차 세계 대전 초기에 미국은 사실상 중립을 유지하였으나, 1941년 12월 7일, 일본이 진주만을 급습하면서 미국은 본격적으로 전쟁에 참여하였다. 참전으로 미국의 자본투자와 산업능력이 높아졌다. 주요 참전국 가운데 미국은 전쟁덕분에 오히려 더 부유해진 유일한 나라였다. 제2차 세계대전 이후 냉전기에 미국과 소련은 패권을 놓고 경쟁하였다. 미국은 자유 민주주의와 자본주의를 발전시켰으며, 소련은 공산주의와 중앙통제경제 체제를 이끌어갔다. 냉전은 1980년대 말까지 미소 관계를 줄곧 어둡게 만들었다. 1960년대는 미국의 대중생활에 두드러진 변화가 일어난 시대였다. 1961년 소련이 최초의 유인 우주선을 쏘아 올리면서, 존 F. 케네디 대통령(1961~63)은 미국이 최초로 "달에 사람을 보내겠다"는 계획을 내세워 1969년에 기어이 실현하였다. 또 케네디는 쿠바에서 소련군과 핵 위기에 직면하기도 하였다. 그런 가운데 미국 경제는 계속 발전하였다. 1963년 케네디가 암살되자, 이상주의 시대는 곧 끝나고 광범위한 냉소주의 시대가 시작되었다. 그러나 사회발전을 위한 헌신은 계속되었고, 그 중에서도 가장 유명한 것은 마틴 루터 킹 목사(1929~1968)가 이끈 민권운동이었다. 다음은 킹 목사의 유명한 연설문 중 일부이다.

〈마틴 루터 킹〉

(29) I say to you today, my friends... Even though we face
the difficulties of today and tomorrow, I still have a dream.
It is a dream deeply rooted in the American dream.
I have a dream that one day this nation will rise up and
live out the true meaning of its creed : "We hold these
truths to be self-evident, that all men are created equal."
I have a dream that one day on the red hills of Georgia,
the sons of former slaves and the sons of former slave
owners will be able to sit down together at the table of
brotherhood…
I have a dream that my four little children will one day
live in a nation where they will not be judged by the color
of their skin but by the content of their character.
I have a dream today!

> …And if America is to be a great nation, this must become true.

한편 문학에 있어 이 시기는 큰 변화의 시기였다. 마크 트웨인(Mark Twain)은 대표작 허클베리 핀의 모험(The Adventures of Huckleberry Finn, 1884)으로 미국적이라고 할 만한 문학전통을 확립했다. 헨리 제임스(Henry James)는 미국문화와 유럽문화를 대비적으로 그린 어느 부인의 초상(The portrait of a Lady, 1881)과 대사들(The Ambassadors, 1903) 등, 이른바 국제상황 소설을 많이 발표하였다. 20세기 초 드라이저(Theodore Dreiser)는 아메리카의 비극(An American Tragedy, 1925)에서 미국 특유의 성공의 꿈에 홀려 냉혹 비정한 대도시에서 자기 욕망의 희생이 된 젊은이의 비극을 그렸다. 또 피츠제럴드(F. Scott Fitzgerald)의 위대한 개츠비(The Great Gatsby, 1925)도 같은 해에 출판되었다. 1920년대, 1차 대전 후의 경제적 번영과 정신적인 폐허 속에서, 헤밍웨이(Ernest Hemingway)는 무기여 잘 있거라(A Farewell to Arms, 1929)로 허무를 견디며 살아가는 젊은이의 모습을 특유의 건조한 문체로 그려냈다. 남부에서는 포크너(William Faulkner)가 남부의 전통문화의 쇠퇴와 현대문명의 황폐를 이중으로 그린 음향과 분노(The Sound and the Fury, 1929) 등의 걸작으로, 20세기 최대 작가의 지위를 얻었다.

(2) 미국영어의 특징과 영국영어와의 차이

1) 미국영어의 특징

첫째 미국영어의 **통일성(uniformity)**을 들 수 있다. 영국의 경우, 지역에 따른 방언의 차이가 매우 심한 반면, 광대한 영토를 가진 미국에서는 방언의 차이가 놀라울 정도로 적다. 이것은 미국에 이주해 온 이주민들이 전통과 인습에 사로 잡혀 일정한 지역에 오랫동안 정착하여 생활하지 않고, 항상 좀 더 나은 생활 여건을 찾아서 끊임없이 이동한 데 그 원인을 찾을 수 있다. 항상 이동하며 생활하는 이들의 특수한 사정으로 인하여 일정한 지역에 나타나는 독특한 방언의 차이가 사라지고, 궁극적으로는 미국영어의 통일성을 부여하는데 기여하였던 것이다.

둘째로, 이른 바 **아메리카니즘(Americanism)**의 창출이다. '아메리카니즘'이란 미국영어 특유의 어휘나 어구 또는 표현을 가리키는 말이다. 미국으로 건너 온 이주민들이 미국이라는 새로운 땅에서 생활함에 따라 영국이나 유럽 대륙에서는 볼 수 없었던 새로운 광경을 수없이 목격하게 되었다. 한없이 넓은 들, 웅장한 산줄기, 끝없이 뻗어 내려가는 강물, 진기한 동식물, 미국 인디언들과의 싸움 등, 이러한 생활환경 하에서 이들은 새로운 어휘의 필요성을 느끼게 되고, 많은 새로운 미국적인 어휘를 만들어내게 되었던 것이다. 미국적인 생활양식을 그대로 드러낸 수많은 약어나, 긴 말을 줄여서 짧게 만든 sneet(=snow + sleet), cablegram (=cable + telegram), know-how(=skill) 등은 미국 특유의 냄새가 물씬 풍기는 예들이다.

셋째 아이로니칼 하게도 영국영어에 비해 더 **고풍스러움(archaism)**이 있다는 점이다. 이것은 흔히 American archaism이라고도 한다. 영국영어가 미국에서 사용되면서 옛 발음이나 형태 또는 단어의 의미가 그대로 미국영어에 보존되었다. 따라서 영국에서는 이미 사라진지 오랜 여러 언어 현상이 미국영어에 그대로 남아 얼른 보기에 고색창연한 기풍이 엿보인다는 점이다. 이를테면, 미국영어에서 발음되는 far, farm, bird, first 등에 쓰인 /r/ 음은 영국영어에서는 점점 발음이 안되기 시작하여 18세기에 이르러서는 /r/음이 완전히 사라져 버렸는데, 이 발음이 아직 미국영어에는 그대로 남아 쓰이고 있다.

2) 미국식 어법과 웹스터사전

미국인들은 새로운 영토와 환경에 적응하기 위해 새 단어 사용의 필요성이 생기게 되었다. 이런 과정에서 영국영어와 구별되는 생소한 낱말이나 구문이 생겨나게 되는데 이를 아메리카니즘에 따른 미국식 어법(Americanism)이라고 한다. 다음은 미국영어에서 처음 사용한 독특한 미국식 어법의 예들이다.

(30) a. Americanize, applicant, belittle, backwoods, blaze, caucus, chore, clearing, diggings, dug-out, evoke, husking, lengthy, liability, locate, offset, peek, prairie, slump, stalled, sag, slam

b. fall(autumn), appreciate(rise in value), awful(disagreeable), authority (governing personnel), reckon(suppose), lumber(timber), lot(piece of land), mad(angry), raise(grow), stock(cattle), tavern(inn)

(30a)는 미국에서 만들어진 미국식어법의 단어들이고, (30b)는 영국영어의 단어와 비슷한 의미의 단어들이다. 미국의 사회가 기반을 잡아가면서 영국영어와 다른 영어 어법이 속속 출현하기 시작하자 반응은 두 갈래로 갈리기 시작하였다. 영국의 비평가들과 일부 미국인들은 미국영어를 혹독하게 비판하였으며, 미국어법의 글이 영국의 출판사에 의해 거부당하기도 하였다. 한편으로는 미국에서의 영어가 영국영어와 동일할 수는 없으며 미국의 상황에 맞는 영어로 수정해야 한다는 주장도 만만치 않게 제기되었다.

미국영어의 수호자는 누구보다도 노아 웹스터(Noah Webster)이다. 그는 존슨(Johnson)처럼 단어의 자유를 속박하는 일은 옳지 못하다는 사전편찬가로서 진보적 이론을 가지고 있었다. 미국영어가 권위와 규제에서 독립하여 실제 사용하고 있는 표현들을 숨길 필요가 없다고 생각하였다. 그는 1806년 최초의 미국영어사전이라 할 수 있는 A Compendious Dictionary of the English Language 내어 놓았으며, 26년간의 집필 끝에 그의 대작인 An American Dictionary of the English Language를 70세인 1828년 출간한다. 70,000단어가 수록된 이 사전은 사전편찬의 새 기원을 열어준 것으로 범위나 권위에서 Johnson의 1755년 Dictionary를 능가하는 것으로 여겨진다. 그의 중요성은 철자의 개혁(그는 진보라고 생각하였음)에서 드러난다. 인공적이고 혼란만 주는 영국식 철자에 대해, 발음에 충실한 미국식 철자법을 주장하였다. Squash, skunk, hickory, chowder와 같은 미국영어의 독특한 단어들은 그가 새로 영어의 어휘로 추가시킨 단어들이다. 그의 사전은 그의 사후 1843년 Merriam 형제가 확대 수정하여 만든 Merriam-Webster 사전으로 지금까지 출판되고 있다.

3) 미국영어와 영국영어의 차이

초기의 이주민들이 미국의 해안에 도착했을 때의 영어는 초기현대영어 시대에 해당한다. 시간이 지나면서 영국영어에서 일어난 변화들을 미국영어가 수용하지 않음에 따라 두 언어의 간격이 생기게 된다. 가령 영국영어에서는 18세기 이후 ask, dance, last, path, can't의 모음이 [ɑ]로 변해 버렸는데 미국에서는 원래의 발음인 [æ]를 고수하여 지금의 차이가 생긴다. 어휘나 문법의 측면에서는 'autumn'의 의미로 fall을 'angry' 의미로 mad를 쓰는 이전 관행을 도입했다든가, 한물간 표현인 get의 과거분사 gotten을 쓰는 예를 들 수 있겠다. 이들에서 우리는 미국인들이 영국에서 가져온 전통을 보존하려는 의식을 엿볼 수 있다.

좀 더 구체적으로 보면 미국영어(General American : GA)는 영국영어와 발음(강세, 억양 포함), 철자, 문법(관용어구 포함) 및 어휘 등에서 차이를 엿볼 수 있다. 먼저 발음(강세, 억양)에서 두드러진 차이를 보이는데, 아마도 영국영어와 미국영어의 가장 큰 차이는 발음에 있다고 해도 지나치지 않을 것이다. 다음은 구체적인 개별 발음의 차이에 대한 예이다.

(31) a. 미국영어 [æ]/영국영어 [ɑ]
grass, dance, cast, chance, ask, pass, past, half, fast, last, after
b. 미국영어 [ɑ]/영국영어 [ɔ]
box, stop, God, top, bottom, got, hot, lot, doctor, rock, body
c. 미국영어 [ər]/영국영어 [ə:]
herb, bird, curve, turn, learn, burn, third
d. 미국영어 [i]/영국영어 [ai]
civilization, characterization, docile, fertile, hostile, missile
e. 미국영어 [i:]/영국영어 [ai]
either, neither
f. 미국영어 [u:]/영국영어 [ju]
due, news, suit, duty, new, knew, Tuesday, student, nude, studio,
(few, beauty, cue, music, pure, human는 [ju]로 동일)
g. 미국영어 schedule [skédʒu:l]/영국영어 [ʃédju:l]

또, 철자 표기법상에도 약간의 차이가 있다. 영국영어와 미국영어간의 철자의 차이가 나타나게 된 데에는 무엇보다도 Noah Webster의 영향을 무시할 수 없다. 미국의 사전편찬자인 그는 미국영어의 철자법을 간소화, 표준화하려고 노력한 사람이다.

(32) a. 미국영어 -o/영국영어 -ou
honor, favor, color, labor, behavior, humor, neighbor
b. 미국영어 -er/영국영어 -re
theater, center, meter, liter
c. 미국영어 -z vs 영국영어 -s
emphasize, organize, analyze, criticize, organization, civilization,

d. 미국영어 -ll/영국영어-l
fulfill, skillful, installment
e. 미국영어 -se/영국영어 -ce
defense, license, offense, practise
f. 기타 미국영어/영국영어
airplane/aeroplane, catalog/catalogue, check/cheque, disk/disc, draft/draught, gray/grey, plow/plough, whiskey/whisky

또 어휘상에도 약간의 차이가 있는 데, 주로 음식(food), 의류(clothing) 및 수송(transportation) 등 세 분야에서 두드러진다. 이것은 역사적으로 볼 때 새로운 음식과 이를 요리하는 새로운 방법이 개발되면서 두 나라 간에 쓰이는 음식관련 어휘가 나누어졌기 때문이다. 또 유행의 변천은 의류관련 어휘의 엄청난 변화를 초래하였으며, 미국과 영국이 분리되면서 발달하기 시작한 철도와 자동차산업으로 수송수단을 나타내는 어휘가 서로 다르게 발달하였기 때문일 것이다.

(33) 미국영어/영국영어
apartment/flat, bar, tavern/pub(public house), bill/note
bank teller/clerk, attorney (lawyer)/solicitor, bus/coach
check out/leave, carousel/merry-go-round, candy/sweets,
check in/book in, change/transfer, call/ring
cracker/biscuit, coed/female student, dessert/sweet
elevator/lift, dormitory/student hall, faculty/staff
fall /autumn, druggist/chemist, pharmacy, faucet/tap
expensive/dear, elementary school/primary school
fix/repair, gasoline/petrol, living room/lounge
movie/film, movie theater/cinema, oven/cooker
railroad/railway, parking lot/car park, rent/let, hire

문법은 어휘에 비해 영국영어와 미국영어간에 큰 차이를 보이고 있지는 않으나, 영국영어에서는 half an hour, On Mondays we take the bus로 표현하는 데 비해, 미국영어는 a half hour, Mondays we take the bus로 표현하는 것과 같은 사소한 차이가 종종 나타난다.

연습문제

1. 다음 용어들을 예를 들어가며 설명하시오.

a. 방언과 언어
b. 어족과 영어의 기원
c. 역사언어학과 비교언어학
d. 통시언어학과 공시언어학
e. 비교언어학과 인도유럽어족 및 알타이어족

2. 다음 자료를 중심으로 언어변화의 제 양상에 대해 설명하시오.

a. indirect → impossible
b. ask → axe
c. name[a] → [ei]
d. typewriter → typewrite
e. presently

3. 다음 학파가 주장하는 언어변화의 원인과 그 장단점을 논하시오.

a. 19세기 후반 소장파 문법학자
b. 20세기 초 구조주의 문법학자
c. 20세기 후반 생성문법학자
d. 사회언어학자

4. 다음 영국 및 영어에 관한 용어들을 영어의 기원과 관련하여 설명하시오.

a. Celts & Britain
b. Roman Britain
c. Englisc(=Anglian)
d. West Germanic
e. Indo-Europian Language

5. 다음 단어의 유래를 설명하시오

a. London, Thames
b. Manchester, Lancaster
c. anger, ill, call
d. though, both, fro, they
e. baron, assembly, accuse, armor

6. 다음 용어를 중심으로 고대영어시기의 역사문화와 영향에 대한 설명하시오.

a. 앵글로 색슨 7왕국
b. 알프레드 대왕과 바이킹
c. 데인로(Danelaw)
d. 영국의 기독교화
e. 영국교회사와 앵글로 색슨 연대기

7. 다음 용어를 중심으로 고대영어의 특징을 구체적으로 설명하시오.

a. Dialects of Old English
b. æ(æsc), ð(eth), þ(thorn)
c. gender, number, case, person
d. tense, aspect, mood
e. isolating language/agglutinative language/inflective language

8. 다음 사건을 중심으로 중세영어시기의 역사와 그 영향을 설명하시오.

a. 노르만 정복(Norman Conquest)과 둠즈데이북(Domesday Book)
b. 존 왕과 대헌장(Magna Carta)
c. 백년 전쟁(Hundred years War)
d. 국민 의식과 영어의 재등장
e. 장미전쟁(Rose War)

9. 다음 용어를 중심으로 중세영어의 특징을 예를 들어 설명하시오.

a. 중세영어의 방언과 표준어
b. 중세영어의 차용어
c. ox-beef, swine-pork, calf-veal, sheep-mutton 등 어휘의 분리
d. 강변화(strong inflection)와 약변화(weak inflection)의 어미변화
e. 굴절어미의 평준화(level or merge of inflection)

10. 다음 용어를 중심으로 동중부(East Midland) 방언이 초기현대영어의 표준 영어로 자리잡은 이유를 구체적으로 설명해 보시오.

a. 옥스포드와 캠브리지 대학
b. 초소
c. 캑스톤의 인쇄술 도입
d. 셰익스피어 영어
e. 흠정 영역 성서(Authorized Version of the Bible)

11. 다음을 중심으로 초기현대 영어의 특징을 예를 들어 설명하시오.

a. 동중부 방언의 표준어화
b. 특이한 철자법
c. 철자와 발음의 괴리와 정자법(orthography)
d. inkhorn terms
e. 자유분방한 시대정신

12. 다음을 중심으로 고대영어에서 현대영어로의 변화하는 과정을 예를 들어 설명해 보시오.

a. 대모음변이 등의 모음변화

b. 묵음, 동화, 구개음화 등의 자음변화

c. 동사의 굴절어미 소실에 따른 문법변화

d. 명사의 굴절어미 소실에 따른 문법변화

e. 종합적 언어(synthetic language)와 분석적 언어(analytic language)

13. 다음을 중심으로 현대영어의 특징을 구체적으로 설명해 보시오.

a. 학술원설립 운동(English Academy Movement)

b. 존슨 박사의 영어사전(A Dictionary of the English Language)

c. 로스의 영문법개론서(A Short Introduction to English Grammar)

d. 규범 문법(prescriptive grammar)과 기술문법(descriptive grammar)

e. 전통문법(traditional grammar)과 학교문법(school grammar)

14. 다음을 중심으로 미국영어의 특성에 대해 예를 들어 설명해 보시오.

a. 통일성(uniformity)

b. 아메리카니즘(Americanism)

c. 고풍스러움(archaism)

d. 미국영어의 지역성과 어법

e. 노아 웹스터(Noah Webster) 사전

15. 다음을 중심으로 미국영어와 영국영어의 차이와 특성에 대해 구체적으로 설명해 보시오.

a. grass, bottom, turn, civilization, neither, studio, schedule

b. honor/honour, theater/theatre, analyze/analyse,
offense/offence, airplane/aeroplane

c. apartment/flat, bill/note, attorney/solicitor,
bus/coach, fix/repair, check in/book in

d. Mondays we take the bus./On Mondays we take the bus.

16. 다음을 중심으로 미국영어의 제 **1**단계 식민지 시대의 특징에 대해 구체적으로 설명해 보시오.

a. 최초의 주민인 인디언과의 관계

b. 스페인, 네델란드, 프랑스와의 관계.

c. 제임스 타운과 메이플라워 서약 등 뉴잉글랜드 정착 과정

d. 13개주 식민지 건설 과정

e. 이시기의 미국영어 및 미국문학의 특징

17. 다음을 중심으로 미국영어의 제 **2**단계 공화국 시대에 대해 구체적으로 설명해 보시오.

a. 서부로의 영토 확장 과정
b. 먼로 독트린
c. 남북 전쟁의 원인과 결과
d. 골드러시와 인디언과의 갈등
e. 미국의 초절주의와 낭만주의 문학

18. 다음을 중심으로 남북전쟁 이후의 미국의 역사와 사회에 대해 구체적으로 설명해 보시오.

a. 서부로의 진출과 문제점
b. 산업화와 도시화의 진전과 사회문제
c. 외국 이민의 대량 유입과 사회문제
d. 미국의 팽창과 대공황
e. 세계적인 강대국으로의 부상

• 참고문헌 •

김경학 (1999)『영어 구문의 이해』, 도서출판 만남.
김경학 (2008)『전치사의 의미와 용법 및 숙어이야기』, 한국문화사.
김경학 (2009)『영어의 이해』, ㈜ 이지북스.
김경학 (2012)『영어 음성학의 이해와 활용』, J. K. Global.
김경학 (2013)『영어 문장의 구조와 의미』, J. K. Global.
김경학 (2014)『영어 음성음운 연구와 발음연습』, 신아사.
김경학 (2015)『영어학의 이해와 활용』, 신아사.
김덕기 (1998)『영어교육론』, 고려대 출판부.
김영석, 이상억 (1992)『현대형태론』, 학연사.
구학관 (2000)『영문법 이야기』, 테스트 뱅크 이십일 닷컴.
박영배 (1997)『고대영어문법』, 한국문화사.
박영배 (2001)『앵글로색슨족의 역사와 언어』, 지식산업사.
배두본 (1997)『영어교육학』, 한신문화사.
심재기, 이기용, 이정민 (1984)『의미론서설』, 집문당.
안승신 (199x) 영어 음성학, 인터넷 자료(http : //ksys10.knou.ac.kr/phonetics)
양동휘 (1994)『문법론』, 한국문화사.
이기동 (1992)『영어동사의 문법』, 신아사.
이기동 (1998)『영어전치사 연구』, 교문사.
이맹성 외 (1992)『영어학의 이해』, 지식산업사.
이응백, 김원경, 김선풍 (1998)『국어국문학자료사전』, 한국사전연구사.
이익환 (1985)『의미론개론』, 한신문화사.
왕수민, 박혜원 역(2014)『월 튜런트의 문명이야기』, 민음사.
조성식 (1997)『영어발달사』, 개정판. 한국문화사.
하진이 역 (2014)『영국사』, 맥을 잡아주는 세계사 06, 느낌이 있는 책.
하진이 역 (2014)『미국사』, 맥을 잡아주는 세계사 09, 느낌이 있는 책.

Aarts, B. & Meyer, C.F. (1995) The Verbs in Contemporary English. Cambridge University Press.
Aronoff, M. (1976) Word Formation in Generative Grammar, Cambridge (mass.) : The MIT press.
Austin, N. L. (1962), How to do Thing with words, Oxford : Clarendon Press.

Ausubel (1964) "Audult vs. children in second language learning : Psychological consideration. *Modern Language Journal* 48.

Baugh, Albert C. & Thomas Cable (1993) *A History of the English Language*, 4th ed, London : Routledge & Kegan Paul.

Bialystok, E. B. (1978) "A theoretical model of second language learning" in *Language Learning*, 28.

Birdwhistell, R. L. (1952). *Introduction to Kinesics : An Annotation System for Analysis of Body Motion and Gesture*. Washington, DC : Department of State, Foreign Service Institute.

Bolinger, Dwight (1971) *The Phrasal Verb in English*. Cambridge, Mass : Harvard University Press.

Bolinger, Dwight (1977) *Meaning and Form*. London : Longman.

Brown, H. D. (2000) *Principles of Language Learning and Teaching*. Fourth Edition Englewood Cliffs : Prentice-Hall.

Canale, M.; Swain, M. (1980). "Theoretical bases of communicative approaches to second language teaching and testing" *Applied Linguistics* (1) : 1–47. Retrieved September 29, 2013.

Celce-Murcia, Marianne (2001) *Teaching English as a Second or Foreign Language*. Second Edition. Heinle & Heinle.

Chamot (1987) "The learning strategies of ELS students" in *Learner Strategies in Language Learning*. Prentice Hall.

Chomsky, Noam (1965) *Aspects of the Theory of Syntax*, MIT Press.

Chomsky, Noam (1970) "Remarks on Nominalization" *Readings in English Transformational Grammar*, 184-221, Ginn and Company.

Chomsky, Noam (1981) *Lectures on Government and Binding*. Dordreht, holland : Foris.

Chomsky, Noam (1991) "Some Notes on Economy of Derivation and Representation," *Principles and Parameters in Comparative Grammar*, MIT press.

Chomsky, Noam (1995) *The Minimalist Program*. MIT Pess.

Clark, H. H. and E. V. Clark (1977) *Psychology and Language*, Harcourt Brace Jovanovich, Inc.

Cole, P. ed (1978) *Syntax and Semantics 9 : Pragmatics*, New York : Academic Press

Cole, P & J. L. Morgan ed. (1975) *Syntax and Semantics 3 : Speech Act*, New York : Academic Press.

Dowty, D. R. (1991) "Thematic Proto-Roles and Argument Selection". *Language 67* : 547-619.

Fillmore, Charles J. (1968) "The case for Case", *Universals in Linguistic Theory*, 1-88.

Fillmore, Charles J. (1977) "The case for Case Reopened", *Syntax and Semantics 8 : Grammatical Relations*, 59-82.

Foley, W. A. and R. Van Valin (1984) *Functional Syntax and Universal Grammar. Cambridge* : Cambridge University Press.

Gagne (1985) *The Cognitive Psychology of School Learning.* Boston : Little Brown and Company.

Gazdar, Gerald (1979), *Pragmatics*, New York : Holt, Academic Press.

Geoffrey Leech and Jan Svartvik (1996) *A Communicative Grammar of English*. London and New York : Longman.

Gertrude F. Orion (1997) *Pronouncing American English : Sounds, Stress, and Intonation.* Heinle & Heinle Publishers.

Givon, Talmy. (1979) *On Understanding Grammar*, New York : Academic Press.

Goldberg, Adel E. (1995) *Construction : A Construction Grammar Approach to Argument Structure*. The University of Chicago Press.

Goldberg, Adel E. (2010) "Verbs, Constructions and Semantic Frames", *Syntax, Lexical Semantics, and Event Structure,* Oxford University Press, Oxford, UK, 39-58.

Grice, Paul H. (1975) "Logic and Conversation". *Syntax and Semantics volume 3 : Speech Acts*. NY : Academic Press. 41-58.

Hymes, D.H. (1972). "On communicative competence" In J.B. Pride & J. Holmes (Eds.), *Sociolinguistics* (pp. 269-293). London : Penguin.

Jackendoff, Ray (1990) *Semantic Structures*, Cambridge, Mass : MIT Press.

Jones, D. (1967) *An Outline of English Phonetics*, Cambridge : W. Heffer & Sons Ltd.

Katz, J. & I. A Fodor (1964) "The Structure of a Semantic Theory," *Language 39*. 170-210

Keyser, S. and T. Roeper (1984) "On the Middle and Ergative Constructions in English", *Linguistic Inquiry 15*, 381-416.

Kiparsky, P. (1997) "Remarks on Denominal Verbs" *Complex Predicates*, CSLI Publications, 473-499.

Krashen, S. D. (1982) *Principles and practice in second language acquisition.* New York : Program Press.

Krashen, S. D. & T. D. Terrell. (1983). *The Natural Approach : Language Acquisition in the Classroom*. Oxford : Pergamon Press.

Kuiper and Allan (1996) *An Introduction to English Language : Sound, Word and Sentence.* Palgrave.

Ladefoged, P. (2001) *A Course in Phonetics*. Fourth Edition. New York : Harcourt.

Lakoff, George (1987) *Women, Fire and Dangerous Things. Chicago* : University of Chicago Press.

Lakoff, George, and Mark Johnson (1980) *Metaphors we live by*. Chicago : University of Chicago Press.

Langacker, Ronald W. (1987) *Foundations of cognitive grammar Volume I.* Stanford, Calif. : Stanford University Press.

Langacker, Ronald, W. (1991) *Foundations of Cognitive Grammar. Volume II.* Stanford : Stanford University Press.

Langacker, Ronald, W. (1995) "Raising and Transparency," in *Language 71-1*, 1-62.

Laurel J. Brinton (2000) *The Structure of Modern English*. John benjamins Publishing Company.

Lenneberg, Eric (1967) *The Biological Foundations of Language*. New York : John Wiley & Sons.

Levin, B. and M. Rappaport Hovav (2005) *Argument Realization*, Cambridge University Press, Cambridge.

Linda Lane (2005) *Focus on Pronunciation 1, 2*. Longman Com.

Lindner, Susan, J. (1893) *A Lexico-Semantic Analysis of English Verb Particle Constructions with OUT and UP*. IULC. Bloomington, Indiana.

Lyons, John (1977) *Semantics,* Cambridge : Cambridge University Press.

Lyons, John (1981) *Language, Meaning & Context*, Suffolk : Fontana Paperbacks.

Martin Hewings & Sharon Goldstein (2000) *Pronunciation Plus* : Practice through Interaction. Cambridge : Cambridge University Press.

McCawley, James D. (1978). "Conversational Implicature and the Lexicon", *Syntax and Semantics 9 : Pragmatics*. New York : Academic Press, 245-59.

McLaughlin (1978) "The monitor model : Some methodological considerations" *Language Learning* 28.

Nunan, David (1998) *Language Teaching Methodology. A textbook for teachers*. Longman.

Ogden, C. K. & & I. A. Richards (1923) *The Meaning of Meaning*, New York : Harcourt Brace Jovanovich International Inc.

O'Malley and Chamot (1990) *Learning Strategies in Second Language Acquisition,* New

York : Cambridge University Press.

Oxford (1990) *Language Learning Strategy*. Heinle & Heinle Publisher.

Palmer, F. R. (1981) *Semantics*, Cambridge : Cambridge University

Piaget, J. (1952). *The Origin of Intelligence in the Child.* New York : International University Press.

Pinker, Steven (1989) *Learnability and Cognition : the acquisition of argument structure.* Cambridge ,Mass : MIT Press.

Pyles, T. & J. Algeo (1993) *The Origins and Development of the English Language*, 4th ed., Harcourt Brace Jovanovich International Inc. Cambridge : Cambridge University Press.

Quirk, R., Greenbaum, S. Leech, G and Svartvik, J. (1985) *A Comprehensive Grammar of the English Language*, London : Longman.

Rivers, W. and M. Temperley (1985) *A Practical Guide to the Teaching of English as a Second or Foreign Language.* New York : Oxford University Press.

Rosansky, E. (1975) "The critical period for acquisition of language : some cognitive developmental considerations." *Working Papers on Bilingualism* 6.

Rosch, E. H. (1973). "Natural categories". *Cognitive Psychology 4-3* : 328–350.

Saussure, F. (1916) *Course de Linguistique*, Paris.

Schlesinger, I. M. (1995) "On the Semantics of the Object" *The Verbs in Contemporary English.* Cambridge.

Searle, John (1969) *Speech Acts, Cambridge* : Cambridge University Press.

Ullmann, Stephen (1962) *Semantics : An Introduction to the Science of Meaning*, Oxford : Basil Blackwell.

Van Valin, R. and R. LaPolla (1997) *Syntax : Structure, Meaning and Function.* Cambridge; Cambridge University Press.

Vendler, Z. (1967) "Verbs and Times", *Linguistics in Philosophy*, Cornell University Press, Ithaca, NY, 97-121.

찾아보기

ㅇ